Lee Lozowick

Spirituelle Erziehung

Hilfreiche Ratschläge
Praktische Weisheit

vianova
Verlag Via Nova

Übersetzung aus dem Amerikanischen:
Jutta Herr

Originaltitel:
Conscious Parenting
Hohm Press, USA

1. Auflage 1999
Verlag Via Nova, Neißer Straße 9, 36100 Petersberg
Telefon und Fax: (06 61) 6 29 73
Satz: typo-service kliem, 97647 Neustädtles
Druck und Verarbeitung: Rindt-Druck, 36037 Fulda

ISBN 3-928632-51-5

Inhaltsverzeichnis

Vorwort

Im großen und ganzen kann man sagen, daß einige der von mir vertretenen Grundsätze und Richtlinien für den Umgang mit Kindern mit den essentiellen Bonding-Prinzipien zusammenhängen, die Jean Liedloff in ihrem Buch *Auf der Suche nach dem verlorenen Glück*[1] beschreibt; weiterhin geht es mir darum, die „grundsätzliche Güte" unserer Kinder voll anzuerkennen (siehe Schriften von Tschögyam Trungpa Rinpoche) und ihnen unsere ganze Aufmerksamkeit zu widmen, solange sie diese Aufmerksamkeit suchen (aus dem Verständnis heraus, daß gesund aufgewachsene Kinder weder klammern noch unsicher sind, sondern daß sie den elterlichen Kokon durchbrechen und sich aus ihm hinauswagen wollen, sobald sie selbständiger werden); und es kommt mir grundsätzlich darauf an, Kindern ein Umfeld für ihr Heranwachsen zu bieten, das vollkommen frei ist von körperlicher und seelischer Grausamkeit, frei von gut gemeinter oder sadistischer Vernachlässigung, frei von verbaler, emotionaler und anderweitiger Beschämung und frei von Gewalt und Unmenschlichkeit. Es geht in anderen Worten darum, eine Umgebung für das Heranwachsen von Kindern zu schaffen, die frei ist von Streß im Sinne einer bewußten oder unbewußten Beherrschung und Manipulation durch Erwachsene; eine Umgebung, in der es keinen anderen Streß gibt als jenen ganz natürlichen, der durch Krankheiten, durch das Heranwachsen, durch gesellschaftliche Anpassungsvorgänge, durch kreative Zwänge und Krisen sowie durch anderweitige innere bzw. grundsätzliche Herausforderungen entsteht, die sich einem Kind im Laufe seiner Entwicklung spontan stellen. Dem zugrunde liegt die Vorstellung, daß ein Kind im stillschweigenden und elementaren Bewußtsein aufwachsen soll, als der Mensch, der es ist, bedingungslos und ohne jeden Zweifel absolut geliebt zu werden, ohne daß von ihm bestimmte Leistungen, Verhaltensweisen, Großtaten oder Schauspielkünste verlangt würden.

Natürlich dürfte es eindeutig klar sein, daß dies bei der großen Mehrheit, besser gesagt bei der überwiegenden Mehrheit der heute erwachsenen Männer und Frauen, nicht der Fall ist. Wir, das heißt unsere eigene Generation und einige Generationen vor uns (vielleicht sogar sehr viele Generationen vor uns), haben uns bisher nicht gerade sehr geliebt gefühlt. Wir fühlen uns stillschweigend und grundsätzlich ungeliebt, nicht anerkannt, unerfüllt, unzufrieden, leer und unwürdig. Als Kind hat man hat uns beigebracht, die Liebe als eine Ware zu betrachten, die für uns nur zu einem bestimmten Preis erhältlich war, zu einem Preis, der darin bestand, ein „braves kleines Kind“ oder ein stilles Genie zu sein; ein Preis, der höchstwahrscheinlich für die meisten von uns so hoch war, daß wir ihn unmöglich „bezahlen“ konnten. Aus diesem Grunde hat man uns die Liebe, jenes „Ding“, vorenthalten, weil wir nicht in der Lage waren, die niemals enden wollenden Forderungen zu befriedigen, die aus der Nicht-Liebe der Erwachsenen in unserem sozialen Umfeld entsprangen, wobei zu diesem Umfeld unsere Eltern, Verwandten, Lehrer, Babysitter und sogar fremde Menschen zählten, mit denen unsere Eltern beim Einkaufen wahrscheinlich mehr als gerne über unsere Verfehlungen (in ihren Augen) sprachen, ohne Rücksicht auf unsere Anwesenheit und die Schamgefühle zu nehmen, die ihr Verhalten in uns hervorrief.

Darum versuchen all jene, denen eine spirituelle Kindererziehung am Herzen liegt, ihre Kinder auf radikal andere Weise zu erziehen, um eine Lebenskultur der Schönheit, der Fröhlichkeit und Freude, der Liebe, der Sanftheit, der Freundlichkeit und des Mitgefühls zu schaffen, in dem das Wachstum zu einem tief verwurzelten Selbstvertrauen, zu einem natürlichen Glücklichsein und der starken und offenen Bereitwilligkeit führt, sich interessiert und wohl gerüstet in das Leben und seine Erfahrungen hineinzubegeben.

Lee Lozowick

1. Kapitel

Die Eckpfeiler einer spirituellen Kindererziehung

Die Verantwortung, die wir im Umgang mit Kindern tragen, sei es in unserer Eigenschaft als Lehrer, Mutter oder Vater oder auch einfach nur als Freunde und Bekannte, ist im wahrsten Sinne des Wortes eine Verantwortung für die Zukunft der Menschheit. Welches Vorbild wir unseren Kindern sind, wie wir sie behandeln, wie wir als Eltern mit ihnen umgehen, ist mehr als *wichtig,* – es ist absolut *lebenswichtig* für ihr geistiges, emotionales und körperliches Wohl und somit auch für das Wohl der Erde selbst (und endet dort angesichts des technologischen Fortschritts in Raumfahrt und Weltraumforschung noch lange nicht).

Kinder wachsen zu körperlich und seelisch gesunden Erwachsenen heran, indem sie mit körperlich und seelisch gesunden Erwachsenen zusammenleben, und nicht dadurch, daß ihnen von zwar wohlmeinenden, aber unbewußten Heuchlern moralische Prinzipien in ihre kleinen Köpfe gestopft werden. Kinder sind wie ein Schwamm, was immer sie sehen, hören und fühlen, können sie aufschnappen, und das tun sie auch, wobei sie nicht nur die Verhaltensweisen ihrer unmittelbaren Vorbilder, sondern auch jene von flüchtigen Bekannten übernehmen. Und was Kinder auf diese Weise mitbekommen, wird einen Einfluß darauf haben, wie sie heranwachsen, und dies wiederum wird sich in einem solchen Maße auf die Welt als Ganzes auswirken, daß es für uns unvorstellbar ist. Die Beziehung, die wir zu Kindern haben, übt auf viele Ebenen der Existenz einen starken Einfluß aus. Bei einem bewußten Umgang mit Kindern geht es demnach nicht nur um das Wohlergehen des einzelnen, sondern vielmehr um das gegenwärtige und zukünftige Wohl der ganzen Gesellschaft.

Kinder und wer sie sind

Kinder zu haben ist natürlich – es ist ein Teil des fortschreitenden Lebensprozesses. Wir schenken Kindern nicht nur biologisch gesehen das Leben (wozu jedes Tier in der Lage ist), sondern geben ihnen auch ein gewisses Maß an Erziehung mit, das darüber entscheidet, ob aus ihnen gesunde und reife Erwachsene werden oder psychisch, emotional und vielleicht sogar körperlich verkrüppelte Erwachsene. Wenn wir die ganz normale Sentimentalität hinter uns lassen, die uns bei der Betrachtung eines Kindes in seiner Unschuld und Unbekümmertheit, in seiner Schönheit, Frische und Spontaneität befällt (was leider in vielen Fällen für manche Menschen der Hauptgrund ist, um Kinder zu bekommen), müssen wir uns mit der Verantwortung und Integrität befassen, die in unseren Handlungen und Entscheidungen gefordert sind, wenn es um Kinder geht.

Bei ihrer Geburt sind die meisten Kinder ziemlich gleich, als Erwachsene jedoch weisen sie dann aufgrund der Konditionierung bzw. Erziehung, welche ihnen die Erwachsenen in ihrer unmittelbaren Umgebung und ihr allgemeines Lebensumfeld angedeihen lassen, enorme Unterschiede auf. Daher tragen wir (nicht nur die Eltern, sondern alle Erwachsenen) die enorme Verantwortung, unseren Kindern jene Art von Orientierungspunkten zu liefern, die es ihnen ermöglichen, zu dem heranzuwachsen, *wer sie sind*, anstatt durch unsere Projektionen, unsere Erwartungen und subjektiven Forderungen zu Krüppeln gemacht zu werden. Da gibt es zum Beispiel Männer und Frauen, die keinen Spaß am Sex haben, wenn sie sich dabei nicht ihren Phantasievorstellungen von Quälerei und Gewalttätigkeit hingeben oder vom zuletzt gesehenen Pornofilm träumen können. Menschen werden durch ihre Erziehung dazu gemacht – unfähig zu natürlicher Zärtlichkeit und menschlicher Nähe –; es ist keinesfalls so, daß sie bereits mit diesen Problemen geboren würden. Was jeden reifen Erwachsenen auszeichnet, ist die Fähigkeit, Verantwortung zu übernehmen für das, was objektiv wahr bzw. notwendig ist, und das Erkannte mit Integrität (im Handeln!) zu verbinden. Die meisten Erwachsenen sind zwar rhetorisch ziemlich geschickt, doch nicht unbedingt immer in der Lage, auf der Grundlage ihres intellektuellen Verstehens und ihrer Klarheit zu handeln. Unseren Worten muß aber auch ein entsprechendes Handeln folgen, ansonsten wird man uns nicht ernst nehmen. Hier geht es nicht um den kleinen Jungen, der blinden Alarm schlägt, sondern vielmehr um die erwachsenen Eltern, die lautstark Geduld und Toleranz verkünden, bei denen jedoch weit und breit nichts davon zu spüren ist.

Manche Eltern stülpen ihren Kindern die eigenen unrealistischen und irrigen Erwartungen über, ohne auch nur im geringsten die natürliche Entwicklung und den natürlichen Wachstumsprozeß des Kindes zu berücksichtigen. Ihr Kind soll Vorlieben und Neigungen haben, die sie selbst nicht besitzen, oder Dinge erreichen, die sie selbst nicht erreichen konnten. So etwa im Falle jener Mutter, die für ihre gerade erst sechs Monate alte Tochter einen Konzertflügel erwarb und ihn im Wohnzimmer aufstellen ließ. Da wurde dem Kind die mangelnde Erfüllung der *Mutter* aufgezwungen, und das auch noch unter dem Deckmantel eines Geschenkes: „Du bist begabt; du hast Talent; du bist ein Genie; das tue ich nur für dich!“ usw. Aus dieser Tochter wurde zwar eine großartige Pianistin, jedoch nicht, weil es ihr eigener Wunsch gewesen wäre. Irgendwann gab sie dann schließlich diese Lebensweise auf, die ihre Mutter glücklich machte, und entschied sich statt dessen für ein anderes Leben, das sie selbst glücklich machte.

Jeder von uns kennt wahrscheinlich Menschen, die in weltlicher Hinsicht äußerst begabt oder erfolgreich sein mögen, die jedoch, wenn es um Empfindungs- oder Beziehungsfähigkeit geht oder auch einfach darum, Spaß an sich selbst und am Leben zu haben, völlig gekünstelt, leer und unnatürlich sind. Das kommt immer daher, daß man diese Menschen gezwungen hat, Fähigkeiten zu entwickeln, die ihnen zum betreffenden Zeitpunkt nicht entsprachen. Ein solcher Druck kann sich an jedem Punkt im Leben eines Kindes negativ auswirken, wenn Kinder jedoch noch sehr klein sind, werden sie dadurch möglicherweise auf starre und neurotische Muster festgelegt, die sich zu einem späteren Zeitpunkt kaum noch aufbrechen lassen. Wenn Eltern einem Kind noch vor Vollendung des ersten Lebensjahres derart hohe Erwartungen aufdrücken, dann wird dieses Kind nicht nur *unter dem Einfluß* dieser Erwartung durchs Leben gehen, sondern es wird vielmehr *als* diese Erwartung umherlaufen. Vor der Vollendung des ersten Lebensjahres sind diese Dinge einfach nicht voneinander zu trennen. Daher kann diese Art der Programmierung im späteren Leben eines Menschen verheerende Folgen zeitigen.

Ich kann gar nicht stark genug betonen, wie wichtig es ist, daß aus Erwachsenen bewußte Eltern werden, das heißt, daß sie lernen, wie man Kinder erzieht. Wir haben oft gar keine Vorstellung davon, in welch extremem Maße manche Äußerungen unserer Eltern unser eigenes Verhältnis zum Leben beeinflußt haben. So mögen zum Beispiel bei so manchem von uns ein paar falsche in der Kindheit gehörte Worte ausgereicht haben, um ihn heute davon überzeugt sein zu lassen, daß er regelmäßig krank werden muß oder eine natürliche Veranlagung zu bestimmten Körperschwächen hat. All diese Dinge können in Wirklichkeit auf Erwartungen und falschen Glaubenssätzen beruhen, die auf tiefen, unbewußten Ebenen angesiedelt sind. Auf diese und ähnliche Weise bringen Eltern ihre Kinder unbewußt in Gefahr. Auch dann, wenn ein Mensch die Kraft seiner Aufmerksamkeit gegenüber Kindern hoch entwickelt hat, stellt es immer noch einen gefährdenden Umstand für die gesunde Entwicklung eines Kindes dar, wenn er in seinem *Wesen* voller Verleugnung, Sadismus, Ichbezogenheit und Fanatismus ist.

Wie ich bereits gesagt habe, stellen Kinder die Zukunft der menschlichen Rasse dar. Das soll nicht heißen, daß wir als Rasse unbedingt überleben *müssen*, doch falls es so kommen soll, kann es ja schließlich genauso gut auf nützliche, lebensbejahende und optimale Art und Weise geschehen. Um ein Überleben der menschlichen Rasse mit derartigen Zukunftsaussichten zu gewährleisten, was für *uns* auch bedeutet, unter Optimierung unserer persönlichen Fähigkeiten und unseres eigenen Potentials zu überleben, müssen unsere Kinder eine möglichst effektive Erziehung genießen, um diesem Wachstum seinen natürlichen Ausdruck zu ermöglichen.

Bei einem bewußten Umgang mit Kindern geht es letztendlich darum, eine gewisse Verantwortung *für das Leben an sich* in die Beziehung zu unseren Kindern einzubringen. Was Kinder uns vermitteln sollten, das sind Prinzipien, die weit über die persönliche Ebene hinausgehen. Wenn wir Kinder wirklich klar betrachten, können wir die Zukunft der ganzen menschlichen Rasse erkennen, nicht nur die Zukunft „eines" Kindes. Kinder aufzuziehen und zu erziehen sollte in unserem Leben eine entscheidende Stellung einnehmen, nicht nur weil wir vielleicht Mutter, Vater oder Lehrer sind, sondern weil die Beziehung, die wir als Menschen zur Welt haben, entweder effektiv oder uneffektiv sein wird. Wir werden entweder heilend und positiv oder destruktiv, krank und negativ sein. Wer als Mann oder Frau keinerlei Interesse an der positiven Erziehung von Kindern hat oder dem Schmerz eines mißhandelten Kindes unberührt gegenübersteht, der muß auf die eine oder andere Art und Weise auch in seinem eigenen Leben ein gestörtes Verhältnis zur Schönheit und einem erfüllten Gefühlsleben haben.

Das Richtige tun

Ist Ihnen jemals aufgefallen, daß ein kleines Kind (wenn es noch so klein ist, daß es seine kindliche Unschuld unversehrt besitzt) Ihren Blick mit absolutem und vollkommenem Vertrauen erwidert, wenn Sie ihm in die Augen schauen? Wer das gesehen und dabei keine Angst bekommen hat, der kann als Vater oder Mutter wohl kaum gänzlich bewußt und geeignet sein. „Punkt, neuer Absatz."

Die Verantwortung, die in einem solchen Vertrauen liegt, ist erschreckend, da den Eltern dadurch die Rolle eines unfehlbaren Gottes zukommt. Wenn Eltern ihr Kind körperlich verletzen – ihm einen Klaps geben oder es schlagen – so wird ihr Kind ihnen deswegen nicht böse sein. Statt dessen vertraut es vollkommen, ganz und gar. Ein Kind kann verletzt sein, verwirrt und angsterfüllt, doch es wird noch immer lieben. Wie lautet das alte amerikanische Sprichwort? „Macht macht korrupt!" Nun, die

Liebe und das Vertrauen eines Kindes stattet Eltern und Erwachsene mit wirklicher Macht aus. Wahrhaft qualifizierte Eltern werden diese Macht nicht mißbrauchen, doch schwache, unsichere und gefühllose Eltern bzw. Erwachsene werden höchstwahrscheinlich (eigentlich fast immer) diese Macht mißbrauchen, indem sie das Kind auf die eine oder andere Art ausnutzen. Denken Sie einmal aufrichtig über die Beziehungen nach, die Sie zu anderen Erwachsenen haben. Wird Vertrauen jemals mißbraucht? Wenn wir schon das Vertrauen anderer Erwachsener mißbrauchen, wieviel größer wird dann erst die Wahrscheinlichkeit sein, daß wir das Vertrauen von Kindern mißbrauchen oder zu unserem Vorteil ausnutzen, deren Möglichkeiten, uns dabei zu ertappen oder uns einen solchen Mißbrauch heimzuzahlen, wesentlich geringer sind.

Wir fühlen uns von der Unschuld und Schönheit der Kindern erhoben, erfüllt von Ehrfurcht ob der Essenz ihrer Kindlichkeit bzw. ihres Kind-Seins. „Verwundertes Erstaunen“ wäre ein weiterer treffender Ausdruck. Das Wunder unschuldiger und reiner Menschlichkeit läßt uns erstaunen. Eigentlich lassen sich Kinder überhaupt nicht beschreiben, solange sie noch überwiegend frei sind. Wir können nicht einfach sagen: „Kinder sind wunderbar ...“ oder „Mein Gott, Kinder sind schon etwas Schönes ...“ und dieses Gefühl damit auch tatsächlich annähernd erfassen. Es gibt nichts, das eine solche Unschuld angemessen beschreiben könnte. Andererseits können uns auch die allerliebsten Kinder manchmal frustrieren, auf die Nerven gehen, auf die Palme bringen und reizen, wenn ihr Verhalten unsere Toleranzgrenzen auf die Probe stellt. Doch nicht die Kinder sind das Problem, wir sind es. Natürlich kann ihr Verhalten tatsächlich problematisch oder „unsozial“ sein, wenn sie bei uns in einem Umfeld von Grausamkeit und Vernachlässigung aufgewachsen sind, doch auch dann sind wir die Ursache und nicht die Kinder. Sie können uns auf ihrer Wachstums- und Entdeckungsreise Schmerz bereiten, uns zur Raserei treiben, unseren Zorn erregen und dergleichen mehr. Es gibt keine Möglichkeit, sich darauf vorzubereiten, was es bedeutet, Eltern zu werden; die Elternschaft kann tief vergrabene Elemente in uns wachrütteln und aufrühren. Wenn es etwas gibt, das in uns verborgen oder vergraben ist, dann wird es ans Licht kommen, sobald wir Eltern werden.

Eine achtsame, bewußte Richtung bei der Erziehung von Kindern einzuhalten kann extrem schwierig sein, vor allem dann, wenn ein alleinerziehender Elternteil dies ganz auf sich gestellt versucht. Es kann eine äußerst wertvolle Hilfe sein, andere Menschen zu finden, die bei der Kindererziehung ähnliche Maßstäbe ansetzen, und sich mit ihnen zusammenzutun. Da die Tendenz, unsere eigenen Bedürfnisse und Wünsche auf unsere

Kinder zu projizieren, ganz natürlich ist (wir all tun dies), können wir davon profitieren, wenn wir von Außenstehenden, d.h. von Menschen außerhalb unserer engen Eltern-Kind-Bindung, regelmäßig auf diese Tendenz aufmerksam gemacht werden, was uns vermeiden helfen kann, unsere Kinder nach unseren eigenen neurotischen Wünschen und Bedürfnissen zu formen.

Wenn wir versuchen, unsere Kinder mit spirituellen und objektiven Werten zu erziehen, können häufig überraschende Reaktionen in uns hochkommen. Wir mögen unseren Kindern erlauben, Dinge zu sagen und zu tun, mit denen wir in unserer eigenen Kindheit niemals davongekommen wären; Dinge, für die wir möglicherweise sogar hart bestraft worden wären. Da jene Gewohnheiten und alten Lektionen jedoch noch immer in uns sind, kann der Drang in uns aufkommen, unseren Kindern dasselbe anzutun, was unsere Eltern uns angetan haben. Wenn unsere Kinder respektlos sind und uns freche Antworten geben, würden wir ihnen wahrscheinlich am liebsten den Mund verbieten und sie zum Schweigen bringen, aus dem einfachen Grunde, weil wir selbst so behandelt worden sind, als wir klein waren. Es kann sogar sein, daß wir unser Kind um seine Freiheit beneiden, selbst wenn wir diejenigen sind, die ihm diese Freiheit gewähren!

Die Fähigkeit zu entwickeln, den Widerspruch unserer Kinder zu dulden und mit ihm ohne Überreaktionen auf einfühlsame Art und Weise umzugehen – ohne unseren Kindern jedoch so viel Freiheit zu einzuräumen, daß sie einfach nur noch frech zu uns sind, ist eine sehr kreative Aufgabe. Wir müssen dazu wirklich erwachsen sein und wissen, wer wir sind! Dann ist es kein Problem mehr, wenn Kinder die Dinge von sich geben, die Kinder eben manchmal äußern, und wir werden auch wissen, wie wir damit umzugehen haben. Das wird sich ganz sicher von dem unterscheiden, wie man mit uns umgegangen ist, doch darum geht es ja eigentlich. Das *Study Manual* unserer Gemeinschaft drückt es treffend aus:

Alice Miller berichtet von ihrer Arbeit als Psychotherapeutin, daß die Wunden unserer Kindheit so lange im Unbewußten begraben liegen und dort vergessen sein können, bis wir selbst Kinder haben. Wenn auch unsere Kindheitserfahrungen unsere Entscheidungen, Dynamiken und Beziehungen im Erwachsenenalter beeinflussen, so können diese Folgen für uns tatsächlich so lange unsichtbar bleiben, bis wir Kinder haben. Dann kann es passieren, daß wir uns dabei ertappen, wie wir auf unerklärliche Weise jene Muster gegenüber unseren Kindern ausagieren, die uns selbst geprägt haben.[2]

* * *

Was mich betrifft, so gibt es nur einen Weg, mit Kindern umzugehen, der sich richtig anfühlt und wirklich „stimmig“ ist, und dieser Weg läßt sich nicht mit Begriffen wie konservativ oder liberal umschreiben. Entweder haben wir ein Gefühl für das, was objektiv richtig bzw. optimal für die Erziehung und Gesundheit eines Kindes ist, oder nicht. Jedem Umstand wohnt eine ganz spezifische, objektive Antwort inne, und bei einem bewußten Umgang mit Kindern geht es darum, ein Gefühl für das zu entwickeln, was objektiv ist. Hier gibt es eindeutig eine gewisse Toleranzbreite – ganz bestimmt ist niemand von uns als Mutter oder Vater perfekt, auch ich nicht; und darum gibt es einen gewissen Spielraum für unterschiedliche Charaktere, unterschiedliche Umstände, den rechten Zeitpunkt und dergleichen mehr. Innerhalb dieser Toleranzbreite geht es jedoch nicht darum, konservativ oder liberal zu sein, sondern darum, das Richtige zu tun, d. h. Disziplin walten zu lassen, wenn Disziplin erforderlich ist, weich und flexibel zu sein, wenn Flexibilität angesagt ist. Es gibt in dieser Hinsicht keine persönliche Einstellung. Sich dieses Prinzip bei allen Aspekten der Kindererziehung immer mehr bewußt zu machen, darum geht es in diesem Buch.

„Und ein Kindlein wird ihnen den Weg weisen …“

Eine Bedeutung, die Kinder für jeden von uns im Leben haben können, liegt darin, uns zu zeigen, wie „un-heil“ wir sind. Kinder berühren unser Herz sehr stark, und deshalb kann uns der Schmerz angesichts der Krankheiten dieser Welt – wenn uns nämlich klar wird, was diese Dinge für ein Kind bedeuten, welche Folgen Krieg, Gier, Grausamkeit, Folter und kriminelle Vergehen auf ein Kind haben – ein wirklicher Ansporn sein, herauszufinden, was es für uns selbst bedeutet, vollkommen heil und bewußt zu werden. Wenn man wirklich spürt, wie die Menschheit leidet; wenn man ein unschuldiges Kind betrachtet, das von der Realität all dessen nichts weiß (Kinder spielen einfach nur, sie essen, weinen und lachen); und wenn man sich dann vor Augen hält, was es dieses Kind kosten wird, seine Unschuld zu verlieren …; wenn all dies nicht ausreicht, um uns so weit zu motivieren, daß wir aus unserem Versteck hervorkommen und bewußt werden wollen (in unserem spirituellen und gegenwärtigen Leben reifen wollen), dann wird es niemals etwas geben, was dies vermag. Solange ein Kind sich noch etwas von seiner Unschuld bewahrt hat, sollte jeder Ausdruck dieser Unschuld in dieser Hinsicht zu einer Mahnung für uns werden.

Es geht nicht so sehr darum, daß wir von Kindern lernen können, weil sie weise und rein sind, weil sie sich an ihre vergangenen Leben erinnern, weil sie die Aura sehen können und all solche Dinge. (Andererseits brauchen wir uns gar nicht die Mühe zu machen, „channeln" zu wollen, da Kinder sowieso mit Engeln sprechen und uns direkte, ehrliche und offene Antworten geben.) Kinder berühren in uns das Mitgefühl für all diejenigen, die leiden – für das unnötige Leid so vieler Menschen, das auf mangelnder Bewußtheit, auf Verleugnung und engstirnigem Denken beruht. Kinder machen es uns leichter, jenen Schmerz zu erkennen, da eine so große Diskrepanz besteht zwischen jenem Leid und ihrer eigenen Verletzlichkeit, ihrer reinen Unschuld und ihrem Wunsch, glücklich zu sein und andere ebenfalls glücklich und gesund zu sehen.

Jeder wirklich sensible Erwachsene wird erkennen, daß Kinder ganz selbstverständlich und mühelos dafür sorgen, daß wir in der Gegenwart leben, d. h. daß wir im „Hier und Jetzt" bleiben. Sie nehmen unsere Aufmerksamkeit in Anspruch, wenn wir es ihnen gestatten; sie lassen uns nicht einfach abheben und in den Wolken schweben. Wenn wir sie jedoch darin bestärken wollen, sie selbst zu sein, dann sollten wir nicht von ihnen erwarten, daß sie, wenn sie größer werden, unsere Aufmerksamkeit noch genauso stark brauchen wie früher. Das würde nur bedeuten, daß wir ihre Kreativität ersticken und als Eltern nichts weiter als „bühnenreifes Theater" spielen.

Eine weitere ergreifende, fast schon tragische Erkenntnis, die Kinder uns vermitteln können, ist die Erkenntnis, wie leicht unser Leben zerbrechen kann. Ich meine damit, daß unsere Gefühle ebenso leicht verletzbar sind wie die Gefühle eines Kindes, doch da wir uns anders ausdrücken als Kinder, tun wir so, als ginge uns das alles gar nichts an; und das ist neben all den anderen Dingen, die zur Desintegration unseres Wesens beitragen, wie psychische und emotionale Probleme, Frustration und Überlastung, der Grund, warum wir nach fünfzig Jahren plötzlich von einem Herzinfarkt, einem Schlaganfall oder einer anderen schweren Erkrankung niedergeschmettert werden können, deren Ursache in der Unterdrückung unserer Gefühle liegt und im Verleugnen dessen, was für uns so ist, wie es ist.

Allein die Liebe reicht – die Liebe allein reicht nicht

Neben rechter Disziplin bzw. richtig gezogenen Grenzen, welche *den* Schlüssel zum Erfolg im Umgang mit Kindern darstellen, muß Liebe die Grundlage für unsere Beziehung zu ihnen sein. Wir können jegliche korrekte oder „gerechte“ Disziplin geradewegs vergessen, wenn diese Disziplin nicht vor dem Hintergrund der Liebe erfolgt. Ohne einen liebevollen Rahmen werden wir letztendlich auf die eine oder andere Art und Weise unseren Kindern schaden – wenn nicht körperlich oder emotional, dann psychisch.

Wenn die Beziehung zu unseren Kindern auf dem Fundament bzw. dem Feld der Liebe wächst, dann werden wir irgendwie auch die unwegsamen Stellen überwinden – und unwegsame Stellen wird es immer geben. Im Grunde sind uns unsere Kinder in einigen Dingen mit Sicherheit recht ähnlich, doch gleichzeitig ist jeder Mensch auch ein Individuum für sich, mit einer ihm eigenen Bestimmung, einer eigenen Persönlichkeit, angeborenen Neigungen, Schwingungen und so weiter. Wenn wir auch unseren Kindern gegenüber vielleicht einmal laut werden, wenn wir uns über sie ärgern, die Fassung verlieren und uns der Geduldsfaden reißt, irgendwie wird die Liebe immer wieder dafür sorgen, daß sich grundsätzlich für alles eine Lösung findet. Die Liebe kann jedoch niemals ein Gut sein, das nur manchmal oder nur als Antwort auf bestimmte Reize gegeben wird. Sie muß bedingungslos und ständig vorhanden sein, und nicht jeder Erwachsene ist bereit, die außergewöhnlich große Verantwortung anzuerkennen, welche die Liebe mit sich bringt.

Wenn wir auf ein Kind zuerst mit Liebe reagieren und bereit sind, hierfür die Verantwortung zu übernehmen, dann werden wir dadurch immer wieder aus allen Tiefen der Bestürzung und Verwirrung, der Frustration und Depression herausfinden, die uns gelegentlich überkommen mögen. Ganz gleich, wie sehr einem Kinder manchmal auf ihrem Weg zu Unabhängigkeit und Individualität auf die Nerven gehen mögen, wenn wir sie aus ganzem Herzen lieben, beständig und voller Zuneigung, dann ist es all dies wert – die Kämpfe, den Ärger und die Mißverständnisse.

Wenn wir unsere Kinder nicht lieben, sondern lediglich ihre Gegenwart in unserem Leben ertragen, dann müssen wir uns auf bestimmte Zeit mit ihnen abfinden; dabei zerstören wir dann oft genug gegenseitig unseren Seelenfrieden und blocken die Liebe ab, die entstehen und wachsen könnte. Natürlich sind wir Erwachsenen in den ersten drei bis vier Lebensjahren eines Kindes weitaus erfolgreicher darin, sein Wesen und seine Lebendigkeit zu zerstören, als ein Kind dies umgekehrt vermag. Doch im Alter von vier bis fünf Jahren wendet sich das Blatt, und dann können Kinder uns weitaus mehr aus der Ruhe bringen als wir sie. Wir können sie zwar beherrschen und unter Kontrolle halten, aber sie können uns ganz schön „drankriegen“; und wie sehr sie das können, das wagen wir uns nicht einmal in unseren kühnsten Träumen auszumalen. Kinder sind mit Sicherheit nicht von Geburt an auf Krieg mit ihren Eltern aus, doch die Notwendigkeit zu überleben konditioniert sie zu einem derartigen Verhalten. Kinder, die als Baby nicht geliebt werden, entwickeln häufig problematische Verhaltensweisen, um sich selbst zu beweisen, daß sie es wert sind, Aufmerksamkeit zu bekommen – jegliche Art von Aufmerksamkeit. Das Ganze ist ein Mechanismus, der auf einer tiefen, unterbewußten Ebene abläuft. Für eine erfolgreiche Beziehung mit Kindern versteht es sich eigentlich von selbst, daß wir sie lieben.

Liebe als Grundlage für die Beziehung zu unserem Kind ist entweder von Natur aus vorhanden, oder wir müssen sie schaffen. Der erste Schritt, um sie zu erschaffen, ist die disziplinierte Verantwortung für uns selbst. Praktisch bedeutet dies, daß wir zum Beispiel unsere Kinder nicht anschnauzen, wenn wir einen schlechten Tag haben, ganz gleich, ob wir den „schlechten Tag" auf unsere Kinder zurückführen oder nicht. Wenn ein Kind quengelt, sind *wir* dafür verantwortlich, klare aber gerechte Grenzen zu setzen, ruhig, liebevoll und zärtlich zu bleiben und einen klaren Kopf zu behalten.

Die Liebe allein reicht jedoch nicht aus, wenn der Kontext nicht stimmt. Man könnte sogar so weit gehen zu behaupten, daß es gar keine Liebe geben kann, wenn der Kontext „daneben" ist. Der Kontext, über den wir hier sprechen, ist ein Umfeld liebevoller Fürsorge – ein Umfeld von solcher Gefühlstiefe und Akzeptanz, von solcher Klugheit in bezug auf das Wesen und die Entwicklung unserer Kinder, daß sie ohne jeden Zweifel *wissen*, daß sie geliebt werden.

Es ist natürlich, daß wir das Beste für unsere Kinder wollen, und wir sollten die Einstellung pflegen, daß wir alles für sie tun werden, was in unserer Macht steht, daß wir ihnen die bestmögliche Erziehung, die allerbeste Pflege, Liebe und Aufmerksamkeit zukommen lassen. Doch je früher ein Kind *sein eigener Mann* bzw. seine eigene Frau oder *sein eigener Junge* bzw. sein eigenes Mädchen wird, desto besser. Jedesmal, wenn wir die Möglichkeit sehen, einem Kind etwas zu geben, bzw. wenn wir sehen, daß ihm etwas fehlt, das es braucht, dann sollten wir uns an diese Vision erinnern, unsere Kinder darin zu unterstützen, zu sein, *wer sie sind.* Allerdings dreht sich das Leben vieler Menschen jahrelang darum, Kinder zu bekommen, Kinder aufzuziehen, Kinder zu erziehen, … und erst zehn oder zwanzig Jahre, nachdem die Kinder aus dem Haus sind, begreifen die Eltern dann plötzlich, worum es eigentlich ging. (Oder sie begreifen es niemals. Eine Menge Leute versteht es nicht und erleidet unnötige emotionale und psychische Qualen.) Worum geht es also? Unter anderem darum, daß Kinder uns *nicht gehören* – Kinder sind keine Dinge, keine Besitzgegenstände, keine Objekte, die man manipulieren, kontrollieren oder beherrschen kann. Dies ist ein ganz wichtiger Punkt.

Wenn ein Mann oder eine Frau keine Selbstachtung hat und es diesem Menschen auch nicht gelingt, irgendwie eine gewisse Selbstachtung zu entwickeln, dann ist es fast unmöglich, daß aus ihm ein bewußter Vater oder eine bewußte Mutter wird. Diese lebenswichtige Aufgabe der Eltern muß aus einer Position der Stärke, des Selbstvertrauens und der Selbstkenntnis, und nicht aus einer Position der Verzweiflung und der Schwäche heraus bewältigt werden. Und es ist sehr wichtig, daß Kinder Selbstachtung besitzen, damit sie die Prinzipien einer bewußten und spirituellen Kindererziehung weitergeben können, wenn sie erwachsen werden und selbst Kinder haben, denn ohne diese Prinzipien wäre die Welt zu weitaus mehr Dunkelheit und Leid verdammt, als es heutzutage ohnehin schon so weit verbreitet ist oder, besser gesagt, wie eine Epidemie grassiert.

2. Kapitel

Ein guter Anfang
Empfängnis, Schwangerschaft, Geburt und Stillzeit

Bewußte Empfängnis

Ein amerikanisches Sprichwort lautet: „Der Weg zur Hölle ist mit guten Absichten gepflastert." In einem Augenblick leidenschaftlicher Liebe mag es sein, daß wir unseren Partner anblicken und zu ihm sagen: „Oh, mein Schatz, ich möchte ein Kind von dir haben", und er antwortet darauf: „Ja, ja, ich möchte auch, daß du ein Kind von mir bekommst." Doch eineinhalb Jahre nach der Schwangerschaft hat die Frau dann ein blaues Auge und gebrochene Arme, weil ihr Partner nicht weiß, wie er mit seinem Zorn, seinem verantwortungslosen Handeln und seinem Mangel an Integrität und Disziplin umgehen soll. Er ist bereit, sie sitzen zu lassen, und betrinkt sich jeden Abend, um in seinem Dämmerzustand die Last zu vergessen, die das Kind, die Familie und die Ehe für ihn darstellen. Doch die Tatsache bleibt, daß in jenem Moment großer Aufrichtigkeit, wahrscheinlich ausgelöst durch Hormone oder neurotische Verzweiflung, eine völlig unangemessene Handlung erfolgte, da die erforderlichen Voraussetzungen, um mit den Folgen einer solchen Handlung umgehen zu können, überhaupt nicht gegeben waren. Wir machen uns selten Gedanken über die langfristigen Folgen unserer Handlungen, vor allem dann nicht, wenn die Triebe den Menschen überwältigen.

Ein beliebtes Thema in spirituellen Kreisen ist heutzutage die Idee der „bewußten Empfängnis". Die meisten Menschen glauben, eine bewußte Empfängnis bedeute, sich beim Sex jenen besonderen Menschen vorzustellen, der sich gemäß ihren Wünschen in *ihrem* Kind inkarnieren soll – sie glauben, daß es beispielsweise darum gehe, Gandhi, Mozart oder Bach zurück auf die Erde zu bringen oder auch jemanden wie Albert Schweitzer, Martin Luther King oder Buddha. (Oder dieses Mal vielleicht eher Mahatma Gandhi statt Albert Gandhi. Wer allerdings aus ärmeren Verhältnissen stammt, der wird wahrscheinlich Albert Gandhi vorziehen, da dieser mit seiner erstaunlichen Kreativität im Umgang mit Finanzen wenigstens die eigene Altersversorgung sicherstellen könnte. Bei Mahatma Gandhi wäre es wohl nicht ganz auszuschließen, daß man von Streikposten Prügel bezieht, wovon wahrscheinlich nicht jedermann gerade begeistert wäre.) Allerdings sind Amerikaner heutzutage so eitel, so oberflächlich und so sehr mit sich selbst beschäftigt, daß sie höchstwahrscheinlich eher darum bitten werden, Marilyn Monroe, Clark Gable oder Groucho Marx möge als ihr Kind wiederkommen. Dies ist jedoch keine bewußte Empfängnis und hat damit in der Tat rein gar nichts zu tun. Das sind nicht nur Phantasievorstellungen, das ist reiner Egoismus.

Eine bewußte Empfängnis findet dann statt, wenn man sein eigenes Mensch-Sein und den eigenen persönlichen Prozeß dem Lauf des Göttlichen übergibt. Eine bewußte Empfängnis hat nichts mit der Entscheidung zu tun, daß man sich einen bestimmten perfekten Menschen, einen bestimmten Bewohner von Atlantis oder eine Führungspersönlichkeit mit weltweitem Einfluß wünscht. Bewußte Empfängnis hat mit Hingabe zu tun, sich dem zu fügen, *was das Universum braucht oder wünscht.*

In einer spirituellen Gesellschaft treffen Paare die Entscheidung für ein Kind nicht aufgrund der Liebe zum Partner. Die romantischen, sentimentalen Gründe, aus denen sich die meisten Menschen ein Kind wünschen, sind vollkommen egoistisch; Kinder werden zum Gegenstand der neurotischen Verliebtheit eines Paares und haben ganz sicher unter den Folgen zu leiden, die eine solche Neurose für ihre Persönlichkeit hat. In einer bewußten Gesellschaft beten Paare zum Göttlichen, was auch immer sie darunter verstehen, und sagen: „Was brauchst *Du*? Brauchst *Du* jetzt Kinder? Brauchst *Du* einen Kämpfer, einen weisen Menschen, einen Arbeiter? Was brauchst *Du*? - Weißt Du, so wie *Du* es möchtest, so soll es geschehen.“ Und nicht: „Wir wünschen uns ein Kind, weil *wir* uns lieben, und dieses Kind soll das Produkt unserer großen romantischen Liebe sein, ein Beweis wahrer Liebe.“ Das ist einfach nur selbstsüchtig, bedauerlicherweise jedoch allzusehr verbreitet.

Das wahre Ideal einer bewußten Empfängnis liegt darin, die Möglichkeit der Empfängnis dem Lauf des Göttlichen und dem göttlichen Einfluß zu überlassen, so daß jenes Wesen, das sich für eine bestimmte Inkarnation entscheidet, ein Wesen sein wird, welches das angebotene Lebensumfeld optimal nutzen und Gott bestmöglich dienen kann; und es geht nicht darum zu sagen: „Oh, ich möchte, daß mein Kind ein Heiliger wird. Ich wünsche mir jemanden, der Gott liebt. Ich möchte jemanden, der wirklich ehrlich ist und sich zu benehmen weiß, einen zukünftigen Sozialreformer.“ Ich meine, natürlich *kann* man sich eine bestimmte Art von Wesen wünschen, und jeder, der in genügend fortgeschritten ist, wird das, was er will, wahrscheinlich auch bekommen. Eine solche Entwicklung läßt sich dadurch erreichen, daß man sich intensiven spirituellen Übungen unterwirft, oder sie kann durch die Ausübung bestimmter Techniken erreicht werden, wobei man dann wahrscheinlich darum flehen wird: „Laßt es in der Familie bleiben – schickt mir weder einen Herrscher, noch einen Machthaber, sondernein en wohlhabenden Menschen, ein Genie."

Eine bewußte Empfängnis erfordert vor allem, daß man versteht, wie die Kommunikation zwischen den einzelnen Dimensionen bzw. Ebenen der Existenz abläuft. Es geht dabei nicht um Wunschdenken oder darum, die Augen ganz fest zu schließen, für etwas zu beten und zu hoffen, daß das Gebet erhört wird. Man muß vielmehr in der Lage sein, mit der Ebene zu kommunizieren, von der die Inkarnation kommt. Eine solche Kommunikation muß nicht unbedingt in Worten erfolgen. Es ist im großen und ganzen eine Art Bitte oder Wunsch unseres „ganzen Seins". Und *wir sind* diese Dimension so oder so, und daher geht es darum, die Bedeutung beider Dimensionen abstrakt anzuerkennen und sich einen Moment lang auf das „Dort" statt auf das „Hier" zu konzentrieren.

Natürlich ist eine liebevolle, zärtliche Beziehung der zukünftigen Eltern in gegenseitiger Annahme, Respekt und Achtung von entscheidender Bedeutung. Danach hängt eine bewußte Empfängnis davon ab, ob es gelingt, diese „Seins-Präsenz und Hingabe" während der Dauer des Orgasmus und noch einige Zeit später aufrecht zu erhalten, da es einen Moment dauert, bis das Sperma das Ei erreicht hat. (Statt sich nur bis zur Ejakulation des Mannes darauf zu konzentrieren und dann zu sagen: „Ah ja, bewußte Empfängnis; ... Stop". Statt sich anschließend umzudrehen, eine Zigarette zu rauchen und dann nach dem Motto „Jetzt laß' uns aber endlich *wirklich* zur Sache kommen!")

Natürlich wird diese „volle Seins-Präsenz" zwischendurch nachlassen, die ununterbrochen gute Absicht ist jedoch das, was erforderlich und effektiv ist. Dieser Kontext muß eine bestimmte Zeit lang aufrecht erhalten werden, was allerdings nicht von beiden Partnern gleichermaßen zu erfolgen braucht. Eine bewußte Empfängnis kann auch von nur einem Partner erreicht werden. Jedoch unterstützt es den Prozeß, wenn beide Partner ihn verstehen und an ihm beteiligt sind. Das ist zwar selten, aber es hilft.

Der Versuch, das Geschlecht des Kindes vorab durch entsprechende Ernährung und andere Mittel entscheiden zu wollen, ist einfach lächerlich. Warum sich überhaupt die Mühe machen? Wer sind wir denn überhaupt, daß wir Gottes Arbeit übernehmen wollen? Das Geschlecht des Kindes unterliegt dem großen Prozeß der Göttlichen Evolution. Wer sind wir denn, daß wir uns anmaßen zu entscheiden: „Ich will einen Jungen, ich will ein

Mädchen.“ Meine Empfehlung – vor, während und nach der Schwangerschaft – ist eine gesunde Ernährung, körperliche Betätigung, ein verantwortungsvoller Umgang mit sich selbst, richtiges Denken und eine rechte Beziehung zu Gott … das ist alles. Das ist es! Je weniger Erwartungen man an sein Kind (seine Kinder) stellt, desto geringer ist die Wahrscheinlichkeit, daß man ihm Liebe, Zuneigung und Achtung entzieht oder ihm diese nur teilweise schenkt, wenn es unseren Erwartungen nicht entspricht oder diese nicht erfüllt. Wir sollten unsere Kinder sein lassen, wer sie sind, und sie so lieben, „wie sie sind“, anstatt Bedingungen an unsere Liebe zu knüpfen.

Die Wahl ist nicht unser

Wir zeugen Kinder nicht einfach aus dem Nichts. Sie kommen zu uns von einem anderen Ort und warten darauf, daß wir ihnen als ein Vehikel dienen, mit Hilfe dessen sie in diese Dimension und in dieses Leben kommen können. Das Bewußtsein des Wesens, das sich inkarnieren möchte, wählt den Zeitpunkt und den Ort. Wenn Menschen den Entschluß fassen, ein Kind zu bekommen, ist es häufig so, daß sie daran „arbeiten“. Manchmal artet es dann *tatsächlich* in Arbeit aus, wenn wir uns entschieden haben, ein Kind zu bekommen. Doch das nutzt eigentlich nicht allzuviel, und Spaß macht es schon gar nicht.

Bei einem bewußten Prozeß der Kindesempfängnis gibt es so etwas wie Zufall nicht, wenn es darum geht, ob ein Kind „durchkommt“ oder nicht. (Eine in Deutschland lebende Bekannte hatte eine Reihe von Fehlgeburten, und daran ist rein gar nichts Zufälliges.) Die zukünftigen Eltern können Heilige sein, das beste Vehikel der Welt, das Kind jedoch wird sich aussuchen, was es *braucht*; das Kind tut, was *es will*. Unsere Aufgabe liegt einfach darin, mehr oder weniger auszuharren: „Ein Tor zum Leben gefällig? Hier bin ich.“ Wenn ein Kind dann geboren ist, braucht es natürlich unsere Führung, Liebe und Unterstützung, diese Grundforderung gilt noch immer, und darum müssen wir Kinder jenen Kanal finden lassen und ihnen erlauben, darin zu wachsen und aufzublühen.

Die meisten Menschen denken jedoch nicht so. Die meisten Erwachsenen schauen sich diese niedlichen, weichen, knuddeligen (seelisch und verhaltensmäßig formbaren) kleinen Wesen an und denken: „Dies ist *mein* Kind, ich habe es ja so lieb, und ich werde gut für dieses Baby sorgen!“ Doch dieses Kind weiß bereits, was es von seinen Eltern braucht. Ein Kind weiß bereits alles, was wir zu ihm sagen werden. Der Plan liegt bereits vor.

Ein Kind weiß schon jetzt, wann die Mutter es schlagen und der Vater seine Geduld verlieren wird.

Das Ganze ist ein vollkommen magischer Prozeß! Und wir müssen auf diese Magie vertrauen, ansonsten werden wir ziemlich frustriert werden: „Ich *muß dafür sorgen*, daß das und das geschieht. Mein Kind muß so ... oder so ... werden." Wir *sind* beteiligt; wir sind vollkommen eingebunden in ein gänzlich magisches Geschehen ..., von dem Ort aus, an dem *wir* sind. (Aus einer höheren Perspektive betrachtet, ist dies ganz und gar keine Zauberei, sondern Wissenschaft; aus unserer Sicht jedoch übersteigen all diese Dinge unser Verstehen.) Wir müssen den Prozeß bereitwillig annehmen und ihm erlauben, sich zu entfalten, wobei wir selbst einfach den „Rahmen" für dieses „Bild" darstellen.

Eine ehrfurchtgebietende Verantwortung

Wenn ein Mann ein Kind zeugt, ist er darauf sehr stolz (als ob nicht jeder Mann mit dieser Fähigkeit geboren würde, oder als ob es sich dabei um eine große Heldentat oder ein männliches Bravourstück handeln würde). Doch in Wirklichkeit ist daran überhaupt nichts Besonderes – jeder Mann hat die entsprechenden Voraussetzungen. Jedes männliche Säugetier, ganz gleich ob Mensch oder Tier, kann Kinder zeugen. Nur bei den Menschen glaubt der Mann, er habe etwas wirklich Besonderes vollbracht, das ihn einzigartig und außerordentlich wichtig macht, und darin zeigt sich sein neurotischer Impuls in voller Blüte.

Natürlich gibt es auch die andere, nicht neurotische Seite, daß man nämlich eine tiefe Ehrfurcht empfindet angesichts der Verantwortung, einen Menschen zu führen, in dessen Händen fünfzig Jahre später einmal das Gleichgewicht der Welt liegen könnte. Man braucht sich nur vorzustellen, daß das eigene Kind mit dem Finger auf dem „roten Knopf" dasitzt und darauf wartet, den Dritten Weltkrieg auszulösen oder zu verhindern. Da möchte man schon gerne sicher sein, daß dieses Kind einen gewissen Sinn für Verhältnismäßigkeit und Integrität besitzt. (Möglicherweise würde es diesen Posten niemals bekommen, wenn es Integrität besäße, doch das ist eine akademische Frage. Politik und Sozialphilosophie sind ein ganz anderes Thema, von dem wir hier vielleicht am besten die Finger lassen sollten.)

Unsere Verantwortung als Vater oder Mutter eines Kindes liegt darin zu wissen, daß unser Kind *uns* nicht wirklich „gehört", daß wir aber dennoch für seine Ausbildung, Erziehung und Einflüsse verantwortlich sind, damit aus ihm im Erwachsenenalter ein (möglichst) reifer und bedeutungsvoller

Mensch wird und kein egoistisches, besitzergreifendes Wesen (wie der heutige Durchschnittserwachsene) oder gar ein Psychopath.

Einflüsse auf die Schwangerschaft

Während der Schwangerschaft – und eigentlich zu allen Zeiten – sollte man die Geburt mit Begeisterung betrachten, sie als etwas Aufregendes und Geheimnisvolles sehen. Das ist das *Leben*, was da geschieht! Es ist immer wieder ein großes und wundersames Geheimnis. Wenn also wieder einmal ein Kind danach fragt, wie denn die Babys auf die Welt kommen, dann könnte man ihm antworten: „Das weiß nur der liebe Gott! Eine Samenzelle und eine Eizelle vereinigen sich, doch das alleine macht noch keinen Menschen. Daraus entsteht erst einmal ein Vehikel." Sowohl von der eigenen inneren Einstellung her als auch im Gespräch mit anderen – mit Kindern und Erwachsenen – sollte man eine Geburt immer als etwas betrachten, auf das man sich freuen kann.

Frauen neigen dabei zu überschwenglicher Begeisterung, sie glühen vor Schönheit und Staunen und schwelgen in romantischen Gefühlen (von den aufgewühlten Hormonen ganz zu schweigen), während Männer eher dazu neigen, alles ganz nüchtern und zu sachlich sehen, und manchmal geht ihnen die ganze Aufregung auch einfach auf die Nerven. Doch eine Geburt hat immer mit dem Erscheinen neuen Lebens zu tun, und darum ist sie etwas Wunderbares, etwas wahrhaft Faszinierendes. Dieses Lebensgefühl kann und sollte stärker sein als alle geschlechtstypischen, kulturellen und persönlichen Neigungen.

Niemand sollte im Beisein einer schwangeren Frau Horrorgeschichten erzählen und sich über die schlimmen und schmerzhaften Schwangerschaften und die schrecklichen Geburten von Müttern und Schwestern auslassen. Von manchen Frauen bekommen zukünftige Mütter solche Dinge zu hören wie: „Ach, es wird schon gutgehen …, meine Mutter jedoch, oh je, was hatte sie für Probleme, als sie in den Wehen lag …" Solche Worte sind nicht nur vollkommen unsensibel, sondern geradezu dumm. Gespräche dieser Art sind ohnehin niemals angebracht, geschweige denn mitten in einer Schwangerschaft. Man sollte immer versuchen, sich in guter Gesellschaft zu befinden – unter Menschen, mit denen man sich über Gott und das Göttliche Leben unterhalten kann, über Schönheit, Freude, Vergnügen, Gesundheit und Lebenskraft. Das gilt auch während einer Schwangerschaft!

Verwandte oder andere Menschen haben manchmal gegenüber einer natürlichen Geburt und anderen Entscheidungen, die wir als jetzige oder zukünftige Eltern treffen, Vorurteile, die sie klar und deutlich zum Ausdruck bringen. Einer meiner Freunde entschloß sich, seinen Eltern, Großeltern und anderen Verwandten und Bekannten nichts davon zu sagen, daß sein Kind zu Hause auf die Welt kommen sollte. Statt dessen wurde ihnen erzählt, daß es die übliche Krankenhausgeburt geben würde, und alle waren sehr glücklich, um Unterstützung bemüht und aufgeregt vor Freude. Nachdem das Kind geboren war, sagten die Verwandten: „Was? Das Kind ist zu Hause auf die Welt gekommen? Und alles ist glatt gegangen?" Als mein Freund ihnen dies versicherte, haben sich alle entspannt. Hätten sie es vorher gewußt, dann hätte es geheißen: „Das solltet ihr nicht machen, es wäre besser, wenn ein Arzt dabei wäre..." Sie hätten sich nicht nur Sorgen gemacht, sondern auch die werdende Mutter mit all ihren eigenen Ängsten und Zweifeln, mit ihrer Kritik und ihren Kommentaren stark beeinträchtigt. So jedoch waren während der gesamten Schwangerschaft alle bemüht, Unterstützung zu leisten, und am Ende waren alle glücklich und zufrieden. Es ist äußerst wichtig, daß auch das erweiterte Lebensumfeld möglichst unterstützend wirkt – daß es frei ist von Spannungen, Bitterkeit, Meinungsverschiedenheiten und Uneinigkeit.

In der Regel ist die Zeit im Mutterleib für ein Kind höchstwahrscheinlich sehr angenehm, da die Mutter die gesamte Verantwortung für sein Lebensversorgungssystem trägt und das Kind rein gar nichts zu tun braucht – eine Zeit reiner, nichtlinearer Sinneswahrnehmungen, eine Zeit, in der das Kind Informationen sammelt; eine Zeit einzigartiger Glückseligkeit und des Einsseins; ein Leben ohne Motive oder neurotische Forderungen. Das einzige, was die Behaglichkeit während dieser Zeit zu stören vermag, sind schwere emotionale Zustände oder hohe Dosen chemischer Substanzen, Drogen und Medikamente, welche das Nervensystem beeinflussen. Wenn eine Mutter Beruhigungsmittel einnimmt, wirken diese auch auf das Baby im Mutterleib, das infolgedessen bereits mit einer Beruhigungsmittelabhängigkeit zur Welt kommt. Extreme Gemütszustände wie Haß, Zorn und Depressionen setzen im Gehirn und im Körper chemische Stoffe frei, welche die Gesundheit des Ungeborenen bedrohen, und sind eindeutig ebenfalls zu vermeiden. Bei manchen Frauen kann sich die Körperchemie dadurch so sehr verändern, daß sie beinahe abtreibend wirkt; in der Regel jedoch werden diese Stoffe nicht in ausreichender Menge abgegeben bzw. produziert, um eine Fehlgeburt oder anderweitige Schwangerschaftsprobleme auszulösen. Dennoch sollten werdende Mütter möglichst weitgehend versuchen,

Streßsituationen zu vermeiden, die den Anstieg solcher chemischer Substanzen fördern.

Um die richtige Ernährung während der Schwangerschaft sollte man sich keine allzu großen Gedanken machen. Wenn eine Frau die ehrgeizigen Ratschläge all jener Gesundheitsratgeber befolgen wollte, die sich mit der richtigen Ernährung in der Schwangerschaft befassen, dann wird sie vor lauter Sorge, vielleicht die falsche Sorte Brot zu essen, so angespannt sein, daß sie ihre Schwangerschaft überhaupt nicht mehr entspannt genießen kann. Wer schwanger ist, sollte einfach nur auf eine grundsätzlich gesunde Ernährung achten, auf saubere und frische Nahrungsmittel ohne allzuviele chemische Zusätze und Farbstoffe. Wie viele Kinder werden denn heutzutage aufgrund der üblichen Ernährungsprobleme in Amerika behindert geboren? Ihr Anteil ist praktisch gleich Null – klein genug, um statistisch unbedeutend zu sein. Welche Faktoren sind dagegen die wahren Ursachen für Geburtsschäden bei Kindern? Drogenabhängigkeit der Eltern, Alkohol- und Nikotinabhängigkeit der Mutter, körperliche Gewalttätigkeit von Müttern und Vätern; Einnahme von Medikamenten gegen bestimmte Erkrankungen, Strahlenschäden und dergleichen mehr – das sind die Ursachen dafür, daß Kinder behindert zur Welt kommen. Nicht der künstliche Farbstoff im Käse. Nicht der Konservierungsstoff im Weizenvollkornbrot. Wie ich gehört habe, soll Petersilie ein natürliches Abtreibungsmittel sein. Ich möchte gar nicht wissen, wie viele Frauen ein- oder zweimal in der Woche mit ihrem Fisch oder einem anderen Gericht ein Blättchen Petersilie verspeisen (vielleicht auch zwei oder auch drei), weil ihnen diese Tatsache nicht bekannt ist. Die Gegenreformation der Naturkosthersteller hat uns aufgeschreckt. Ein solcher Fundamentalismus mag zwar auf Informationen basieren, die eine gewisse Gültigkeit haben, doch der Absolutheitsanspruch des Ganzen kann sich eher kontraproduktiv auswirken.

Während der gesamten Schwangerschaft stellt die Kommunikation mit dem Kind einen weiteren äußerst nützlichen Aspekt für eine bewußte Elternschaft dar. Wir sollten unserem ungeborenen Kind all die Dinge sagen, die wir auch zu einem anderen Menschen sagen würden, mit dem wir uns unterhalten: „War das Frühstück heute morgen nicht lecker?“ und dergleichen mehr. Im wesentlichen geht es darum, mit einem Kind so zu sprechen, wie wir auch mit einem Erwachsenen sprechen würden. Das muß nicht unbedingt in Worten geschehen, wobei allerdings die Schwingung unserer Stimme eine zusätzliche Wirkung hat und die seelisch-geistige Kommunikation unterstützt. Wir sollten einem Kind Dinge sagen wie: „Wir freuen uns wirklich auf deine Geburt“ und „Bei Gott, das ist großartig, daß du zu uns kommst.“ Natürlich versteht es sich von selbst, daß man nur positive, wohltuende und ermutigende Dinge sagen sollte. Nach einer wirklich wunderbaren Zeit des Gebets oder einem anderen großartigen Erlebnis sollte man zum Beispiel seinem Kind davon erzählen und es auf diese Art daran teilhaben lassen. Auch Mythen und Heldensagen kann man einem Kind erzählen. Es ist wichtig, von Anfang an mit dem Kind zu sprechen. (Das Thema der Sprache im Zusammenhang mit Kindern wird in Kapitel 8, *Die Wahrheit sprechen: Sprache und Ehrlichkeit*, ausführlich behandelt.)

Ein Fötus „hört" alles. Wenn man zum Beispiel Eltern fragt: „Was wünscht ihr euch denn, einen Jungen oder ein Mädchen?" und sie sich dann anblicken und antworten: „Nun ja, wir nehmen beides, Hauptsache, es ist gesund, aber eigentlich wünschen wir uns ja ein Mädchen", dann spürt ein Fötus das. Es ist unmöglich, den Fötus gegen Vorurteile dieser Art abzuschirmen, auch wenn diese noch so subtil sind. Darum müssen wir uns ganz klar darüber werden, welche Erwartungen, Wünsche und unbewußten Bedürfnisse wir in unserem Inneren haben. Klarheit und rücksichtslose Ehrlichkeit uns selbst gegenüber sowie ein konsequentes Verständnis dieser Dinge sind der beste Weg, um ihren Einfluß auf das Bewußtsein und die seelische Verfassung des Kindes möglichst gering zu halten.

Man mag sich fragen, ob ein Fötus im Mutterleib oder ein Säugling mehr auf die eigentlichen Worte reagiert, die aus unserem Mund kommen, oder eher auf die subtileren seelisch-geistigen Mitteilungen, die sich hinter unseren Worten verbergen. Die Antwort lautet: auf beides. Am Anfang ist die seelisch-geistige Kommunikation durch das Verhalten am stärksten. Die Sprache wird vom Gehirn genau gespeichert, und sobald ein Kind sprechen lernt, macht sein Gehirn einen Schritt zurück und interpretiert jene Informationen, die das Kind zu einer Zeit hörte, als es noch nicht einmal wußte, was Sprache ist.

Die Grundstimmung und das gesamte Lebensgefüge sollten sich angesichts einer Geburt, mit Ausnahme einiger Details natürlich, nicht von der Struktur des normalen Lebens unterscheiden. Wir sollten stets in einer solchen Weise leben, denken und sein, daß es sich positiv auf die gesamte Situation der Schwangerschaft und Geburt auswirkt – unseren Partnern, anderen Kindern und Freunden, unseren eigenen Eltern und anderen Menschen Freundlichkeit erweisen und ihnen liebevolle Aufmerksamkeit und Zuneigung entgegenbringen. All dies wird in jenem Teil der Persönlichkeit gespeichert, aus dem sich dann in der Kindheit und im Erwachsenenalter das Unbewußte und die den Menschen bestimmende psychische Konstitution entwickeln. Wenn die Zeit reif ist, daß wir Eltern werden, bietet uns die Geburt, falls wir nicht schon von Anfang an so gelebt haben, einen großartigen Denkanstoß, unsere Aufmerksamkeit mehr auf die Grundbedürfnisse des Kindes auszurichten, denn eine Geburt ist ein so entscheidendes Ereignis. Häufig erschüttert sie unsere gesetzten und nie hinterfragten Vorstellungen von einem normalen Lebensablauf.

Diese allgemeine Grundstimmung von Freundlichkeit, Großzügigkeit und Mitgefühl sollte von dem Moment an aufrecht erhalten werden, in dem das Kind zur Welt kommt, sie sollte aber auch bereits vor der Geburt im Umgang mit der schwangeren Mutter vorhanden sein. Als ich sechzehn war (vielleicht auch noch mit fünfundzwanzig), war alles, was ich vom Kindergebären wußte, daß Frauen stark sind und bis auf die letzten zwei Wochen vor der Niederkunft die ganze Zeit arbeiten können. Ich stellte mir das so vor, daß eine Frau sich hinlegt, wenn die Zeit gekommen ist, daß das Baby dann herauskommt und die Frau ein paar Stunden später wieder auf den Beinen ist und zurück an ihre Arbeit geht. Ich war damals ein mit allen Wassern gewaschener männlicher Chauvinist (vielleicht bin ich es immer noch). Die Erfahrungen unserer Gemeinschaft haben jedoch gezeigt, daß eine Frau – nicht nur Frauen zwischen dreißig und fünfzig, sondern auch Frauen unter dreißig – manchmal ein paar Monate lang das Bett hüten muß, um ihre eigene Gesundheit und die des Kindes zu schützen. Dann stellen sich folgende wichtige Fragen: Wie wird eine schwangere Frau von ihrer Familie und den ihr nahestehenden Menschen behandelt, wenn sie liegen muß? Behandelt man sie so, als würde sie blau machen, wo sie doch eigentlich arbeiten sollte? Mißgönnt man ihr die nötige Schonung und Ruhe? Oder erkennt ihre Umwelt an, daß sie in anderen Umständen ist und Fürsorge und Aufmerksamkeit braucht? All diese Dinge teilen sich einem Kind auf die eine oder andere Art und Weise mit. Wer weiß denn schon, wann ein Kind Freundlichkeit, Großzügigkeit und Mitgefühl wahrzunehmen beginnt? Ganz sicher vor der Geburt.

Empfängnisverhütung

In einer satirischen Sonderausgabe unserer Gemeinschaftszeitung haben wir einmal einen Cartoon abgedruckt. Auf einem der Bilder bin ich zu sehen, wie ich mir wutentbrannt die Haare raufe. Eine hochschwangere Frau, an deren Rockzipfel drei Kinder hängen, sagt mit völlig fassungslosem Gesichtsausdruck zu mir: „Wollen Sie damit etwa sagen, daß ich das Diaphragma *jedesmal* benutzen soll?"

Allgemein kann man sagen, je natürlicher die Emfängnisverhütung, desto besser. Wir empfehlen in der Regel die Verwendung eines Diaphramas, und wenn jemand *unbedingt* einen zusätzlichen Schutz möchte, dann Kondome; beides ist jenen eher radikalen Verhütungsmethoden wie der operativen Sterilisation oder gewissen sexuellen Yogastellungen vorzuziehen. Manche Männer können die Ejakulation sehr gut zurückhalten, andere können es einfach überhaupt nicht. Ich habe auch davon gehört, daß pflanzliche Empfängnisverhütungsmittel und/oder Temperatur- und Biorhythmusmessungen höchst effektiv sein sollen. Ich bin in dieser Hinsicht allerdings ein wenig skeptisch, da mir Fälle bekannt sind, in denen sogar ein Geschlechtsverkehr während und direkt nach der Menstruation zur Schwangerschaft geführt hat; in einem anderen Fall wurden drei Verhütungsmethoden gleichzeitig angewendet – Diaphragma, Kondom und ein samentötendes Mittel –, und die Frau wurde dennoch schwanger. Wenn ein Wesen unbedingt geboren werden will, dann schafft es das auch. Doch je unvorsichtiger und sorgloser wir sind, desto mehr werden unbewußte statt bewußter Faktoren die Wahrscheinlichkeit einer Schwangerschaft bestimmen.

Teilweise wird die Meinung vertreten, daß Frauen nicht schwanger werden können, solange sie aktiv stillen. In der Regel gilt dies für die meisten Frauen in den ersten zwei bis drei Jahren nach der Entbindung, allerdings gibt es auch Frauen, die fast unmittelbar nach der Geburt bereits wieder fruchtbar sind, obwohl sie die ganze Zeit stillen. Es ist also völlig unterschiedlich.

Ich stelle es mir ziemlich hart vor, bereits wieder schwanger zu sein, bevor das erste Kind laufen gelernt hat, doch letztendlich muß jeder selbst entscheiden, in welchem Zeitabstand er Kinder bekommen möchte. Da die Versorgung und Betreuung der Kinder überwiegend der Mutter zufällt, scheint es nur vernünftig, daß sie auch die Entscheidung trifft, wann sie wieder ein Kind bekommen will. Wenn sich ein Paar fünf Kinder wünscht und diese jeweils ein Jahr auseinander sein sollen, dann wird sich dies entsprechend auf die Entscheidung des Paares auswirken. Ich denke schon, daß es möglich ist, zwei kleine Kinder zu haben und beiden wirklich zu geben, was sie brauchen, doch selbst das fällt vielen Menschen schwer. Nicht alle sind wir „geborene“ Eltern, doch wir können lernen, „ausgezeichnete“ Eltern zu werden, wenn wir wahrhaft bereit sind, die notwendigen Opfer zu bringen und die erforderlichen Entwicklungssprünge in unserer Reife zu machen.

Geburt

Erwachsene Mitglieder unserer Gemeinschaft haben sich – durch psychologische Arbeit, tiefgreifendes Selbststudium und Selbsterkenntnis – ausgiebig mit den schweren Folgen befaßt, unter denen sie selbst infolge einer unnötig traumatischen Geburt zu leiden hatten, und damit, wie sie derartige Auswirkungen bei ihren eigenen neugeborenen Kindern ausschließen können. Um eine Lebenskultur wahrhaftiger und natürlicher menschlicher Werte wie Freundlichkeit, Großzügigkeit, natürliche Gesundheit und Vitalität zu schaffen, ist es unserer Überzeugung nach wichtig, konstante und weise Lebenspraktiken im Hinblick auf Geburt und Kindererziehung zu entwickeln. Mit diesem Thema sollten sich nicht nur werdende Eltern, sondern alle Mitglieder aller Lebensgemeinschaften befassen – seien es soziale, alternative, spirituelle, Stammes- oder bürgerliche Gemeinschaften. Eine angemessene Geburtenkultur erfordert das Verständnis und die Unterstützung der Gemeinschaft als Ganzes, damit sie für die Kinder, denen sie dient, zu einer effektiven Realität werden kann.

Natürliche Geburt

Ich habe häufig darüber gesprochen, wie wichtig es ist, Kinder so auf diese Welt zu bringen, daß sie ihr Potential als Mensch bestmöglich erfüllen können. Eine optimale Entbindungssituation ist in erster Linie eine natürliche. Medikamente, die der Mutter verabreicht werden, können sich auch negativ auf das gesunde körperliche Wachstum des Kindes auswirken. Doch die konventionelle moderne Entbindungspraxis (und zu einem großen Teil auch die sogenannte „Gesundheitsvorsorge"-Praxis) hat sich, wie es für unsere Gesellschaft typisch ist, zu einer unmenschlichen, den eigenen Interessen dienenden Institution entwickelt, welche die Realität einer positiven menschlichen Lebensenergie und Entwicklung unterschätzt und in manchen Fällen sogar aggressiv verleugnet.

Die Lebensgemeinschaft von Steven Gaskin im amerikanischen Staat Tennessee trug den Namen *The Farm* (und existiert noch heute unter diesem Namen). Es gab eine Zeit, in der es zur offenen und öffentlichen Politik jener Gemeinschaft gehörte, daß jede Frau, die eine natürliche Geburt wünschte, auf die *Farm* kommen konnte, wo man sich um sie kümmerte und sie behandelte; daß weiterhin jede Frau ihr Kind auf der *Farm* zurücklassen konnte, wenn sie es nicht behalten wollte, und daß die dortige Gemeinschaft sich dann um das Kind kümmern würde. Wenn eine

Mutter ihr Kind zurückhaben wollte, konnte sie es jederzeit zurückbekommen. Diese Politik wurde jahrelang beibehalten, doch mit der Zeit mußte die Gemeinschaft das Ganze einschränken, weil dort so viele Kinder ohne ihre leibliche Mutter zurückgelassen wurden.

Dem Ratgeber jener Gemeinschaft für natürliche Geburtshilfe (*Spiritual Midwifery* von Ina May Gaskin) kann man viele interessante Informationen entnehmen. Die Zahl der Problemgeburten war auf der *Farm* so gering, daß die Gesundheitsbehörden den Angaben kaum glauben wollten. Dennoch mußten die dortigen Bewohner eine hochmoderne Klinik errichten, in der auch Brutkästen für Frühgeborene vorhanden waren, einfach nur um die Behörden zufriedenzustellen, obwohl es Ärzte und Krankenschwestern auf dem Gelände gab. Unter den Befürwortern herkömmlicher Krankenhausentbindungen gab es nur sehr wenige, die glauben wollten, was die Gemeinschaft mit natürlichen Entbindungen zuwege brachte und welch enorme Effektivität sie mit der Zeit darin entwickelt hatte (nach drei- oder viertausend Geburten muß man wohl recht gut sein!). Zu diesem Zeitpunkt hatte die Arbeit der Gemeinschaft bereits statistische Relevanz erlangt und war zu einer höchst wertvollen Gesundheitsquelle geworden. In der Tat nahm sogar eine kanadische Fachzeitschrift für Ärzte die Zahlen der *Farm* in ihre Statistik auf.

Die Ereignisse auf der *Farm* sind gut geeignet, um uns daran zu erinnern, daß eine Entbindung kein „Problem“ ist. Sie gehört zur menschlichen Natur und war als etwas Natürliches und Leichtes gedacht. Wenn eine Mutter ihr Kind bewußt empfängt und mit einem entsprechenden Bewußtsein für sich selbst sorgt, wenn das Leben einer Frau im Einklang mit den Gesetzen und Prinzipien des Universums ist, dann wird die Entbindung ihres Kindes in der Regel vollkommen schön und natürlich vonstatten gehen. Mit einigen Ausnahmen natürlich. Gelegentlich kann, selbst unter den allerbesten Bedingungen – trotz der allerbesten inneren Einstellung, trotz bester Gesundheit und Vorbereitung durch die werdende Mutter – ein Krankenhausaufenthalt oder ein Kaiserschnitt notwendig werden. In solchen Fällen hängt alles davon ab, inwieweit eine Frau dies akzeptiert und ob sie bereit ist, seelisch mit ihrem Kind verbunden zu bleiben (und sich nicht „auszuklinken“ bzw. das Entbindungs-„Projekt“ zu verlassen).

Bei den Geburten, die ich erlebt habe, war der Prozeß eindeutig klar und die Folgen und Auswirkungen der vorhandenen (oder nicht vorhandenen) Schwierigkeiten recht offensichtlich. In einem Fall war die betroffene Frau gänzlich uninformiert über den Geburtsvorgang, sie war sehr nervös und abergläubisch. Sie mußte schließlich ins Krankenhaus eingeliefert werden, wo sie lange in den Wehen lag und eine außerordentlich schmerzhafte

Geburt erlebte. Noch Jahre danach legte sie das Gesicht in Falten, wenn jemand auch nur das Wort Geburt erwähnte, und sagte: „Oh mein Gott! So etwas Entsetzliches."

Die erste Entbindung meiner Cousine war ebenfalls schwierig – eine sehr schmerzhafte Geburt, sie lag lange in den Wehen. (Meine Cousine ist körperlich extrem steif und verkrampft, was einer der Gründe gewesen sein könnte.) Vor der Geburt war sie noch für eine natürliche Entbindung und wollte das Kind auch stillen. Doch nach der Geburt sagte sie klipp und klar, daß sie das nie wieder durchmachen wollte: „Wenn ich jemals noch ein Kind bekommen sollte, dann will ich, daß man mich außer Gefecht setzt. Sollen sie doch einen Kaiserschnitt machen … ist mir egal. Ich will es einfach nur hinter mich bringen." Sie wollte nicht einmal mehr von Möglichkeiten zur Erleichterung der Geburt hören.

In diesen beiden Fällen waren die Frauen überhaupt nicht auf eine natürliche Geburt vorbereitet; beide hatten vor ihrer Schwangerschaft nur an sich selbst und ihre eigenen Wünsche gedacht, hatten ihren Körper ziemlich schlecht behandelt und ein bemerkenswertes Maß an Egoismus gezeigt. Die Erfordernisse einer Geburt überstiegen bei weitem sämtliche Bezugspunkte dieser Frauen, sie gingen weit über ihre Bereitschaft hinaus, sich den Anforderungen des Prozesses hinzugeben; und ihre Vorstellungen davon, was es heißt, einem „anderen", in diesem Fall ihrem eigenen Kind, zu dienen, waren ebenfalls weit von dem entfernt, was eine Geburt von einer Frau verlangt. Es macht mich immer wieder traurig, wie viele Menschen so sind – die Anforderungen von Geburt und Elternschaft stehen dem Weltbild dieser Menschen so sehr entgegen (ihrem eigenen Weltbild von ihrem persönlichen Dasein und ihrer persönlichen Borniertheit, nicht ihrem politischen Weltbild), daß sie lieber alles Mögliche tun würden, als sich auf diese höhere Ebene eines spirituellen, bewußten menschlichen Lebens zu begeben.

Bei zwei weiteren Geburten, an die ich mich ganz besonders gut erinnern kann, war die Situation eine ganz andere. Die Frauen freuten sich auf die Geburt. Jede hatte eine gute Beziehung zu ihrem Körper und zu ihrem Bewußtsein, jede war voller Begeisterung, hatte keine Angst, war gut vorbereitet, bereit zu atmen und bereit für eine Hausgeburt, ohne Hindernisse auf das bevorstehende Ereignis projiziert zu haben. Beide Geburten waren leicht und angenehm. Jeglicher Streß und Schmerz wurde der Vorfreude auf die Geburt und die Mutterschaft untergeordnet und mit Sensibilität und Reife angenommen.

Von ganz wenigen Ausnahmen abgesehen, kann fast jede Frau mit der entsprechenden Einstellung und dem richtigen Lebenskontext eine natürliche Geburt zu Hause mit einem Minimum an Unannehmlichkeiten erleben. Und dazu ist unter anderem auch die freudvolle und positive Unterstützung durch Freunde, Verwandte und Bekannte erforderlich. Beim ersten Kind neigt man auch zu einer gewissen Ehrfurcht, zusätzlich zu einer leichten Nervosität – keine Nervosität im negativen Sinne, doch eine gewisse nervöse Vorahnung ist schon wahrscheinlich; eine Art „Nicht-Wissen", wie es wohl sein wird, zumindest erfahrungsgemäß.

Disziplin ist ein entscheidendes Element, da es bei jeder Geburt Momente geben wird, in denen eine Frau denkt: „Ich ertrage das keine Sekunde länger." Dennoch muß es weitergehen, und die meisten Frauen haben das Durchhaltevermögen, ganz tapfer zu sein. (Was heutzutage als „tapfer" gilt, war früher für die Frauen einfach normal. Sie haben einfach weitergemacht!)

Natürlich gibt es auch andere Möglichkeiten – eine Rückenmarksanästhesie, oder man kann sich den Bauch aufschneiden und das Baby herausholen lassen. Leider bietet das Krankenhauspersonal genau in dem Moment, da die meiste Disziplin erforderlich ist, diese Alternativen an. Keine Frau muß heute mehr die Wehen bis zum Ende durchstehen, um ein Kind zur Welt zu bringen. Sie kann sich einfach mit Medikamenten vollpumpen lassen, sich bewußtlos machen lassen. Doch die Unterschiede zwischen einer natürlichen Geburt und einer Geburt, bei der man der Mutter Narkotika zuführt, sind enorm.

Die Identifikation mit dem Körper transzendieren

Die Bedingungen, unter denen ein Kind geboren wird, haben einen dramatischen Einfluß auf das Kind; sie nehmen Einfluß darauf, wie sich ein Kind mit seiner menschlichen Gestalt identifiziert. Körperliche Gestalt anzunehmen (als Mensch geboren zu werden) bedeutet für ein Wesen, Verantwortung für einen gänzlich anderen Organismus als vor seiner Inkarnation zu übernehmen. Dazu gehört auch die Aufgabe, jene illusorische Identifikation zu transzendieren, die ein Wesen mit dem Körper haben kann und die gewöhnlich auch besteht. Jedes Wesen wird dazu neigen, sich mit seiner grobstofflichsten Manifestationsebene zu identifizieren, und da der Körper die grobstofflichste Ebene der menschlichen Inkarnation darstellt, neigen wir dazu, uns mit unserem Körper zu identifizieren, als ob wir, das Bewußtsein eingeschlossen, einzig und allein dieser Körper wären. (Viele Wissenschaftler behaupten, daß alles Bewußtsein lediglich auf chemischen Abläufen im Gehirn beruhe. Ich bin nicht dieser Meinung.) Die Verantwortung des Menschen liegt darin, die Identifikation mit jenen Grenzen zu überschreiten, die im wesentlichen nicht mehr sind als ein Ergebnis unseres falsch verstandenen wahren Seins.

Den *Körper an sich* transzendieren zu wollen ist unrealistisch, in der Tat einfach unsinnig. Wer sich eine Kugel durch den Kopf jagt, transzendiert den Körper! Doch die *Identifikation mit dem Körper* zu transzendieren, als ob dieser unser ganzes Wesen ausmache, ist notwendig, damit wir all das werden können, was in unserem Menschsein angelegt und möglich ist. Darin liegt eine sehr große Verantwortung! Unsere gesamte Ausbildung und Erziehung, unser ganzes Schulsystem ist auf die Identifikation mit dem Körper und dem Verstand hin ausgerichtet. Sogar das Lesen und das Schreiben, in der Art und Weise, wie es unterrichtet wird, richtet sich nur an die grobstofflichste Manifestationsebene. Wenn es uns gelingt, die Identifikation mit dem Körper zu transzendieren, so schwer es auch sein mag, hat dies ganz entscheidende Folgen – wie zum Beispiel das Ende von Grausamkeit, Fanatismus und Gewalt in der Welt. Die darin liegende Schwierigkeit hat auch ihren ganz besonderen Lohn. Je leichter etwas in einer bestimmten Inkarnation vollbracht werden kann, desto geringer ist der spirituelle Lohn. Ein wenig vereinfacht kann man sagen, daß wir praktisch „spirituelle Bonuspunkte“ ernten; und wir als menschliche Wesen haben immer die Möglichkeit, ein gewaltiges Bankkonto an subtilen Energien aufzubauen (wohingegen dies bei anderen Lebensformen – bestimmten tierischen, pflanzlichen und unbelebten Formen – nicht möglich ist).

Die bei einer Geburt herrschenden Gegebenheiten können einen direkten Einfluß darauf haben, wie sich ein Mensch psychisch im Leben manifestiert. Eine in unserer Gegend tätige Hebamme hat uns von einer Krankenhausgeburt erzählt, bei der das Neugeborene dem Arzt einfach aus den Händen glitt und Kopf voraus auf den Boden fiel. Zum Glück hat das Baby den Sturz überlebt, doch ein Mensch, der unter solchen Umständen auf die Welt kommt, wird es wirklich schwer haben, die Identifikation mit dem Körper zu überwinden. Und eine solche Behandlung kommt bei den üblichen konventionellen Geburten häufiger vor, als wir uns vorstellen können.

Je direkter der Körper bei der Geburt angegriffen wird, desto mehr hat das betreffende Wesen das Gefühl, sich in unmittelbarer Lebensgefahr zu befinden, und wird daher um so mehr an der Identifikation mit dem Körper festhalten. Grelles Licht, viel Lärm und grobe Behandlung – all das trägt dazu bei, den „Krampf“[1] zu verstärken. In der Vorstellung des Wesens übernimmt der Körper die Rolle eines *Überlebensvehikels,* statt dem

Bewußtsein, das als solches nicht ausgelöscht werden kann, als Hülle zu dienen.

Einflüsse

Die optimale Umgebung für eine Geburt sollte ruhig und friedvoll und von der Anwesenheit zahlreicher aufdringlicher Zuschauer und Gaffer unbelastet sein. Wer bei einer Geburt dabei ist, sollte etwas von ihrem Mysterium verstehen, er sollte Achtung und Ehrfurcht für den Geburtsvorgang haben und ganz mit der Schwangeren und ihren Lebensüberzeugungen in Einklang stehen. Ein neues Wesen kommt auf diese Welt, und das erfordert Respekt und Ehrfurcht! Die Eltern, die Hebamme, vielleicht jemand, um der Hebamme zu assistieren, und (für mein Gefühl) höchstens noch zwei weitere Personen – enge Freunde, Menschen, mit denen sich beide, Vater und Mutter, wohl fühlen – sind genug. Eine Person sollte sich immer bereit halten, um Wasser zu holen, sich nützlich zu machen, Fragen an der Tür zu beantworten, Anrufe entgegenzunehmen und einfach dafür zu sorgen, daß das Alltagsgeschehen draußen bleibt; die zweite Person ist dazu da, um Gesellschaft zu leisten und dem Kind und den Eltern Mut zu machen. Der Vater sollte der Mutter helfen, das Atmen nicht zu vergessen (um den Geburtsvorgang zu unterstützen) und sich dessen bewußt zu bleiben, was sie tut. Leider ist dies nicht immer der Fall. In einem Geburtsvorbereitungs-Kurs gab es beispielsweise einen Mann, dessen Frau im neunten Monat schwanger war – bis zur Niederkunft waren es noch zwei oder drei Wochen – und furchtbare Angst hatte. Von ihrer Mutter hatte sie ihr ganzes Leben lang Horrorgeschichten über Entbindungen zu hören bekommen, aber aus irgendeinem Grunde wollte sie dennoch eine natürliche Geburt. Ihr Mann war jedoch völlig unsensibel; ihm ging das einfach alles schrecklich auf die Nerven. Jedes Mal, wenn sie ihn etwas fragte, wurde er richtig wütend und sagte in angewidertem, kritischem Ton: „Verdammt noch mal, kannst du denn der Hebamme nicht zuhören?“ Eine solche Situation ist für das Wesen, das davor ist, geboren zu werden, nicht gerade sehr angenehm, da es instinktiv solche Muster, die in seinen Eltern und anderen erwachsenen Bezugspersonen im familiären Umfeld vorhanden sind, im wahrsten Sinne des Wortes spüren kann.

Die Atmosphäre, die von den Anwesenden – den Eltern und allen anderen, die auf das Kind warten – im Geburtszimmer verbreitet wird, ist sehr wichtig. Es versteht sich von selbst, daß alle Anwesenden in einem Zustand der Wachheit und der Vorfreude sein sollten. Wenn alle sehr nervös sind, wenn sie kein Vertrauen in die Hebamme haben und nur herumsitzen und ständig etwas zu kritisieren und zu beklagen haben; oder wenn die Mutter das Kind aus irgendeinem Grund nicht haben will, es aber zum Beispiel aufgrund moralischer Bedenken (weil sie vielleicht gegen Abtreibung ist) dennoch bekommt, oder wenn sie dazu gezwungen wurde, das Kind auszutragen, aber Angst vor den bevorstehenden Schmerzen hat und sich mit ihnen und ihren inneren Konflikten identifiziert, dann ist es klar, daß diese Umstände nicht gerade ideal sind.

Daß die Anwesenden im Raum ein wirkliches Gefühl für das Mysterium der Geburt, für das große Mysterium der Existenz, besitzen und wirklich von diesem Gefühl erfüllt sind, ist äußerst wichtig – daß sie nicht einfach nur fasziniert sind, weil da ein Klümpchen Fleisch und Blut aus einem anderen großen Klumpen Fleisch und Blut herauskommt, sondern weil ein lebendiges Wesen, das sich wahrhaft in Gemeinschaft mit der Göttlichen Quelle befindet, dabei ist, sich zu inkarnieren. Das Wesen „bekommt" diese Informationen subjektiv mit und wird auf zellulärer Ebene tief davon geprägt.

* * *

Manchmal wird die Frage gestellt, ob bei der Geburt eines Kindes bestimmte Rituale abgehalten werden sollten. Ich bin immer dafür, alles möglichst einfach zu gestalten. Sicher kann man eine Kerze anzünden und andere Rituale abhalten – wie das Ritual von Erde, Feuer, Atem und Wasser zur Reinigung des Kindes (all diese Formen der Reinigung haben ihre Gültigkeit) – doch ich neige dazu, voll und ganz auf das Göttliche zu vertrauen. Dieses volle Vertrauen auf das Göttliche kann auch ein kleines Ritual beinhalten, vielleicht ein Willkommensgebet, es erfordert jedoch keine große Menge komplizierter und langwieriger Zeremonien. Ein ganz einfaches Gebet reicht völlig aus. (Ich bin nicht unbedingt dafür, daß die Hebamme oder die ihr assistierende Person ein solches Gebet spricht. Der Vater könnte dieses Gebet sprechen, doch es ist auch hilfreich, wenn man noch jemand anderen dafür hat, für den Fall, daß der Vater beschäftigt ist.)

Wenn die Eltern sich bewußt sind, daß sie nun die Verantwortung für ein Wesen tragen, welches ein angemessenes Lebensumfeld braucht, um heranwachsen zu können, und wenn sie die richtige Art von objektiven Einflüssen anstreben, dann ist das die Hauptsache, auf die es ankommt. Wenn ein Kind bei seinen Eltern eine rechte Beziehung zu Gott und zum Leben im allgemeinen erlebt, wird auch das Kind eine rechte Beziehung zu Gott und zum Leben entwickeln. Wenn die Eltern dies nicht tun, dann können sie noch so viele Rituale abhalten, das Kind wird sie aufgeben, sobald es alt genug dazu ist; so wie die meisten von uns das Christentum oder das Judentum in der einen oder anderen Form aufgegeben haben, sobald sie unabhängig genug waren, um sich dies erlauben zu können.

* * *

Was den Geburtsraum selbst angeht, so ziehe ich einen einfachen, geschmackvoll hergerichteten Raum vor. Wenn es sich um das Schlafzimmer der Eltern handelt, was ebenfalls empfohlen wird, dann sollten nicht alle Schubladen offenstehen und womöglich auch noch Kleidungsstücke hervorquellen, die Wände sollten eher leer sein, und auf Nippes an allen Ecken und Enden und tausend kleine Blumentöpfe am Fensterbrett sollte man auch verzichten. Wenn die Eltern einer spirituellen Gemeinschaft angehören, dann wäre es ideal, wenn sich einige für sie heilige Gegenstände im Geburtszimmer befänden. Der Raum sollte ruhig und einladend sein und nicht gerade lila und silberfarbene Tapeten an allen Wänden oder Spiegel an der Decke etc. haben. Ich persönlich ziehe ruhige Farben wie Pastellgrün oder Pastellblau vor (meine Lieblingsfarbe ist ein zartes Gelb). Es sollte ein Raum der sexuellen Vereinigung sein und keine Stätte ständiger gegenseitiger Beschimpfungen, Streitereien, Schwierigkeiten und Krisen. (Selbstverständlich wäre es von einem solchen Paar ohnehin dumm, überhaupt ein Kind in die Welt zu setzen.)

Ich halte auch nichts davon, Musik zu spielen – auch keine ruhige, sanfte Musik (und schon gar keine elektronische „New Age-Musik"). Wenn die Anwesenden sich einfach unterhalten, in innerer Verbindung miteinander stehen und das Ereignis der Geburt feiern, dann ist dies genug.

* * *

Vater und Mutter kommen bei der Geburt eine ganz bestimmte Rolle zu. Die Rolle der Mutter besteht einfach darin, sich des Geschehens bewußt zu bleiben und sich nicht in ihren eigenen subjektiven Projektionen, Erwartungen, Phantasiebildern und Vorstellungen zu verlieren, weder aus Freude noch vor Schmerz. Die Mutter sollte mit ihrem Kind einen klaren seelischen Kontakt aufrechterhalten und während des Geburtsvorganges mit ihm „sprechen", beispielsweise: „Ich kann spüren, daß du bereit bist, zu uns zu kommen, und das ist ganz wundervoll, und wir freuen uns auf dich" usw. Dieses „Sprechen" muß nicht unbedingt in Worten erfolgen, was natürlich ebenfalls möglich ist. Konkret geht es jedoch darum, daß die

Mutter den Kontakt mit dem Kind aufrechterhält. Sie sollte ihm erklären, was passiert: „Du verläßt jetzt mit dem Kopf zuerst meinen Körper, und dabei kann es sein, daß du einen kleinen Temperaturunterschied spürst. Das ist ganz normal, und sobald du ganz draußen bist, geben wir dir die Möglichkeit, dich daran zu gewöhnen; danach werden wir die Nabelschnur durchschneiden, und dann wirst du gleich an meine Brust angelegt …" Es ist klar, daß die meisten Mütter viel zu sehr mit dem Geburtsvorgang beschäftigt sein werden, als daß sie sich derart „cool" auf das Gespräch konzentrieren könnten, aber dennoch kann eine Mutter mit Absicht, eine solche Verbindung aufrecht zu erhalten, in die Geburt hineingehen und so den entsprechenden Kontext schaffen; der Vater kann ihr bei den formellen Dingen, d. h. der Sprache, der Begrüßung, der Ermutigung usw. helfen.

Die Anwesenheit des Vaters dient im wesentlichen dazu, die Mutter bei der Kommunikation mit dem Kind zu unterstützen, außerdem kann er auf seine Art mit dem Kind sprechen. Manche Frauen fallen in ein leichtes Delirium. (Manchmal ist dieses Delirium eine Form der Ekstase. Viele Frauen erleben während der Geburt enorme Phasen der Ekstase.) Dann hilft es, wenn der Vater dabei ist, um die Konzentration auf das Wesentliche aufrechtzuerhalten und das Kind im Namen der Eltern willkommen zu heißen.

Die Zeit nach der Geburt – Stille und Abgeschiedenheit?

In der chinesischen Tradition ist es üblich, daß eine Mutter das Geburtszimmer während der ersten zwanzig Tage nach der Geburt nicht verläßt und das Neugeborene nicht aus dem Haus gebracht wird. In Anlehnung daran würde ich für eine gewisse Zeit nach der Geburt von größeren Ausflügen und Reisen abraten und empfehlen, ein geräuschvolles Umfeld zu meiden. Allerdings gibt es zu diesem Thema unterschiedliche Meinungen. Manche Fachleute sind der Ansicht, daß man ein Kind schon frühzeitig mit möglichst vielen Lebenserscheinungen (Lärm, Licht, Farben, einfach allem) konfrontieren und das Kind mit Worten durch diese Erfahrungen hindurch begleiten sollte (d. h. daß man ihm alles erklären sollte). Ich bin jedoch dafür, ein Kind während der ersten beiden Lebenswochen, vielleicht sogar noch ein wenig länger, im Haus zu lassen, wo es ruhig, geschützt, warm und sicher ist. In dieser Zeit kann es sich an das Stillen gewöhnen und sich auf seine Eltern einstellen; außerdem gewöhnt es sich an die Atmung und die Ausscheidung (an das „große" und das „kleine Geschäft") sowie an all die übrigen alltäglichen Dinge. Danach kann man ein Kind allmählich mit verschiedenen anderen Erscheinungen seiner Umwelt in Berührung bringen – mit Lichtern, Geräuschen, Farben und dem ganzen Rest, wobei man ihm die gemachten Erfahrungen erläutern und ihm immer wieder versichern sollte, daß ihm nichts passieren kann. Hierbei geht es nicht darum, die Erfahrungen des Kindes auf Erwachsenenart zu interpretieren, sondern die Dinge einfach objektiv zu beschreiben.

Alles, was ein Kind möglicherweise schockieren oder überraschen könnte, sollte man ihm möglichst schon vorab erklären. Wenn man zum Beispiel beabsichtigt, ein Kind mit in die Stadt zu nehmen, wo hupende Autos und andere durchdringende Geräusche zu erwarten sind, könnte man ihm dies folgendermaßen erklären: „Wir werden jetzt aus dem Haus gehen, und dort wird es viele laute Geräusche geben. Du wirst bei mir sein, den Lärm hören, ihn aufnehmen und beobachten können, aber du brauchst dich von ihm nicht direkt bedroht zu fühlen. Er hat nichts mit dir zu tun. (‚Verletzen' ist ein Wort, das man möglichst meiden sollte.) Beobachte einfach alles, sei achtsam und nimm Informationen auf!" So sollte man also einem Kind immer alles erklären.

In der Zeit nach der Geburt gibt es nichts, was wirklich *notwendig* wäre. Für Empfängnis, Schwangerschaft und Geburt gilt stets dasselbe: Seien Sie sich bewußt, was Sie tun; seien Sie sich bewußt, daß Ihr Kind ein Individuum ist und daß es bewußt und achtsam ist. Sprechen Sie mit ihm; verbinden Sie sich mit ihm, und zeigen Sie ihm den Weg zum Göttlichen, zu einer gesunden und natürlichen Beziehung zum Leben, zum Dienst am anderen, zu Glücklichsein und Selbstvertrauen. Das ist alles.

Beschneidung

Die Beschneidung kann sieben bis acht Tage nach der Geburt erfolgen, was dem derzeitigen medizinischen Standard entspricht. Ich würde mir wünschen, daß der Arzt, der die Beschneidung vornimmt, wirklich locker und entspannt ist und daß er weiß, was er mit dem Skalpell macht. Ideal wäre es, wenn der Arzt, der die Beschneidung vornimmt, den gesamten Geburtsvorgang, die Beschneidung, die Beziehung des Menschen zu Gott und all diese Dinge verstehen würde, doch das ist ziemlich viel verlangt.

Mir ist klar, daß man mich an dieser Stelle wahrscheinlich energetisch umbringen wird, schon allein deshalb, weil ich das Thema überhaupt erwähne. Die meisten, wenn nicht sogar alle Menschen, die für einen natürlichen und bewußten Umgang mit Kindern und die sanften Entbindungspraktiken eintreten, von denen hier die Rede ist, sind ganz entschieden und sogar mit aller Macht (berechtigterweise) gegen die Beschneidung. Darum möchte ich es einfach dabei belassen, daß dieses Thema eine persönliche Entscheidung der Eltern sein sollte.

Stillen

In seinem Buch *Wenn Leiden einen Sinn haben soll* nennt J. Konrad Stettbacher (jener Therapeut, der die Autorin, Psychotherapeutin und Kinderrechtlerin Alice Miller[2] in ihrem eigenen Heilungsprozeß betreute) ein dramatisches Beispiel für den Unterschied zwischen liebevoller Fürsorge für ein Baby und grausamer Behandlung eines Kleinkindes und beschreibt die jeweiligen Auswirkungen auf die kindliche Psyche:

... Ein Baby ist hungrig und sucht nach seiner Mutter, die adäquat auf seine Bedürfnisse reagiert ... Es sucht die mütterliche Brust, findet sie und trinkt genüßlich die Milch, bis es seine Mutter satt und entspannt anlächelt. Es läßt sich von ihr in den Schlaf wiegen. Nachdem es eine Weile geschlafen hat, wird es aufwachen, lächeln und wiederum in freudiger Erwartung nach seiner Mutter schauen.

... (Im gegenteiligen Fall werden die Bedürfnisse des Kindes nicht erfüllt, wodurch die primäre Integrität des Kindes verletzt wird.) Aufgrund seiner Verwundbarkeit gegenüber der Welt der Erwachsenen ist das Kind beliebig verletzbar. Der Versuch des Kindes, seine Bedürfnisse gestillt zu bekommen – was ein angenehmes Ereignis sein sollte –, wird aufgrund der Verletzung zu einer schmerzlichen Erfahrung, deren Ursachen zu entdecken das Kind keine Möglichkeit hat. Das Kind ist ‚ganz Bedürfnis' und muß dieser Notwendigkeit gehorchen. Jede Zurückweisung, jede Weigerung stellt eine Mißhandlung dar. Unabhängig von den Gründen für diese Grausamkeit erlebt das Kind die Verletzung als Resultat seiner eigenen Unzulänglichkeit.

... Hier ein Beispiel für eine solche Verletzung: Ein Baby ist hungrig. Es weint und schreit, doch die Mutter reagiert lediglich mit Ungeduld. Hastig erwärmt sie das Babyfläschchen, macht sich kaum die Mühe, die Temperatur der Milch zu überprüfen, und nimmt dann mißmutig das Kind auf den Arm. Mit tränenüberströmtem Gesicht öffnet das Baby zögerlich den Mund und versucht mit geringem Erfolg, vielleicht auch ganz erfolglos, die heiße Flüssigkeit zu verweigern ... anstatt die erwartete, angenehme Befriedigung seines Bedürfnisses zu erleben, erfährt das Kind Schmerz – einen

Schmerz, der ihm durch seine Mutter oder eine andere Betreuungsperson zugefügt wird … In Zukunft wird das Kind, sobald es ein Bedürfnis aufkommen fühlt, von Angst ergriffen werden und vergeblich versuchen, der Situation zu entkommen. Die Verletzungen, die seinem Körper und seiner Seele zugefügt wurden, führen zu latenten Überreaktionen des Systems, die eine Belastung darstellen und gleichzeitig ständige Angst erzeugen.[3]

Negative Erfahrungen gibt es reichlich im Leben eines jeden Menschen, und die Psyche ist anfällig für ihren Einfluß. Nur ein heiles und ganzes Selbst, geerdet durch Erfahrungen der Sattheit und der Fülle, kann in solchen Zeiten als Anker dienen. Bei weitem die beste Zeit, um Erfahrungen des Sattseins und der Fülle zu machen, ist die Kindheit, und je früher dies geschieht, desto besser. Das macht solche Erfahrungen zu einem ausreichend elementaren Bestandteil unserer Grundstruktur und läßt sie stärker sein als die negativen Erfahrungen, die wir später machen.

Diese Sattheit und Fülle kommt in der Kindheit daher, daß unsere Bedürfnisse erfüllt werden. Schlicht und einfach. Wenn ein Baby getragen wird, sobald es getragen werden möchte, wenn es hingelegt wird, sobald es hingelegt werden möchte – vorausgesetzt natürlich, daß all dies mit entsprechender Achtsamkeit und Aufmerksamkeit geschieht –, und wenn ein Baby bereits gefüttert wird, sobald es anfängt, sich nach der Brust umzuschauen, statt erst laut danach schreien zu müssen, dann ist es höchst wahrscheinlich, daß ein solches Kind seine grundlegenden, elementaren Bedürfnisse erfüllt bekommt. Es macht diese aufkeimende Erfahrung, daß die Welt in Ordnung ist und daß es versorgt wird. Es gehört dazu, und alles ist in Ordnung, und das dient einem Menschen im weiteren Verlauf seines Lebens als wichtiger Anker.

Angesichts dieser Tatsache frage ich mich ständig, warum nicht mehr Menschen, die sich für bewußt und achtsam halten, ihre Kinder stillen. Noch erstaunlicher wird das Ganze, wenn man bedenkt, wie viele Menschen heute Wert auf eine gesunde, von chemischen Zusätzen unbelastete Ernährung legen – nichts hiervon und nichts davon … Warum geben solche Menschen ihrem Kind das Fläschchen und nicht die Brust? Kinder *können* den Unterschied erkennen! Glas ist etwas anderes als Ihre Haut, egal wie warm die Milch ist, das kann ich Ihnen sagen! Diese Art von Widerspruch ist jedoch für einen Heuchler kein Problem. Natürlich gibt es hin und wieder körperliche Probleme, die es einer Mutter erschweren, ihr Kind zu stillen, doch das sind seltene Einzelfälle. Die vorherrschenden Probleme sind psychischer Natur, und es gibt keine Entschuldigung dafür, einem Kind diese Nähe zu seiner Mutter zu verweigern, einfach nur weil seine Mutter so ichbezogen ist.

Das Wunder und die Kraft des Stillens sowie die dadurch entstehende Mutter-Kind-Bindung werden im *Study Manual* unserer Gemeinschaft wunderschön beschrieben:

Das Neugeborene schläft nachts im Bett der Eltern, und wenn die Eltern wach sind, wird es von der Mutter oder dem Vater am Körper getragen. Tagsüber spürt das Kind im Wachen und im Schlafen den Rhythmus der Bewegungen des mütterlichen Körpers, so wie dies auch im Mutterleib der Fall war. Es beobachtet das Gesicht der Mutter und andere Gesichter, den Wechsel der Lichtverhältnisse, die Gerüche und Geräusche menschlicher Aktivitäten. Sein Alltag ist voller Berührung, Zuneigung und Nähe, erfüllt von den Impulsen des Lebens in seiner Umgebung. Wenn man in einem gemeinschaftlichen Umfeld lebt, in einem Ashram oder einer anderen Lebensgemeinschaft, so erfahren Baby und Kleinkind dadurch sogar noch mehr Wärme menschlichen Zusammenlebens und bekommen die Chance, sich in das größere Netz des Lebens einzugliedern.

Die Mutter stillt ihr Baby, wann immer es hungrig ist. Es ist nicht nötig, daß einem Kind von seiten der Erwachsenen bestimmte Stillzeiten auferlegt werden; ein Kind weiß, wann es hungrig ist, und verlangt nach der Brust. Da das Kind am Körper der Mutter getragen wird, braucht es nicht einmal zu weinen, es sucht einfach mit dem Mund nach der mütterlichen Brust, und die Mutter reagiert darauf. Dies ist der Beginn einer Beziehung, in der die Mutter als betreuende Person die vom Kind ausgedrückten Bedürfnisse respektiert und auf sie reagiert, im Gegensatz zu einer Beziehung, bei der die Erwachsenen definieren, wie die Realität des Kindes auszusehen hat, und diktieren, was ein Kind zu benötigen hat und wie es reagieren soll.

Wir raten Müttern in den ersten sechs Lebensmonaten eines Kindes, ihrem Baby während des Stillens ihre ganze Aufmerksamkeit zu widmen. Dazu gehört im Regelfall auch, daß eine Mutter während des Stillens nicht lesen oder gar ausgedehnte Gespräche mit anderen Erwachsenen führen sollte. Das Stillen ist ein entscheidender Faktor für die Entstehung der Mutter-Kind-Bindung, und während dieser Zeit sollte eine Mutter ohne Ablenkung für das Kind da sein. Für die Mutter ist dies eine Gelegenheit, ihrem Kind liebevoll in die Augen zu schauen, da der Augenkontakt einer der wichtigsten Aspekte für das Entstehen menschlicher Bindungen ist. Jede Mutter, die ihrem Kind während des Stillens auch nur das kleinste bißchen Aufmerksamkeit schenkt, wird bemerken, wie beharrlich die gesamte visuelle Aufmerksamkeit des Kindes auf den Blick der Mutter gerichtet ist, während es gestillt wird. Dieser Aufmerksamkeit sollte man begegnen und sie aufrecht erhalten.[4]

Als allgemeine Richtlinie empfehlen wir, daß das Stillen „auf Anforderung" erfolgen und so lange fortgesetzt werden sollte, wie ein Kind aktiv nach der Brust verlangt und die Mutter von ihrer körperlichen Verfassung her zu stillen *in der Lage ist*. Idealerweise sollte man drei bis fünf Jahre lang stillen – doch das hängt von den jeweiligen Umständen ab, vom Kind, von der Mutter und vom Gesundheitszustand der Mutter. Viele Frauen finden es sehr schwierig, über einen so langen Zeitraum hinweg zu stillen. Ich gehe davon aus, daß es bei voller seelischer Gesundheit keinerlei Schwierigkeiten geben dürfte. Wenn ein Kind anfängt, die Mutter in die Brust zu beißen und sie zu kratzen, dann kann selbst einer Mutter, die ihr Kind absolut liebt und nicht den geringsten Wunsch hat, diese Aktivität einzuschränken, das Stillen enorm lästig werden. Da ein Kind intuitiv das Gefühl hat, ein angeborenes Recht auf Mamas Brüste zu haben und damit tun und lassen zu können, was es möchte, ist es in diesem Zusammenhang oft notwendig, angemessene Grenzen zu setzen. Man kann ein Kind leicht daran gewöhnen, sanft und mit ein wenig Gefühl an der Brust zu saugen. (*Überhaupt nicht zu stillen* ist hingegen keine Grenze, sondern eine Bestrafung für das Kind, selbst wenn dies von seiten der Erwachsenen nicht als solche beabsichtigt wurde.) Wenn Kinder ihre Mutter in die Brust beißen, so besteht die übliche, herkömmliche Methode darin, sie fest in die Nase zu zwicken, damit sie das nach ein paar Mal garantiert nie wieder tun. Diese Methode haben wir nie empfohlen. Statt dessen kann eine Mutter mit ihrem Kind sprechen und ihm erklären: „Weißt du, das tut mir weh. Du kannst in dein Spielzeug beißen oder in deine Gummiente oder in eine Karotte ..." Kinder lernen ziemlich schnell. Dennoch kann es sein, daß ein Kind, jedesmal wenn es einen neuen Zahn bekommt, diesen auch ausprobieren möchte. Wenn sich dieser Vorgang häufig wiederholt, ist es verständlich, daß eine Mutter sich persönlich bedroht fühlen oder als Opfer sehen kann.

Viele Frauen werden also schon früher aus vielerlei Gründen mit dem Stillen aufhören wollen. Manchen Frauen ist das Stillen in der Öffentlichkeit peinlich, doch normalerweise kommt dieser Grund zu allerletzt. Häufiger fällt diese Entscheidung, weil das Stillen sehr viel Energie kostet – es kann sein, daß eine Frau große Mengen an Nahrung zu sich nehmen muß, daß sie ständig hungrig ist und es so zum psychischen Gesamtbild einer Essensneurose kommt. Fehlender Schlaf kann ein weiterer Grund sein. Manchen Müttern ist das Glück beschert, daß ihr Kind von sich aus und oft sogar sehr schnell lernt, genau wie seine Eltern die ganze Nacht durchzuschlafen. Bei einigen Kindern ist dies jedoch nicht der Fall, und manchen Müttern wird es dann einfach zu viel, wenn ihr Kind in der Nacht häufig aufwacht und gestillt werden möchte.

Eine Mutter unserer Gemeinschaft mußte aufgrund ihrer gesundheitlichen Verfassung mit dem Stillen aufhören, als ihr Kind erst etwa zwei Jahre alt war. Der Arzt sagte zu ihr: „Wenn Sie weiterhin stillen, wird dies Ihren Körper in einem solchen Maße schwächen, daß es für Ihre Gesundheit bedrohlich werden könnte.“ Diese Mutter hatte seit ihrer Kindheit Probleme mit den inneren Organen gehabt und hatte sich zudem in Indien eine Hepatitis zugezogen, die niemals völlig ausgeheilt wurde. Das Stillen kostete ihren Körper mehr Kraft, als er verkraften konnte.

Wenn eine Mutter gesund ist und stillen kann, dies aber nicht tut – weil sie arbeiten gehen und aus diesem Grund abstillen muß, oder weil es einfach unpraktisch ist oder aus welchem Grund auch immer – dann wird ein Kind dies spüren und den Umfang seiner eigenen Gefühlserfahrungen reduzieren, um Platz für die Gefühlserfahrungen der Mutter zu schaffen, anstatt offen und verletzlich zu bleiben, was ein Kind normalerweise ist. Das würde bedeuten, daß ein Kind in seinem emotionalen Erleben Kompromisse eingeht und daß es schließlich in seiner Fähigkeit, Gefühle auszudrücken, verkümmert und unterentwickelt bleibt. Wenn eine Mutter jedoch körperliche Probleme hat und nicht stillen kann, wird das Kind dies instinktiv ebenfalls wissen und sich mit größerer Selbstverständlichkeit und ohne großes Trauma daran gewöhnen.

Wenn Kinder dann ein wenig älter werden, können sie leicht verstehen, daß es gewisse Umstände gibt, unter denen das Stillen auf Wunsch nicht funktioniert – zum Beispiel in öffentlichen Verkehrsmitteln oder in Restaurants, wo die Negativität der zuschauenden Menschen eher kontraproduktiv ist und der positiven Erfahrung des Kindes, auf Wunsch gestillt zu werden, entgegenwirkt.

Das Stillen hat eine sehr beruhigende und tröstliche Wirkung. Ein Kind wird fast immer nach der Brust verlangen, wenn seine Gefühle verletzt worden sind, wenn es verlegen oder beschämt ist, oder wenn es eine körperliche Verletzung erlitten hat. In solchen Situationen kann sich das Stillen in Abhängigkeit von den gegebenen Umständen manchmal schwierig gestalten. Doch selbst wenn wir klare und angemessene Grenzen gesetzt haben, ist es wichtig, daß wir das Wohlbefinden unserer Kinder insgesamt über unsere eigenen kleinen Sorgen stellen.

Das heißt für mich: *Alles, was die Sicherheit eines Kindes in bezug auf Nahrung und Geborgenheit beeinträchtigt, wird vom reinen Überlebensinstinkt des Kleinkindes als tatsächliche Bedrohung für sein sprichwörtliches Überleben interpretiert.* Eine stillende Mutter zum Beispiel, die sich duscht, während ihr Kind schläft, weiß (als Erwachsene), daß ihr Kind nicht gleich verhungern wird, wenn sie es in der nächsten halben Stunde nicht stillt, auch wenn es vorzeitig aufwacht und zu weinen beginnt. Eine Mutter weiß, daß es ihrem Kind gut gehen wird, doch das Kind weiß es nicht. Ein Kind beginnt sich bedroht zu fühlen, wenn es hungrig ist und nicht sofort etwas zu essen bekommt. Als Erwachsener mag man sagen: „Gönnt mir doch bitte eine Pause. Ich kann das Kind doch nicht alle fünfzehn Minuten stillen, jedesmal, wenn es den leisesten Ton von sich gibt." Doch ein Kind, das Hunger hat und nicht sofort etwas zu essen bekommt, wird instinktiv (nicht intellektuell) annehmen, daß es sterben muß. Natürlich gibt es einen großen Unterschied zwischen tatsächlichem körperlichem Hunger und dem Wunsch, die Brust als emotionalen Trost zu bekommen. Wenn ein Kind jedes Mal gestillt wird, wenn es körperlichen Hunger verspürt, so ist die Wahrscheinlichkeit weniger groß, daß es auch nur den kleinsten seelischen Schaden davonträgt, wenn man allmählich die Grenze zieht, es nicht mehr allein um der emotionalen Sicherheit willen zu stillen. Wenn Kinder älter werden und die Beziehungsaspekte ihrer Welt mehr zur Kenntnis nehmen, werden sie gerechte und richtige soziale Grenzen klar verstehen. Doch wenn einem Kind im Babyalter jene Art von Liebe und Zuneigung verwehrt wurde, die es ihm erlaubt hätte, sich stillschweigend geliebt und sicher zu fühlen, dann wird es aus reiner Gewohnheit und unbewußt auf Grenzen reagieren; und diese gewohnheitsmäßige Reaktion wird stärker sein als alle Vernunft und Einsicht, von der man unter gesünderen Umständen ausgehen könnte.

Was geschieht als nächstes? Das Kind schreit eine halbe Stunde lang, weil es glaubt, sterben zu müssen, und dann bekommt es aus heiterem Himmel plötzlich etwas zu essen. Obwohl dieses Kind doch instinktiv wußte, daß es sterben muß, weil es nichts zu essen bekam, als es danach verlangte, ist es irgendwie immer noch am Leben. Es hat überlebt. *Das ist der Beginn der Überlebensstrategie* – der Beginn des Programmes: „Das muß ich also tun, um meine Bedürfnisse erfüllt zu bekommen."

(Diese Darstellung bestätigt die an früherer Stelle zitierten Worte J. Konrad Stettbachers. Sie basiert zwar auf der persönlichen Meinung des Autors, ist aber eine heute in der modernen Psychologie weit verbreitete Ansicht. Für unsere Zwecke hier ist es entscheidend, den grundsätzlichen Zusammenhang von frühkindlichen Erfahrungen bei der Nahrungsaufnahme und der seelischen und emotionalen Entwicklung des Menschen zu erkennen. Die Folgen einer solchen kindlichen Überlebensstrategie werden im nächsten Kapitel behandelt, das sich mit dem Bedürfnis nach Liebe und Zuwendung befaßt. – *Der Herausgeber*).

Abstillen
Einen bewußten Übergang in eine neue Lebensphase schaffen

Wenn eine Frau ungefähr weiß, wann sie mit dem Stillen aufhören möchte, oder wenn ein Kind nicht mehr im Bett bzw. im Schlafzimmer der Eltern schlafen soll, dann können die Eltern schon rechtzeitig vorher damit beginnen, das Kind auf diesen Übergang vorzubereiten. Es gibt natürlich unterschiedliche Ansichten darüber, wie man die Stillzeit beenden sollte.

Die Eltern eines Mädchens, das bis zu seinem fünften Lebensjahr gestillt wurde, begannen es darauf vorzubereiten, als es etwa viereinhalb Jahre alt war. Die Eltern sagten zu ihrer Tochter: „Wenn du fünf Jahre alt wirst, hören wir mit dem Stillen auf", und jedesmal antwortete das Mädchen darauf: „Nein, das tun wir nicht." Doch als das Mädchen dann fünf wurde, machte es überhaupt keine Einwände mehr. Als es darum ging, daß es nicht mehr im Bett der Eltern schlafen und ein eigenes Zimmer bekommen sollte, war es genauso. Die Eltern sagten: „In ein paar Monaten wirst du dein eigenes Zimmer bekommen …" Man sollte eigentlich annehmen, daß dies für ein Kind etwas ganz Tolles sein müßte, doch wiederum antwortete das Mädchen: „Ich will kein eigenes Zimmer haben." Doch als dann der Zeitpunkt kam, daß das Mädchen sein eigenes Zimmer beziehen sollte, gab es auch damit kein Problem, weil die Eltern das Kind darauf vorbereitet hatten: „Du wirst langsam größer. Du bist jetzt ein großes Mädchen. Die Dinge und die Umstände ändern sich, wenn man größer wird" usw. In beiden Fällen wurde die neue Lebensphase damit erklärt, wie aufregend es doch ist, älter zu werden und neue Dinge zu lernen, als ob ein Ende der Stillzeit ein großes Abenteuer und ein eigenes Zimmer ein Geschenk der Verantwortlichkeit sei. Dadurch konnte der Übergang leicht und ohne große Diskussionen oder Schwierigkeiten vonstatten gehen.

Abschließend muß nochmals betont werden, daß das Stillen Bestandteil unseres biologischen Programms ist, und zwar für die Mutter mindestens ebenso sehr wie für das Kind. Der Unterschied besteht natürlich darin, daß ein Kind unschuldig und unkompliziert ist und seinem Instinkt folgt. Für ein Kind, dem dieses Bedürfnis verweigert wird – es sei denn, die Mutter ist körperlich nicht in der Lage zu stillen –, bedeutet dies, zurückgewiesen und verlassen zu werden. Ein Kind hat noch nicht die intellektuelle Reife, das neurotische Seelenleben der Mutter zu verstehen. Ein Kind hat keine andere Möglichkeit, als sich gegen diesen Schmerz der Zurückweisung zu wappnen, indem es seine eigenen Gefühle unterdrückt und sich der Situation anpaßt, was in unterschiedlicher Ausprägung immer zu Verhaltensstörungen im Erwachsenenalter bzw. zu Störungen des natürlichen

Entwicklungsverlaufes führt, je nachdem, wie gesund oder ungesund die übrigen Familienverhältnisse sind. In der Mutter ist mit Erreichen des Erwachsenenalters die eigene komplexe seelische Verfassung bereits fest verankert, und der große Umfang unbewußter neurotischer Zwänge macht die Aufgabe, den biologischen Anweisungen ihres Körpers mit Leichtigkeit zu folgen, zu einem sehr schwierigen und heiklen Prozeß. Es ist höchst unwahrscheinlich, daß der Widerstand einer Mutter gegen das Stillen (falls es Widerstände gibt) problemlos überwunden werden kann, selbst wenn sie genau weiß, daß sie das Risiko eingeht, ihr Baby in der einen oder anderen Weise für den Rest seines Lebens zu schwächen, falls sie ihm diese Intimität verweigert. Es hat beinahe den Anschein, als würden wir uns weigern, die Gültigkeit dessen anzuerkennen, was wir nicht sehen können. Hier muß noch einmal die Bedeutung des Stillens für die Entstehung der Mutter-Kind-Bindung sowie für ein insgesamt gesundes Selbstbild und Selbstvertrauen in allen Lebensphasen des Kindes, des Jugendlichen und des Erwachsenen betont werden. Beiden, Kindern und Eltern, auch nur ein einziges Element des natürlichen Entwicklungsprogrammes zu verweigern, heißt, beide auf schwerwiegende, manchmal auf subtile und manchmal auf sehr offenkundige und eklatante Art und Weise zu schädigen. Darüber sollte man ernsthaft nachdenken, denn die Gesundheit unserer Kinder könnte sehr wohl davon abhängen.

3. Kapitel

Genug und doch niemals genug Über Liebe, Zuneigung und Aufmerksamkeit

Liebe und Zuneigung

Alice Miller beschreibt in einem ihrer Bücher die Kindheit eines Menschen in einer von Erdbeben heimgesuchten Stadt – einer Stadt, in der Gebäude einstürzten und Menschen verletzt wurden. Durch das Erdbeben wurde im wahrsten Sinne des Wortes die ganze Welt jenes Kindes erschüttert, doch da es aus intakten Familienverhältnissen kam, überstand es das Erlebnis heil und ohne psychische oder emotionale Narben davonzutragen. Der springende Punkt ist der, daß nichts eine Kindheit zu ersetzen vermag, die in einer wahrhaft liebevollen, herzlichen, gütigen und einander verbundenen Familie verankert ist, wenngleich viele Menschen versuchen, das Fehlen einer solchen Erfahrung durch die Anhäufung von Macht, Einfluß, Ruhm oder „Besitztümern“ zu kompensieren, als ob sie in derart vergänglichen und kurzlebigen Dingen wahre Sicherheit finden könnten. Tatsächlich ist es so, daß viele Menschen Liebe „sammeln“, als ob es sich dabei um einen Gegenstand handelte, von dem man nur eine ausreichende Menge anzuhäufen braucht (durch Kinder, Liebhaber, Affären usw.), um dadurch größtmögliche Sicherheit zu erlangen.

Ich möchte hier eine Geschichte erzählen, die sich sehr gut eignet, um zu veranschaulichen, wie wichtig es ist, daß wir unseren Kindern Liebe und Zuneigung zeigen. Es ist schon einige Jahre her, da schauten wir uns ein Anwesen im amerikanischen Westen an und fragten den Besitzer, ob auf dem Grundstück mit Minen zu rechnen sei. Der Mann verstand sofort, daß wir uns wegen der möglichen Gefahren für Kinder Gedanken machten.

„Es gibt auf dem Gelände zwei etwa neun Meter tiefe Minenlöcher. Einmal hatten wir ein seltsames Erlebnis“, sagte er, „eines schönen Tages hat eines meiner Kinder vergeblich seinen Hund gesucht. Wir haben das Tier lange Zeit vermißt.“ Er erzählte uns weiter, wie sie zwei Monate lang alle angenommen hatten, daß der Hund beim Herumstreunen im Wald von einer Großkatze, von einem Puma oder einem ähnlichen Tier, getötet worden sei. Eines Tages habe er dann einen Gang über das Anwesen gemacht und dabei entdeckt, daß der Hund offensichtlich in eines der beiden neun Meter tiefen Löcher hineingestürzt war und es nicht mehr alleine herausgeschafft hatte. Erstaunlicherweise war der Hund nach zwei Monaten immer noch am Leben! Er war dünn, sehr dünn sogar, doch er lebte noch.

Die Leute retteten den Hund – sie holten ihn aus dem Loch heraus, brachten ihn ins Haus, versorgten ihn, gaben ihm zu fressen, und er erholte sich wieder. Das Problem war jedoch, daß der Hund nach seinem Sturz ganz und gar nicht mehr derselbe war. Sobald er sich ein wenig von jenem Erlebnis erholt und wieder mehr Energie hatte, begann er Jagd auf jedes Huhn zu machen, das ihm auf dem Anwesen über den Weg lief – er schnappte sich alles, dessen er nur habhaft werden konnte, und tötete es. Darum mußte der Hund beseitigt werden. Es gab keine andere Möglichkeit. Der Hund griff alles an, was nur halbwegs nach Futter aussah.

Der Hund hatte in jenem Erdloch hauptsächlich von Regenwasser gelebt und vielleicht ab und zu von einem kleinen Nagetier, das zu ihm heruntergefallen war; ansonsten hatte es für ihn dort unten keinerlei Nahrung gegeben. So wurde er durch die erfahrene Not geprägt – rein instinktiv natürlich –, ganz anders, als dies bei uns Menschen mit unserer erstaunlichen Kompliziertheit der Fall ist. Der Hund war nach seiner Erfahrung in jenem Erdloch, in dem es nicht genug zu fressen gab, auf alles fixiert, das irgendwie mit Futter zu tun hatte, als ginge es um sein Überleben, selbst wenn er keinen Hunger verspürte. Man könnte sagen, der Hund war verrückt geworden. Er war immer noch ein Haustier (immer noch freundlich zu den Menschen, bei denen er lebte), doch er hatte einfach diesen Mangel verinnerlicht – er konnte niemals genug bekommen. Der Hund konnte gefressen haben und satt sein, doch sein Instinkt sagte ihm gleichsam, daß er niemals in der Lage sein würde, ausreichend Futter zusammenzutragen. Darum tötete er die Hühner auch dann, wenn er sie gar nicht fressen wollte, eine rein instinktive Reaktion auf einen Hunger, der sich in sein Gedächtnis, in jede Zelle, eingeprägt hatte, der allerdings in der erlebten Gegenwart gar nicht mehr vorhanden war. Für jenen Hund machte dies keinen Unterschied.

Es ist erstaunlich, daß wir als intelligente, der Selbstreflektion fähige Menschen genau dasselbe tun. Wie oft mag sich irgendwann in unserer Kindheit etwas ereignet haben, das jenes Gefühl des Notleidens in uns auslöste! Und als Erwachsene handeln wir immer noch so, als ob diese Mangelzustände tatsächlich hier und jetzt vorhanden wären, selbst wenn dies überhaupt nicht der Fall ist.

Es gibt zwei Grundgefühle, die ein Mensch haben kann: Entweder er fühlt sich geliebt, oder er fühlt sich ungeliebt. Kinder wissen entweder, daß sie geliebt werden, oder sie haben das Gefühl, nicht geliebt zu werden, was mit Gefühlen der Wertlosigkeit, der Nutzlosigkeit und Unsicherheit einhergeht oder mit dem Gefühl, ein schlechter Mensch zu sein, Opfer zu sein etc. (Wenn ein Kind in den ersten zwei Jahren seines Lebens weiß, daß es geliebt wird, dann können wir bereits erleichtert aufatmen, auch wenn wir möglicherweise in späteren Jahren mit diesem Kind „bis aufs Messer" zu kämpfen haben werden.) Natürlich wird dieses Wissen, geliebt bzw. nicht geliebt zu werden, sehr schnell zu einem unbewußten Motivationsfaktor, der so total, so alles durchdringend ist, daß es im Erwachsenenalter extrem schwierig wird, diesem Faktor in einer Therapie oder mit Hilfe anderer Mittel auf die Spur zu kommen. Es ist beinahe so, als müßten wir unser gesamtes Lebensprogramm außer Kraft setzen, und der Widerstand dagegen ist, wie man sich leicht vorstellen kann, unglaublich groß.

Für uns alle gilt: Wenn wir als Kinder wissen, daß wir geliebt werden, dann gibt uns dies im Leben einen ganz entscheidenden Halt, eine Stabilität, die weder Beweis noch Bestätigung braucht. Es ist einfach so. Um den üblichen Streß mit dem Erwachsenwerden wird trotz alledem niemand herumkommen, und vielleicht gesellen sich auch noch ein paar unvermeidbare Neurosen dazu, doch all diesen Dingen kann sich ein Mensch dann problemlos stellen und sie spielend leicht bewältigen. Sie werfen uns nicht mehr aus der Bahn. Die Umwelt kann ein entscheidender Faktor sein, und das gesamte Thema Konditionierung durch die Großstadt kann sich neben vielen anderen Einflüssen auf uns auswirken, aber wir werden dennoch etwas besitzen, das wirklich entscheidend ist! Kinder erhalten Selbstachtung, entwickeln Kreativität, Vertrauen und Fähigkeiten, wenn sie *wissen*, wenn sie spüren, daß sie grundsätzlich und bedingungslos so geliebt werden, wie sie sind, und dafür, wer sie sind, frei von elterlichen Forderungen und Erwartungen, etwas anderes zu sein als das, was sie sind.

Wenn ein Kind nicht weiß, daß es geliebt wird, oder sich ungeliebt fühlt (was auf dieser Welt heutzutage schon fast schon epidemie-ähnliche Ausmaße annimmt), dann wird es in seinem späteren Leben aus dieser Position des Notleidens heraus versuchen, Liebe zu finden – genau wie jener Hund. Ein Erwachsener wird dies in der Regel nicht so offensichtlich unrealistisch wie jener Hund ausagieren, als ginge es um sein Leben, doch die Konditionierung ist dieselbe. Ein intelligenter Mensch kann sich ausmalen, wie sich ein solches Verhalten auf seine Mitmenschen auswirkt oder wie sein Chef darauf reagieren wird, und hat es dadurch in der Hand, seinen Arbeitsplatz etc. zu behalten. Aber dennoch suchen solche Menschen unbewußt aus einer Position des Mangels heraus nach Liebe, und das zeigt sich dann in einer endlosen Zahl von exzentrischen Eigenarten, persönlichen Macken und Verschrobenheiten.

Ein Mädchen, das sich ungeliebt fühlt, wird versuchen, die Aufmerksamkeit seines Vaters zu erregen, und es wird sein Leben lang dazu neigen, mit Männern in einer Art und Weise umzugehen, die ihnen zu verstehen gibt, daß es niemals genug Liebe bekommen kann. Was immer ein Mann auch tut, für eine solche Frau wird es niemals gut genug sein. „Du beachtest mich nicht genug!" Oder: „Du gibst nicht genug Geld für mich aus!" Oder: „Du liebst mich nicht genug! ... Du interessierst dich nicht für mein Leben! ... Meine Träume sind dir egal!" Eine solche Frau wird immer etwas finden, das ihr nicht paßt. Ein kleiner Junge, der das Gefühl hat, nicht genug Liebe zu bekommen, wird sich häufig auf seine Mutter fixieren; und als Erwachsener wird er dann zu jenen Männern gehören, die von Frau zu Frau gehen und dabei immer wieder das leere Loch der Ungeliebtheit spüren, die sich ständig mißverstanden und niemals genug geliebt fühlen und die sich Frauen gegenüber so verhalten, als erwarteten sie, von ihnen bemuttert zu werden, statt dem Mann eine ebenbürtige Partnerin zu sein. Es liegt auf der Hand, daß beide Situationen zu leichten bis schweren sexuellen Störungen führen können. Wenn ein Kind mit dem Gefühl aufwächst, daß es nicht geliebt wird, ist es für ein solches Kind extrem schwer, mit jener ständigen Leere umzugehen, die es unbewußt und oft auch bewußt empfindet, denn genau das ist es, was der Mensch am meisten braucht – wir brauchen Liebe, nicht im Sinne einer Beziehung zu einem Lebenspartner, und es geht auch nicht darum, genug Sex oder jede Menge Lob zu bekommen, sondern wir brauchen eine tiefe, Geborgenheit vermittelnde, vertraute Art von zuverlässiger, spürbarer und beständiger Liebe.

Diese Art der Liebe ist noch in jenen Kulturen spürbar, in denen die Menschen auf den Schutz der Familie angewiesen sind, beispielsweise bei Naturvölkern und Indianerstämmen. In den ärmeren Schichten solcher Kulturen leben häufig mehrere Familien in nur wenigen Zimmern eines einzigen Hauses zusammen, und manchmal können diese personenreichen Großfamilien tatsächlich die einzige Sicherheit darstellen, die ein Kind in seinem Leben hat. Diese Art von Nähe, welche die Menschen unter solchen Umständen erleben, ist etwas wirklich anderes. Wenn jene Menschen Hunger leiden, mag sich das Gefühl des Notleidens vielleicht auf Nahrungsmittel oder andere Dinge beziehen, nicht aber auf die Liebe.

Einige meiner Leser werden diese Art beständiger Liebe bestimmt erfahren haben, wenn sie auch in den Vereinigten Staaten von Amerika sehr selten anzutreffen ist. Der eine oder andere stammt vielleicht aus einer Einwandererfamilie, in welcher die Familie noch groß geschrieben wird, und mag diese Liebe dank der engen Verbundenheit und dem Zusammenhalt des großen Familienclans kennengelernt haben. Vielleicht kann er diese Liebe nicht für Mutter und Vater oder gegenüber seinen Geschwistern empfinden, doch wenn die ganze Verwandtschaft zusammenkommt – Tanten, Onkel, Großeltern –, dann ist eine solche Menge an Wärme, Zuneigung, Humor und Akzeptanz vorhanden, daß man sie fühlen kann. Sie ist greifbar, und man fühlt sich wohl in dieser Gesellschaft. Im Idealfall würde sich diese Liebe nicht einzig und allein auf Blutsverwandte beschränken, wenn wir auch dazu neigen, für Blutsverwandte Gefühle zu empfinden, die wir anderen Menschen gegenüber nicht haben. Wenn wir es schaffen, uns auch in jeder anderen Gruppe mit den Menschen derart verbunden zu fühlen, dann haben wir das erreicht, was wirkliche Gemeinschaft bedeutet.

Die tödliche Gleichung

Bereits sehr früh in unserem Leben, womöglich schon im Alter von ein paar Monaten, beginnen wir zu erkennen, daß die Menschen, denen wir unsere bedingungslose Liebe und Aufmerksamkeit schenken, diese entweder erwidern oder sie uns verweigern können. Der Zustand des Notleidens, jenes Gefühl, daß es entweder nie genug Liebe gegeben hat oder daß wir niemals genug davon bekommen werden, kam in uns auf, als uns jene Liebe verweigert wurde. Dabei handelt es sich immer um einen großen Schock, da dies für ein Kleinkind einfach unvorstellbar ist. Ein Kind hat nicht die Wahl, zu lieben oder nicht zu lieben. Ein Kind kann nur lieben, und darum erwartet es dies auch von anderen. Wenn jedoch ein Erwachsener ein Kind nicht liebt, sind die Auswirkungen so verheerend, daß es unweigerlich zu einer Form des Rückzugs oder des *„Zumachens“* kommen muß. Eine solche Liebesverweigerung erfolgt in der Regel natürlich nicht absichtlich oder vorsätzlich. Unsere Eltern haben *versucht*, uns zu lieben. Sie haben *geglaubt*, uns zu lieben. Doch sie waren so sehr mit sich selbst beschäftigt und viel zu unbewußt, um sich jener Handlungen gewahr zu sein, die sie höchstwahrscheinlich für unbedeutend hielten, die in Wirklichkeit jedoch ihrem Kind gegenüber eine Form von aggressiver Manipulation, Grausamkeit und Nicht-Liebe waren (daß sie beispielsweise über uns gelacht haben, wenn wir etwas taten, das sie für lustig hielten, das für uns als Kind jedoch schrecklich ernst war).

Das Gefühl, das eine solche unbewußte Behandlung in uns hinterließ, könnte man etwa so formulieren: „Es schmerzt viel zu sehr, um *Liebe* sein zu können, und darum ist es keine. Und wenn es keine Liebe ist, dann bedeutet dies, daß ich nicht geliebt werde." Doch gleichzeitig haben wir auch die Erfahrung gemacht, daß gewisse Dinge funktioniert haben, wenn wir die Aufmerksamkeit der Eltern auf uns lenken wollten. Vielleicht mußte unser Vater lachen, als wir unsere schmutzigen Händchen an Mamas sauberer, weißer Bluse abputzten, und wir haben dieses Lachen dann als eine positive Reaktion auf uns, auf unser sprichwörtliches Sein, empfunden. Danach haben wir diese „Anerkennung" mit Liebe gleichgesetzt und alles versucht, um diese Erfahrung zu wiederholen. Als unsere Mutter beim nächsten Mal jedoch negativ reagierte (oft ist das, was ein Kind spontan in seiner Unschuld tut, niedlich, lieb und reizend, doch wenn es dieselbe Handlung mit einer bestimmten Absicht oder vorsätzlich wiederholt, wird sie falsch und unnatürlich), waren wir verwirrt und tief verletzt, was unsere Verteidigungshaltung, unsere Vorsicht und jenes Gefühl des Nicht-geliebt-Werdens nur noch verstärkt hat.

Für uns heute als Erwachsene und Eltern ist es wichtig, daß wir auf unsere Kinder eingehen. Wir können versuchen, ihr Leben aus *ihrer* entwicklungsmäßigen Perspektive zu betrachten und dadurch vermeiden, dieses ganze Problem des Mangels und des Notleidens an unsere Kinder weiterzugeben. Manchmal werden wir ein paar Dinge vermissen, die wir eigentlich nicht missen möchten, doch wenn wir unseren Kindern in der ersten Zeit ihres Lebens unsere Aufmerksamkeit widmen, dann wird der Lohn bei weitem jedes eventuell notwendige Opfer und jede Veränderung wert sein, die wir in unserem unbewußten Verhalten und unseren nie hinterfragten Einstellungen vornehmen müssen. Das Beste, was wir einem Kind mitgeben können – weit wichtiger als eine gute Ausbildung –, ist das Wissen, daß es geliebt wird, erwünscht ist und uns Freude macht. Wenn es nötig ist, daß wir in den ersten zwei Lebensjahren unseres Kindes Hunger an sogenannter „Erwachsenennahrung" (im übertragenen Sinne) leiden, um diesem Kind die richtige Art von Aufmerksamkeit widmen können, dann sollten wir diesen Hunger in Kauf nehmen!

Hier ein praktisches Beispiel: Viele Mütter, die ihren Kindern diese Art von Aufmerksamkeit schenken, werden so hungrig nach einer „Pause", in der sie das Kind nicht ständig um sich haben (vor allem dann, wenn das Kind bei den Eltern im „Familienbett" schläft, was bedeuten kann, daß eine Mutter praktisch vierundzwanzig Stunden am Tag fast ununterbrochen mit dem Kind zusammen ist), daß die Versuchung groß wird, das Kind einmal für ein oder zwei Stunden (vielleicht auch nur für fünf Minuten) nicht zu beachten bzw. ihm die eigene liebevolle, zärtliche Gesellschaft zu verweigern, um endlich einmal mit dem Partner oder einer Freundin in Ruhe und ohne Unterbrechung ein Gespräch „unter Erwachsenen“ führen zu können. Doch es ist den Preis nicht wert, unsere eigenen illusionären „Bedürfnisse“ über die tatsächlichen und notwendigen Bedürfnisse unseres Kindes zu stellen. Wenn ein Kind immer wieder „Mami“ schreien muß, um unsere Aufmerksamkeit zu bekommen, dann sollte uns klar sein, daß wir dieses Kind ausgeschlossen haben, daß wir unsensibel für die Bedürfnisse des Kindes waren, weil wir dem Bedürfnis nachgegeben haben, uns selbst und unseren eigenen Hunger über die Bedürfnisse unseres Kindes zu stellen.

Kinder brauchen und wollen klare und gerechte Grenzen. Innerhalb dieses Rahmens brauchen sie zusätzlich überwältigend große Mengen liebevoller und ungeteilter Aufmerksamkeit. Es ist diese Aufmerksamkeit, welche es Kindern ermöglicht, Selbstwertgefühl, Zuversicht und Selbstvertrauen zu entwickeln.

Vorbereitung auf die unangenehmen Seiten des Lebens

Ein Kind, das im ersten Lebensjahr die nötige Liebe bekommt, wird auch später genug menschliche Größe besitzen, um sich an zahlreiche negative Umstände im eigenen Leben anzupassen, um auf sie reagieren und sich darauf einstellen zu können. Andererseits wird ein Kind, das sich ungeliebt fühlt, in der Regel so sehr dazu neigen, negative Situationen als eine direkte Folge bzw. als einen Beweis dafür zu werten, daß es nicht geliebt wird und nicht liebenswert ist, daß es in derartigen Situationen reagieren wird, als habe man es persönlich angegriffen, anstatt direkt auf die Situation selbst mit Klarheit und Kreativität zu reagieren. Jedes Sich-ungeliebt-Fühlen führt zu unbewußten, „blinden“ und gewohnheitsmäßigen anstatt zu gesunden, intelligenten und objektiven Reaktionen. Warum sonst sollte es zum Beispiel immer eine kleine Zahl von Menschen geben, die in der Lage sind, alles, was sie sehen und erfahren, wie schrecklich und schokkierend es auch sein mag (selbst in Kriegssituationen), zu integrieren und infolge des erlittenen Schocks menschlicher zu werden? Andere Menschen läßt eine solche Erfahrung hingegen verrückt werden; sie werden dadurch noch gewalttätiger, zorniger und düsterer, als sie es schon waren. Könnte das etwas mit den Selbstwertgefühlen zu tun haben, die uns in der Kindheit vermittelt wurden? Bei den Erdbeben in Mexiko Stadt, in Indien und in Italien vor ein paar Jahren waren zum Beispiel zehn- bis dreißigtausend Tote zu verzeichnen. Wer ein solches Ereignis überlebt, der hat außerordentlich großes Leid gesehen und zu verarbeiten. Im Idealfall würde ein solcher Mensch den Wunsch verspüren, anderen zu dienen und ihnen aus ihrer Lage herauszuhelfen, indem er obdachlos gewordenen Menschen ein Dach über dem Kopf, Lebensmittel oder warme Decken zur Verfügung stellt. Ob wir zu einem solchen Dienst am Menschen fähig sind, oder ob wir einfach zusammenbrechen und wie benommen, mutlos und verzagt in der Gegend herumlaufen, das mag sehr wohl davon abhängen, inwieweit man uns als Kind geliebt hat.

In den ersten Lebensjahren eines Kindes gibt es viele Unannehmlichkeiten: Fieber, nasse Windeln und laute Geräusche in der Umgebung; es kann vorkommen, daß die Eltern sich streiten und Spielkameraden gemein oder ziemlich aggressiv sind. Selbst ein Kind, das die allerbesten Eltern hat, ist gegen unangenehme Dinge nicht gefeit. Eine Mutter mag noch so aufmerksam sein, es kann immer vorkommen, daß sie genau in jenem Moment nicht im Zimmer ist, da ihr Kind sie braucht und zu weinen beginnt. Wenn der Gesamtkontext im Leben eines Kindes jedoch ein Kontext der Sicherheit, der Geborgenheit und Liebe ist, dann werden die Unannehmlichkeiten zur Nebensache und können leicht durch das Selbstvertrauen und das Selbstwertgefühl des Kindes aufgefangen werden. Natürlich sind manche Kinder von Natur aus lebhafter und temperamentvoller als andere, weshalb wir nicht erwarten können, stets *allen* Unannehmlichkeiten dadurch zu begegnen, daß wir nach außen hin endlose Geduld und heitere Gelassenheit zeigen.

Wenn wir uns sicher wären, daß wir still und leise, zweifel- und bedingungslos geliebt werden, könnten wir nicht nur mit Dingen zurechtkommen, die nichts mit uns zu tun haben, oder Dinge ertragen, die sich nicht ändern lassen (wie etwa ein Verkehrsstau oder auch ein unerwarteter Verlust des Arbeitsplatzes), sondern wir wären darüber hinaus sogar in der Lage, Unangenehmes durch Angenehmes zu ersetzen, wenn dies gesellschaftlich relevant wäre (d. h. wir könnten unangenehme Situationen durch eher erträgliche oder angenehmere Situationen ersetzen, und wenn es sinnvoll wäre, auch umgekehrt). Wenn wir zum Beispiel einen Besuch bei den Schwiegereltern machen (mit oder ohne Baby), kann es uns passieren, daß wir eine für uns ausgesprochen unangenehme Situation ertragen müssen – daß wir etwa ihre negativen oder lebensverneinenden Sprachgewohnheiten, ihre körperliche oder seelische Aggressivität oder ihre Beschimpfungen und Beleidigungen tolerieren müssen. (Natürlich können unsere Schwiegereltern, ebenso wie unsere eigenen Eltern oder Arbeitskollegen, die nettesten Menschen der Welt sein. Bedauerlicherweise haben aber genau diese Menschen nicht unbedingt immer Verständnis für unsere Vorstellungen vom richtigen Umgang mit Kindern bzw. der richtigen Art, mit ihnen zu sprechen.) Es ist auf alle Fälle einleuchtend, daß in einer solchen Situation das durchaus sinnvolle Bedürfnis besteht, das Unangenehme durch etwas Angenehmes zu ersetzen. Wenn wir als Kind jene Sicherheit bekommen haben, werden wir dazu ganz leicht und mit großem diplomatischen Geschick in der Lage sein. Wir werden das Beste daraus machen. Wenn wir jene Sicherheit nicht mitbekommen haben, wird es uns hingegen fast unmöglich sein.

Vom Schrecken einer an Bedingungen geknüpften „Liebe"

Viele Menschen, die sich grundsätzlich für ungeliebt halten, haben unbewußt aus diesem Grundgefühl heraus einen Mechanismus entwickelt, der sie glauben läßt, daß man sie lieben würde, wenn sie nur bestimmte Bedingungen erfüllten. Dabei handelt es sich eindeutig um jene Bedingungen, die von ihren Eltern als Bestechungs- (oder Erpressungs-)Mittel benutzt wurden, um Zuneigung oder Aufmerksamkeit zu bekommen (beides Qualitäten, die ein Kind in seiner Verzweiflung mit Liebe gleichsetzt). Das ist zum Beispiel bei Eltern der Fall, welche ausdrücklich (oder auch stillschweigend, jedoch mit großem Nachdruck) die Erwartung hegen, daß ihr Kind ein großer Musiker oder Künstler werden oder in der Schule nur mit Bestnoten abschneiden soll. Die Wahrscheinlichkeit ist groß, daß ein solches Kind die Erwartungen, Wünsche und Forderungen der Eltern mit den Bedingungen gleichsetzt, die es erfüllen muß, um geliebt zu werden (oder Liebe zu bekommen). Diese konditionierte Neurose wird sich, sofern sie nicht näher angeschaut, angenommen und verarbeitet wird, durch das ganze Leben eines solchen Menschen ziehen und all seine Entscheidungen, Handlungen und Reaktionen auf alle möglichen Situationen beeinflussen.

Genau das ist in Bosnien der Fall, wo man Kinder in die Zwangsjacke kultureller Definitionen gesteckt hat und ihnen keinerlei Individualität im Ausdruck läßt. Der Rassenhaß zwischen Moslems, Serben und Christen kann durch vernünftige Gespräche nicht aus der Welt geschafft werden. Jene Menschen besitzen in ihrem Leben keine Individualität mehr und können nur blind und gewalttätig auf die Folgen der Massenpsychose reagieren. Als die Kommunisten noch das Land regierten, war die religiöse Massenpsychose der politischen Massenpsychose untergeordnet. Doch sobald die Regierung weg war, kam es zu dem, was wir heute haben. Dasselbe gilt für die Kambodschaner und das Abschlachten der Vietnamesen. In der Psychologie des Menschen und im menschlichen Bewußtsein gibt es keinerlei rassenbedingte, soziale, kulturelle oder religiöse Ausnahmen.

Ein starres Ego ist einfach nicht in der Lage, in einen kreativen Prozeß einzutreten. Wer von uns kennt nicht die Erfahrung, daß er sich auf einen kreativen Prozeß eingelassen, sich auf bisher unbekanntes Gebiet vorgewagt hat (was prinzipiell gewiß auf das spirituelle Leben zutrifft, wenn auch auf einer anderen Ebene) und dann plötzlich in Panik geraten ist, daß er sprichwörtlich Angst hatte, er würde nicht mehr in der Lage sein, „zurückzukommen". Und genau das ist der springende Punkt: Wenn wir uns der Kunst, einem geliebten Menschen oder wem auch immer hingeben, dann werden „wir" nicht mehr zurückkommen. Wir werden verwandelt, verändert, transformiert sein; wir werden als Mensch gewachsen sein, manchmal sogar in unermeßlichem Maße. Doch die meisten Menschen haben so große Angst davor, „nicht zurückzukommen", daß sie es sich nicht erlauben, sich auf wunderbare Chancen dieser Art einzulassen. Ein sicheres Ego erkennt, daß es nicht verloren gehen kann (in dem Sinne, daß es weder geschwächt werden soll, noch verrückt zu werden braucht), da keine solche Gefahr besteht. Ein reifer Mensch kann es sich erlauben, sich auf ein Liebesabenteuer einzulassen, auf tiefe Intimität und Verletzlichkeit. Wenn unser ganzes Selbst eine Beziehung mit dem Göttlichen eingeht, eine Beziehung, in der das Selbst verzehrt wird, gilt offensichtlich auch die Tatsache, daß unsere Bereitwilligkeit, uns sozusagen ganz und gar dem Willen des Göttlichen Einflusses zu überlassen, um so größer wird, je sicherer das Ego ist. Je starrer und unbeweglicher das Ego, desto größer ist verständlicherweise der Mangel an Vertrauen. Starrheit entsteht durch Projektionen, Erwartungen, Fanatismus, Selbstgerechtigkeit und dergleichen mehr.

Das Gefühl des Nicht-geliebt-Werdens transzendieren?

Haben Sie schon einmal ein Kind „Ich will meine Mama!" rufen gehört? Wenn Kinder nur *wirklich* wüßten, wonach sie da verlangen! In der gesamten Geschichte der Menschheit hat noch nie ein Kind „Ich will dich" zu seiner Mutter gesagt, das sich dabei der Bedeutung dieser Worte wirklich bewußt gewesen wäre. Wie könnte ein Kind solche wahrhaft anspruchsvollen und subtilen Vorstellungen haben? In der Regel wollen Kinder in solchen Situationen Geborgenheit, Sicherheit, feste und gerechte Grenzen oder Unterstützung in ihrem „Machtkampf" gegenüber anderen Kindern oder gegenüber anderen Erwachsenen (außer ihrer Mama). Natürlich werden wir einem Kind nicht zu Bewußtsein bringen können, was es *in Wirklichkeit* will, bevor es nicht fünfunddreißig oder vierzig Jahre alt ist. (Dann wird es immer noch Kind sein, doch es wird etwas besitzen, das für eine andere Art von Gewißheit und Überzeugung viel empfänglicher ist. Was eine gute Voraussetzung für alle Formen der Persönlichkeitsentwicklung bzw. der Transformation, für das Heil der Welt und das Fortbestehen der menschlichen Rasse darstellt.) Im Grunde wollen die Menschen herausfinden, *wer sie sind*; in psychologischen Begriffen formuliert, wünschen sie sich jedoch die Fähigkeit, Liebe zu empfinden. Bedauerlicherweise vermag dies kein einziges Mittelchen aus der Trickkiste der Seele zustande zu bringen, wenn sich das Ungeliebtheitsgefühl erst einmal breit gemacht hat; da hilft auch eine große Portion guter und wahrhafter Liebe nicht. Dennoch *kann* eine große Menge beständiger und vertrauenswürdiger Liebe, echten Respektes und wahrer Anerkennung jenen Riß zu heilen *beginnen*, und das ist wichtig, auch wenn sie den Sprung nicht ganz aus der Welt schaffen kann. Nur ein „Umpolen" der in der Kindheit aus dem Gefühl der Ungeliebtheit heraus gefällten Lebensentscheidungen kann hier wirklich von Grund auf etwas verändern.

Bei unseren ganzen Therapien und den unglaublichen Mengen an Arbeit, die wir an uns selbst leisten, geht es letztendlich einfach darum, zurück an jenen Punkt zu gelangen, an dem wir beschlossen haben, daß uns niemand liebt, und eine neue, andere Entscheidung zu fällen. Die meisten Menschen werden dies niemals tun – sie haben einfach nicht die Geduld, die seelische Kraft und den Mumm dazu. Die wenigen Menschen, denen es gelingt, werden dann als Aushängeschild für die von ihnen absolvierten Therapien benutzt und anderen als Beispiel vorgehalten: „Schaut her, das schafft ihr auch." Doch die meisten Menschen *können es* einfach *nicht* schaffen, weil es ein solches Maß an Durchhaltevermögen, Engagement und Bereitwilligkeit erfordert, mit bedingungsloser Ehrlichkeit zu sich selbst durch den eigenen Schmerz und die Einsamkeit zu reisen, daß der Durchschnittsmensch dies einfach nicht durchhält. Die meisten Menschen werden nicht einmal damit beginnen.

Sich ungeliebt zu fühlen kann die eigene spirituelle Arbeit tatsächlich verlangsamen, falls man sich mit solchen Dingen beschäftigt. Es mag sich dabei vielleicht nur um einen ganz subtilen Einfluß handeln, doch wem es mit seiner Transformationsarbeit wirklich ernst ist, den wird auch der geringste Einfluß stören. Für manche Menschen ist das Gefühl, nicht geliebt zu werden, einfach nur ein Hindernis, das man in einem grundlegenden Schritt verarbeiten und aus dem Weg schaffen muß, und sonst nichts. (Es gibt keinen Grund für Ausschmückungen und Übertreibungen.)

Es ist hilfreich, sich die Haltung zu eigen zu machen, „daß dieses Glaubenssystem alles zu seinem eigenen Vorteil, für seine eigene Vision zu benutzen versucht. Ich muß es aus dem Weg schaffen, denn dann kann meine Beziehung zum Göttlichen zwangsläufig mehr Integrität besitzen."

Das Gefühl des Mangels kann transzendiert werden im Erkennen, daß es keinen Mangel gibt, da jeder von uns Ansatzpunkte für einen besseren Umgang mit anderen Menschen besitzt. Und wenn es auch zutrifft, daß Menschen verwundbar sind, Widerstände und Besitzansprüche haben, auf die Wahrung ihrer Interessen und ihre Verteidigung bedacht sind und so weiter und so fort, weil sie Angst davor haben, verletzt, ausgenutzt, zum Opfer gemacht oder verlassen zu werden – die üblichen Standardängste eben – (ich könnte hier eine komplette Liste von Verhaltensweisen anführen, welche die Menschen zur Schau stellen, um eine auch nur ansatzweise klare Kommunikation zu vermeiden, von wirklichen Begegnungen ganz zu schweigen), so ist jener Bezugspunkt für den Umgang mit anderen dennoch vorhanden. Da gibt es gar keinen Zweifel! Auch wenn wir uns bisher ungeliebt bzw. und nicht wert gefühlt haben, geliebt zu werden, so haben wir doch immer geliebt. Kinder lieben ihre Mama und ihren Papa, ihre Schwestern und Brüder, ihre Tanten und Onkel, alles und jeden – Katzen, Bananen und Donner ... Somit besitzen wir auch einen Ansatzpunkt für tiefe zwischenmenschliche Begegnungen. Was uns jedoch fehlen mag, ist ein Anhaltspunkt, wie wir angemessen auf Liebe und menschliche Begegnungen reagieren können, wenn sie auf uns zukommen. Es kann gut sein, daß wir viel zu sehr blockiert sind durch unseren obsessiven und meist zwanghaften Drang, genau das zu bekommen, von dem wir nicht glauben können, daß wir es bekommen, wenn es dann tatsächlich zu uns kommt! Wir haben also einen Ansatzpunkt für mehr oder weniger einseitige Begegnungen, und in der Regel erkennen wir gar nicht, daß das Ganze keine Einbahnstraße sein muß, sondern auch eine Straße mit Gegenverkehr sein kann. Wozu wir in der Lage sind, das ist ein „Austeilen" von Liebe, ohne zu wissen, ob sie erwidert wird (und normalerweise ohne daran zu glauben, daß sie tatsächlich erwidert werden könnte).

Das ist der Grund dafür, daß manche Menschen sich mit dieser Arbeit, wahrhaft menschlich zu werden, so schwer tun. Sie glauben nicht daran, daß sie liebenswert sind; daß sie in der Tat geliebt werden. Ich meine dies nicht vom Verstand her. Niemand setzt sich hin und sagt: „Ich bin es nicht wert, geliebt zu werden." Ich meine es als Grunderfahrung. Wir erkennen nicht, daß wir geliebt werden, und es ist sehr schwer, diese Arbeit zu leisten, wenn jene Einstellung alles durchdringt; wenn andere Menschen uns lieben, werden wir vielleicht dankbar und verwundbar sein, etwas spüren, einen Hauch von Realität …, doch wir werden immer noch Zweifel hegen und argwöhnisch sein. „Ist das wirklich wahr? Kann ich dem vertrauen?“

Zuneigung ausdrücken

Für mich ist es ganz normal, Eltern und ihre Kinder genau zu beobachten – meine Inspirationen für das Schreiben beziehe ich zu einem großen Teil aus der Beobachtung der zwischen Erwachsenen und Kindern ablaufenden Dynamik. Ein häufig zu beobachtendes Phänomen zeigt sich, wenn Eltern, Onkel oder Tanten zu kleinen Kindern sagen: „Komm und gib Mama einen Kuß!“ oder „Willst du Onkel Johann keinen Kuß geben?“ und dergleichen. Es gibt Zeiten, da verteilen Kinder mit Begeisterung Küsse und Umarmungen an jene Menschen, die sie lieben, und überschütten die Menschen, die ihnen nahestehen, mit Aufmerksamkeit und Zuneigung. Ein andermal tun sie es einfach nicht.

Solche Reaktionen von Kindern machen außergewöhnlich große Freude, weil Kinder so unschuldig sind. Wenn uns ein Kind streichelt, ohne etwas von uns zu wollen, dann wissen wir, daß es damit ein echtes Gefühl ausdrückt. (Manche Kinder bewahren sich diesen wahren Gefühlsausdruck bis ins Jugendalter.) Wenn ein Kind seine Mama oder seinen Papa ganz fest umarmt, dann ist diese Umarmung völlig echt und aufrichtig und nicht nur ein flüchtiger „Gute-Manieren“-Kuß, den es uns auf die Wange drückt, weil wir es von ihm erwarten und es dazu erzogen wurde, die Erwartungen einer Gesellschaft zu erfüllen, die auf gutes Benehmen Wert legt.

Ich selbst war lange Zeit gefühlsmäßig so sehr „zurückgeblieben“, daß mein erstes Kind mich ganz aus der Fassung brachte, wenn es zu mir herkam, um mich voller Begeisterung, Freude, Spaß und Überschwang zu umarmen, in der Art, wie Kinder dies manchmal tun. Jene Art spontaner Zuneigung ist völlig ausgelassen und ungezügelt, und ich war ein ziemlich „zugeknöpfter“ Typ. So sind Kinder nun einmal. Sie werden nicht von alleine auf die Idee kommen, um uns herumzuscharwenzeln, und wenn sie uns streicheln, dann tun sie es nicht wie die Erwachsenen aus Bedürftigkeit und Schmerz heraus. Ein Kind wird einfach zu uns herkommen, wenn es von Zärtlichkeit übermannt wird, uns ganz fest drücken und dann wieder auf und davon springen. Kein Problem und kein zugrundeliegendes Motiv.

Mich dünkt es oft gleichzeitig traurig und bedauerlich, daß wir uns selbst selten ausreichend vertrauen, um unsere eigenen Erwartungen fallen zu lassen und Kindern zu gestatten, ihre Zuneigung einfach spontan auszudrücken. Wenn wir einmal innehalten und uns vor Augen führen, wie wir selbst unsere Zuneigung zeigen, dann werden wir feststellen, daß wir andere auch nicht die ganze Zeit liebkosen, selbst wenn wir bis über beide Ohren verliebt sind. Es gibt Zeiten, in denen wir zärtlich sind, und Zeiten, in denen wir ganz in unsere Arbeit oder eine faszinierende Beschäftigung vertieft sind. Das bedeutet aber nicht, daß wir in einem solchen Moment unsere „zweite Hälfte" nicht lieben, sondern vielmehr, daß wir uns dem geliebten Menschen gegenüber in einer Art und Weise spontan verhalten, die keine *direkte* Aufmerksamkeitsbezeugung ist. (Dennoch ist diese Aufmerksamkeit stets stillschweigend vorhanden, immer knapp unter der Oberfläche durchscheinend und vor sich hin brodelnd.) Sollten wir nicht bereit sein, auch Kindern diese Freiheit zuzugestehen?

Zuweilen sind selbst einfühlsame und intelligente Eltern nicht bereit, ihren Kindern jenen Freiraum einzuräumen, den sie brauchen, um ihre Liebe in ihrem eigenen Tempo und auf ihre eigene Art und Weise ausdrücken zu können.

„Wo bleibt mein Kuß heute morgen?", heißt es dann, wenn das Kind zum Spielen ins Freie will.

„Ach ja, den hab' ich ganz vergessen", wird das Kind darauf antworten und noch einmal kehrtmachen, um seiner Pflicht nachzukommen.

Wenn wir jene, die wir lieben, dazu ermutigen wollen, ihre Zuneigung spontan auszudrücken, dann können wir dies nur dadurch erreichen, daß wir selbst unserer Liebe spontan Ausdruck verleihen.

Die gesamte „Gib-Mama-einen-Kuß"-Dynamik ist für Kinder ein Zeichen, daß wir versuchen, unsere Umgebung *unserer eigenen* Unsicherheit und *unseren eigenen* Überlebensstrategien entsprechend zu strukturieren. Wir strukturieren unsere Umwelt dadurch, daß wir jedes Ereignis in eine bestimmte Schublade stecken und dann automatisch eine Antwort auf alle nur erdenklichen Umstände haben. Es würde uns wesentlich lebendiger machen, wenn wir spontaner und wahrhaftiger wären und dem Universum und dem Leben erlauben würden, sich *seinem* Rhythmus entsprechend zu entfalten, statt gewissermaßen Gott spielen zu wollen.

Kinder können sich daran gewöhnen zu erkennen, daß alle Wärme, Liebe, Zuneigung und Aufmerksamkeit in einem einzigen Blick, einer einzigen Berührung oder einer liebevollen Umarmung enthalten sein kann. Es braucht sich nicht immer um ein ständiges und überwältigendes Bad in körperlicher Aufmerksamkeit bzw. einer Aufmerksamkeit auf grobstofflicher Ebene zu handeln. Das sollte man Kindern unbedingt vermitteln. Denn wenn sie in unser Alter kommen und sich verlieben, werden sie ansonsten jedes Mal, wenn die Aufmerksamkeit ihres Partners vorübergehend auch nur ein klein wenig nachläßt, glauben, daß er seine Aufmerksamkeit einem anderen Menschen bzw. einer anderen Sache widmet oder sie nicht mehr liebt. So jemand wird den Menschen, den er liebt, mit Argusaugen beobachten, da er ständig die Bestätigung braucht, daß er geliebt wird. Er wird immer indirekt (manchmal auch direkt) seinen Partner anbetteln und ihn beschwören, ihm ständig seine Liebe und Zuneigung in theatralischen körperlichen Gesten zu beweisen. Eine derartige Unsicherheit und Spannung ist nicht gerade die angenehmste Lebensstimmung.

Jenes verzweifelte und oft aggressive Bedürfnis nach ständiger Beachtung und Anerkennung, jenes klammernde, bedürftige Festhalten kann jede Liebe zerstören. Kinder müssen lernen, daß Kommunikation nicht nur in langatmigen Vorträgen und Monologen, in zwanzigminütigen Umarmungen oder vierstündigem, ununterbrochenem Bauklötzchenspiel stattfindet. Sie müssen lernen, daß vollständige Kommunikation voller Wärme, Liebe und Sanftheit auch aus einer flüchtigen Berührung am Arm oder einem kurzen „Huhu" bestehen kann. Wie aber sollen sie dies lernen, wenn wir es nicht empfinden und ihnen gegenüber nicht wahrhaftig und glücklich ausdrücken, wann immer wir es empfinden? Jeder Augenblick ist der richtige Zeitpunkt, um unsere Liebe zu unseren Kindern auszudrücken. Wir müssen nicht erst den „richtigen Moment" abwarten. In der Tat gibt es gar keinen „richtigen Moment", wenn es um den natürlichen Ausdruck von Gefühlen der Liebe, Fürsorge und Zuneigung geht.

* * *

Wenn wir unsere Kinder lieben und unsere Liebe dadurch ausdrücken, daß wir sie in den Arm nehmen, dann sollten wir niemals aufhören, sie zu umarmen, ganz gleich wie schwierig ein bestimmtes Entwicklungsstadium sein mag. (Auch das hat natürlich seine Grenzen. Wenn unser Nachwuchs siebenundzwanzig ist und bereits zum vierten Mal wegen Heroinhandels verurteilt wurde, brauchen wir ihn nicht mehr so zu behandeln, als sei er noch drei Jahre alt und das niedlichste Kind der Welt.) Kindern unsere spontane und echte Zuneigung zur Strafe vorzuenthalten, sei es bewußt oder unbewußt, ist schlicht und einfach falsch. Wenn Sie zum Beispiel ins Eßzimmer kommen und sehen, daß Ihr allerbestes Porzellanservice in Scherben auf dem Fußboden liegt – ausgerechnet jenes Geschirr, das Ihnen mehr bedeutet hat als *alles andere* im Leben –, dann wäre es falsch, Ihr Kind drei Wochen lang nicht mehr in den Arm zu nehmen, nur weil Sie sich wegen des Zwischenfalls geärgert haben. Wenn Sie Ihr Kind normalerweise jeden Tag in den Arm nehmen, dann sollten Sie es auch in diesem Fall noch täglich in den Arm nehmen *und* ihm gleichzeitig zeigen, daß Sie wegen des zerbrochenen Geschirrs sehr traurig sind. Hören Sie nicht auf, Ihr Kind in den Arm zu nehmen, und werfen Sie ihm nicht ständig etwas vor, das es möglicherweise bereits sehr bereut hat (und unter dem es möglicherweise immer noch leidet, wenn Sie ständig dafür sorgen, daß dieser Schmerz immer wieder hochkommt).

Handlung ist das, was zählt. Handlung ist Kommunikation. Selbst wenn Sie die Liebe nicht *empfinden*, sollten Sie liebevoll handeln; und bevor Sie es merken, werden Sie liebevoll sein, ganz gleich, wie Sie sich fühlen.

Gleiche Zuneigung für alle

Wenn ein Vater der Mutter, nicht aber seinem Kind, Zuneigung zeigt bzw. wenn eine Mutter zum Vater, nicht aber zu ihrem Kind, zärtlich ist, dann ist dies mit das Schlimmste, was man einem kleinen Jungen oder Mädchen antun kann. Manchen Erwachsenen fällt es leichter, ihrem Partner Zuneigung zu zeigen als einem Kind. Das ist sehr verhängnisvoll und immer die Folge einer aus der Kindheit stammenden Konditionierung des Erwachsenen, die Teil seiner neurotischen Beziehung zum Leben geworden und in der Regel ziemlich unbewußt ist. (Ich habe weiterhin beobachtet, daß Erwachsene sich für gewöhnlich verteidigen, und zwar ziemlich heftig, wenn man sie auf derartige Verhaltensweisen aufmerksam macht, und daß sie alle möglichen Erklärungen, Ausreden und Gründe vorbringen, um ihr neurotisches Verhalten zu rechtfertigen und zu entschuldigen.)

Wenn dem anderen Elternteil mehr Zuneigung gezeigt wird als einem Kind, wird das Kind praktisch unvermeidlich davon ausgehen, daß dieser Unterschied darauf beruht, daß es irgendwie schlechter bzw. weniger wert ist als jener Erwachsene, der mehr Zuneigung erhält als es selbst. Dies wirkt sich nicht nur verheerend auf die Selbstachtung des Kindes aus, sondern kann die Gesamtmatrix seines Gefühlsausdruckes deutlich verändern. Für ein Kind sieht es gewöhnlich so aus, daß der andere Elternteil ohnehin „mehr" bekommt, doch wenn wir in gewisser Weise versuchen, absolut gerecht zu sein, wird ein Kind dies spüren und zu schätzen wissen. Es wird selbstverständlich deutliche Unterschiede geben zwischen der Zuneigung der Eltern untereinander und der Zuneigung der Eltern zu ihrem Kind, aber Kinder lernen ziemlich schnell, daß jede Situation ihre ganz individuellen Qualitäten und Eigenschaften hat. Dies muß man unbedingt verstehen.

Bei alleinerziehenden Eltern kommt es darauf an, die Zuneigung zu Freunden in ein ausgewogenes Verhältnis zu bringen. Die Liebe zu Freunden und die Liebe zum eigenen Kind sollte jeweils klar und unmißverständlich definiert sein.

* * *

Eltern, die mehrere Kinder haben, werden sicher feststellen, daß sie nicht mit allen Kindern genau gleich umgehen. Schließlich *ist* jedes Kind anders – jedes ein einzigartiges Individuum. Daher werden Eltern normalerweise zu jedem Kind eine ganz bestimmte Beziehung haben. Doch der zugrundeliegende Kontext potentieller Freude, Anerkennung und Liebe sollte für alle Kinder gleich sein. Sicher wird man ein einjähriges Kleinkind nicht genauso behandeln wie ein Kind im Alter von sieben oder gar vierzehn Jahren – wir werden auf jedes Kind anders reagieren und ihm eine andere Art von Aufmerksamkeit widmen, da jedes Kind anders ist, andere Bedürfnisse hat und sich auf einem anderen Entwicklungsstand befindet. Die Form der Beziehung zu unseren Kindern wird unterschiedlich sein, doch niemals die Liebe. Sie ist eine Konstante.

Häufig wird ein Kind seine Mutter oder seinen Vater fragen: „Wen hast du mehr lieb, mich oder meinen Bruder?“ Oder: „Warum liebst du meine Schwester mehr als mich?“ etc. Es ist ein bedeutsamer Moment, wenn ein Kind mit einer solchen Frage zu uns kommt. An diesem Punkt ist es für die gesamte Entwicklung des Kindes, für sein Weltbild, für die gesunde Persönlichkeit und Psyche, die wir ihm wünschen, enorm wichtig, ihm aufrichtig zu zeigen, daß unterschiedliche Menschen zwar unterschiedliche Formen und Gesten der Aufmerksamkeit und Anerkennung erhalten mögen, daß die Liebe jedoch für alle gleich ist.

In meinem Fall besteht zum Beispiel eine sehr enge Freundschaft zwischen einer meiner Stieftöchter und meiner eigenen Tochter, die beide fast im selben Alter sind. Diese Freundschaft hat sich bis ins Erwachsenenalter erhalten. Einer der Gründe für diese Freundschaft liegt darin, daß ich mit allen Mitteln versucht habe (ich weiß nicht, wie mir dies gelungen ist, ich war am Anfang meiner Erziehungsversuche ein ziemlich schlechter Vater), beide gleich zu behandeln, das heißt, meine eigene Tochter nicht gegenüber meiner Stieftochter zu bevorzugen. Mit zunehmendem Alter haben sie dies allmählich verstanden. Was in den ersten ein oder zwei Jahren ihres gemeinsamen Lebens ein Wettstreit um meine Liebe war (sie versuchten herauszufinden, ob ich eine der beiden mehr liebte als die andere), wurde in dem Moment völlig überflüssig, als sie erkannten, daß ich das Spiel „Papas Liebling“ nicht mitspielte.

Selbst wenn ein Kind den Angreifer spielt und das andere Kind das Opfer ist, sollten wir beide Kinder in bezug auf Liebe und Fairneß dennoch gleich behandeln, auch wenn wir wahrscheinlich auf jedes dieser Kinder anders eingehen werden. Schließlich können Kinder die Rollen praktisch von einem Moment zum anderen tauschen! Vielleicht werden wir zu einem Kind sagen: „Das reicht, sei nicht so grob!" oder etwas in dieser Art und zum anderen gar nichts. Aber wir brauchen das andere Kind nicht zusätzlich in liebevollem Ton in Schutz zu nehmen: „Es ist alles in Ordnung, mein Schatz. Dein gemeiner Bruder wird deine Puppe nicht mehr aus dem Fenster werfen!"

Wenn man Kinder in solchen Fällen gleich behandelt, so spricht dies zum Instinkt des Kindes, zu seinem tiefen Selbst. Wenn ein Kind sieht, daß es nicht mehr geliebt wird, wenn es süß und unterwürfig ist, und daß es nicht weniger geliebt wird, wenn es aggressiv ist, dann wird es ab einem bestimmten Alter von ganz alleine Selbstachtung und Zuversicht empfinden. Und zudem wird seine Beziehung zu anderen eher von Fairneß und Gleichberechtigung geprägt sein und auf Klarheit basieren statt auf verborgenem Konkurrenzdenken, auf Gier und dem unstillbaren Bedürfnis, andere zu kontrollieren und beherrschen. Ich glaube, daß Menschen, die als Erwachsene sadistisch, böse und enorm gierig sind oder andere negative und gestörte Verhaltensmuster aufweisen, als Kind in irgendeiner krankhaften Art und Weise für ein derartiges Verhalten belohnt wurden – sie nicht gleich zu behandeln war wahrscheinlich noch das geringste Vergehen ihrer Eltern. Diesen Kindern wurde entweder die Liebe verweigert, oder ihnen wurde irgendwie beigebracht, Liebe in Form von intensiver Aufmerksamkeit, auch wenn sie negativ war, nur dann zu erwarten, wenn ihr Verhalten „ungezogen" war.

Alle Kinder brauchen Anerkennung, Unterstützung, Ermutigung und Bestätigung. Das *spricht* zu Kindern! Sie sagen sich: „Wenn mir meine Ungezogenheit keine besondere Beachtung einbringt, wozu soll ich dann überhaupt frech sein?" Es liegt nicht in der Natur von Kindern, Grausamkeiten und Gewalttätigkeiten, Sticheleien und Gemeinheiten auszuprobieren, nur um herauszufinden, wie andere darauf reagieren. Sie sehen diese Verhaltensformen bei anderen und machen sie nach, oder sie experimentieren mit der großen Landkarte der in ihnen aufkommenden Emotionen und Gefühle, um herauszufinden, wie ein solches Verhalten in der Welt ankommt.

Kinder mögen von einem anderen Kind, zu dem sie gemein sind, Bestärkung (intensive Aufmerksamkeit) erhalten, doch in *Wirklichkeit* sind es die Eltern, von denen sie sich diese Bestärkung wünschen. Wenn die Eltern so etwas nicht unterstützen, dann teilen sie einem Kind dadurch etwas Wichtiges mit. Es wird daraus schließen: „Na gut, das kann ich mir also sparen. Das bringt mir nicht die Liebe ein, die ich mir wünsche“ – das ist nämlich die ursprüngliche, natürliche Schlußfolgerung, die ein Kind daraus zieht. Was immer es auch tut – auch wenn es sich schlecht benimmt –, tut es um der Liebe willen. Wenn Kinder mit Hilfe ihres schlechten Benehmens keine Liebe erhalten (oder was immer sie gelernt haben, mit Liebe – jener überaus wichtigen Aufmerksamkeit, Anerkennung und Bestätigung – in Verbindung zu bringen), dann werden sie ihr negatives Verhalten an einem bestimmten Punkt einfach aufgeben. Zumindest werden sie es aufgeben, wenn sie noch jung bzw. unschuldig genug sind, um noch nicht völlig in chronischen Verhaltensmustern festgefahren zu sein – in Mustern, die ihr unbewußter Geist ganz und gar für das hält, „wer sie sind“. An dem Punkt hat der Mensch dann keinen bewußten Einfluß mehr auf diese mechanischen Verhaltensweisen.

Jungen unterscheiden sich in vielerlei Hinsicht sehr stark von Mädchen, und das geht weit über die offensichtlichen körperlichen Unterschiede hinaus; in bezug auf Aufmerksamkeit und Anerkennung sollten wir jedoch alle Kinder gleich behandeln. Nehmen Sie ein Mädchen nicht öfter in den Arm als einen Jungen. Wenn Sie einen Jungen und ein Mädchen haben, dann seien Sie zu beiden liebevoll, auch wenn eines der Kinder stärker darauf anzusprechen scheint. Wenn ein Kind in der Schule immer nur Bestnoten bekommt und das andere mit Ach und Krach den Durchschnitt schafft, dann können Sie das eine für seine schulischen Leistungen und das andere für seine musikalische Begabung oder seine technischen Fertigkeiten etc. loben.

Männliche und weibliche Zuneigung im Gleichgewicht

Viele Kinder verbringen ihre Zeit hauptsächlich mit Frauen – mit ihrer Mutter, mit Erzieherinnen, mit einer Tante oder einer älteren Schwester. Wenn sie die Gelegenheit haben, mit einem Mann zusammen zu sein, dann nehmen sie dies voll und ganz in Anspruch, denn Kinder wollen jene Art von Einfluß, den ein Mann mit sich bringt, einen Einfluß, der sich deutlich vom weiblichen Einfluß unterscheidet. Dies ist ein enorm wichtiger Faktor, den Männer im Hinblick auf ihre eigene Bedeutung für den gesamten Bereich der Kindererziehung in Betracht ziehen sollten.

Es ist toll, einen Mann zu sehen, der einem Kind wirklich seine Aufmerksamkeit widmet. Bei den meisten Männern beschränkt sich die

Vorstellung, wie man als Mann mit Kindern umzugehen hat, darauf, daß sie „ihnen den Kopf tätscheln, sie ab und zu auf den Schoß nehmen und den Rest den Frauen überlassen, die sich dann um Kinder kümmern und ihnen Zuneigung und Verständnis entgegenbringen können". Doch je lichtvoller das Bewußtsein der Gesellschaft wird, d. h. je reifer die Gesellschaft wird, desto mehr erkennen wir, daß Kinder in ihrem Leben *beide* Geschlechter, das männliche und das weibliche, als gesundes Vorbild brauchen. Welcher Mann wäre denn vor zwanzig oder dreißig Jahren zu Hause bei den Kindern geblieben, während seine Frau aus dem Haus oder vielleicht sogar arbeiten geht? Hier findet allmählich eine Veränderung statt, je mehr wir die Bedeutung dieser Art von Ausgewogenheit erkennen. Kinder brauchen die Gesellschaft seelisch gesunder Männer, um die Gesundheit ihrer eigenen Psyche abzurunden und auszufüllen. (Dieses Thema wird in Kapitel 5, *„Genau wie wir – Vorbilder"*, noch ausführlicher behandelt.)

In vielen Familien, vor allem bei alleinerziehenden Müttern oder Vätern, kümmert sich entweder der Vater oder die Mutter ständig um die Kinder. Doch Kinder brauchen in ihrem Leben auch das andere Geschlecht als Vorbild, um ihre eigene männliche und weibliche Energie ins Gleichgewicht zu bringen. Kinder reagieren auf maskuline Energien anders als auf feminine Energien, da sich diese Energien voneinander unterscheiden, und zwar sehr. Sie haben unterschiedliche Eigenschaften, Stimmungen und Strukturen.

Männliche Energie ist nicht gleichbedeutend mit Reserviertheit und Zurückhaltung. Tatsächlich den Schritt zu machen, ein Kind zu berühren, würde in manchen Männern körperliche Symptome der Angst, schrecklicher Angst sogar, hervorrufen (und in einigen Frauen auch, Frauen fällt dies allerdings von Natur aus etwas leichter). Sie würden im wahrsten Sinne des Wortes Schweißausbrüche bekommen, zu zittern beginnen, die Körpertemperatur würde ansteigen – allesamt Reaktionen, die auftreten, wenn ein Mensch vor etwas Angst hat oder ihm etwas unangenehm ist. Es ist schockierend, daß ein Verhalten, das eigentlich ganz natürlich sein sollte, für viele Männer überhaupt nicht natürlich ist. Dies beruht selbstverständlich darauf, daß sie selbst in ihrer eigenen Kindheit keine ausgewogene Zuneigung erfahren haben.

Viele kleine Jungen werden von ihrer Mama geherzt und geküßt, und das ist auch in Ordnung, doch von seiten der Männer in ihrem Leben fehlen ihnen Gefühlsbezeugungen dieser Art. Infolgedessen ist es tatsächlich selten, daß Jungen zärtlich sind, obwohl dies für Jungen genauso natürlich wäre wie für Mädchen. Alle Kinder sind von Natur aus äußerst liebevoll. Wenn ein Kind jedoch kaum Berührung gewohnt ist, wird es mit der Zeit sprichwörtlich gehemmt, andere zu berühren. Und es leidet heftig darunter, als Kind und später als Erwachsener.

Kinder sprechen auf Berührung an, und vor allem für Männer ist es wichtig, dies zu verstehen. Wir müssen Kinder nicht ständig hätscheln und tätscheln, umarmen und mit Küssen überhäufen. Wir brauchen ihnen nur ab und zu mit echtem Gefühl, wahrer Liebe, Fürsorge und Zuneigung eine Hand auf die Schulter oder auf den Arm zu legen. Daran ist ganz und gar nichts Geheimnisvolles.

Von Affenliebe und verwöhnten Kindern

Kinder verwöhnen (*verwöhnen oder nicht verwöhnen, das ist hier die Frage ...*) und alles, was damit zusammenhängt, ist für die meisten Eltern ein sehr wichtiges Thema. Sicher gibt es eine erdrückende und beherrschende Art elterlicher Zudringlichkeit, die sich auf Kinder verheerend auswirkt und herabwürdigend ist, doch ich würde das, was von unserer gehemmten, lebensverneinenden Welt gemeinhin „Verwöhnen“ genannt wird, als ganz normale Zuneigung und normales elterliches Verhalten bezeichnen. (Von mir sagen die Leute auch, daß ich verwöhnt sei. Doch das kann eigentlich nicht stimmen, denn meine Mutter weigert sich noch heute, in den amerikanischen Westen zu ziehen und bei mir zu leben. Wenn sie mich hätte verwöhnen wollen, dann wäre sie schon vor zehn Jahren zu mir gezogen. Sie würde bei mir wohnen, und ich könnte mich bei ihr ausweinen, sie würde immer noch meine Hosen und Pullover kaufen und mir meinen Lieblingstoast mit Butter, Zucker und Zimt machen, genau so wie ich ihn gerne mag, und niemand macht diesen Toast so gut wie meine Mutter.) Wenn also das nächste Mal irgendwo irgend jemand zu Ihnen sagt: „Oh, Sie verwöhnen das Kind ja viel zu sehr!“, dann sollten Sie Ihr Kind einfach schnappen, es küssen und sagen: „Stimmt ganz genau!“

Eine Freundin, die einen kleinen Säugling hat, erzählte mir vor kurzem, daß sie so viel Liebe für ihr Kind empfindet, daß sie am liebsten den ganzen Tag irgendwo im Haus mit ihrem Baby kuscheln, es küssen und streicheln würde. Sie hatte Angst, das Baby mit ihrer Zuneigung zu erdrücken, und fragte mich, ob diese Gefahr bestünde. Wir kamen zu der Überzeugung, daß *es niemals ein Zuviel an Liebe und Zuneigung geben kann*, und diese Überlegung dürfte sowohl für die Beziehung zu unserer Familie und unseren Kindern hilfreich sein als auch für alle anderen Beziehungen, selbst für die Beziehung zu unseren Pflanzen. Aus der Liebe einer Mutter wird erst dann eine „Affenliebe“, wenn ein Kind nicht mehr es selbst sein kann. Wenn wir unsere Zuneigung als Belohnungs- bzw. Bestrafungsmittel, als Kontrollmittel, als Bestechungsmittel, als Ausdruck unserer eigenen Unsicherheit und Bedürftigkeit einsetzen oder um mit dem Kind einen Handel abzuschließen, dann wird es problematisch. Wenn wir einem Kind Liebe und Zuneigung geben, haben die meisten Erwachsenen irgendwie die Vorstellung, daß es uns etwas schuldig ist, weil wir ihm so viel Zuneigung gegeben haben, und *brav* zu sein ist das, was wir von ihm erwarten – daß es seine Hausaufgaben macht, daß es Klavier übt, daß es aufhört, seinen kleinen Bruder oder seine kleine Schwester zu ärgern und dergleichen mehr. Dabei handelt es sich natürlich um unsere eigene Vorstellung vom Bravsein, und dieses Bravsein kann sich auf alles Mögliche beziehen, zum Beispiel darauf, beim Arzt oder Zahnarzt keine Angst zu zeigen, leise sprechen zu üben, zwei Stunden am Tag still zu sitzen … Worum es sich auch handeln mag, es wird immer subjektiv sein.

Wenn wir jedoch schlichte, liebevolle Zuneigung zeigen, die nichts zurückverlangt bzw. keine Gegenleistung fordert und nicht auf Unsicherheit und Verzweiflung beruht, dann kann es niemals zuviel Zuneigung geben. Wir werden uns immer noch überlegen müssen, wo wir die Grenzen ziehen und wo wir unseren Kindern die Schranken weisen. Jede Mutter und jeder Vater muß dies tun, denn Kinder brauchen Grenzen, um zu lernen, wie die menschliche Gesellschaft funktioniert. Doch keine noch so große Zuneigung wird ein Kind erdrücken, solange es sich um jene reine und innige Zuneigung handelt, die einfach der Liebe entspringt, einfach deshalb, weil ein Kind *existiert*. Ein Kind muß nicht irgend etwas *sein*, es *ist* einfach, *was* und *wer* es ist. Das ist das Wunder.

Ein Kind wird dann erdrückt, wenn man ihm nicht ermöglicht, seine eigenen Lektionen zu lernen, es selbst zu sein und uns manchmal, wenn es sein muß, auch zu widersprechen. Ich bin sicher, daß so mancher unter uns Prügel bezogen hat und den Mund verboten bekam, als er seinen Eltern zum ersten Mal in seinem Leben zu widersprechen wagte, und das alles ohne ein Recht auf Entschädigung zu haben. Es muß eine einzigartige Erfahrung gewesen sein, denn das ist sie für alle Kinder. Sie bleiben verwirrt und zornig zurück. Kinder müssen sich in einer Art und Weise ausdrücken können, daß sie das Gefühl haben, sicher und geborgen zu sein, angehört und trotzdem geliebt und akzeptiert zu werden. Den meisten Kindern wird jedoch, wenn sie anderer Meinung als ihre Eltern sind, das Gefühl vermittelt, daß sie schlecht und im Unrecht sind, daß sie abgelehnt werden, daß man sich nichts aus ihnen macht und sie nicht lieb hat. Gleichzeitig gehe ich aber davon aus, daß man Kinder so erziehen kann, daß sie lernen, ihre Meinungsverschiedenheiten mit uns auszudiskutieren, ohne gleich unverschämt und anmaßend etc. zu werden. Das müssen alle Eltern selbst herausfinden – im Prozeß sozusagen. Darum lassen Sie Kinder einfach Kinder sein. Sie werden noch früh genug erwachsen.

Aufmerksamkeit

Es ist weise, eine Lebensform zu entwickeln, die unseren Kindern eine ideale, feine, einfühlsame, mitfühlende und aufmerksame Erziehung mitgibt. „Aufmerksam" ist in diesem Zusammenhang wichtiger als die meisten anderen Adjektive – man kann selbst der größte „Mistkerl" (das ist natürlich relativ) oder ein eher unbeholfener, ungeschickter und leicht einfältiger Mensch sein, die eigenen Kinder werden dennoch das nötige Selbstvertrauen und die Selbstachtung entwickeln, welche ihnen jene aktive Stärke verleiht, aus der heraus sie mit Kreativität und Integrität handeln und klare Unterscheidungen treffen können. Wenn wir Kindern einfach nur eine bestimmte Art von unmittelbarer Aufmerksamkeit zukommen lassen, dann begreifen sie, daß wir für sie da sind und sie uns etwas bedeuten.

Antworten Sie Ihrem Kind sofort, und es wird wissen, daß sie es gehört haben

Wenn ein Kind fragt: „Bringst du heute nachmittag mein Spielzeug in Ordnung?" und lediglich ein „Mhm" zur Antwort bekommt, ohne daß daraufhin etwas geschieht, wird es nicht nur sehr schnell anfangen, mehr und mehr von uns zu fordern, sondern sich auch noch im Stich gelassen und verlassen fühlen und glauben, daß es uns gleichgültig ist. Außerdem beginnt es zu erkennen, daß wir unzuverlässig und vertrauensunwürdig sind – was für eine gesunde Beziehung zwischen Kindern und Eltern mit Sicherheit nicht unbedingt die beste Voraussetzung ist. Man sollte nicht einfach geistesabwesend sagen: „Ja, ja, ich mache das schon" – und dann den kindlichen Wunsch beiseite schieben. Fertigen Sie ein Kind nicht einfach mit einem schnellen „In Ordnung" ab, wenn Sie wissen, daß Sie seine Bitte wahrscheinlich vergessen werden. Wenden Sie sich Ihrem Kind zu, widmen Sie ihm Ihre ganze Aufmerksamkeit und teilen Sie ihm mit, daß und wann Sie sich um seine Bitte kümmern werden. Erledigen Sie das Gewünschte dann auch zum versprochenen Zeitpunkt (oder früher), niemals aber später. Wir sollten mit klarer Aufmerksamkeit gegenwärtig sein und meinen, was wir sagen, wenn wir in dieser Art und Weise mit unseren Kindern sprechen.

In neun von zehn Fällen sollten wir ein Kind schon beim ersten Rufen hören. Durch diese unmittelbare Beachtung seiner Bedürfnisse zeigen wir einem Kind, daß es wichtig und nützlich ist, und bestätigen ihm darüber hinaus, daß es *existiert*. Wenn Kinder nicht das Gefühl haben, daß sie gehört werden (eine Wahrnehmung, die angesichts des Zerstreutheitsgrades der meisten Erwachsenen durchaus korrekt ist), dann werden sie immer heftiger und immer lauter schreien, um unsere Aufmerksamkeit auf sich zu ziehen. „Mami, MAMI!" Bald werden wir ziemlich genervt sagen: „Ja, ja, ist ja schon in Ordnung." Doch wir sollten einem Kind nicht böse sein, wenn es nach uns schreit. Hätten wir es gleich zu Anfang gehört und schon beim ersten Mal mit einem „Ja?" geantwortet, dann hätte das Kind in den meisten Fällen nicht länger zu schreien brauchen. In diesem Zusammenhang kann man ein ganz erstaunliches psychologisches Phänomen beobachten: Manche Mütter nehmen zum Beispiel im Schlaf bereits den leisesten Flüsterlaut ihres Kindes wahr (wenn das Kind im Bett der Eltern schläft), tagsüber jedoch kann das Kind direkt neben ihnen stehen, und obwohl sie wach sind, hören sie das Kind vielleicht trotzdem erst, wenn es bereits zum sechsten Mal ihren Namen gerufen hat. Das Unterbewußtsein ist stets aufmerksam, und obwohl Neurosen von dieser Ebene aus gelenkt werden, manifestieren sie sich auf den äußeren bewußten Ebenen.

Kinder können mit der Zeit so viel Aufmerksamkeit verlangen, daß es zum Verrücktwerden ist, weil sie wirklich nicht wissen, daß wir sie gehört haben, und wir Erwachsenen sollten uns überlegen, warum unsere Kinder glauben, daß wir sie nicht hören. Es gibt immer einen Grund dafür, und Kinder sind in der Regel sehr präzise in ihren unbewußten (oder auch bewußten) Reaktionen auf unser Verhalten. Da wir Filter besitzen, die unsere ungetrübte Selbstbeobachtung beeinflussen, ist uns unser tatsächliches Verhalten häufig gar nicht bewußt. Wenn unsere Aufmerksamkeit nicht anderweitig gebunden ist, dann hören wir unsere Kinder auch, wenn sie uns rufen.

Eine Möglichkeit, Kinder wissen zu lassen, daß wir sie beachten, wenn sie etwas mehr als einmal sagen, wäre die Antwort: „Ich habe dich schon beim ersten Mal gehört, und sobald ich das hier fertig habe, kümmere ich mich ganz um dich" (natürlich sollten wir dies nur dann sagen, wenn wir *tatsächlich* aufmerksam waren und unser Kind gehört haben; man sollte diese Worte nicht nur der Wirkung halber äußern). Dann ist es auch in Ordnung, wenn ein Kind immer noch laut nach uns verlangt, denn die

Aufmerksamkeitsspanne von Kindern ist kurz, und sie leben jetzt in diesem Moment, nicht „später". Aber wir müssen sicherstellen, daß ein Kind weiß, daß es gehört wurde. Wir müssen bereit sein, unsere „wichtigen" Gespräche mit anderen Erwachsenen zu unterbrechen, sobald sich ein geeigneter Moment für eine Gesprächspause ergibt, um unserem Kind das zu geben, was es braucht, und erst dann die Unterhaltung fortzusetzen. Natürlich können wir einem Kind, wenn es etwas möchte, das uns ganz in Anspruch nehmen und viel Zeit erfordern wird, klipp und klar sagen, daß wir ihm helfen werden, sobald wir unser Gespräch beendet haben, was wir dann auch ohne große Umschweife tun sollten.

Angenommen, das Kind hat jedoch mittlerweile in die Hose gemacht und sagt zu uns: „Ich hab's dir doch gesagt …", dann würde ich antworten: „Da hast du ganz recht, und in diesem Fall habe ich mich nicht rechtzeitig um dich gekümmert. Danke, daß du es mir gesagt hast, und das nächste Mal will ich versuchen, eher nach dir zu schauen." Man sollte als Erwachsener nicht auch noch so schamlos ignorant und offenkundig egoistisch sein, daß man seinen eigenen Mangel an Aufmerksamkeit verteidigt oder dem Kind das Gefühl gibt, daß es falsch war, gehorsam zu sein, etwa mit den Worten: „Warum bist du denn nicht alleine zur Toilette gegangen? Du hättest doch nicht auf mich zu warten brauchen. Da schau dir die Bescherung an, jetzt muß ich wieder all deine Sachen waschen, als ob ich nichts anderes zu tun hätte, als ständig Wäsche zu waschen!"

Viele Menschen sind in dieser Beziehung anderer Meinung als ich; wenn ich zum Beispiel mit Küchenarbeit beschäftigt bin und ein Kind zur Toilette muß, dann lasse ich nämlich alles fallen und gehe mit ihm zur Toilette. Ich habe mehr als einen Menschen mit offensichtlicher Mißbilligung sagen hören: „Das Kind kann doch auch einen Moment warten." Ich weiß nicht recht. Ich halte nichts davon, ein Kind zu zwingen, seine natürlichen Bedürfnisse zu unterdrücken, wenn es nicht notwendig ist. Ich glaube, daß das Essen auf dem Herd eher warten kann als das kleine oder große Geschäft unserer Kinder.

Wir sollten den lieben Kleinen eine Pause gönnen, es sind doch nur Kinder. Wenn wir ihnen in den ersten drei Lebensjahren unsere Aufmerksamkeit widmen, werden wir staunen, was sie daraus lernen und wie selbständig und unabhängig sie sein wollen und können. Bei einem zweijährigen Kind mag man vielleicht denken: „Was kann so ein kleines Kind schon wissen?" Alles! Es braucht nur beim ersten Rufen gehört zu werden, damit das, was es weiß, nicht verleugnet oder unterdrückt wird. Das Alter, in dem ein Kind Anerkennung braucht, ist die Zeit vor dem fünften, sechsten oder siebten Lebensjahr, denn danach ist es zu spät.

Leider haben sich manche Kinder so sehr daran gewöhnt, ununterbrochen nach Aufmerksamkeit zu schreien, da sie sonst keine andere Möglichkeit kennen, um sie zu bekommen. Ein solches Kind wird auch dann noch weiterschreien, wenn es sofort beachtet wird – es ist sich gar nicht bewußt, daß es schon Aufmerksamkeit bekommt. In solchen Fällen kommt es darauf an, einem Kind regelmäßig zu versichern, daß es *tatsächlich* unsere Aufmerksamkeit besitzt. Wenn ein Kind diese Angewohnheit bereits hat, ist es sehr schwierig, diese wieder aufzugeben, und es ist sehr schwer, den Spieß wieder umzudrehen.

Ungezwungene und natürliche Aufmerksamkeit

In unserer Gemeinschaft geben sich die Erwachsenen gegenseitig jede Menge Empfehlungen in bezug auf den richtigen Umgang mit Kindern: „Tu dies … Sage jenes nicht … Sei positiv …“ und so weiter und so weiter. Im Beisein von Kindern ist es jedoch wichtig, daß wir ihnen keine Regeln vorbeten. Kein Kind will von einem „Experten“ erzählt bekommen, der seiner Mama und seinem Papa gesagt hat, wie sie mit ihm umgehen sollen. Kinder wollen Ehrlichkeit. Sie wollen das hören, was für ihre Eltern stimmig ist, und nicht das, was für andere Menschen gilt. Wissen in bezug auf Kindererziehung muß verinnerlicht sein – als eigene Wahrheit gelebt werden – und sollte nicht einfach nachgeplappert werden, als sei man eine Schallplatte, die ständig hängenbleibt, weil die Nadel des Plattenspielers kaputt ist. (Können Sie sich noch an diese Geräte erinnern? Daran sehen Sie, wie alt ich bin.)

Wenn wir mit unseren Kindern zusammen sind und eines von ihnen etwas Unangemessenes sagt oder tut, was machen wir dann? Erinnern wir uns in einem solchen Moment an all die Dinge, die wir über den Umgang mit Kindern gehört haben, und holen dann einen dieser Ratschläge aus unserer Trickkiste? Natürlich nicht. Ein entspannter und natürlich aufmerksamer Umgang mit Kindern bedeutet folgendes: Wir sind da, ein Kind tut etwas, und wir reagieren ganz natürlich darauf, aus dem Körper heraus (und nicht aufgrund bestimmter Ideen oder Soll-Vorstellungen, die uns der Verstand präsentiert). Wir reagieren liebevoll und suchen eine kreative Lösung (was sich nicht gegenseitig ausschließt). Wir brauchen uns keine Gedanken darüber zu machen, ob wir etwas falsch machen. Wir können gar keinen so großen Schaden anrichten, als daß daraus eine Neurose entstehen würde, solange wir aufrichtig und ehrlich zu einem Kind sind.

Eine Bekannte namens Debbie ist ein gutes Beispiel für einen Menschen, der in seiner Aufmerksamkeit natürlich und spontan ist. Wenn ein Kind etwas benötigt und zu ihr kommt, während sie beschäftigt ist, unterbricht sie kurz ihre Tätigkeit, gibt dem Kind mit ihrer ganzen Aufmerksamkeit das, was es braucht, und setzt dann ihre Arbeit fort. Sie hat eine sehr natürliche und warme Art, mit Kindern umzugehen; und genau darum geht es. Sie braucht den Kindern nicht ständig hinterherzulaufen. Sobald ein Kind das bekommen hat, was es möchte, verspürt es auch kein Bedürfnis mehr, sie weiter in Anspruch zu nehmen.

Wir mögen vielleicht denken, daß wir Kindern *ständig* unsere Aufmerksamkeit widmen müssen, doch das ist völlig unnötig. Wenn uns ein Kind diesen Eindruck vermittelt, dann können wir sicher sein, daß wir ihm das, was es braucht, nicht dann geben, wenn es dies braucht, bzw. daß wir es ihm in der Vergangenheit nicht gegeben haben. Kein Kind benötigt unsere ständige Aufsicht. Kinder sind die meiste Zeit in ihrer eigenen Welt glücklich und zufrieden. Wir alle haben schon erlebt, daß Kinder uns kaum brauchen, wenn sie in Rollenspiele vertieft sind, sich verkleiden oder eine Burg bauen etc. Sie *müssen* wissen, daß auf unsere Liebe und Aufmerksamkeit Verlaß ist und daß sie jederzeit auf sie wartet, falls sie das Bedürfnis haben, sich ihrer zu vergewissern. So wird ein Kind zum Beispiel eine Weile spielen und zwischendurch immer mal wieder zu uns kommen, um seine Ärmchen um unsere Beine zu schlingen (wenn es noch so klein ist, daß es nicht höher hinaufkommt) und uns einen Kuß zu geben. Dann schauen wir zu ihm hinunter, geben ihm einen Kuß, lächeln es an, und schon kehrt es wieder zu seinem Spiel zurück. Nur eine Minute … neunzig Sekunden … und ein Kind weiß, daß es uns immer noch wichtig ist, und das reicht schon. Kinder empfinden uns, ihren Eltern, gegenüber eine solch stillschweigende, bedingungslose Liebe, daß sie davon ausgehen, daß wir für sie dasselbe empfinden. Das glauben sie so lange, bis wir ihnen beweisen, daß ihre Annahme falsch ist. Das ist dann der Anfang vom Ende ihrer Unschuld und ihres unbeschwerten Glücklichseins. Ein trauriger Tag.

Die Haltung und Einstellung, die wir unserer Arbeit entgegenbringen, hat ebenfalls einen großen Einfluß auf unsere Kinder. Wir können noch so sehr beschäftigt sein, wenn ein Kind ins Zimmer kommt – ganz in eine bestimmte Aufgabe vertieft sein oder bestimmte Dinge unbedingt erledigen wollen. Wenn unsere Prioritäten klar sind, ist es völlig unwichtig, wieviel wir in einem solchen Moment zu tun haben, wir können noch so wild im Büro herumwirbeln und tausend Dinge auf einmal tun, wenn ein Kind uns braucht, dann werden wir unsere Aufmerksamkeit sofort auf das lenken, was es benötigt. Wir werden dieses Kind nicht anschnauzen und ihm sagen, daß es später wiederkommen soll. (Ein Kind *braucht* das, was es möchte, jetzt, in diesem Moment, und nicht später.) Wenn wir es statt dessen anschnauzen, dann bedeutet dies, daß wir uns mit unserer Arbeit identifizieren, anstatt in unserer Mitte zu bleiben. Lohnt sich denn das Risiko, den Glauben und das Vertrauen eines Kindes in uns zu erschüttern, nur weil wir zu sehr beschäftigt sind, um ihm ein Gummiband oder ein Glas Wasser zu geben?

Wenn wir unsere Aufmerksamkeit darauf ausrichten, wie *wir* den jeweiligen Moment sehen (daß ein Kind zum Beispiel eine schreckliche Nervensäge ist), weil wir vielleicht unbedingt mit dem Kochen vorankommen müssen, dann können wir sicher sein, daß es in der Küche herumstehen, alles mögliche kaputtmachen und das Mehl auf dem Fußboden verteilen wird; oder es wird sich in seine eigene Welt flüchten und schmollen und dadurch das unbewußte Bedürfnis, zu rebellieren und sich abzureagieren, noch vertiefen. Darauf können wir uns verlassen! Ein Kind von eineinhalb Jahren wird *alles* aufsaugen und sich daraus ein Weltbild basteln, das ihm sein Lebtag erhalten bleiben kann; ein Weltbild, das zweifellos seinem gesamten Verhalten zugrunde liegen und sämtliche Meinungen, Überzeugungen und Ausdrucksweisen beeinflussen und durchdringen wird, und zwar ein ganzes Leben lang.

Natürlich gelten all diese Überlegungen auch für die Beziehungen, die wir zu anderen Erwachsenen haben. Tatsächlich ist die Wahrscheinlichkeit sehr gering, daß wir diese Überlegungen auf Kinder anwenden werden, wenn wir sie nicht auch als Erwachsene untereinander beherzigen. Im Zusammensein mit Kindern müssen wir erkennen, daß sie Menschen sind wie wir, die mit uns zusammenleben. Sie haben dieselben Bedürfnisse, dieselben Hoffnungen und dieselbe Fähigkeit, Liebe zu geben und zu empfangen, selbst wenn ihr Entwicklungsstand ein anderer ist als der unsrige.

Was meine eigenen Kinder angeht, so würde ich mir wünschen, daß sie umsichtig und mitfühlend sind, ein soziales Bewußtsein besitzen und einigermaßen in der Lage sind, den Unterschied zu erkennen zwischen dem Umstand, daß manche Fabriken Schwefelsäuredämpfe in die Luft blasen, und einer ganz anderen Beziehung zur Umwelt – den Unterschied zwischen der Möglichkeit, die Erde zu töten oder sie zu nähren. Ich würde mir wünschen, daß meine Kinder derart vernünftige Ansichten und einen gesunden Menschenverstand besitzen, aber ich kann dies nicht erzwingen. Doch wenn wir unsere Kinder mit fürsorglicher Liebe und Aufmerksamkeit erziehen, dann werden sie ganz von alleine zu sinnvollen Ideologien und Philosophien sowie einem vernünftigen Lebensstil gelangen. Vielleicht werden sie nicht dieselbe bedeutungsvolle Lebensweise annehmen oder nach derselben Ideologie leben wie wir, d. h. nicht in ihrer Heimatstadt wohnen oder in dem von uns gewählten Bereich tätig sein, doch sie werden ihren eigenen Weg dahin finden. Wir müssen ihnen nicht beibringen, wie aus ihnen gute Erwachsene mit sozialem Bewußtsein werden. Wenn wir Kindern unsere Liebe und Aufmerksamkeit einfach dafür schenken, daß sie sind, wer sie sind, können sie zu keiner anderen Überzeugung gelangen. (Nicht daß sie dazu vom Verstand her nicht in der Lage wären, aber es wird nicht geschehen.) Unsere Wünsche in bezug auf das, was aus ihnen werden soll, können, müssen aber nicht, Teil des Programms sein. Das hängt davon ab, ob unsere Erwartungen auf Liebe oder auf einer Neurose beruhen.

Widmen Sie Kindern alle Aufmerksamkeit, die sie in den ersten Lebensjahren brauchen und wollen, und sie werden ganz von selbst unabhängige Weisheit und Reife besitzen, wenn sie älter werden.

Kinder gehen vor – Die höchste spirituelle Lebenspraxis

Wenn unsere regelmäßigen Lebensgewohnheiten durch die spontanen Bedürfnisse unserer Kinder unterbrochen werden, auch wenn wir dadurch zu Zeiten gestört werden, die uns heilig sind, so lautet mein Rat, daß wir unsere Zeit damit verbringen sollten, unseren Kindern zu helfen und für sie da zu sein und daß wir *nichts* über die Bedürfnisse eines Kindes stellen sollten, sofern es nicht unbedingt sein muß. Das ist das oberste Gebot; das ist es, was wirklich nötig ist.

Wenn wir einen Arzt- oder Zahnarzttermin haben, zu dem wir unser Kind nicht mitnehmen können, dann werden wir in solchen Fällen ab und zu eine Ausnahme machen müssen, doch nur, wenn wirklich ein triftiger Grund vorhanden ist. Wenn man jedoch andererseits mit einem Kind eine spirituelle Veranstaltung besucht und es sagt: „Warum muß ich denn hier bleiben? Mir ist langweilig!“, dann wird dieses bedauernswerte Kind einiges über Scheinheiligkeit lernen, wenn ihm der Erwachse antwortet: „Ich muß unbedingt diesen Vortrag hören, weißt du, mein ganzes Leben hängt davon ab …“ (Natürlich wäre sich der Erwachsene in diesem Beispiel seiner Scheinheiligkeit gar nicht bewußt; er würde tatsächlich seinen eigenen Entschuldigungen glauben.) Ein Kind ist instinktiv mit dem Universum verbunden und weiß, daß der Erfolg oder Mißerfolg eines Menschenlebens, sei es im spirituellen oder im weltlichen Bereich, niemals von einem einzigen Vortrag abhängt. Es ist sehr wichtig, ein Kind nicht mit

Wünschen von Erwachsenen zu belasten, die nicht auch den Wünschen des Kindes entsprechen bzw. das Kind nicht mit einbeziehen.

Ein Kind, das mit beiden Elternteilen aufwächst, hat häufig das Glück, daß normalerweise ein Elternteil da ist, der sich um das Kind kümmern und mit ihm spielen kann. Nehmen wir jedoch einmal an, Sie würden Ihr Kind allein erziehen und wollten unbedingt einen bestimmten Vortrag hören, einen gewissen Film im Kino sehen, mit Ihrer neuesten „Eroberung" schlafen ..., und Sie könnten keinen Babysitter finden oder würden nicht allzuviel von Babysittern halten oder etwas in dieser Art. (Ich bin grundsätzlich gegen *jede Art* von Babysitter, bevor ein Kind nicht das zweite Lebensjahr vollendet hat; ich halte auch nichts davon, die Verwandtschaft wie zum Beispiel die Großeltern oder Geschwister der Eltern als Babysitter einzusetzen; allerdings kommen die meisten Eltern damit nicht klar – sie müssen einfach irgendwann einmal den eigenen vier Wänden entkommen! Das hängt davon ab, wie sehr man sich für die Reinheit der eigenen Elternschaft engagiert, in anderen Worten, wie sehr einem die seelische Gesundheit seines Kindes am Herzen liegt – die sich offensichtlich auch auf die Gesundheit des Körpers auswirkt; das ist angewandte Psychosomatik nach dem Motto „Gesunder Geist in einem gesunden Körper". Ich nehme an, ein Mensch, der den Eltern des Kindes sehr ähnlich ist, der nach denselben Prinzipien lebt wie sie und dieselbe Beziehung zu Kindern hat usw., würde als Babysitter durchgehen; doch eigentlich kann kein Mensch die Eltern eines Kindes wirklich zufriedenstellend ersetzen.) Wenn Sie also unbedingt jenen Vortrag hören wollen und Ihr Kind dazu keine Lust hat, dann würde ich Ihnen immer raten: Verzichten Sie auf den Vortrag und unternehmen Sie etwas mit Ihrem Kind, das ihm Spaß macht!

Wenn wir für ein Kind die Verantwortung tragen, dann sollten wir es nicht zwingen, sich in Situationen zu fügen, *in denen wir uns gerne befinden würden*, nur weil wir Angst haben, etwas zu „verpassen". Gehen Sie in einem solchen Fall entweder mit Ihrem Kind zum Spielen nach draußen oder, falls es anscheinend bleiben möchte, jedoch ausgesprochen lebhaft ist, sprechen Sie dann mit ihm und machen Sie ihm klar, daß bestimmte Situationen auch ein bestimmtes Verhalten erfordern und daß sein Verhalten am betreffenden Ort nicht angebracht ist. Sagen Sie jedoch niemals zu einem Kind, auch nicht im Spaß, daß „Kinder zwar gesehen, aber nicht gehört werden sollten". Ein Kind kann einen solchen Spaß nicht verstehen. Außerdem ist es Quatsch. Völliger Blödsinn! Eine Lüge! Manchmal *sollten* Kinder *nicht* gehört werden, und manchmal sollte man sie hören. An manchen Orten ist Stille angesagt, an anderen nicht. Es sollte Zeiten geben, in denen Kinder schreien und toben und Krach machen dürfen, daß die

Wände wackeln. Was sonst sollen sie mit all ihrer Energie anstellen? Das Grundprinzip des Lebens lautet: Was immer die Umstände erfordern, wir sollten dafür sorgen. Wir sollten Verantwortung übernehmen für das, was unser Kind braucht, unabhängig von unseren eigenen Wünschen. Uns wird niemals etwas *entgehen*, weder ein Vortrag noch eine Nacht mit unserer Traumfrau oder unserem Traummann. Es wird immer unzählige Vorträge und endlos viele tolle Nächte geben!

Wenn wir die Verantwortung für ein Kind tragen, opfern wir unsere unbedeutenden Wünsche seinen Bedürfnissen, in vielen Fällen sogar seinen Wünschen. (Wenn wir keine Lust haben, Verantwortung zu übernehmen, dann hätten wir besser keine Kinder bekommen sollen!) Wir müssen Verantwortung übernehmen, *ganz gleich, was geschieht,* und verstehen, daß alles von den jeweiligen Umständen abhängt. Vor allem dann, wenn ein Elternteil mit einem Kind alleine ist und einen Vortrag besuchen möchte, der Partner aber nicht da ist, um mit ihm in den Park zu gehen, werden viele Eltern mit dem Kind quengeln und sich kindischer verhalten als ihr eigenes Kind, anstatt fair und gerecht zu sein.

Wie wir uns fühlen, ist unwichtig, der springende Punkt ist der, daß wir tun, was erwünscht und nötig ist. Wenn unser Kind an einem Ort nicht glücklich ist, dann gehen wir mit ihm zum nächsten, und wenn es dann in dieser Umgebung ebenfalls unglücklich ist, gehen wir mit ihm an einen dritten Ort. Wir bemühen uns so lange um unser Kind, bis es glücklich ist; und wenn es dann glücklich ist, dann sollten wir dies garantiert ebenfalls sein. Wie wir uns fühlen, kann nicht den Ausschlag für unsere Handlungen geben. Wen interessiert es schon, ob wir einem Kind in jenem Moment „echte Gefühle[1]“ entgegenbringen oder nicht? Ein Kind kann die subtilen Unterschiede nicht erkennen, die in unserem komplexen Seelenleben ablaufen. Ein Kind spürt nur, ob es Nahrung bekommt oder nicht, ob eine Reaktion vorhanden ist, die ihm nutzt. Das ist alles. Zu dienen, das ist unsere Aufgabe.

Gehen wir einmal davon aus, wir würden gerne alleine zur Toilette gehen, ohne unser Kind. Es ist wichtig, daß wir diesen Wunsch, falls nötig, aufgeben können, ohne dem Kind zu grollen, denn Groll und Tadel würden das ganze Thema Aufopferung nur noch verstärken. Außerdem wird es weder uns noch unserem Kind schaden, wenn es uns beim Pipi-Machen zuschaut. Eigentlich handelt es sich dabei ja um eine ziemlich uninteressante Angelegenheit, und wenn unser Kind dies ein paar Mal gesehen hat, wird es ihm wahrscheinlich ohnehin langweilig, so daß es uns in Zukunft in Ruhe zur Toilette gehen lassen wird. Wenn wir ihm jedoch die Freiheit verweigern, uns zuzuschauen, dann wird es annehmen, daß wir ihm etwas wirklich Wunderbares vorenthalten; es wird sich ärgern und sich ausgeschlossen und bedroht fühlen. (Und falls das, was wir beim Pipi-Machen tun, *tatsächlich* faszinierend *ist*, dann wäre es vielleicht an der Zeit, daß wir uns selbst einmal genauer zuschauen, meinen Sie nicht?)

Natürlich brauchen unsere Kinder Grenzen und Erziehung, doch was sie am meisten brauchen, das sind wir und unsere Akzeptanz. Und denken Sie daran, jene frühen Jahre werden längst vorüber sein, ehe wir uns dessen bewußt sind. Darum genießen Sie diese Zeit, solange sie währt – und ignorieren Sie die Bedürfnisse von Kindern nicht. Kinder sollten stets an erster Stelle stehen – das ist wahre spirituelle Disziplin. Tatsächlich wird es Zeiten geben, in denen alltägliche Lebensaufgaben höhere spirituelle Disziplinen *sind,* doch häufig neigen wir dazu, die wahre Bedeutung jener Dinge zu übersehen. Zu erkennen, was in einem bestimmten Moment gebraucht und gewünscht wird, und es auch zu tun, das ist eine sehr hohe spirituelle Disziplin, immer und ewig.

4. Kapitel

Einwirkungen auf die Unschuld

Es gehört mit zu den schmerzlichsten Dingen auf dieser Welt, wenn man zuschauen muß, wie die Unschuld eines Kindes zerstört wird, und zwar nicht durch die Weisheit, welche die Unschuld nicht zerstört, sondern sie vielmehr durch das Erfahren der Realität, durch die Vertiefung des Mitgefühls und die Erweiterung des allgemeinen Erfahrungsschatzes (also durch die Zunahme der Fähigkeiten zur Lebensbewältigung) ernüchtert; zerstört wird die Unschuld hingegen dadurch, daß die natürlichen Erwartungen eines Kindes an die Erwachsenen enttäuscht werden.

Ein Kind hat keinen Grund, von dem oder den Erwachsenen in seiner Welt weniger als absolute Zuverlässigkeit, Liebe und Aufmerksamkeit, Natürlichkeit, Ganzheit, seelische Gesundheit, Klarheit und Stärke, psychische Wachheit und Aufgeschlossenheit zu erwarten. Unschuld rechnet weder mit Mißhandlung noch mit Grausamkeit oder Benachteiligung; sie erwartet instinktiv nur das, was sie als einzigen spontanen Ausdruck kennt, der in jedem gegebenen Moment perfekt, frei und offensichtlich wäre. Womit die Unschuld jedoch statt dessen häufig konfrontiert wird, das sind Überlebensstrategien, psychologischer Krampf, Ichbezogenheit, unbewußte, neurotisch bedingte Motivationen, Unsicherheit oder schlichtweg konfuse Erwachsene. Derartige Reaktionen tragen zur Desillusionierung und einer natürlichen Unterdrückung, einem Begraben der Unschuld bei, um Schmerz, Schuldzuweisungen und Zweifel am Leben zu vermeiden.

Weisheit hingegen ist das fortschreitende Heranreifen der Unschuld im Laufe der Begegnung (und auch der Konfrontation) mit den Wirklichkeiten des menschlichen Daseins: Dazu gehören die Gesetze des Geistes, die Realitäten der Unterwelt, die Verhältnisse der Mittelwelt und sogar die Geheimnisse der Oberwelt. Man sollte dem nicht aus dem Weg gehen (ein Kind sollte nicht vor der „grausamen Realität" beschützt werden), sondern einem Kind gestatten, diese Dinge zu seiner eigenen Zeit, an seinem eigenen Ort und in seinem eigenen Tempo im natürlichen Verlauf von Wachstum und Erziehung zu entdecken. Andererseits sollten wir jedoch unsere neurotischen Eigenarten und ihre Wirkung auf unsere Kinder nicht dadurch entschuldigen, daß wir davon ausgehen, unser Egoismus und unsere Vermessenheit (Grausamkeit) seien einfach eine Lektion, die unsere Kinder zu lernen haben und die zum Heranwachsen dazugehört.

Es existiert ein sehr schmaler Grat, eine ganz feine Grenzlinie, zwischen dem, was zur Weisheit führt, ohne die Unschuld zu erschüttern oder einzusperren, und jenem, was ganz sicher auch einen bestimmten Zweck verfolgt, ja sogar einen Lernprozeß für das Kind darstellt, bei dem es sich allerdings um das Erlernen von Abwehr- bzw. Selbstschutzmechanismen handelt und um eine Desillusionierung der angeborenen Unschuld und des naturgegebenen Vertrauens eines Kindes in seine Eltern und andere geliebte Menschen.

In der Tat ist es so schmerzlich zu sehen, wie die Unschuld ausradiert wird, nicht nur während es geschieht, sondern auch im nachhinein (wenn man erkennt, wie bzw. daß es geschehen ist, oder wenn man es spürt), daß ich den meisten Menschen nur wünschen kann, daß sie niemals erkennen, welche Rolle sie selbst dabei gespielt haben. Ich denke, die Reue wäre sprichwörtlich unerträglich, sofern ein Mensch überhaupt die nötige Tiefe besitzt, um diese Reue empfinden zu können. Ich glaube, daß die meisten Menschen gar nicht die Kraft dazu haben ...

Lee's Journal, 10. Mai 1990

* * *

Das Wissen um die schmerzhaften Aspekte des menschlichen Daseins muß die Unschuld nicht unbedingt zerstören – was sie zerstört, das ist die Naivität. Es gibt eine bestimmte Art von Unschuld, eine Unschuld, wie sie der Buddha besaß, als er noch Prinz Siddhartha war (bevor er den elterlichen Palast verließ und den kranken Mann, den alten Mann und den toten Mann sah); eine Unschuld, welche die harte Realität des Lebens, so wie es ist, nicht kennt. Doch es gibt auch eine andere Art von Unschuld, die mit einer Betrachtungsweise zu tun hat, welche alles für gleichberechtigt erachtet und das Wissen um das Leben mit all seinem Glanz und all seinem Leid – Licht und Dunkelheit – tatsächlich *braucht*, um blühen und gedeihen zu können. Dabei handelt es sich um jene Art von Unschuld, für die es keine Unterschiede zwischen Menschen mit schwarzer, roter oder gelber Hautfarbe, zwischen Homosexuellen, Katholiken, Juden und Buddhisten gibt. Jene Art von Unschuld braucht Informationen, ein „Erwachen" für die Welt, so wie sie ist, um sich voll entwickeln zu können. Ein Kind braucht grundsätzlich Weisheit in seinem Leben, nicht nur Freiraum und Bildung, um sich seine Unschuld bewahren zu können. (Im Europa des neunzehnten Jahrhunderts waren zum Beispiel viele hochgebildete Leute grausame, harte und leblose Individuen, aber sie waren höchst „kultiviert".) Wie sich ein solches Wissen auf das Bewußtsein und die Psyche auswirkt, hängt sowohl von der Sensibilität des betreffenden Kindes ab als auch von der Art der Wissensvermittlung.

Wir sollten dafür sorgen, daß die Unschuld unserer Kinder möglichst lange erhalten bleibt. Das hat unter anderem den Vorteil, daß ihre Unschuld im großen und ganzen stabil genug sein wird, um den Schock aufzufangen, wenn sie eines Tages zu entdecken beginnen, daß diese Unschuld nicht bei allen Menschen vorhanden ist. Wenn ein Kind hingegen noch zu klein oder zu empfindsam ist, wird es vielleicht noch nicht genug Tiefe, noch nicht genug „Dichte“ besitzen, um den Schock aufzufangen, den die mangelnde Unschuld anderer Menschen in ihm hervorruft. Die Unschuld einer Mutter mag angesichts des Schmerzes anderer Menschen eingeschlossen oder unterdrückt sein, was ein weiterer Grund dafür ist, daß wir der Unschuld eines Kindes erlauben sollten, stark zu sein und sich auf vielerlei Ebenen seines Wesens so fest zu verankern, daß das Kind, wenn es mit „dem Schrecken der Situation“ (wie es G. I. Gurdjieff nannte) konfrontiert wird, mit diesem Schrecken mitgehen oder ihn einordnen kann, anstatt von ihm abgeschreckt und nach innen getrieben zu werden oder vor dem Schrecken zu kapitulieren. Wenn Kinder zu schwach sind, neigen sie dazu, „sich den Gewinnern anzuschließen“. Und diejenigen, denen es an Unschuld mangelt, sind im Hinblick auf ihre Zahl, Macht, Stärke und Mittel ganz sicher die „Gewinner“. In einem Lied von Jim Morrison über die „Blumenkinder“-Bewegung der sechziger Jahre heißt, es frei übersetzt: „Die anderen haben die Gewehre, wir aber haben die Mehrheit.“ Das ist heute jedoch anders. Jetzt haben „die anderen“ beides.

Je länger es uns gelingt, die Essenz[1] eines Kindes unbelastet zu erhalten, desto besser wird es dieses Kind später haben. Wir sollten versuchen, das „Kindliche“ eines Kindes möglichst lange zu bewahren und das „Himmelreich“ nicht allzu früh aus seinem Leben zu verbannen. Wenn es uns gelingt, die Unschuld eines Kindes bis zu seinem sechsten oder siebten Lebensjahr zu erhalten, dann haben wir wunderbare Arbeit geleistet! Bis dieses Kind das fünfundzwanzigste Lebensjahr erreicht, wird ihm dies von unschätzbarem Wert gewesen sein. Die in der Kindheit lebendig erhaltene und genährte Unschuld wird sich, was Reinheit, Integrität, Mitgefühl und Güte angeht, deutlich spürbar auf das Leben des betreffenden Menschen auswirken. Als Jugendlicher wird es ein solcher Mensch vielleicht ein wenig schwer haben (vielleicht auch nicht), da dieser Individuationsprozeß unbestritten eine sehr intensive Zeit ist, auch wenn ein Mensch noch so sehr bewußt ist. Wenn es uns gelingt, die grundsätzliche Unschuld eines Kindes zu bewahren, d. h. eine Kristallisierung[2] bis zum zehnten Lebensjahr zu verhindern, wird dieses Kind ziemlich starkem Druck von seiten anderer Kinder ausgesetzt sein. Eine Horde Zehnjähriger wird kein seltsames, andersartiges zehnjähriges Kind dabei haben wollen und alles tun, um ein solches Kind zum Außenseiter zu machen – es aus der Gruppe ausstoßen oder quälen, in der Art, wie Zehnjährige einander quälen, was ganz schön weh tun kann. Doch gleichzeitig liegt eine große Anziehungskraft, ein nicht zu verleugnender Magnetismus in einer solchen Unschuld. Ein unschuldiges Kind wird immer jene anderen Kinder finden, die genauso unschuldig sind wie es selbst. Für jeden von uns gibt es Freunde auf dieser Welt. Man kann also sagen, daß es wohl ein paar rauhe Jahre für ein solch normales Kind geben mag, doch später wird der Lohn geradezu astronomisch hoch sein.

Eindrücke

Kinder haben in ihrer Unschuld all ihre „Tore" (d. h. alle Sinnespforten und emotionalen Türen) geöffnet und nehmen daher unterschiedslos alles an, was sie sehen. Das bedeutet, daß Kinder, die in einem von Krankheit und Mißklang geprägten Umfeld aufwachsen, dieses Umfeld akzeptieren, als sei es die Wahrheit, als wäre das *ganze* Leben so (und nicht nur *ein Teil* des Lebens, nach dem Motto: „... die einen sind eben krank und die anderen gesund"). Ihr ganzes Weltbild, ihr gesamtes Wahrnehmungsspektrum ist dann erfüllt von der Dissonanz ihrer frühen Lebenserfahrungen. Darum sollten wir unseren Kindern in den sie prägenden Jahren ein möglichst breites bzw. tiefes Spektrum von Lebenserfahrungen bieten (innerhalb eines vernünftigen Rahmens – es geht nicht darum, sie Mord, Folter und Krieg auszusetzen). Damit sind unterschiedliche Musik- und Kunstrichtungen, verschiedene Menschen, Kulturen usw. gemeint.

Was ein Kind zu sehen bekommt und wodurch es beeinflußt wird, ist offensichtlich für sein gesamtes Leben von entscheidender Bedeutung. Die ersten Eindrücke – jene, die einem Kind ganz am Anfang seines Lebens begegnen – haben in der Regel den stärksten Einfluß, da jene Eindrücke noch unterschiedslos eingelassen werden.

Wenn ein Kind all dies mit seinem „Kinderverstand" analysieren wollte, dann würden seine Gedankengänge etwa folgendermaßen aussehen: „Dies ist das erste Mal, daß mir ein solches Verhalten begegnet, und da die Menschen um mich herum offensichtlich wissen, was sie tun und wie die Dinge laufen, dann muß es wohl so sein und wird immer so sein. Daher werde ich alles Ähnliche danach beurteilen." Ein Baby stellt natürlich keine Überlegungen dieser Art an, die Wirkung ist jedoch dieselbe, weil das die Art und Weise ist, in der das Unbewußte die Dinge auf dieser Entwicklungsstufe wahrnimmt. Diese ersten Eindrücke dienen als Maßstab für alle weiteren Einflüsse, die einem Kind begegnen.

Wir Erwachsene halten alles, was wir kennen, für selbstverständlich – wir haben uns komplett damit identifiziert. Doch dieser kleine Mensch, mit dem wir sprechen und zusammenleben, weiß *nichts* von all den Dingen, die wir wissen – wir sind ihm fünfundzwanzig oder dreißig Jahre voraus. Kinder haben weder unsere Weisheit, unsere Lebenserfahrung, unser Können oder unsere Bildung, noch besitzen sie unseren Fanatismus, unseren Pessimismus oder unsere subjektiven, voreingenommenen sozialen und politischen Glaubenssätze. Alles, was wir ihnen erzählen, ist für Kinder vollkommen neu und frisch; und darum wird ein Kind alles, was wir ihm sagen und wie wir es ihm sagen, aufnehmen, als sei es die einzig wahre und allein gültige Wahrheit. Es wird *alles* davon „mitkriegen" – nicht nur den Inhalt, sondern auch den Kontext – einschließlich unserer subtilen und unausgesprochenen Einstellungen und Gefühle, wenn wir es zum Beispiel mit einem neuen Ort vertraut machen. Daher sollten wir wahrhaft reif und klar sein, unvoreingenommen und frei von konditionierter Falschheit, damit wir sie nicht an unsere Kinder weitergeben.

Eindrücke, die sich als geistige „Nahrung" für Kinder eignen

Sowohl in spirituellen als auch in sozialen Gemeinschaften, in jedem kulturellen Milieu gibt es sehr unterschiedliche Ansichten darüber, welche Eindrücke als „Nahrung"[3] für Kinder geeignet sind. Manche Menschen sind dafür, ihnen alles zu geben: je mehr Eindrücke – je größer die Vielfalt, je mehr Farben, je mehr Geräusche und Laute – desto besser. Ich bin nicht ganz so großzügig. Ich möchte ein paar wichtige Beispiele nennen.

1. Bücher ... Geschichten ... Filme ... Musik

Es gibt eine so große Auswahl an guten Kinderbüchern, mit denen man Kindern erste lebensbejahende Eindrücke vermitteln kann; Bücher, die eine gute Handlung haben und schön bunt sind, in denen gute Charaktere vorkommen und gute Inhalte vermittelt werden – wie Freundlichkeit, Dienen und Großzügigkeit. Einige der Bücher, die in den meisten Kinderzimmern stehen, kann man allerdings nicht gerade als gut bezeichnen, auch wenn sie sich großer Beliebtheit erfreuen. Diese Bücher mögen wundervoll illustriert sein, die Bebilderung und künstlerische Gestaltung mag wunderschön sein, doch die Sprache ist schrecklich. Viele beliebte Kinderbücher sind voll dummer, negativer Sprüche und Schimpfworte. Viele Kinderbuchautoren haben keine Vorstellung davon, welche Erziehung für die gesunde Entwicklung eines heranwachsenden und für Eindrücke empfänglichen Kindes angebracht ist. Wunderbare Bilder können niemals eine lebensverneinende Sprache wiedergutmachen.

Ich persönlich erzähle Kindern, wenn sie mich um eine Geschichte bitten, statt der üblichen Märchen lieber eine Zen- oder Sufi-Geschichte und Geschichten von Heiligen, wenn ich mich daran erinnern kann. Die meisten Kinder lieben Geschichten über Jesus. Ein fünfjähriges Kind findet es einfach großartig, daß Jesus aus dem Boot stieg, übers Wasser ging und der Apostel Peter dann sagte: „He, das möchte ich auch gerne können." Kinder sagen dann: „Oh ja, das möchte ich auch können." Kinder haben eine so phantastische, so lebhafte Vorstellungskraft; da ist es gut, wenn man ihnen statt furchterregender, schauerlicher Bilder positive, gesundheitsförderliche Bilder als Ausgangsbasis für ihre Phantasie bietet. Ich würde dazu neigen, Kindern eher realistische und lebensbejahende Bücher vorzulesen und würde auf grausame Geschichten voller Gewalt oder idealistische „Friede-Freude-Eierkuchen"-Geschichten verzichten.

In Märchen kommen unzählige Unterwelt-Archetypen vor. Ich habe vor kurzem ein Buch gelesen, dessen Autor die Ansicht vertrat, daß Märchen entweder zum großen Vorteil oder zum großen Nachteil von Kindern eingesetzt werden können – der Unterschied liegt darin, wie man ein Märchen vorliest. Wenn ein Märchen (in der vom Autor durchgeführten Untersuchung) sehr nüchtern und sachlich vorgelesen wurde, wenn all die Geschichten von bösen Drachen, Hexen, Kindern, Backöfen und dergleichen ohne unnötige Übertreibungen vorgetragen wurden, dann hatten die betreffenden Kinder keine Alpträume. Wenn die Märchen aber von der Warte aus vorgelesen wurden, daß Dämonen böse sind und es nur darauf abgesehen haben, den Helden oder die Heldin „dranzukriegen ", und wenn dieses übermäßig düstere Spiel der hellen und dunklen Mächte beim Vorlesen auch noch betont wurde, dann haben die Kinder ein ungesundes Verhältnis zu ihrer eigenen Unterwelt entwickelt.

Manche Leute sagen, daß man Kindern Geschichten von Monstern vorlesen *soll*; daß Kinder lernen müssen, daß es im Leben Monster gibt; daß das Leben nicht nur eine Seite hat ... und so weiter. Ich bin jedoch der Meinung, daß dies vom jeweiligen Märchen abhängt. Die rauhen Märchen der Gebrüder Grimm kann ich in der Originalversion nicht unbedingt empfehlen. Sie sind zu grimmig.

Wie ich bereits gesagt habe, ist es für mich entscheidend, die Unschuld eines Kindes so lange wie möglich zu bewahren. Darum empfehle ich auch, im Hinblick auf „nährende Eindrücke“ Unterschiede zu machen. Ich würde brutale Hau-drauf-Geschichten, dunkle, „böse“ Comics und all die bizarren, sexuell abartigen Dinge so lange wie möglich von Kindern fernhalten. Ich würde mir zwar vielleicht mit einem kleinen Kind einen Film ansehen, in dem der Tod vorkommt, doch ich würde mit ihm nicht in einen Film gehen, in dem sich alle gegenseitig umbringen. Ich würde in einen Film gehen, in dem Kinder auch Gewalt kennenlernen, doch ich würde ein Kind nicht absichtlich mit in einen Film nehmen, in dem es nur darum geht, möglichst viel Angst zu verbreiten, oder in einen Film, der so blutig und grausam ist, daß es kaum ein Mensch aushalten kann.

Würde es sich negativ auf die Unschuld eines Kindes auswirken, wenn man mit ihm in einen Film zum Thema Aids geht, oder sollten Eltern warten, bis ein Kind Fragen zu diesen Themen stellt? Bei einem acht-, neun- oder zehnjährigen Kind ist dies natürlich vom betreffenden Kind abhängig; ich würde sagen, daß es da keine strengen Regeln gibt. Es kommt auf die übrige Erfahrung eines Kindes an – von wem es sonst noch Informationen erhält, was es bereits weiß, wie sensibel es ist und dergleichen. Es ist durchaus wahrscheinlich, daß solche Themen für ein Kind in diesem Alter bereits aktuell sind, und viele Kinder sprechen wahrscheinlich untereinander darüber. (Ich weiß nicht, ob Kinder speziell über Aids sprechen, wobei ich mir allerdings vorstellen kann, daß sie es tun, da dieses Thema in unserer Gesellschaft von so großer Bedeutung ist; ganz sicher aber sprechen Kinder über Krieg, Tod und Diskriminierung.)

Nehmen wir zum Beispiel die *Krieg der Sterne*-Filme: wenn wir einem Kind die Handlung beschreiben und ihm im Zusammenhang mit dem Herrscher und der „guten Seite der Macht“ und all den mythischen Archetypen bestimmte Dinge erklären, – wenn wir das Ganze so erzählen, daß dadurch die „höheren“ Ideen und bestimmte Prinzipien vermittelt werden, dann hat es einen gewissen Wert. Wenn wir einfach nur die Kampfszenen beschreiben, dann ist das so nutzlos wie alles andere auch.

Kinder neigen dazu, sich am stärksten von dramatischen Bildern – von den Kampfszenen – beeindrucken zu lassen. Das einzige, was Kinder im Alter von drei, vier oder fünf Jahren für gewöhnlich mitbekommen, sind optische Eindrücke. Wenn wir Kindern jedoch die Handlung *erzählen*, teilt sich ihnen dadurch etwas anderes mit. An die Kampfszenen wird ein Kind sich immer erinnern (es gibt keine Möglichkeit, daß ein Kind einen solchen Film ansieht, ohne daß die Kämpfe, die Soldaten und die Sturmtruppen einen Eindruck hinterlassen), doch was es *hört*, wird bei ihm auf einer anderen Ebene ankommen. Im Alter von sieben bis acht Jahren können Kinder metaphysische Prinzipien zu verstehen beginnen. Für sie sind diese Vorstellungen nichts Ungewöhnliches, sondern einfach nur Physik. Für die meisten Kinder ist das Übernatürliche ganz natürlich, allerdings nur so lange, wie wir sie nicht dazu konditionieren, argwöhnisch zu sein und sich dem „Unbekannten" zu verschließen.

Wir sollten Kinder mit lebensbejahenden Eindrücken „füttern", vielleicht sogar so weit gehen, daß wir ihnen absichtlich bestimmte Musikstücke vorspielen wie etwa die Messen von Bach. Was Kinder sehen, hören und fühlen und was sie aus den Dingen lernen, die sie sehen, hören und fühlen, kann ihre Verbindung zu allen Bereichen des Lebens entscheidend beeinflussen. Es besteht keine Eile, Kindern negative Eindrücke – die Gewalt und Grausamkeit des Lebens – nahezubringen. Derartige Eindrücke werden ohnehin noch früh genug auftauchen, ganz gleich, was wir tun. In unserer Kultur kann kein Kind den negativen Eindrücken entkommen, ob es nun beim Autofahren aus dem Fenster schaut und die großen Plakatwände sieht, oder ob es eine reich bebilderte Illustrierte durchblättert.

2. Fernsehen

Es gehört mit zu den traurigsten Aspekten unserer heutigen technisierten Welt, daß Kinder, ja sogar Kleinkinder, bereits in so jungen Jahren solch großem Fernsehkonsum, so vielen Videospielen und Filmen ausgesetzt sind. Joseph Chilton Pearce[4], Autor der Bücher *Magical Child* und *Evolutions's End*, ist wie andere Experten und Kinderrechtler der Meinung, daß selbst ein scheinbar noch so liebevolles Elternhaus einem hohen Risiko ausgesetzt ist, wenn das Fernsehen von klein auf im Leben eines Kindes präsent ist. Wenn ein Baby auf die Welt kommt, ist die Vorstellungskraft noch nicht vorhanden. Sie entwickelt sich erst später – mit drei, vier, fünf, vielleicht auch sechs Jahren. Wenn man Kinder vor den Fernseher setzt, so ist dies laut Pearce, als ob man ihren Geist mit vorverdauter Nahrung füttern würde. Sie bekommen Bilder geliefert, ohne daß sie lernen müssen, diese selbst zu erschaffen, und darum entwickelt sich ihre Vorstellungskraft nicht … und das macht Kinder in dieser Hinsicht zum Krüppel. Wenn diese Kinder größer werden, können sie sich nichts vorstellen, sie sind nicht in der Lage, etwas zu visualisieren oder zu projizieren. Somit fehlt ihnen auch der Zugang zu gewissen glanzvollen Aspekten einer gesunden Entwicklung; die Entwicklung ihrer Kreativität bleibt einseitig brachliegen.

Jeder, der schon einmal mit einem kleinen Kind, das noch nie ein Fernsehgerät gesehen hat, an einem Fernseher vorbeigegangen ist, weiß, wie völlig fasziniert Kinder davon sind, ganz gleich, welches Programm gerade läuft. Die funkelnde Mattscheibe und die bunten Bilder ... das ist unwahrscheinlich faszinierend. Selbst Schwarzweiß-Fernseher ... (Gibt es solche Geräte überhaupt noch?)

Je mehr Zeit man einem Kind lassen kann, seinen eigenen Weg zu finden und in natürlichen Entwicklungsschritten ohne komplizierte technische „Hilfe" zu lernen, desto länger wird es seine Unschuld behalten, und um so mehr Verständnisfähigkeit, Breite und Tiefe wird ein Kind haben. Diese momentane Mode, Kinder bereits mit drei oder vier Jahren an einen Computer zu setzen, ist einfach schrecklich – eine Farce. Je länger man Kindern erlaubt, sich innerhalb der Grenzen ihres natürlichen Wesens zu entwickeln, desto länger werden sie unschuldig bleiben. Ab einem bestimmten Punkt werden sie sich diese Unschuld sogar in Zeiten von Kummer, Schmerz und schweren Schicksalsschlägen bewahren können.

Durch Fernsehen, Computer und Videospiele verstümmeln wir das Wachstum einer ganzen Generation. Was an der Oberfläche wie ein Fortschritt aussehen mag, ist in Wirklichkeit ein gefährliches Verbrechen an der Natur und der Evolution. Halten Sie daher solche Dinge wie Fernsehsendungen, Horrorfilme, Videospiele und ähnliche Eindrücke so lange wie möglich von kleinen Kindern fern. Ganz sicher sollten Sie Kinder mit „Lichtern", „Geräuschen" und „Farben" in Kontakt bringen, doch achten Sie auch hierbei genau darauf, um welche Einflüsse es sich handelt und aus welcher Quelle sie stammen.

3. Spielsachen

Spielsachen haben einen großen Einfluß auf Kinder, und darum ist es entscheidend für das Wachstum und die Erziehung eines Kindes, um welche Art von Spielzeug es sich handelt, ja sogar aus welchem Material es gefertigt ist.

Ein neugeborenes Baby braucht nicht unbedingt einen ganzen Plüschtierzoo in seinem Bettchen. Auf diese Art und Weise wird es kaum die Dinge schätzen lernen. Wir sollten vermeiden, daß Kinder beispielsweise an Weihnachten viele Spielsachen auf einmal bekommen. Geben Sie statt dessen einem Kind immer nur wenige Dinge auf einmal und vielleicht ein halbes Jahr später dann wieder ein paar andere Sachen.

Natürlich finden Kinder, sobald sie ins Krabbelalter kommen, gehen und laufen lernen, überall etwas zum Spielen – aus dem großen, leeren Karton, in dem der Kühlschrank oder Herd verpackt war, kann ein wunderbares Spielhaus werden; jede Schraube, jedes Kleidungsstück, jedes Stück Stoff, jeder Stock und jeder Stein wird zu einer neuen Faszination. Eine bestimmte Grundausstattung an Spielzeug wie beispielsweise ein Handwägelchen, ein Dreirad, ein Fahrrad oder Rollschuhe ist durchaus wichtig. Bauklötze in allen möglichen Varianten sind eine wunderbare Sache. Denn Kinder sind vom Wesen her und von Natur aus so kreativ, daß es gut ist, dieser Kreativität möglichst freien Lauf zu lassen, statt sie unter Bergen von massenproduziertem Plastikspielzeug zu ersticken. Einige wenige Spielsachen reichen, um all jene Dinge zu ergänzen, die Kinder normalerweise im Haus und in der Nachbarschaft finden.

Es kann auch durchaus angebracht sein, daß wir nicht alle Geschenke von Familienangehörigen und anderen Menschen durchgehen lassen. Wenn unser Kind eine Spielzeugwaffe, ein Fernsehgerät oder etwas anderes geschenkt bekommt, das nicht zu der Lebensweise paßt, die wir unserem Kind zu vermitteln versuchen, können wir unserem Kind das fragliche Geschenk zeigen und sagen: „Dieses Geschenk hat dir Oma geschickt, aber es paßt einfach nicht zu unserem Leben. Es hat in unserem Leben keinen Platz, und darum wollen wir es zurückschicken oder in den Laden zurückbringen, dann kannst du dir etwas aussuchen, was dir gefällt und für uns alle in Ordnung ist." Auf diese Art und Weise sind wir ehrlich zu unseren Kindern. Ab etwa vier oder fünf Jahren sind Kinder alt genug für eine solche Erklärung und können jene Dinge annehmen, die ihrer Erziehung dienlich sind. Manchmal kommen sie sogar von alleine mit solchen Vorschlägen.

Lassen Sie Ihre Kinder ab und zu auch etwas aus dem Abfall holen (nicht aus der Biotonne oder dem Komposthaufen), beispielsweise jene großartige Verpackung Ihrer neuen Stereoanlage. Lassen Sie Kinder mit vielen verschiedenen Dingen spielen. Vermeiden Sie es, Ihrer eigenen Neigung nachzugeben, Kinder in völlig pragmatische, kleine, vierjährige Erwachsene verwandeln zu wollen.

4. Der Einfluß von Spielkameraden

Kinder werden stark von ihren Spielkameraden beeindruckt, und wenn es darum geht, welchem Einfluß man seine Kinder aussetzen möchte, so ist es Sache der Eltern, die jeweils eigene Toleranzschwelle zu definieren. Meine Toleranz ist gleich null: Mein Kriterium ist die *Unschuld* der Spielkameraden, nicht die Gewohnheiten der Spielkameraden. Ich bin Vegetarier, doch es stört mich nicht, wenn meine Kinder mit Fleischessern (oder Fernsehkonsumenten) spielen, so lange die Fleischesser und Fernsehkonsumenten grundsätzlich freundlich, großzügig und lebensbejahend sind. Ich würde schon möglichst lange vorher, d. h. bevor sich die Kinder treffen, meinen Kindern klarzumachen versuchen, wie wichtig diese Eigenschaften sind. Kinder neigen dazu, alle Menschen zu mögen, und darum treffe ich um so mehr Unterscheidungen für sie, je jünger sie sind. Je älter sie werden, desto weniger tue ich dies. Ich denke, sie werden selbst unterscheiden lernen, wenn ich die richtigen Unterscheidungen treffe, solange sie klein sind.

Selbstverständlich gibt es Zeiten, in denen es extrem schwierig, ja sogar unmöglich ist, eine solche Wahl zu treffen. Wenn wir zu einer Hochzeitsfeier gehen, bei der sämtliche längst verloren geglaubten Cousinen und Cousins anwesend sind, dann werden wir unsere Kinder kaum davon abhalten können, mit den vielen Nichten und Neffen zu spielen. Doch es handelt sich ja nur um einen einzigen Nachmittag. Ein andermal mögen wir durch die Umstände gezwungen sein, unser Kind in eine Kindertagesstätte oder zu einer Tagesmutter zu geben, wo wir uns natürlich die anderen Kinder dort nicht aussuchen können. In einem solchen Fall sollten wir ganz genau darauf achten, welcher Erwachsene die Gruppe betreut.

Fast genauso wichtig wie im Falle der Eltern und anderer dem Kind nahestehender Erwachsener ist es für mich, daß die Spielkameraden eines Kindes nicht beschimpfend, beleidigend und allzu sehr manipulierend sind. Gleichzeitig aber schließen Kinder tiefe Freundschaften, gehen tiefe Bindungen ein, aus Gründen, die für uns häufig unerfindlich sind. Darum würde ich zwar ganz sicher Unterschiede machen, aber ich würde nicht so weit gehen oder derart selbstgerecht sein wollen, mein Kind am Ende so stark zu beschützen und abzuschirmen, daß es schließlich überhaupt nicht mehr in der Lage ist, sich entspannt zu bewegen und sich unter vielerlei unterschiedlichen Menschen wohl zu fühlen.

5. Kleidung und Schuhe

Dadurch daß wir unsere Kinder zwingen, beim Spielen im Freien Schuhe zu tragen, nehmen wir ihnen die Möglichkeit, die Verbindung mit der Erde zu erfahren. Solange Kinder auf unserem eigenen Grund und Boden oder auf dem Grundstück eines verständnisvollen Nachbarn spielen, sollte man sie auf keinen Fall zwingen, Schuhe anzuziehen, sondern sie ermutigen, im

Freien barfuß zu spielen, im Sommer wie im Winter (natürlich nicht im Schnee, aber ein wenig Kälte können gesunde Füße schon vertragen). Selbstverständlich (schon wieder dieses Wort – zumindest sollte es selbstverständlich sein) trifft dies nicht auf Stadtbewohner zu, sondern nur auf Familien, die einen eigenen Garten oder ein kleines Fleckchen Grün besitzen. Zement und Asphalt sind nicht die Erde.

Wenn Erwachsene sogar Schuhe anziehen, um nur ein oder zwei Minuten in den Garten hinauszugehen und den Gartenschlauch anzuschließen, dann zeigen sie Kindern dadurch, daß Füße zart und empfindlich sind und Schutz brauchen; und auf einer tieferen Ebene, daß auch die Erde selbst vor uns geschützt werden muß. Ein Kind, das in seiner Kindheit die meiste Zeit barfuß laufen darf, wird, ob es ihm bewußt ist oder nicht (und ob es den Eltern bewußt ist oder nicht), ein Gefühl für die Dinge entwickeln, das kein beschuhtes Kind haben kann – das ist der Lauf der Natur und eines natürlichen Lebens im Einklang mit den subtilen Energien. Wenn Kinder gezwungen werden, ständig Schuhe zu tragen, dann wird ihnen dadurch etwas genommen, dessen Wert weder sie noch wir voll und ganz ermessen können, ein Wert aber, der nicht geleugnet werden kann, wenn sie heranwachsen.

Ein anderer Aspekt desselben Prinzips läßt sich auch auf die Kleidung anwenden. Auf dem Land werden wir kleinere Kinder darin bestärken wollen, eher wenig Kleidung zu tragen. In Städten oder dicht besiedelten Gebieten könnte es jedoch für unnötige und unerwünschte Aufmerksamkeit sorgen, wenn man einem Kind erlaubt, nackt herumzulaufen. Dort, wo Nacktheit zulässig ist, ist sie allerdings für das Kind etwas Wunderbares, das man fördern sollte.

Die reine Liebe und Freude eines Kindes am Nacktsein ist unbestreitbar. Wenn wir sie lassen würden, dann würden Kinder die ganze Zeit nackt herumlaufen. Nackt herumzulaufen, wann immer sie können, hilft ihnen folglich, eine gesunde Einstellung zu ihrem Körper entwickeln. (Das setzt jedoch voraus, daß ihre erwachsenen Vorbilder sich ihres Körpers nicht völlig schämen und daß sie ein Kind nicht auf jene sadistische Art und Weise hänseln, die viele Erwachsene unbewußt an sich haben, mit Kommentaren wie: „Du bist ja *so* dick. Gibt dir deine Mami denn nichts anderes als Butter zu essen?“ Oder: „Zieh dir etwas über, du schmutzige kleine Schlampe.“ Und so weiter.)

Es kann den Eltern auch gewiß nicht schaden, mit ihren Kindern zu baden. Vor allem dann, wenn ein Kind aus dem Babyalter heraus ist, kann es Vater bzw. Mutter wirklich Spaß machen, mit dem Kind ihres eigenen Geschlechts zu baden, bis es dann anfängt, gerne alleine zu baden.

Wir haben mit einigen Kindern eine Reise nach Indien gemacht, als diese erst vier und fünf Jahre alt waren. Viele Leute dachten: „Wie kann ein vierjähriges Kind die Tiefe und Breite der indischen Kultur zu schätzen wissen? Das ist doch die reinste Geldverschwendung, vergeudete Energie und Aufmerksamkeit, Kinder mit auf eine solche Reise zu nehmen. Und außerdem ist es schrecklich gefährlich für ihre Gesundheit." Doch genau jene Leute waren sich nicht darüber im klaren, daß derselbe kulturelle Einfluß auf ein vierjähriges Kind zehnmal stärker wirkt als auf einen dreißigjährigen Erwachsenen. Die meisten von uns haben keine Vorstellung davon, welche Wahrnehmungs- und Aufnahmefähigkeit Kinder besitzen. Es ist absolut unglaublich, ja sogar ehrfurchtgebietend. Wir haben dies zweifellos bei den Kindern beobachten können, die mit uns gereist sind. Sie sind inzwischen Teenager und zehren noch immer auf vielerlei Art und Weise von den subtilen Eindrücken, die sie damals in sich aufgenommen haben.

Ich habe immer dazu geraten, daß man die Chance einfach wahrnehmen sollte, wann immer die Möglichkeit besteht, Kinder in ein weitgehend ungewöhnliches kulturelles Umfeld mitzunehmen (solange ein solches Umfeld gesund und lebensbejahend ist und keine Gefahr für das Leben des Kindes darstellt). Wenn es dissonante Elemente gibt, dann erklären wir diese Elemente einfach. In Indien war es zum Beispiel fast allen ein oder zwei Tage lang übel. Sehr übel. Als den Kindern schlecht war, haben sie sich einfach erbrochen, und am nächsten Morgen war wieder alles in Ordnung. Es war unwichtig. Es hat sie nicht in derselben Art und Weise beeinträchtigt wie die Erwachsenen. Die Kinder waren fasziniert von der Schönheit und den interessanten Dingen um sie herum, und die Übelkeit war einfach etwas, das sie hinter sich brachten, ohne allzuviel Aufmerksamkeit darauf zu verschwenden. Ein paar Mal kam es vor, daß einige Kinder auf jener Reise zwei Wochen lang keinen Stuhlgang hatten, und es störte sie kaum (weder seelisch noch geistig). Ein Erwachsener jedoch, der zwei Wochen lang keinen Stuhlgang hat, mein Gott, er wäre so sehr mit seinen Ausscheidungsproblemen beschäftigt, daß er kaum in der Lage wäre, sich daran zu erinnern, daß er sich in einer anderen Kultur befindet.

Die Fähigkeit eines Kindes, Eindrücke im wahrsten Sinne des Wortes „zu verspeisen", ist magisch. Wundersam. Selbst wenn der Körper mit ein wenig Streß zu kämpfen hat, saugt das Wesen des Kindes – seine Essenz – nützliche und wertvolle Impressionen auf wie ein Schwamm.

Alice Miller hat darüber gesprochen, Kindern ein „erleuchteter Zeuge“ zu sein. Wenn es im Leben eines Kindes niemanden gibt, der anerkennt, wer es ist, und der eine zuverlässige Basis an Freundlichkeit, Großherzigkeit und Nicht-Mißhandlung darstellt, dann hat ein Kind keine Chance, gesund aufzuwachsen. Doch wenn nur ein einziger Mensch „Zeuge“ für die natürliche Unschuld und den angeborenen Selbstwert eines Kindes ist, dann könnte dies das ganze Leben eines Kindes für immer verändern. In vielen Fällen wird ein Freund der Familie diese Aufgabe erfüllen, wenn es nicht die Eltern oder nahen Verwandten tun (oder nicht tun können). Meine Eltern haben beispielsweise immer erwachsene Freunde mit in die Familie gebracht, die mir auf jenen Gebieten, auf denen sie (meine Eltern) sich weniger gut auskannten, als Mentor und erleuchtete Zeugen in diesem Sinne dienten.

Was andere Erwachsene generell betrifft, so habe ich schon immer viele „andersartige“ Menschen auf bestimmte Zeit – für ein paar Tage, Wochen, Monate, ja sogar Jahre – in unsere Gemeinschaft aufgenommen. Viele meiner Schüler fühlen sich jedoch nicht sehr wohl mit der Energie, die manche Gäste mitbringen. Diese Schüler müssen dann für sich einen Weg finden, wie sie mit einer Vielzahl von Einflüssen umgehen wollen, von denen manche nicht gerade angenehm sind. Unter dem Gesichtspunkt dessen, was „transformatorisch nützlich“ und gut für unsere Kinder ist, nehmen wir oft auch Gäste auf, von denen wir nicht wollen würden, daß sie ständig bei uns wohnen; Gäste jedoch, die für kurze Zeit eine gewisse Färbung einbringen, die normalerweise nicht vorhanden ist. Ich fände es nicht gut, einen Lebensraum *total* von solchen Elementen freizuhalten, die in gewissem Sinne „dunkel“ oder ein nicht gerade ideales Vorbild für Kinder sind. Jene Elemente können in der Mischung große Chancen für alle Beteiligten bieten, sowohl psychisch als auch von der „Chemie“ her. Wir wollen nicht, daß unsere Kinder völlig einseitig aufwachsen, völlig unausgewogen, auch wenn alles Gewicht auf der Seite der „lichten“ Eindrücke liegt. Natürlich würde ich niemals zulassen, daß ein Mensch ständig Zeit mit Kindern verbringt, der in *irgendeiner Art und Weise* gefährlich für sie ist, sie beschimpft oder ihnen gegenüber grausam oder gewalttätig ist. Doch Menschen mit ungewöhnlichen Verhaltensweisen oder Charakterzügen wären eine Art von „Andersartigkeit“, die nützlich sein kann (ein Beispiel dafür wäre ein genialer Mensch oder Künstler, der sich von der Persönlichkeit her so weit in die eigene Genialität zurückgezogen hat, daß er kaum noch in der Lage ist, sich nach außen hin zu artikulieren).

Viele Leute, die ich aufgrund dessen, was sie zu bieten haben, besonders nützlich finde, sind die letzten Menschen, die man sich als alleiniges Vorbild für seine Kinder wünschen würde. Jeder einzelne muß sich selbst darüber klar werden, inwieweit er Kinder einigen potentiell negativen Elementen aussetzen möchte, um ihnen zu helfen, ihre Welt in ihrer ganzen Vielfalt zu sehen, während er gleichzeitig sicherstellt, daß die positiven Vorbilder den stärksten Eindruck hinterlassen (was bei einem Kind, dessen Unschuld intakt ist, ganz von selbst geschehen wird) und daß die Kinder sicher sind – sicher geschützt vor übermäßigem Kontakt oder allzu starker Beeinflussung.

Einflüsse der Unterwelt auf Kinder

Als Erwachsene kämpfen wir mit Unterwelt-Elementen, die uns oft nicht bewußt sind, mit der dunklen Seite der menschlichen Natur – mit Perversität, Grausamkeit, Fanatismus und dergleichen. Wenn unsere spirituelle Arbeit jenen dunklen, schwierigen oder schmerzhaften Beigeschmack hat, dann liegt es oft daran, daß wir versäumt haben, unsere eigene Unterwelt anzuerkennen und uns mit ihr auf pragmatische Art und Weise auseinanderzusetzen. Wenn Angst und Abscheu, Kummer und Leid, Wut und Zorn in uns hochkommen, sollten wir diese Energien einfach als natürlichen, echten Teil von uns behandeln und diese Unterwelt-Elemente nicht unbedingt als „schlecht", gefährlich oder ungesund definieren. Natürlich gibt es das auch in der Außenwelt: Krieg, Folter, Gewaltverbrechen und die skrupellose Unmenschlichkeit des Menschen gegenüber Mann und Frau. Doch auch die Fähigkeit, sich mit diesen unvermeidbaren Zutaten des Lebenseintopfes auf gesunde Art und Weise auseinanderzusetzen, hat mit unserer eigenen Beziehung zu genau diesen Qualitäten in uns selbst zu tun.

Wenn ein Mann beispielsweise, aus welchem Grund auch immer, das Bedürfnis verspürt, einer Frau Gewalt anzutun (oder allen Frauen, was typisch ist, obwohl diese Neigung in der Regel nur bei der Partnerin ausgelebt wird), so kann er einem Kind, das dies zufällig beobachtet, entweder ein sehr gesundes Beispiel geben oder das Ganze zu einem furchterregenden und möglicherweise traumatischen Ereignis für dieses Kind werden lassen, je nachdem, wie er mit diesen Gefühlen umgeht. Die Mutter eines Kindes kann niemals brutal behandelt werden – körperlich, emotional oder psychisch –, ohne daß dies verheerende Folgen für ihr Kind hat. Und wenn diese Brutalität vom Vater ausgeht, ist es um so schlimmer.

Viele von uns kämpfen noch immer mit den schrecklichen Dämonen, die das Resultat jener Eindrücke sind, die wir als Kind aufgenommen haben – Eindrücke, die wir nicht so interpretieren konnten, wie dies ein intelligenter Erwachsener tun würde, weil uns das nötige Weltbild dazu fehlte; Eindrücke, die uns nicht befähigt haben, nüchtern und sachlich mit den Dämonen unserer Kindheit oder den Dämonen der Erwachsenen in unserer nächsten Umgebung umzugehen. Und wir hatten keine verständnisvollen Erwachsenen (keine „erleuchteten Zeugen", um Alice Millers Worte zu benutzen), die uns hätten helfen können, jene Eindrücke zu integrieren, zu verstehen und zu verdauen.

Wenn wir in der Lage sind, mit der manchmal alles durchdringenden Dunkelheit und der Unterwelt-Artigkeit in unserem eigenen Unbewußten umzugehen, dann werden unsere Kinder gesünder als jeder einzelne von uns werden und, genau genommen, gesünder als die meisten anderen Menschen. Die epidemieähnlichen Gesundheitsprobleme und anderen unerquicklichen körperlichen und psychologischen Zustände unserer Gesellschaft sind zum Teil bedingt durch die Unfähigkeit bzw. Unwilligkeit, sich mit der Unterwelt auseinanderzusetzen, zusätzlich zu einem Mangel an Aufklärung über das, was die Unterwelt eigentlich ist. Man hat uns niemals etwas über die Unterwelt beigebracht, geschweige denn, wie man mit ihr lebt, wie man mit ihr Freundschaft schließt und dennoch als mitfühlender, hart arbeitender und untadeliger Mensch mit der Welt in Beziehung sein kann.

Die Unterwelt macht ein Drittel der Realität aus. In schamanischen Begriffen ausgedrückt, gibt es die Unterwelt, die Mittelwelt und die Oberwelt; Angst vor der Unterwelt zu haben bedeutet, sein Leben um diese Angst herum aufzubauen. Kinder werden dies lernen und diese Angst in ihrem eigenen Leben aufleben lassen. Wenn es darum geht, daß Eltern oder andere Menschen einem Kind etwas über die unangenehmeren Seiten des Lebens beibringen – über die Grausamkeit, den Fanatismus und die Kriminalität mancher Menschen bzw. auf der Welt –, ist es wichtig, daß der Lehrer einen guten Kontakt zu seiner eigenen Unterwelt, zu seiner eigenen Dunkelheit hat. Mit der Unterwelt auf gutem Fuß zu stehen heißt, die unkomplizierte Einstellung zu haben, daß eben „schlimme Dinge passieren können", oder wie auch immer wir es formulieren wollen. Das Groteske oder Entsetzliche braucht uns nicht zu faszinieren, doch es macht Sinn, sich seiner Existenz, seiner Realität bewußt zu sein und eine gesunde Einstellung zu solchen Dingen zu haben. Wir können derartige Einflüsse auf dieser Welt in ihrer Gesamtheit niemals ganz vermeiden. Selbst ein Eremit trägt solche Elemente in sich.

Für uns als Erwachsene, denen es mit der umfassenden körperlichen und seelischen Gesundheit und dem inneren Gleichgewicht ihrer Kinder ernst ist, kommt es darauf an, daß wir unseren Kindern jenen Kontext bieten, der ganz von einer „Kein-Problem"-Einstellung zum Leben geprägt ist.

(Hinweis des amerikanischen Herausgebers: Mit dieser „Kein-Problem"-Haltung bezieht sich Lee Lozowick nicht auf einen naiven Optimismus, der den Schmerz, die Grausamkeit und den ungesunden Zustand der Welt als Ganzes übersieht. Er meint vielmehr eine Haltung, die davon ausgeht, daß „das Leben nun einmal so ist", und die auf einem beständigen Vertrauen gegründet ist, auf dem Gefühl, daß unser Leben letztendlich in Gottes Hand liegt. Wenn wir aus diesem Kontext heraus leben, dann wird dies unseren Kindern als ein unschätzbar wertvolles Vorbild dienen. Wenn wir diese Haltung auf jene Situationen anwenden, die im Leben unserer Kinder tagtäglich auftauchen, und solange wir uns mit vernünftigem, gesundem Menschenverstand und Urteilsvermögen um die Bedürfnisse unserer Kinder kümmern, können wir unsere zwanghafte bzw. neurotische Überängstlichkeit und unser übermäßiges Kontrollbedürfnis fallen lassen.)

Zahlreiche Faktoren werden in unserem Leben auftauchen, die aussehen, als könnten sie Schaden anrichten. Doch wenn wir im großen und ganzen diese „Kein-Problem"-Einstellung besitzen, dann werden Elemente, die sich unter den meisten Umständen negativ auswirken würden, nicht diesen Effekt haben. Vielmehr werden Kinder statt mit Angst und Argwohn mit offenen Augen, mit Stärke und Weisheit etwas über die Unterwelt lernen. Sie werden lernen, Unterschiede zu machen und Urteilsfähigkeit zu besitzen (die sie bereits in wirklich außerordentlichem Maße haben). Und sie werden in der Lage sein, diese Unterschiede für sich selbst auszusprechen, was ihnen in der normalen Welt absolut versagt ist.

Als ich noch sehr klein war, gehörte zum engen Freundeskreis meiner Familie ein starker Alkoholiker, der auf jeder Party bis zum Umfallen Alkohol trank. Ich schlief immer schon, wenn er „sternhagelvoll" war, und meine Eltern haben tunlichst jedes Gespräch zu diesem Thema vermieden. Ich habe bis zu meinem zwanzigsten Lebensjahr nichts davon geahnt! Dieser Mangel an Information hat mir zwar nicht geschadet, aber auf so manch harte Wirklichkeit, die mir auf dem College und danach begegnete, war ich eben auch nicht vorbereitet. Zum Glück habe ich schnell gelernt und war nicht besonders gefährdet, mich der Selbsterniedrigung oder den Schwächen der Selbstzerstörung durch bestimmte Stoffe bzw. auf irgendeine andere Art hinzugeben. Dennoch war das, was ich sah, für mich schockierend und in vielen Fällen unvorstellbar, und das ist es noch immer.

Es ist interessant, daß intellektuelle Konzepte nicht in einem Verlust der Unschuld enden, solange nicht ein traumatisches Erlebnis damit verbunden ist – und dann geht die Unschuld ziemlich schnell. Wird eine Erfahrung hingegen von einer „Kein-Problem“ oder „So-ist-das-Leben“-Haltung aufgefangen, dann erweitert und vertieft sich der Erfahrungsschatz eines Kindes ohne Nachwirkungen (d. h. ohne negative Reaktionen), und die Unterwelt-Elemente in unserem Leben werden sich nicht in dunkler oder negativer Weise auf das Verhalten unserer Kinder auswirken.

Kindern Einflüsse erklären

Bei der Kindererziehung sollte man angesichts der Unschuld und Empfänglichkeit von Kindern versuchen, zwei Dinge zu tun: Zum einen sollte man so weit als möglich versuchen, ein gesundes, gütiges, respektvolles und klares Umfeld zu schaffen, auch wenn es nicht immer möglich ist. Zum anderen ist es notwendig, daß die Erwachsenen, falls es in ihrem Lebensumfeld Dissonanzen gibt (die in jedem Umfeld mehr oder weniger stark vorhanden sind), diese Dissonanzen im jeweiligen Kontext *als Dissonanzen* erkennen, statt sie als normal zu akzeptieren, und daß sie den Kindern diese Dissonanzen als ein Element unter vielen in der Landschaft ihres Lebens erklären. Wenn somit in einem Lebensumfeld hinsichtlich dessen, was gesund und kreativ ist, ein Element der Klarheit und Unterscheidungsfähigkeit vorhanden ist, werden Kinder ganz subjektiv darauf ansprechen, auch wenn sie objektiv auf den Lärm, die Gewalt, oder was immer in ihrer Umgebung sein mag, reagieren. Wenn man mit seinem Kind in eine Situation kommt, in der man, sagen wir, Zeuge eines Autounfalls wird, bei dem die betroffenen Fahrer sich gegenseitig lauthals beschimpfen, und das Kind schaut mit offenen Augen staunend zu, so könnte man die Gelegenheit nutzen, um dem Kind zu erklären, daß solche Reaktionen unnötig und eine Folge von unkontrolliertem Ärger und Streß usw. sind – und es so erklären, daß es das Kind auch verstehen kann, statt das Ganze wie eine Doktorarbeit zu formulieren.

Wenn man ein Kind in eine (für das Kind) neue Umgebung mitnimmt, so sollte man ihm, wie ich bereits erwähnt habe, schon vorab erklären, was ihm bevorsteht. Will man zum Beispiel einen Ort besuchen, an dem mit großem Stimmengewirr und viel Lärm zu rechnen ist (zum Beispiel an der Börse oder in einem Kaufhaus während des Schlußverkaufs), dann würde man dieses Kind entsprechend darauf vorbereiten: „Wir gehen jetzt …

(dorthin), und dort geht es folgendermaßen zu. Es ist nicht lebensbedrohlich, und es besteht keine Gefahr für dich." Ohne eine solche Vorwarnung nehmen Kinder derartige Eindrücke oft in einer Art und Weise auf, die Angst und Furcht entstehen lassen. Häufig bekommen Kinder durch die Energie des Konkurrenzkampfes, durch das Gedränge und die gewaltig große Ungeduld etc. das Gefühl, sie seien selbst das Ziel dieser Energie. Darum liegt es in unserem Interesse, daß wir einem Kind bereits vorher versichern, daß es nicht das Ziel dieser Energie ist und daß wir für seinen Schutz und seine Sicherheit sorgen. Wir brauchen uns keine Gedanken darüber zu machen, ob ein Kind schon alt genug ist, den tatsächlichen Sinn unserer Worte zu verstehen (ein vier Wochen oder drei Monate altes Baby wird dies wahrscheinlich nicht können), denn es wird unsere Botschaft auf der Gefühls- oder Empfindungsebene bekommen. Zweifelsohne verstehen Kinder die Absicht und die Stimmung.

Wenn nun natürlich ein Erwachsener dem hysterischen Typ angehört, der meint, daß ein Kind vor allem bewahrt werden muß, selbst vor dem allerkleinsten Hauch eines negativen Eindrucks, dann wird sich diese Einstellung dem Kind mindestens genauso stark mitteilen wie die Dissonanz in der Umgebung. Alles, was man empfehlen kann, ist darum, daß Erwachsene entspannt und lebensbejahend mit ihren Kindern umgehen sollten; und das verlangt den Erwachsenen schon einiges ab. Wenn andererseits ein Erwachsener jenem anderen hysterischen Typ angehört, der in der Hitze seiner negativen oder übersteigerten Reaktion auf eine Sache völlig vergißt, daß er ein Kind dabei hat, dann wird das betreffende Kind diese Reaktion in einer Weise abbekommen, als ob es dadurch direkt bedroht würde. Somit ist Gleichmut im Zusammensein mit unseren Kindern ganz allgemein eine gute Idee.

Grundsätzlich ist es fast unmöglich, alle dissonanten Elemente aus jeder Umgebung zu verbannen, davon abgesehen, daß dies ohnehin nicht unbedingt erstrebenswert wäre. Andererseits wird ein großer Teil der Dissonanzen für Kinder unnötigerweise geschaffen, da die Erwachsenen keine richtige Ahnung von kindlichen Bedürfnissen haben. Natürlich gibt es offensichtliche Beispiele von Gewalt und Grausamkeit – Erwachsene, die ihre Kinder nicht wirklich wollen, stoßen sie herum und wünschen sich, daß sie nicht da wären usw. Doch die negative Konditionierung von Kindern kommt zu einem großen Teil daher, daß viele Erwachsene nicht wissen, daß das Fernsehen schlimmer oder eine mindestens ebenso schädliche Droge ist wie Alkohol und Nikotin. Oder sie kommt daher, daß die Erwachsenen miteinander streiten und dadurch tiefe Konflikte und Angst in einem Kind erzeugen.

Wenn ein Kind das erste Mal Grausamkeit zu sehen bekommt, ist das Wichtigste, daß wir ehrlich zu ihm sind. Ein Kind, das Zeuge wird, wie jemand einem anderen Menschen Gewalt antut, wird uns mit fragenden Augen anschauen, mit einem Blick, der sagt: „Warum hat er das getan?“ Dann ist es hilfreich, wenn man diese Dinge erklären kann und eine solche Gewalttätigkeit niemals dadurch rechtfertigt, daß man dazu schweigt, sie abstreitet oder versucht, ein Kind von derartigen Realitäten abzulenken oder abzuschirmen.

Es ist nicht zu vermeiden, daß ein Kind bemerkt, wie Erwachsene andere Kinder anschreien, schlagen oder prügeln – im Supermarkt, im Spielwarengeschäft, in der Zoohandlung, im Kino oder im Park. Erklären Sie dem betreffenden Kind einfach die Wahrheit menschlicher Verhaltensmechanismen und Gewohnheitsmuster-Konditionierungen. Versuchen Sie nicht, diese vor ihm zu verbergen oder sie mit einer absurden Erklärung abzutun. Und erklären Sie Kindern die Dinge auf verständliche Art und Weise. Halten Sie einem Kind keinen wissenschaftlichen Vortrag über abnormales Verhalten und psychische Störungen. Ein kleines Kind kann Krieg und Kriminalität nicht auf der Ebene neurotischer Beweggründe verstehen, da es jene Motive nicht besitzt, aus denen heraus ein Verstehen möglich wäre. Warten Sie, bis das Verständnis des Kindes groß genug dafür ist, um so weit ins Detail zu gehen. Und machen Sie *niemals* einen Scherz aus solchen Dingen, etwa in der Art: „He du, jetzt paß' aber auf und wage das ja nie bei deinem Papa (die Müslipackung aus dem Einkaufswagen werfen o. ä.), sonst muß er mit dir dasselbe machen wie der Papa dort drüben!“ Selbst wenn man dabei lacht oder in einem Ton spricht, an dem andere Erwachsene erkennen würden, daß es im Spaß gemeint ist, wird ein Kind einen solchen Scherz nicht verstehen.

Im Gespräch mit dem Kind könnte man dann folgende Formulierung verwenden: „Es gibt niemals oder ganz selten einen guten Grund für Grausamkeit. Manche Menschen sind frustriert und wütend, und ihre Art, diese Gefühle auszudrücken, besteht darin, andere Menschen zu verletzen, was ganz sicher nicht der beste Weg ist, mit diesen Dingen umzugehen ...“ Verwenden Sie allgemeine Erklärungen dieser Art, die wahr, aber dennoch nicht übermäßig intellektuell, kompliziert oder anspruchsvoll sind. Selbstverständlich sollten wir auch in der Lage sein, einem Kind zu erzählen, wie man mit solchen Dingen positiv umgeht!

All dies bedeutet nicht, daß wir eine Art Pollyanna[a]-Haltung gegenüber der Welt für Kinder einnehmen sollten. Manche Erwachsene haben so große Angst vor ihrer eigenen Unterwelt, daß sie das ganze Leben in wogend weiße Wolken, Einhörner, Regenbogen, Pastellfarben und die pathetischen

Flüsterklänge elektronischer Musik gekleidet haben. Ganz sicher sollte man Kinder nicht sprichwörtlich „vor den Kopf stoßen“, indem man ihnen Gruselgeschichten von der Unmenschlichkeit der Menschen erzählt, doch man braucht sie auch nicht auf unrealistische Weise vor solchen Dingen zu schützen. Ich würde keinen Bildband mit Aufnahmen von grausigen Kriegsszenen in Reichweite eines zweijährigen Kindes herumliegen lassen, aber ich würde auch ein Nachrichtenmagazin wie *Time* oder *Newsweek* nicht vor einem achtjährigen Kind verstecken. Oft sehen Kinder Aufnahmen von Leichen, wenn sie sich die Bilder in solchen Zeitschriften anschauen. Wenn sie zum ersten Mal auf ein solches Photo stoßen, werden sie fragen: „Was ist das?“, vielleicht werden sie sogar weinen. „Warum tut ein Mensch einem anderen Menschen so etwas an?“ In einem solchen Fall reißt man einem Kind nicht gleich die Zeitung aus der Hand, als ob diese Schreckensszenen nicht existieren würden, sondern man versucht ihm einfach zu erklären, was ihm da gerade unter die Finger gekommen ist.

Wenn ein Kind zum ersten Mal von der Bürgerrechtsbewegung in den USA oder der Apartheit in Südafrika hört und fragt: „Warum hassen die Weißen die Schwarzen?“, dann müssen wir uns diese Frage selbst beantworten können und in der Lage sein, das Wesen von Haß und Vorurteil klar und deutlich zu erklären. Wenn wir uns unsere eigenen Vorurteile nicht eingestehen, wird es höchst schwierig, mit Kindern ehrlich über diese Themen zu sprechen. Wir müssen in unserem Inneren wissen, daß die Menschen einander solche Dinge antun. Wir müssen den Schrecken dieser Geschehnisse fühlen, um ein wenig Mitgefühl zu haben – sowohl in unserem Verhältnis zur Bildung und Erziehung eines Kindes als auch in unserem Verhältnis zum Schock, den diese Dinge für die Unschuld eines Kindes bedeuten – so daß wir die Neugier eines Kindes nicht in eine paranoide Angst vor solchen Realitäten hineintreiben und das Kind zitternd und bibbernd vor Furcht in einer Schale von Fehlinformationen, Verwirrung und Paranoia zurücklassen.

Ich möchte ein extremes Beispiel nennen: Im Krieg sehen Kinder entsetzliche Dinge – die Mutter eines Freundes, die von einem Geschoß in Stücke zerfetzt wird, um ein Beispiel zu nennen. Wir haben keine Möglichkeit, so etwas in Ordnung zu bringen, aber wir können sagen: „Ja, dies ist eine schreckliche Sache, und wenn du groß bist, kannst du es anders machen.“ Ich würde sogar so weit gehen zu sagen: „Es ist nicht richtig, aber wir haben nicht alle Menschen unter Kontrolle, und wir können nicht jeden dazu bringen, das Richtige zu tun. Wir können die Menschen nicht zwingen, zu anderen Menschen freundlich zu sein. Manche Menschen sind einfach sehr gewalttätig und sehr grausam; das ist ihre Art, ihre Frustrationen auszuleben …" oder dergleichen. „Diese Menschen sind nicht bewußt", wäre eine andere Möglichkeit, diesen Sachverhalt zu formulieren. „Sie sind nicht bewußt, sie verstehen es nicht. Wenn sie bewußter wären, würden sie sich anders verhalten." Ich verwende diese Ausdrucksweise nicht jeden Tag, da dieses Konzept für ein kleines Kind oft zu unverständlich ist. Doch ab und zu können wir diese Ausdrucksweise durchaus verwenden, damit unsere Kinder eine Vorstellung davon bekommen, daß sie Menschen sind, die sich für ihre Fähigkeit, bewußt zu leben, entscheiden können, und daß sie Integrität und rechtes Handeln auch dann wählen können, wenn sie von ihresgleichen unter Druck gesetzt werden.

Manchmal werden Kinder in solch extremen Situationen gleichzeitig schockiert und fasziniert sein. Sie werden vielleicht sehen wollen, was geschieht. Angenommen, die ganze Familie sitzt während eines Bombenangriffs auf die Stadt zusammengekauert im Keller. Es kann sein, daß das Kind quengelt: „Ich will aber nicht hier unten bleiben, ich will hinaufgehen." Das ist dann der Zeitpunkt, wo die Eltern sagen müssen: „Nein, wir können nicht hinaufgehen, bevor der Bombenangriff vorüber ist. Danach werden wir so schnell wie möglich wieder nach oben gehen, und wenn wir hinaufkommen, kann es durchaus sein, daß ein paar Wände eingestürzt sind. Vielleicht haben wir aber auch Glück, und es ist nichts passiert." Es gibt keinen Weg, um eine solche Tragödie akzeptabel zu machen. In vielen Kulturkreisen heißt es: „Sei stark!" – was üblicherweise mit Unterdrückung übersetzt wird, etwa als: „Fühle nicht!" Ich würde Kindern immer erlauben, ihren Kummer voll und ganz auszuleben. Lassen Sie ein Kind in solchen Situationen weinen, brüllen und sein Entsetzen angesichts der Unmenschlichkeit des Menschen gegenüber seinesgleichen hinausschreien.

Der Einfluß von Leid und Tod

Nach dem höchsten Plan der Dinge wissen Kinder, worauf sie sich einlassen, und zwar in dem Sinne, daß das Bewußtsein in den Sphären vor der Geburt und vor der Empfängnis existiert, ein Bewußtsein, das in die kommende Inkarnation hineinblicken kann. Es gibt zwei Arten von Leid für Kinder. Es gibt das Leiden angesichts der Tatsache, daß die Inkarnation in einem menschlichen Körper natürlichen Begrenzungen unterliegt und ausgelebt werden muß; wobei es sich um ein „reines" Leiden handelt – keine Reaktion auf irgend etwas, sondern einfach ein gegebenes Element innerhalb der physikalischen Gesetze der Existenz. Dann gibt es das Leiden als Reaktion auf eine Welt von Verbrechen, Illusionen, Krieg, Schmerz, Brutalität, Gewalt, Verwirrung und so weiter und so fort.

Es kann sehr leicht vorkommen, daß ein Kind in eine Inkarnation kommt und derart gegen diese letztgenannte Art des Leidens abgeschirmt wird, daß sich in ihm ein Verleugnungsmechanismus aufbaut – ein Mechanismus, der ihm nicht erlaubt, von dem bewegt zu werden, was im gegebenen Moment erwünscht und notwendig ist, in spiritueller und sozialer Hinsicht. Es passiert relativ oft, daß ein Kind vor dieser Art des Leidens in einer solchen Weise geschützt wird, daß die angeborene Motivation, etwas dagegen zu tun, keine Chance hat. In vielen traditionellen Kulturen jedoch, insbesondere in Kulturen, die eine starke Beziehung zum Absoluten haben, ist die Erziehung eines Kindes darauf angelegt, daß jener Schutzschild nicht die Möglichkeit hat, zum Tragen zu kommen.

Armut, Leid und Schmerz – in Indien bekommt man das ganze Szenario geboten. Bevor wir nach Indien gingen, waren die meisten Erwachsenen unserer Gruppe (naive, bürgerliche Mittelklasse) noch nie zuvor in einem Land der Dritten Welt gewesen und hatten noch nie *wirkliche* Armut und Krankheit gesehen. Wohin sie auch schauten, es erfüllte sie mit Schrecken und Abscheu. „Oh mein Gott, wie häßlich und schmutzig, welch ein Leid und welch ein Schmerz." Sie gingen durch Indien, erfüllt von dieser sentimentalen Sicht der Dinge – es war kein wirkliches Mitleid, da ihre Sympathie ihren eigenen Angstgefühlen und heftigen Reaktionen galt, nicht den Indern. Gewiß herrscht in Indien großes Leid, doch man kann die Dinge auch von einem völlig anderen Standpunkt aus betrachten.

Unsere Kinder waren hingegen fasziniert von dem, was sie sahen, und fanden es ganz und gar nicht abstoßend! In manchen Teilen Indiens gibt es so wenig zu essen, daß Tiere extrem grausam behandelt werden, da das Futter, das normalerweise die Tiere fressen würden, den Menschen als Nahrung dienen könnte. Hunde werden getreten und geschlagen, wann immer sie jemandem über den Weg laufen. Wir kamen in eine Gegend, in der sämtliche Hunde ganz unvorstellbar elend aussahen; allesamt waren sie krank, man konnte jede Rippe sehen ... Die Erwachsenen hatten nichts Besseres zu tun, als zu jammern: „Oh, der arme Hund!" Als sie einen verhungernden Welpen die Straße entlang wanken sahen, waren die Erwachsenen entsetzt. Doch für die Kinder hatte dieser Anblick eine eigene Faszination: „Muß der Hund sterben? Wann wird er sterben und können wir dabei zuschauen?" Unglaubliche Unschuld. Viele Male mußten wir die Erwachsenen ermahnen, daß sie ihren Kindern eine eigene Meinung zubilligen und sie das Leben so sehen lassen, wie es ist, ohne ihnen die eigene, neurotisch konditionierte und voreingenommene Sichtweise der Erwachsenen aufzuzwingen.

Kinder haben nicht dieselbe Angst vor dem Tod, wie Erwachsene sie haben. Vier- oder fünfjährige Kinder fragen manchmal: „Wann werde ich sterben?“ Für sie ist alles ganz einfach. Wenn man sich jedoch einen vierzigjährigen Erwachsenen anschaut, dann sagt alles an ihm: „Ich werde älter. Ich habe Angst vor Schmerzen, vor einem Zusammenbruch, vor dem Unbekannten und dem Tod. Nein, nein, bloß nicht!“ Erwachsene haben angesichts des Todes diese enorme Verneinungshaltung und diese riesengroße Angst, die Kinder nicht haben.

In Benares, einer heiligen Stadt in Indien, wohin die Menschen kommen, um zu sterben, gibt es den ganzen Fluß entlang große Verbrennungsstätten. Holz wird aufgetürmt, der tote Körper wird darauf gelegt, und dann wird noch mehr Holz auf der Leiche aufgetürmt. Dann kommt Butterfett darauf, damit es richtig heiß brennt, und anschließend wird das Feuer angezündet. Manchmal sind die Leichen nicht richtig ordentlich zusammengeschnürt, und selbst wenn der Körper zusammengebunden war, kann es sein, daß die Seile verbrennen, sobald das Feuer auflodert, und auf einmal ein Arm oder ein Bein aus dem Scheiterhaufen zum Vorschein kommt. Die Kinder fanden das großartig: „Mensch, schaut euch das an!“ Die Erwachsenen haben statt dessen eher den Blick abgewendet und sagten „iiiiih“, in dem Gefühl, daß das alles sehr seltsam, ja entsetzlich war. Doch die Kinder wollten bleiben und zuschauen.

Bei den Indern ist es Sitte, daß sie den Schädel des brennenden Körpers zu einem bestimmten Zeitpunkt zerschmettern, damit er nicht explodiert. (Das Gehirn kocht! Wie eine Konservendose zu einem bestimmten Zeitpunkt explodiert, wenn man sie in den Backofen stellt und der Inhalt zum Kochen kommt, so ist es auch beim Schädel.) Wenn man den Schädel nicht zertrümmert, dann macht es BUMM! Die Kinder standen wartend dabei und schauten zu: „Wann machen sie denn nun den Schädel kaputt?“ Einige Erwachsene mußten wirklich achtgeben, ihre Kinder nicht dahingehend zu konditionieren, daß es sich dabei um etwas Häßliches, Schreckliches, Unheimliches oder Falsches handelt, und ihnen statt dessen zu erlauben, sich eine eigene Meinung zu bilden.

Ein Weg, auf dem die Kinder unserer Gemeinschaft etwas über den Tod lernen, ist der Komposthaufen. Vor ein paar Jahren begannen einige Kinder sich für den Komposthaufen zu interessieren, nachdem sie Kürbisse ausgehöhlt und Laternen daraus gebastelt hatten. Die Kürbisse waren „am Leben“, als die Kinder sie aushöhlten, doch dann sahen sie, wie die Kürbisse auf den Komposthaufen kamen, und konnten beobachten, wie sie im Laufe einiger Wochen zerfielen. Das war für die Kinder einfach ehrfurchterregend und unglaublich. Es war mit das Erstaunlichste, was sie je gesehen hatten – Geburt, Zerfall und Tod innerhalb von zwei Wochen!

Es ist auch sinnvoll, daß Kinder eine Vorstellung von Kontinuität bekommen, und darum sollten sich Eltern keine allzu großen Sorgen machen, wenn zum Beispiel der Goldfisch oder Wellensittich ihres Kindes stirbt. Kinder sind häufig eher neugierig als verzweifelt. Wenn wir ihnen einen neuen Goldfisch oder Wellensittich kaufen, sind sie vollkommen glücklich Wir vermitteln Kindern eine Vorstellung von Kontinuität durch *unsere* Reaktionen: Das Leben geht immer weiter, und aus einer Lebensform wird eine andere. Der tote Goldfisch, den wir im Garten begraben haben, wird zu einem Teil des Rosenstrauches – oder der Zucchinipflanze.

Kontakt mit unterschiedlichen Lebenserscheinungen

Wer Kinder großzieht, sollte sie mit möglichst vielen Lebenserscheinungen in Kontakt bringen, damit sie beim Heranwachsen nicht auf ein oder zwei sehr eng begrenzte Erfahrungen beschränkt bleiben. Das ist das wirklich Fiktive bzw. Erfundene an den Tarzangeschichten. Ich nehme an, daß es theoretisch möglich wäre, aber praktisch gesehen würde jemand, der in einer solchen Umgebung aufgewachsen ist, wahrscheinlich nicht die Flexibilität haben, die Tarzan besaß. Ein solcher Mensch wäre wahrscheinlich nicht sehr anpassungsfähig, und schon gar nicht so schnell, mit so geringen Schwierigkeiten.

Auf unserer Reise durch Indien haben wir in einem kleinen Ashram gewohnt, dem ein Waisenhaus für Mädchen und eine Schule angegliedert waren. Eines der Mädchen, das zu jenem Zeitpunkt dreizehn Jahre alt war, hatte man bei einem Rudel wilder Hunde gefunden. Es ging auf allen vieren, aß, bellte und verrichtete sein Geschäft wie ein Hund. Man hatte das Mädchen im Alter von ungefähr acht Jahren entdeckt, und nach fünf Jahren in jenem Waisenhaus bzw. der Schule hatte es noch immer nicht richtig sprechen und sich wie ein Mensch benehmen gelernt. Und obwohl es ein äußerst fröhliches, aufgewecktes und interessiertes Mädchen war, unterschied es sich doch deutlich von allen anderen Kindern dort und gab sich auch keine besondere Mühe, sich an die menschliche Gesellschaft zu gewöhnen. Es überlebte vielmehr mit einem Minimum an Anstrengung. Die wilden Hunde hatten in seinen Augen höchstwahrscheinlich eine klügere Lebensweise.

Es gibt einige Kinder, bei denen Ähnliches der Fall ist. Sie wachsen in einem Umfeld auf, das so isoliert ist, daß sie nur ein oder zwei Lebensäußerungen kennenlernen – sie lernen zum Beispiel nur einen bestimmten Tonfall kennen. Wenn sie bei zornigen Eltern leben, ist alles, was sie jemals zu hören bekommen, dieser zornige Tonfall; alles, was sie jemals sehen oder hören, ist dieser manifestierte Zorn. Wenn sie lange genug in einem solchen Umfeld bleiben, lernen sie vielleicht ihr ganzes Leben nichts anderes kennen. Die Lernfähigkeit kann sich zurückbilden, wenn sie nicht genutzt, erweitert und gefordert wird. Wenn solche Kinder größer werden, ist für sie selbst das Erlernen einer anderen Art zu sprechen unerträglich schwer.

Bei Motivationstrainings wie den Dale-Carnegie-Kursen tauchen von Zeit zu Zeit immer wieder Teilnehmer auf, die nur eine Form der Kommunikation kennen. Es ist höchst unwahrscheinlich, daß es jemand schafft, ein solches Muster zu verändern. Manche Menschen erkennen, wie begrenzt ihre einzige Ausdrucksweise ist, und brechen einfach zusammen und weinen, weil sie nicht aus diesem Muster heraus können. Andere Menschen lernen nur eine emotionale Reaktionsweise kennen und erleben einen ähnlichen Konflikt.

Von Harry Chapin gibt es ein Lied mit dem Titel „Bummer"[b], das von einem kleinen schwarzen Jungen handelt, der im Ghetto aufgewachsen ist. Die erste Zeile lautet, frei übersetzt: „Wann immer er weinte, bekam er eine Faust ins Gesicht, und so lernte er, seine Gefühle nicht zu zeigen." Jener Junge kannte nur eine Ausdrucksweise. In der Grundschule war er ein Schläger, in den späteren Klassen handelte er mit Drogen, und mit sechzehn kam er ins Gefängnis, wo sie „aus dem Junkie einen Hasser machten." Als er zur Armee ging und nach Vietnam kam, machte er sich großartig. Sie gaben ihm einen Panzer, und er fuhr einfach durch die Gegend und brachte Menschen um. Das war seine Lebensäußerung. Keine Emotion außer Wut und Rage, und diese nutzte er zum Vorteil der Truppen. Zu guter Letzt war er zusammen mit ein paar anderen Jungs in einer Panzertruppe und geriet mit ihnen in einen Hinterhalt. Er machte alle nieder. Die Männer, die nach ihm kamen, fanden nichts als Leichen, nur er lebte noch. Er lag in seinem eigenen Blut mit einem Lächeln im Gesicht (das erste Lächeln seines ganzen Lebens), da er alles getan hatte, um seine Freunde zu retten. Seiner Überzeugung nach war Töten, Gewalt, das einzige, was er wirklich konnte, und in diesem Falle war es von Nutzen. Er hätte damit Menschenleben retten können. Im weiteren Verlauf der Geschichte heißt es, daß das zweite Lächeln seines Lebens auf seinem Gesicht lag, als er bei einem Raubüberfall auf ein Geschäft getötet wurde. Er starb mit seiner Tapferkeitsmedaille in der Faust. Ein berührendes Lied. Harry Chapin war ein wirklich brillanter Balladensänger; einer der besten unserer Zeit.

Manche Kinder lernen also nur einen emotionalen Ausdruck kennen, und es ist sehr schwierig für sie, innerhalb solch enger Grenzen glücklich mit ihrem Leben zu sein. Es ist, als wären sie in einem unvergitterten Gefängnis, aber dennoch nicht in der Lage, aus ihrem Gefängnis auszubrechen. Je mehr Lebensäußerungen man hat, auf die man zurückgreifen kann, desto besser. Zum Beispiel könnte man ein Kind mit klassischer Musik verschiedener Komponisten vertraut machen, mit Rock'n Roll, Jazz, Blues, Opernmusik, Folk- und Live-Konzerten, mit Aufnahmen von akustischer, elektronischer Musik etc.; man könnte ein Kind auch mexikanische, italienische, französische und indische Gerichte probieren lassen usw. oder es mit Künstlern, Mechanikern, Krankenschwestern, Verkäufern usw. zusammenbringen ...

Kinder sollten so aufwachsen, daß mediale (supranormale, metaphysische oder parapsychologische) Fähigkeiten oder die Vorstellung von einem Leben nach dem Tode sie nicht schockieren. Sie sollten das Normale und Natürliche an ungewöhnlichen oder magischen Ereignissen jeder Art spüren. Wie schon gesagt, sollten diese Dinge für Kinder selbstverständlich sein, da sie real und sogar alltäglich sind, sofern wir selbst offen dafür sind, diese Dinge zu sehen und auch mit ihnen zu experimentieren. So ist es zum Beispiel oft interessant, mit Kindern über Menschen wie Satya Sai Baba, Uri Geller, Swami Rama oder Swami Premananda[5] zu sprechen. Kinder fragen dann: „Wie haben sie denn aus der Luft diese Sachen gemacht? Wie machen sie das? Kann ich das auch?" Ich persönlich würde nicht versuchen, einem dreijährigen Kind zu erklären, daß „alles Energie ist" und $E = mc^2$. Ich sage einfach: „Ich weiß nicht genau, wie sie das machen, aber ich habe es gesehen; es ist wirklich wahr; und findest du es nicht auch erstaunlich?" Ich möchte Kinder mit der Vielzahl von Erscheinungen auf dieser Welt vertraut machen.

Manche Kinder scheinen nur eine Ausdrucksmöglichkeit zu besitzen, sind beispielsweise sehr still und reserviert, doch wenn man sie bei einem Theaterstück mitspielen läßt, dann heißt es auf einmal: „Mein Gott, ich wußte gar nicht, daß das Kind zu so etwas in der Lage ist!" Kinder werden auf einmal total gesellig und gehen ganz aus sich heraus. Manchmal lernen Kinder etwas, wenn sie ein Jahr alt sind, und zeigen es nicht, bevor nicht genau der richtige Moment gekommen ist, in dem sie das Bedürfnis haben, das Gelernte zu zeigen. (Das ist der Beweis dafür, daß die Dinge, die wir lernen, solange wir klein sind, „drin" sind.) In bestimmten Situationen, bei denen gewisse Dinge erforderlich sind, werden wir erkennen, wie unglaublich geschickt und brillant Kinder sind. Doch wir müssen sie das auch *sein lassen* und dürfen sie nicht dermaßen unterdrücken (oder eingrenzen), daß sie so verunsichert oder verängstigt sind, daß sie gar nichts mehr tun. Genauso wenig sollten wir sie so sehr „striezen", daß wir von ihnen verlangen, in vielen Bereichen über ihre natürlichen Neigungen hinaus Höchstleistungen zu erbringen und auf Befehl glänzen zu können.

Unsere Rolle als Erwachsene besteht in diesem Tanz zum einen darin, daß wir all die Dinge, die wir in den „Schrank" oder auf den „Speicher" unserer Psyche verbannt haben, wieder herausholen; Dinge, die unheimlich ausdrucksfähige und wertvolle Aspekte unseres Wesens sind. Der andere Teil dieses Tanzes liegt für uns darin, all jene potentiellen Aspekte unseres Wesens zu trainieren, die wir als Kinder weggeschlossen haben.

Die Gefahr, Kinder zu eng zu definieren

Kinder sind Reisende, Forscher und Abenteurer. Sie leben gleichzeitig in vielen verschiedenen Realitäten und Sphären. Für den abgestumpften und konditionierten Durchschnittserwachsenen gibt es nur eine Dimension, und jeder berechenbare, mechanische Mensch lebt darin. Diese Dimension wird von Glaubenssystemen begrenzt, die in der Regel willkürlich sind und ganz eindeutig durch die Illusionen, falschen Auffassungen und Projektionen definiert werden, die wir aufgrund der psychischen Schlußfolgerungen aus unseren Kindheitserfahrungen als die allein selig machende Wahrheit angenommen haben. Für ein Kind, das mit seinen Phantasiewelten in Verbindung steht, ist jeder Moment der Wahrnehmung nur eine Wegkreuzung, an der es eine gewisse Zeit haltmacht, um dann im nächsten Moment bereits an einen anderen Ort zu gehen.

Kinder funktionieren in vielen Realitäten, und daß sie in vielen Realitäten funktionieren, ist ihnen *nicht* auf der Verstandesebene bewußt, auf der wir hier dieses Thema besprechen. Sie versuchen einfach so zu sein wie wir; sie versuchen dieses Etwas, das man Leben nennt, zu „kapieren"; sie versuchen alles zu verstehen, und sie sind überall. Es ist wirklich hilfreich, wenn man dies von Kindern weiß und ihnen volle Entdeckungsfreiheit einräumt. Man sollte sie einfach lassen, ja sogar dazu ermutigen, nicht nur die weiten und komplexen Dimensionen der Psychologie zu erforschen, sondern auch die tiefgründigen und abstrakten Feinheiten der parapsychologischen Dimensionen, was alle Kinder tun und auch weiter tun werden, sofern ihnen nicht die Konditionierung aufgedrückt wird, daß diese „alternativen“ Realitäten unheimlich, erschreckend, schaurig oder „böse“ sind.

Ich möchte ein praktisches Beispiel nennen, wie Kinder von Erwachsenen eingegrenzt und beschränkt werden. Wenn ein kleines Kind aufschaut und lächelt, wird ein Erwachsener als erstes sagen: „Ja, das ist lustig, nicht wahr?“, da Erwachsene einerseits zu wissen glauben, was in einem Kind vorgeht, und andererseits denken: „Warum sonst sollte ein Kind wohl lächeln, wenn es nichts Lustiges gibt?“ Für ein Kleinkind muß ein Lächeln aber nicht unbedingt eine Reaktion auf etwas Lustiges sein. Genauso wenig wie ein Lachen. Wenn kleine Kinder lachen, dann nicht, weil irgend etwas lustig ist, sondern weil sie fröhlich, voller Freude sind. Freie Freude erzeugt Lachen.

Kleinkinder haben nicht einmal eine Vorstellung davon, was „lustig“ bedeutet. Sie leben nicht in einem Subjekt-Objekt-Bewußtsein, in dem es Dinge gibt, die von ihnen getrennt sind, so daß sie darüber lachen können. Kinder haben alles in sich, und ihr Lachen ist die pure Freude an diesem Zustand. Ich meine das *wirklich*! Nichts ist jemals lustig im herkömmlichen Sinne dieses Begriffes. Wie könnte irgend etwas lustig sein, wenn es keine Dualität gibt? Wie können wir als Erwachsene *über* etwas lachen, selbst wenn es ein unschuldiges Lachen ist? Das können wir nicht. Lachen können wir nur im Zustand der Unschuld, Freude und Wonne bzw. als die Unschuld, Freude und Wonne selbst. Doch in unserer Illusion stellen wir uns vor, daß wir über etwas oder jemanden lachen, das bzw. der von uns getrennt ist.

Von klein an erzählen wir unseren Kindern oder bringen ihnen bei, daß es bestimmte sehr eng begrenzte Gesetze gibt und daß die Realität auf diese Art und Weise zu interpretieren ist, wie zum Beispiel: Wenn jemand lacht, lacht er über etwas, das außerhalb von ihm ist; etwas hat diesen Menschen zum Lachen gebracht; etwas erscheint ihm lustig. Wenn ein Kind zu weinen oder zu quengeln beginnt, teilen wir ihm durch all unsere Formulierungen mit, wie *unsere* Regeln lauten – was wir von ihm annehmen: „Oh, ist da etwas, was du nicht magst? Magst du das etwa nicht?“ oder „Oh, du fühlst dich bestimmt nicht wohl!“ Vielleicht fühlt sich das Kind überhaupt nicht unwohl. Vielleicht hat es irgendwie Verbindung zu der Tatsache aufgenommen, daß in Indien gerade fünfhundert Menschen bei Unruhen zwischen Hindus und Moslems ums Leben gekommen sind. Wir haben *keine Ahnung*, was in kleinen Kindern vorgeht! Ein Kind könnte wegen einer Sache weinen, die am anderen Ende der Galaxie vor sich geht; doch wir haben nichts Besseres zu tun, als immer nur zu definieren und zu definieren und durch diese Definitionen einzuschränken.

Am besten ist es, überhaupt nichts zu definieren. Kinder brauchen unsere Definitionen nicht. Kinder sind cleverer als wir. Wenn unser Wahrnehmungsmechanismus in der Lage wäre, Informationen genauso aufzusaugen, wie die Wahrnehmungsorgane von Kindern Informationen aufnehmen, dann hätten wir einen Intelligenzquotienten von 2075 (und einige Leute glauben, daß jeder von uns bis zum Jahr 2075 einen Intelligenzquotienten von 2075 haben wird; ich für meinen Teil habe daran jedoch ernsthafte Zweifel, und das ist noch eine sehr diplomatische Art der Formulierung).

In welchem Maße auch immer, Kinder kommen mit „etwas" in diese Welt, das bereits intakt ist – mit einem bestimmten Potential, gewissen essentiellen Eigenschaften, welche über die rein genetischen, vererbten Merkmale hinausgehen. Dies ist ein so subtiles Thema. Solange wir als Erwachsene keine wirklich perfekte Reife erlangt haben (und wer hat das schon?), machen unsere Überzeugungen es uns ziemlich schwer, die Beziehung zu unserem Kind nicht in irgendeiner Art und Weise zu beeinflussen. Selbst durch positive Beeinflussung kann ein Kind im vollen Ausdruck seiner karmischen und energetischen Bestimmung geschwächt oder „verkrampft" werden.

Wir haben zu große Erwartungen bzw. projizieren zu viel auf *„unser* Kind". In diesem Zusammenhang sollte man sich zum Beispiel nicht lang und breit darüber auslassen, wem ein Kind nun ähnlich sieht, z.B.: „Mensch, ist das nicht unglaublich? Es ist seiner Mama, seinem Papa ja wie aus dem Gesicht geschnitten." Wenn wir solche Worte in Gegenwart eines Kindes äußern, programmieren wir es auch darauf, so zu werden wie dieser Mensch, statt es selbst zu sein. Das unterbewußte Wahrnehmungssystem eines Babys oder Kleinkindes nimmt ausgesprochene und indirekte Andeutungen auf. Je mehr Energie ein Erwachsener in diese Ansichten hineingibt (je mehr Gewicht er darauf legt), desto stärker wird ein Kind sie verinnerlichen und mit dem Heranwachsen seinem Herzen, seinem Körper und seinem Geist einverleiben.

Wenn ein Kind seiner Mutter oder seinem Vater ähnlich sieht, kann dies jeder sehen. Selbst Neugeborene haben gewisse Züge, die eindeutig dem einen oder anderen Elternteil gleichen. Wozu das Offensichtliche aussprechen? Warum sich lang und breit über das Offensichtliche auslassen, es dramatisieren, darüber reden, es von allen Seiten betrachten oder darüber Witze machen? „Oh, der Kleine sieht seinem Vater ja so ähnlich, ich frage mich, ob aus ihm wohl auch ein Künstler wird ..., ob er wohl auch so sprachbegabt ist?" Das Leben wäre wesentlich klarer, wenn wir es einfach dabei belassen würden, „daß das Offensichtliche offensichtlich ist" (um dadurch das Selbstbild des Kindes nicht zu beeinflussen), ohne große Vorträge zu halten und Dinge auf ein Kind zu projizieren, die es in sich einschließt. Ohne diese Projektionen werden wir wahrscheinlich eine wesentlich spontanere und unschuldigere Beziehung zu unserem Kind haben. Außerdem wird es freier sein, in sein eigenes wahres Selbst hineinzuwachsen, anstatt in das, wovon es glaubt, daß es von ihm erwartet wird.

Bereits lange bevor ein Kind das erste Lebensjahr vollendet hat, lassen sich bestimmte Begabungen und Neigungen erkennen – zur Musik, zur Mathematik oder zur Kunst –, ganz abgesehen von der Freude, die jedes Kind an Geräuschen, Farben und Entdeckungen hat. Zweifellos haben wir es in der Hand, Kindern die entsprechenden Mittel und Wege bereitzustellen und ihnen Gelegenheiten zum Lernen zu geben. Wenn sie diese Gelegenheiten nutzen wollen, können wir ihnen jede nur erdenkliche Chance bieten, diese Einflüsse aufzunehmen, doch wir brauchen das Ganze nicht auch noch mit einer Menge eigener schulmeisterlicher Projektionen zu krönen. Man sollte das alles so einfach wie möglich halten.

Eltern erzählen mit Begeisterung Geschichten von ihrem „kleinen Schatz", und das kann ich gut verstehen. „Oh, meine Tochter hat etwas so Niedliches getan, das muß ich Ihnen einfach erzählen …" Oder: „Wissen Sie, was mein Kind gesagt hat?" und dergleichen mehr. Wir erzählen diese endlosen, entzückenden, kleinen Episoden, weil wir unsere Kinder lieben und ihre Lernerfahrungen, ihre Offenheit, ihre Unschuld und ihre Freude so rührend sind. Doch wenn wir einer ganzen Gruppe von Leuten auf einer Party erzählen, was unser Kind getan hat, verflechten sich all diese Menschen und ihre Energien enger mit dem Leben dieses Kindes. Jedesmal, wenn ein Mensch, dem wir etwas über unser Kind erzählt haben, in die Aura des Kindes kommt, beeinflußt seine Erinnerung an das, was das Kind getan hat, das Leben dieses Kindes, und zwar in Form der Erwartungen und Projektionen usw., die dieser Erwachsene hat. (Ja, diese Einflüsse sind fast immer energetischer, nicht materieller Natur und für gewöhnlich äußerst subtil, doch sie haben eine Wirkung, die für den rationalen Beobachter in der Regel unsichtbar, trotzdem aber vorhanden ist.) Einige dieser Prinzipien mögen dem Durchschnittserwachsenen weit hergeholt oder übermäßig subjektiv erscheinen. Doch Kinder leben in vielen feinstofflichen Welten, nicht nur in der grobstofflichen Welt der fünf Sinne. Es zahlt sich aus, diese Tatsache als Realität anzuerkennen. Je weniger unsere Kinder durch die Meinungen, Vermutungen und Vorstellungen anderer Menschen definiert werden, desto besser werden sie dran sein.

Wir brauchen für Kinder keine Definitionen festzulegen, alles, was wir zu tun haben, ist, ihnen zu dienen und auf ihre tatsächlichen Bedürfnisse einzugehen, anstatt auf Bedürfnisse, die wir auf sie projiziert haben, sowie sie vor Verletzungen zu bewahren. Das ist wirklich alles, was wir zu tun haben – aufpassen, daß sie nicht ins Feuer hineinstolpern oder sich einen Topf mit kochendem Wasser über den Kopf gießen oder im vierten Stock aus dem Fenster stürzen. Das Beste, was wir für Kinder tun können, ist, für ihre Sicherheit zu sorgen.

Kinder brauchen angemessene Grenzen. Wenn wir einem Kind die Regeln nennen, beispielsweise: „Feuer ist heiß!" oder „Es ist gefährlich, vor ein Auto zu laufen!", dann definieren wir es dadurch nicht. Wenn wir einem Kind gutes Benehmen beibringen, dann definieren wir es ebenfalls nicht. Eine „Definition" wäre: „Du bist aber niedlich!", „Hören Sie doch nur, wie gescheit die Kleine ist!", „Schauen Sie sich dieses Näschen an! Oder: „Jedesmal, wenn Musik gespielt wird, fängt sie an zu tanzen …" Durch solche Sätze werden Kinder auf eine bestimmte Betrachtungs- oder Handlungsweise bzw. auf bestimmte Parameter festgelegt. „Definieren" bedeutet, Kindern unsere subjektiven und persönlichen Inhalte für ihr Leben zu geben. Wir sollten willens sein, den Kontext für das Leben unserer Kinder bereitzustellen und aufrechtzuerhalten, den Inhalt jedoch ganz von selbst im Laufe der Ereignisse entstehen zu lassen[6].

Uns allen sind Beschränkungen auferlegt worden. In manchen Fällen sind die Begrenzungen offensichtlich. Da gibt es den Fall einer Frau, deren Mutter schon bei ihrer Geburt von oben bis unten das Wort „PIANISTIN" auf ihrer Tochter stehen sah. Diese Frau ist sprichwörtlich von Geburt an mit dem Klavier vor der Nase groß geworden, und ich bin sicher, ihre Mutter hat allen Menschen erzählt: „Sie wird die *Beste* sein. Sie wird die Beste sein." Nun ja, sie ist die Beste. Bereits im Alter von sieben Jahren ging das Mädchen auf Konzertreisen, und in Wien hat es Unterricht beim namhaftesten Lehrer Europas bekommen, um seiner Ausbildung den letzten Schliff zu geben. Doch selbst im positiven Sinne führt diese Art der Definition zu einer Kristallisierung der psychischen Struktur eines Menschen und nährt andere Bereiche, in denen eine solche Kristallisierung wertlos ist. Diese Frau sagt heute von sich selbst, daß sie sich im Grunde viel eher als Violinistin fühlt und sich eigentlich mehr zum Tanz als zur Musik hingezogen fühlt. Trotzdem ist sie Pianistin! Somit stellt sich die Frage, ob ein Mensch, der in einem bestimmten Bereich wirklich außergewöhnlich gut ist, seine Bestimmung vielleicht auf irgendeine andere Art und Weise besser erfüllen könnte. Das *ist* die Frage und das Thema. Ich gehe davon aus, daß wir angeborene Neigungen haben, und wenn wir diesen Neigungen voll und ganz nachgehen können (statt uns Fähigkeiten aufzwingen zu lassen), ist es optimal.

Ich bin sicher, so mancher Leser wurde von seinen Eltern mit einem Kosenamen gerufen, als er klein war, und seinen Großeltern hat man Geschichten über ihn erzählt: „Stellt euch vor, sie pupst immer in ihre Unterhose!“ Und Sie sind mit dieser Definition aufgewachsen. Während Ihres ganzen Erwachsenenlebens ist Ihnen diese Definition geblieben, wie subtil (vielleicht auch weniger subtil!) so etwas bei einem Erwachsenen auch in Erscheinung treten mag. „Oh je, im Winter friert er immer.“ „Immer!“ Dabei handelt es sich nicht nur um eine oberflächliche Konditionierung, es ist eine totale psychosomatische Konditionierung, und eine sehr effektive noch dazu. Sie wurden dadurch in ein Verhaltensmuster gezwängt, das eng, begrenzt und in der Regel sehr schwer zu verändern ist.

Diese gewohnheitsmäßigen, mechanischen, gedankenlosen und unbewußten Begrenzungen müssen für immer geknackt werden. Nicht einfach in eine neue Beschränkung umgewandelt, sondern komplett verändert werden, damit wir uns nach Bedarf mit mehr Behendigkeit von einer Lebensäußerung zur nächsten bewegen können – vom genialen Redner zu einem Menschen, dem „die Worte fehlen“, vom brillanten Künstler zum ganz normalen Durchschnittsmenschen.

Wir *brauchen* unsere erlernten und gewohnheitsmäßigen Definitionen und Beschränkungen *nicht* an unsere Kinder weiterzugeben. Wenn wir hart arbeiten und Integrität und Verantwortungsbewußtsein besitzen, dann werden auch unsere Kinder verantwortungsvoll sein; und zwar nicht als eine Kopie von uns, sondern als sie selbst. Wenn wir nicht verantwortungsvoll sind, dann können wir sie zwar *dazu bringen*, wie verantwortungsvolle Menschen zu handeln, indem wir sie zwingen, das Geschirr zu spülen und dergleichen, doch das heißt noch lange nicht, daß sie auch verantwortungsvoll *sind*. Sie werden erwachsen werden und jemanden heiraten, der ihnen all diese Dinge abnimmt. Einige von uns, die hart arbeitende und liberale Eltern hatten, werden sich noch genau daran erinnern können, daß wir rebelliert haben, faul waren und in der Schulzeit und auf der Universität all das getan haben, was wir nicht lassen konnten – daß wir in einem Schweinestall lebten und mit allem ins Bett gingen, was sich bewegte (oder was immer wir getan haben), doch als wir dann eine eigene Wohnung und eine feste Beziehung hatten, wurden wir so verantwortungsbewußt wie unsere Eltern.

Verantwortungsbewußtsein bringen wir unseren Kindern nicht dadurch bei, daß wir ihnen die Gesetze unseres Landes erklären. Wir zeigen ihnen Integrität, und sie werden darin eingebunden. Wenn wir ihnen Zuverlässigkeit und Verantwortungsbewußtsein nicht durch unser Handeln vorleben, werden sie zwar bis zu einem gewissen Grad etwas davon mitbekommen, soweit es ihnen im gegebenen Moment angebracht erscheint, doch es ist nicht sehr wahrscheinlich, daß sie es wirklich annehmen.

Wenn man als Erwachsener einem Kind helfen möchte, das bereits kristallisiert ist (d. h. in einer offensichtlich begrenzten und einschränkenden, von anderen Erwachsenen konditionierten Definition festgefahren ist), so gilt als allgemeine Regel, daß man einem solchen Kind ein möglichst breites und tiefes Spektrum an Lebenserscheinungen bieten sollte, ohne Gewalt oder Druck auf das Kind auszuüben, sich verändern oder etwas „leisten" zu müssen. Darum ist die Fähigkeit von Kindern, dem Drängen und den Stimmen ihrer Vorstellungskraft, ihrer Neugier und ihres Forschungsdranges zu folgen, eine phantastische Veranlagung, die man fördern sollte. Geben Sie Kindern die Freiheit, ihre eigenen Interessen zu entdecken und diesen Dingen in der schonungslosen, erstaunlichen und profunden Weise nachzugehen, die Kindern eigen ist.

Kontinuität im Hier und Jetzt

In der organischen Welt – der Tierwelt, der Welt der Psychologie, des Geistes, des Körpers und der Biologie – ist es sehr wichtig, daß Kinder eine gewisse Kontinuität spüren, und die meisten Kinder erkennen intuitiv die Realität dieser Kontinuität. Kinder wollen zum Beispiel oft, daß wir ihnen Geschichten aus unserer eigenen Kindheit erzählen. Sie lieben es auch, uns zu bitten: „Erzähle mir von der Zeit, als ich ein Baby war!" Sie wollen hören, daß sie geliebt wurden, und sie wollen wissen, daß sie wirklich leben. Sie wollen Bilder von sich selbst und ihren Aktivitäten. Diese „physische" Sache ist für viele Kinder sehr wichtig, und sie sind fasziniert davon. Es ist ein Weg, die Realität dieser Inkarnation in einem Körper auf greifbare Weise zu erkennen. Sie wollen wissen, daß sie eine Geschichte haben. Sie wollen ihre eigene Mythologie, die Symbole und Archetypen ihrer Inkarnation kennenlernen. Sie wollen einen Beweis, daß sie in *dieser* Dimension existieren.

Für viele Kinder kann es eine schwierige Aufgabe sein, sich in ihrer neuen Inkarnation tatsächlich einzufinden. Eine Frau sagt zum Beispiel, daß sie bei ihrer Geburt und noch einige Jahre danach völlig desorientiert war. Sie wollte nicht hier auf der Erde sein, in einem menschlichen Körper – es war alles so begrenzt. Sie konnte sich daran erinnern, woher sie kam und daß sie nicht hatte weggehen wollen. (Wenn wir jedoch erst einmal hier sind, müssen wir hierbleiben, wir müssen diese Reise machen, und es gibt kein anderes Vehikel für transformatorisches Wachstum wie dieses. Solange eine andere Welt uns desorientiert, können wir nicht im Hier und Jetzt leben und unsere Aufgabe erfüllen. Das ist eine ziemlich vereinfachte Erklärung, aber im wesentlichen absolut wahr.)

Wir machen in unserer Gemeinschaft mit unseren Kindern allerdings ein ziemlich radikales Experiment, denn bei uns gibt es keine Schuhkartons und Photoalben voller Bilder, die unsere Kinder in jeder erdenklichen Situation zeigen: beim Reiten, wie sie ihre neuen Schuhe anprobieren, mit einem rosafarbenen Schleifchen im Haar oder beim Spielen mit jungen Kätzchen. Statt dessen wollen wir sie ermutigen, darauf zu vertrauen, *hier und jetzt zu sein*. In gewissem Sinne verlangen wir von ihnen, keine andere Geschichte als die Erinnerung zu haben, auf die sie zurückgreifen können (und auf die Erinnerung ist, wie sie als Erwachsene lernen werden, nicht allzuviel Verlaß). Wir arbeiten also daran, daß unsere Kinder *voll und ganz* in der Gegenwart leben, was bedeutet, mit so wenig vorkonditionierten Informationen wie möglich zu leben – ohne jene Daten, die normalerweise ein ganzes Menschenleben lang alles programmieren, auf der Basis der jeweiligen Vorurteile. Unser Geschmack, unsere kulturellen Vorlieben, unsere Beziehungsfähigkeit, das alles kann (positiv oder negativ) von Kindheitsereignissen gefärbt werden, die sich in unserer Umwelt oder unseren Lebensverhältnissen abgespielt haben; worauf es jedoch ankommt, ist, wahrhaftig zu sein und mit den Dingen so umzugehen, wie sie *sind*, und nicht, wozu sie gewisse subjektive Eindrücke der Vergangenheit gemacht haben. Natürlich wird alles irgendwie beeinflußt, ganz gleich, was wir tun, doch der zugrundeliegende Gedanke ist der, daß wir unserem Leben so begegnen, wie es sich entfaltet, unter dem Gesichtspunkt dessen, was jetzt entscheidend ist und nicht, was „damals" wichtig war. Nach weltlichen Maßstäben ist es ungesund, diese ganze Geschichte nicht zu haben.

Was wir machen, kommt der Art und Weise, in der Naturvölker ihre Kinder aufziehen, wesentlich näher – in Verbundenheit mit der Erde. Was den Kindern solcher Völker sagt, daß sie hier sind, das ist ihre Verbindung zur Erde, welche sie in einer Art und Weise spüren, die nicht von ichbezogenen Dingen abhängig ist. Vielmehr entsteht der Bezug zum Dasein durch den Stamm, durch die fortwährenden Rituale des Stammes und seine Beziehung zur Erde. Gewiß haben Stammesvölker tiefe, dunkle Mythen, aber dabei handelt es sich um kosmische, universale oder Stammesmythen, nicht um individuelle oder persönliche Mythen (obwohl es auch eine starke Anerkennung der Familie, des Geschlechtes, der Ahnen gibt). Hier entsteht Geschichte aus einem objektiven Kontext heraus und nicht aus subjektiven Vorurteilen.

Was wir tun, indem wir die Zahl der Photos von unseren Kindern begrenzen (ein paar Ausnahmen machen wir schon, es gibt also ab und zu ein paar Bilder), ist ein Experiment – wenngleich es vor der Erfindung der Kamera ohnehin keine Photos gab. Wenn wir diesen Prinzipien folgen, sind unsere Eltern und Geschwister jedoch oft der Meinung, wir würden unseren Kindern einen ernsthaften Schaden zufügen, weil wir ihnen die Befriedigung nehmen, einen greifbaren Beweis ihrer Vergangenheit zu besitzen. Für die Psyche unserer Zeitgenossen mag das, was wir tun, wahrscheinlich recht bizarr sein. Konventionelle Menschen glauben, daß wir unseren Kindern ein Recht verweigern!

Was Photos angeht, so beeinflußt tatsächlich jeder anbetungsvolle Erwachsene, der ein Kind durch ein bestimmtes Bild definiert, dieses Kind. Wenn eine besitzergreifende, neurotische Großmutter ein Photo von ihrer Enkelin macht (und Gott sei Dank für all die normalen, vernünftigen und wunderbar weisen Omas und Opas, Uromas und Uropas, derer es so viele gibt), haben wir denn dann eine Vorstellung davon, welche seelisch-geistige Energiematrix diese Großmutter dem Kind auferlegt? Jeder Mensch, dem diese Großmutter das Photo zeigt, wird energetisch etwas auf das Kind projizieren. Natürlich tut dies, wie bereits erwähnt, ohnehin jeder, da es schon ausreicht, Geschichten über ein Kind zu hören, doch ein Photo bietet den Menschen sozusagen eine genaue „Zielscheibe". Es ist wie eine Art Wetzstein für energetische Projektionen. All dies ist wiederum natürlich sehr subtil im Verhältnis zu allen anderen Formen körperlicher und emotionaler Gewalt, die Eltern und andere Erwachsene oft an Kindern begehen, doch selbst derart subtile Einflüsse – Einflüsse auf der Energieebene – haben ihre Auswirkungen.

Wenn die besagte Großmutter dann das Photo von ihrer Enkeltochter betrachtet und sagt: „Das ist meine Enkelin", gibt es keinerlei Distanz mehr zwischen dieser Großmutter und ihrer Enkelin – diese Verbindung hebt jede Entfernung auf, selbst wenn die Oma in New York und die Enkelin in Kalifornien lebt. Genau darauf basieren auch Fernheilungen. Wenn wir jemandem tatsächlich helfen wollen, wird schon das schwächste Gebet Wirkung zeigen, da die Intensität der Absicht bzw. des Wunsches den stärksten Erfolgsfaktor darstellt. Wenn es uns aber völlig gleichgültig ist, wir es nur aus Pflichtgefühl tun, dann können wir hingegen beten, bis uns der Kopf brummt, ohne daß unser Gebet Wirkung zeigen wird.

Ich persönlich finde es ganz nett, den Großeltern mehr oder weniger alle paar Jahre ein Photo von den Kindern zu schicken, damit sie nicht ganz aus dem Leben der Kinder ausgeschlossen sind. Ich würde das allerdings nur dann tun, wenn die Großeltern nicht in der Nähe der Familie leben und sie ihr Enkelkind nur selten sehen können. Andernfalls würde ich Fotos nicht einmal in dieser Häufigkeit für notwendig halten. Doch das ist meine ganz persönliche Meinung. Ich werde in vielen Kreisen für verrückt gehalten oder zumindest für einen fanatisch fundamentalistischen Kinderrechtler.

Kinder auf Video festzuhalten könnte sogar noch schlimmer sein, als Photos zu machen. Die objektbezogene Faszination und die Neugier, mit der manche Leute ein Kind überschütten können, ist wie eine Form der Verseuchung. Jedes Kind ist von einer bestimmten Atmosphäre umgeben und hat eine Beziehung zu uns als seinen Eltern. Ein Durchschnittsmensch besitzt nicht die Energie, diese zu zerstören, allerdings sind manche Menschen dazu durchaus in der Lage. Wenn sie ihre Energie auf ein bestimmtes Kind ausrichten, wird dadurch die Atmosphäre des kindlichen Entwicklungsprozesses beeinflußt. Das mag zwar für die meisten Menschen kaum wahrnehmbar sein, doch es ist unbestreitbar für jemanden, der für diese Dinge sensibel ist.

In der normalen Welt passiert einem Menschen nicht allzuviel, wenn jemand anders ein Photo von ihm betrachtet und dadurch einen subtilen Einfluß auf ihn ausübt, da die meisten Menschen in einem derart gewohnheitsmäßigen und mechanischen Verhalten so stark verdichtet und verwurzelt sind, daß das „Betrachtetwerden" durch einen anderen Menschen keine Wirkung auf sie hat. Doch auf ein bewußteres und sensibleres Leben hat es durchaus einen Einfluß, da ein solcher Mensch weniger abgeschirmt ist.

* * *

Jedesmal, wenn meine Mutter zu Besuch kommt und sieht, wie meine Kinder groß geworden sind, sagt sie: „Das hast du wirklich gut gemacht", doch sie will kein einziges Wort von dem hören, was ich über Kindererziehung und meine diesbezüglichen Überzeugungen, wie sie auch in diesem Buch dargelegt werden, zu sagen habe. Daher sollte man seine Kinder einfach bewußt erziehen und nicht das Bedürfnis haben, die Zustimmung der Familie oder von Freunden einzuholen. Hier geht es nicht um größtmögliche Beliebtheit. Bei allem, was wir tun, geht es um die Gesundheit, das Glück und das Wohlbefinden unserer Kinder auf allen Ebenen.

5. Kapitel

Genau wie wir: Vorbilder

Jedes Kind sucht nach Vorbildern, nach Helden. Damals, in der sechsten Klasse, war Davy Crockett[a] für mich (und die meisten Jugendlichen meiner Generation) der große Held. Es schien in jenen Tagen kein Kind zu geben, das nicht ständig das Lied „Davy, Davy Crockett, King of the Wild Frontier …“ auf den Lippen hatte. Es war fast schon eine nationale Epidemie, und unser ganzes Bewußtsein drehte sich (von Cola, Hot Dogs, Zuckerstangen und unseren aufkeimenden sexuellen Regungen einmal abgesehen) um den alten Fess Parker[b] (selbst nach vierzig Jahren weiß ich seinen Namen noch).

Wer sind heutzutage unsere Helden? Davy Crockett war kein grausamer oder rachsüchtiger Mensch. Er besaß ein gewisses Ehrgefühl, eine gewisse Integrität, ja sogar eine gewisse Unschuld. Wo aber sind heute unsere Helden, wo unsere Vorbilder? Mama und Papa? Die Frau Mama ist eifrig mit sich selbst beschäftigt, geht nebenbei noch arbeiten, widmet sich ausgiebig ihren künstlerischen Neigungen und versucht den Herrn Papa zu übertreffen. Der Herr Papa macht fleißig Überstunden, damit genug Geld hereinkommt (ich frage mich, wofür?), kämpft mit seinem Selbstverständnis als Mann und regt sich über das herrschende soziale und politische Klima auf.

Als Kind hat man uns in die Kirche, in die Synagoge, ins Gotteshaus geschickt, und unsere Eltern haben uns den Priester, den Pfarrer oder den Rabbi als Vorbild hingestellt. Ein Kind braucht allerdings nicht gerade sehr intelligent zu sein, um hinter äußerliche Fassaden zu blicken. „Das soll unser religiöses Vorbild sein? Unser spirituelles Vorbild? Vergeßt es!“ ist unsere Antwort darauf.

Viele von Ihnen werden wissen, wovon ich spreche. Im Alter von sechs Jahren hat man Sie in die Kirche geschickt, wo Sie vielleicht Heuchelei und unreifes Verhalten zu sehen bekamen. Oder Sie gingen zu jener wirklich heiligen jüdischen Feier in die Synagoge, und da ist Ihnen aufgefallen, daß der von oben bis unten mit Schmuck behängte, teuer gekleidete Rabbi ständig in den Spiegel schaute und mit sämtlichen Frauen im Raum flirtete. Einem Kind entgeht so etwas nicht. Selbst wenn Kinder sich nicht sicher sind, wie sie derartige Dinge verstandesmäßig einordnen sollen, so ist doch ihre gefühlsmäßige Reaktion sehr zutreffend.

Kinder werden sich Vorbilder aussuchen müssen, so viel steht fest. Und oft treffen Eltern diese Entscheidung für ihre kleinen Kinder, indem sie bis zu einem gewissen Grad das Umfeld für ihre Kinder definieren – brutale Filme, völlig geistlose Fernsehshows und möglichst noch brutalere Videospiele. (Psychosekranke Sadisten, die sich verlieben, das Spiel verlieren und in ihrem Herzschmerz ein paar Tränen vergießen, entsprechen irgendwie nicht meiner Vorstellung von einem wertvollen, gesundheitsförderlichen Vorbild für ein leicht zu beeindruckendes Kind.)

Wer sind unsere sozialen und politischen Vorbilder? Männer, die lügen, stehlen, perverse sexuelle Neigungen haben und völlig unzuverlässig sind? Unsere Medien sind derart einseitig orientiert, so sehr auf Verkaufszahlen und Einschaltquoten ausgerichtet, daß uns nur noch Vorbilder bleiben, die für Gier, Egoismus, Eitelkeit, Versuchung und Promiskuität stehen. Wir sind so sehr damit beschäftigt, „unsere Bedürfnisse erfüllt zu bekommen", daß uns nicht einmal mehr bewußt ist, daß es außer uns auch noch andere Menschen gibt (höchstens als Mittel zur Erfüllung unserer Bedürfnisse), geschweige denn, daß wir auf die Idee kommen, anderen wirklich in ihren Bedürfnissen zu dienen.

* * *

Die Grundmuster eines Kindes stehen in der Regel bis zum dritten Lebensjahr fest. Wenn Kinder älter werden, können wir dies ganz klar erkennen – es ist, als wären sie in eine Schule gegangen, wo ihnen beigebracht wurde, sich in einer bestimmten Art und Weise zu verhalten, und dabei haben sie doch nur zweieinhalb Jahre lang mit jemandem zusammengelebt. Wir mögen uns fragen, wieviel ein Kind in ein paar Monaten lernen kann. Zugleich können wir beobachten, wie stark Kinder die Einstellungen der Erwachsenen in ihrem Umfeld von Geburt an in sich aufnehmen. Es ist erstaunlich, wie häufig Kinder im Scheidungsfall immer noch sehr stark demjenigen Elternteil ähnlich sind, der die Familie verlassen hat. Diese Tatsache ist unbestreitbar. Und es sind nicht nur die Gene; es ist der physische Einfluß nach der Geburt.

Kein heranwachsendes Kind will absichtlich alles anders machen als all die Erwachsenen in seinem Umfeld. Kinder *wollen* so sein wie wir. Sie werden demnach so sprechen wie wir, sich so bewegen wie wir und handeln wie wir. Wir brauchen sie nicht ständig zu ermahnen: „Mache das so, mache es auf diese Art." Es reicht, wenn wir ihnen ein gutes Vorbild sind, und sie werden es uns nachtun. Ein Kind kann rechtes menschliches Verhalten instinktiv von krankhaftem bzw. abartigem Verhalten unterscheiden. Wenn die Vorbilder eines Kindes ein rechtes Leben führen, wird das Kind ihr Verhalten nachahmen und normal aufwachsen – es wird seelisch und von seiner Persönlichkeit her stark und im Gleichgewicht sein. Wenn die Vorbilder eines Kindes ein neurotisches, psychotisches oder lasterhaftes Leben führen, wird das Kind ihr Verhalten genauso nachahmen, allerdings wird es in tiefem Schmerz groß werden und unter dem inneren (und in der Regel unbewußten) Konflikt leiden zwischen dem, wovon es instinktiv weiß, daß es richtig ist, und seiner tatsächlichen Lebens- bzw. Verhaltensweise.

Wenn unsere Kinder dann erwachsen werden, werden sie nach Partnern suchen, die ihren früheren Vorbildern ähnlich sind. Wenn wir das Vorbild eines gütigen und liebenswürdigen, verständnisvollen, umsichtigen und rücksichtsvollen Erwachsenen abgegeben haben, dann werden unsere Kinder als Erwachsene danach Ausschau halten. Eine freundliche und umsichtige Erziehung setzt sich im wesentlichen von alleine fort. Unsere Kinder werden in ihrem Leben das weitergeben, was sie von uns gelernt haben. Wenn wir liebenswürdig, umsichtig und verständnisvoll sind, dann werden sie sich auch einen solchen Partner suchen.

Wir können zwar zu unseren Kindern sagen: „Ich möchte einfach, daß du glücklich bist!“, doch wie sollen sie glücklich sein, wenn wir ihnen gegenüber gewalttätig sind? Sie werden heranwachsen und in eine Beziehung mit einem Menschen hineingeraten, der zu ihnen ebenfalls gewalttätig ist. Wenn sie in ihrer Kindheit geschlagen wurden, dann werden sie als Erwachsene unbewußt versuchen, ihre Kindheit zu wiederholen; und es ist mehr als wahrscheinlich, daß sie mit jemandem eine Beziehung eingehen werden, der sie schwer mißhandeln wird.

Natürlich wird diese Kette gelegentlich von bewußten Erwachsenen durchbrochen. Charakteristisch für unsere gegenwärtige Gesellschaft sind jedoch jene Menschen, die nicht in der Lage sind, das Muster zu durchbrechen; Menschen, die sogar so weit gehen, ihr Fehlverhalten dadurch zu rechtfertigen, daß sie dem Opfer die Schuld geben; wie etwa jener Dieb, der das Opfer seines Überfalls verklagt, weil er beim Einbruch in dessen Haus die Treppe hinuntergefallen ist oder vom Hauseigentümer verletzt wurde, als dieser den Einbrecher überrascht und überwältigt hat.

Wenn wir wollen, daß unsere Kinder glücklich sind, dann müssen wir sie mit Liebe, Aufmerksamkeit und Umsicht behandeln. Sie werden glücklich sein und Lebenspartner und Arbeitskollegen finden, die ebenso sind – umsichtig, liebevoll und freundlich. Das sagt einem schon der gesunde Menschenverstand, es ist eigentlich völlig logisch und das Grundprinzip des Ganzen.

Wenn wir grausam sind, werden Kinder ebenfalls versuchen, grausam zu sein. Manchmal werden sie dazu nicht einmal in der Lage sein, aber sie werden es versuchen. Wenn wir ständig zornig sind, werden sie auch zornig sein; wenn wir gewalttätig sind, werden sie ebenfalls gewalttätig sein, ganz egal, was wir ihnen sagen. Darum haben wir als Eltern in erster Linie folgende Verantwortung: nicht grausam zu sein, nicht gewalttätig zu sein, unsere Kinder nicht zu beschimpfen und sie nicht zu vernachlässigen. Respektvoll, verantwortungsvoll und zuverlässig zu sein. Alles andere kommt von selbst.

Verteidigungsmechanismen

Es sind entweder unsere automatischen Reaktionen und konditionierten Reflexe oder unsere bewußten Verhaltensweisen, durch die wir als Eltern am stärksten als Vorbild auf unsere Kinder wirken. Wenn Kinder sozusagen „aus ihrem Wesen herausgerissen werden“, wenn sie ihre Unschuld verlieren, dann fangen sie an, Verteidigungsmechanismen gegen die Objektivität zu entwickeln – gegen die Wahrheiten, die in ihnen sind. Jeder von uns hat dies in unterschiedlichem Maße durchgemacht. Ein Verteidigungsmechanismus kam ins Spiel, weil ein Mensch, dem wir vertraut haben, uns indirekt durch sein Verhalten mitgeteilt hat, daß wir uns gegen Klarheit und Wahrheit „verteidigen“ sollen. Menschen, denen wir vertraut haben – Eltern, Lehrer, Geschwister, Onkel, Tanten und so weiter – haben uns indirekt dazu aufgefordert, diese Verteidigungsmechanismen gegen eine Sicht des Lebens, wie es tatsächlich ist, zu entwickeln, und sie haben uns durch ihr bewußtes und unbewußtes Verhalten gezeigt, wie man die Dinge durch eine subjektive Brille hindurch betrachtet. Man hat uns dies nicht unbedingt durch direkte Anweisungen beigebracht, sondern es wurde uns vielmehr durch bestimmte Handlungen vermittelt bzw. dadurch, wie wir behandelt wurden; und wir wußten nicht, daß wir die Wahl hatten, d. h., daß wir nicht zuhören *mußten*. Tatsächlich haben uns diese Vertrauenspersonen jene konditionierenden Anweisungen gegeben, mit denen uns zum ersten Mal die Illusion aufgebürdet wurde, in deren Glauben wir anschließend lebten; und genau diese Anweisungen sorgen noch heute dafür, daß diese Illusion an ihrem Platz bleibt.

Wenn beispielsweise unser Kind nach Hause kommt und sagt: „Morgan hat mich gebissen“ oder „Mickie hat mir einen Fußtritt gegeben“ und wir uns dann entsetzt umdrehen und losschimpfen: „Was? Der kleine Bastard!“, dann reicht das schon. Das ist es – Kinder sehen und hören das, und schon entsteht ein Verteidigungsmechanismus gegen Verständnis, Großzügigkeit und Mitgefühl.

„Randy hat mir gesagt, daß es ganz toll ist, giftige Pflanzen[c] zu essen."

„Was? Wie kann er nur so etwas Dummes sagen! Weißt du, Randy hat einfach *unrecht*." Da hätten wir es also wieder!

Versuchen Sie es statt dessen einmal damit: Wenn Ihr Kind sagt: „Morgan hat mich gebissen!", sagen Sie einfach: „So, hat sie das? Weißt du, die Menschen sind eben manchmal so. Wie fühlt sich das jetzt für dich an?" Es kann sein, daß Ihr Kind dann etwas überrascht dasteht, als ob es sagen wollte: „Hast du denn gar kein Mitleid mit mir?"

Unsere Haltung könnte sein: „Ich fühle mit dir, und du siehst aus, als ob alles in Ordnung wäre. Du blutest nicht. Dir fehlt nichts. Du konntest schließlich auf deinen eigenen zwei Beinen nach Hause laufen, um mir zu erzählen, daß du gebissen worden bist. Mach' es nicht schlimmer, als es wirklich ist."

Gewöhnlich sagen Mütter ihren kleinen Mädchen, daß sie dies und jenes in bezug auf ihr Aussehen tun sollten; wenn eine Mutter zum Beispiel jedesmal völlig übertrieben reagiert, in Begeisterung schwelgt und für die „Niedlichkeit" ihres Kindes überempfänglich ist, nur weil ihre kleine Tochter ein süßes Kleid anzieht, dann lernt dieses Kind dadurch, einen Verteidigungsmechanismus gegen die einfache Freude, ohne jede Eitelkeit und ohne jedes Trara und Tamtam zu entwickeln. Sätze wie: „Ein kleines Mädchen sollte stets rosa Rüschenkleidchen und niemals Hosen tragen, denn in Hosen sieht ein Mädchen aus wie ein Junge", braucht eine solche Mutter gar nicht *auszusprechen*. Wenn eine Mutter immer nur dann in „Oh" und „Ah" ausbricht und Seufzer von sich gibt, wenn ihr Töchterchen ein Kleid anzieht, und wenn dieselbe Mutter dann aber wieder zu ihrem normalen, unaufmerksamen Verhalten zurückkehrt, sobald das Mädchen einfach nur eine Hose und ein T-Shirt trägt, kann dieses Kind gar nicht anders, als daraus zu schließen, daß Äußerlichkeiten wichtiger sind als sein inneres Wesen. Wenn wir solchen Dingen Wert beimessen, trainieren wir die Verteidigungsmechanismen eines Kindes.

Kinder nehmen selbst kleinste Gesten oder Veränderungen im Tonfall und im Gesichtsausdruck wahr, und die Schlüsse, die sie aus dem ziehen, was sie sehen und hören, basieren auf der Logik eines zwei-, vier- oder sechsjährigen Kindes, nicht auf der geschulten, intelligenten, weisen und erfahrenen Logik eines Erwachsenen. Mir hat einmal eine Frau erzählt, daß ihre Mutter ihr nie erlaubt hat, sich die Ohren stechen zu lassen, mit der Begründung, daß kein Mann sie jemals heiraten würde, wenn sie „Löcher in den Ohren" hätte. Diese Schülerin ist jetzt eine erwachsene Frau in mittleren Jahren und hat sich die Ohren noch immer nicht stechen lassen (obwohl sie die Ohrclipse, die sie ständig trägt, als ziemlich unangenehm empfindet). Was macht ein Kind mit solchen völlig subjektiven Informationen und Eindrücken? Es macht sie ein Leben lang zu seiner „Religion".

Kinder nehmen alles wahr, was wir tun, und ich meine wirklich alles! Sie mögen in einem anderen Raum sein, doch solange sie noch unsere Stimme hören oder unsere Körperhaltung sehen können, bekommen sie alle Feinheiten mit. Sie werden ziemlich systematisch trainiert, ob wir ihnen dieses Training zukommen lassen wollen oder nicht.

Ein solcher Verteidigungsmechanismus ist jedoch an sich nicht schlecht. Er kann sich je nach Kontext zu unserem Vorteil oder zu unserem Nachteil auswirken. So ist es beispielsweise möglich, daß ein Erwachsener trotz aller Hemmungen und Verdrängungsmechanismen, die in manchen Bereichen vorhanden sein mögen, eine enge und positive Beziehung zu seinem Kind haben kann. Wenn eine Mutter eine liebevolle Mutter und die Beziehung zu ihrem Kind daher liebevoll ist, kann sie dennoch schreckliche Angst vor Blut oder Spinnen haben oder sich vor Rührei ekeln, das noch nicht ganz gestockt ist. Es kann sich um alles mögliche handeln, vielleicht ist sie nicht in der Lage, sich um den Hund zu kümmern, der von einem Auto angefahren wurde und verletzt im Vorgarten liegt, wo ihm die Eingeweide aus dem Körper quellen. Sie könnte im Haus sein und hysterisch schreien: „John, John, schaffe den Hund da weg, ich kann das nicht ertragen!" Hier könnte es sich um eine Hemmung handeln, die das Kind wahrscheinlich nicht wesentlich bei der Entwicklung positiver Vorstellungen und einer positiven Ego/Selbst-Achse behindern würde, da *bereits* eine positive, liebevolle Beziehung als Kontext bzw. Basis vorhanden ist.

Insgesamt betrachtet, kann eine starke Beziehung normalerweise ein paar Erschütterungen ertragen. Jedoch sollte man sich in Anbetracht der Mechanismen des Entwicklungsprozesses und der Tatsache, daß wir nicht erraten können, wie sich derartige Verhaltensweisen auf ein Kind auswirken, besser an das gute alte Sprichwort halten: „Vorsicht ist die Mutter der Porzellankiste".

Streit in Gegenwart von Kindern vermeiden

Wenn Eltern wütend werden, muß sich das nicht unbedingt verheerend auf das Kind auswirken. Wir brauchen keine „perfekten" Vorbilder in Gegenwart unserer Kinder zu sein und alles zu unterdrücken, was ein wenig negativ sein könnte. Es geht einfach darum, daß wir vollkommen ehrlich zu uns selbst sind und ein Kind niemals für unsere eigenen Probleme verantwortlich machen. Wenn wir ganz und gar liebevoll und zärtlich sind und uns ganz zu unserem Kind bekennen, dann werden elterliche Kabbeleien bei ihm keine traumatischen Schäden hinterlassen, auch wenn es darüber vielleicht nicht allzu glücklich ist. (Es versteht sich von selbst, daß mit elterlichen Zänkereien keine heftigen Auseinandersetzungen auf Biegen und Brechen gemeint sind. Solche Eltern könnten ein Kind gar nicht richtig lieben.)

Falls das Kind bei den Eltern im Bett schläft und die Eltern zu streiten beginnen, nachdem es eingeschlafen ist, wird es dadurch unruhig werden und sofort aufwachen. Wenn Eltern dann zu ihrem Kind sagen: „Es ist nicht wegen dir. Mama und Papa haben eine Meinungsverschiedenheit. Es hat nichts mit dir zu tun. Es geht nicht um dich; wir haben einfach gerade ein Problem und werden eine gute Lösung dafür finden", und falls sie wirklich meinen, was sie sagen, dann wird das Kind gleich wieder in den Schlaf finden und friedlich weiterschlafen, selbst wenn die Eltern anschließend richtig aufeinander losgehen. Kinder möchten sich sicher und aufgehoben in der Liebe ihrer Eltern fühlen und wollen niemals der Grund oder die Quelle für Unstimmigkeiten unter ihren Eltern sein.

Wenn Kinder älter werden, so lautet mein Rat, daß man sich nicht in Gegenwart eines Kindes mit dem Partner streiten sollte, es sei denn, man kann den Streit frei von persönlicher Kritik am anderen halten. Wenn es uns gelingt, eine Auseinandersetzung auf eine Diskussion von Fakten oder Vorlieben zu beschränken, dann ist dies eine Sache, selbst wenn die Stimmen dabei etwas lauter werden und es wirklich heiß her geht. Wenn ein Streit unter Eltern jedoch so weit abgleitet, daß man sich gegenseitig wirklich schlimme Dinge an den Kopf wirft, dann sollten wir das nicht in Gegenwart des Kindes tun. Kinder können nicht verstehen, warum ein geliebter Mensch von einem ebenso geliebten Menschen derart beschimpft wird. Das *muß* zu Konflikten, Krisen und Spaltungen im Kind führen, die stets ungesund und emotional sehr schmerzlich sind. Häufig sind körperliche Gesundheitsprobleme eines Kindes das psychosomatische Ergebnis seines Konfliktes und seiner Verwirrung im Zusammenhang mit der elterlichen Loyalität.

Wenn wir in einer festen Beziehung leben und ein Kind haben, und wenn wir im Verhalten des Partners Dinge erkennen, die unser Kind „verschließen", dann sollten wir all die Verhaltensweisen fördern, in denen der Partner das Kind *nicht* „zumacht", und daran arbeiten, die übrigen Bereiche im Kind *wach* zu halten. (Selbstverständlich würden wir durch unser eigenes Verhalten ebenfalls daran arbeiten, jene Bereiche in unserem

Kind auszugleichen, in denen der Partner Probleme hat, und dem Kind dadurch die Kraft geben, jene vom Partner übernommenen Schwächen zu überwinden.) Mit zunehmendem Alter ist ein Kind dann in der Lage, sich selbst um seine „nicht-wachen" oder „schlafenden" Bereiche zu kümmern. Das sollten wir tun, statt uns ständig mit unserem Partner zu streiten oder mit ihm zu diskutieren. Dann können wir eine wundervolle Beziehung zu unserem Partner und zu unserem Kind haben. Das führt dazu, daß alle Beteiligten gewinnen.

Wie ich bereits gesagt habe, brauchen wir nicht die Rolle des „perfekten" Erwachsenen zu spielen. Man sollte einfach sich selbst und seinem Kind gegenüber ehrlich sein. Wenn wir einen Zusammenbruch haben und in Tränen ausbrechen, können wir einfach sagen: „Jeder Mensch hat gewisse Grenzen, und ich bin gerade an meine Grenzen gekommen, aber das hat nichts mit dir zu tun. Es ist nicht dein Fehler." Das Kind wird einfach „okay" sagen. Solche Worte sind aufrichtig, und ein Kind kann sie akzeptieren, denn Kinder beobachten die Erwachsenen und sehen den Streß und die Belastungen, denen ihre Eltern ausgesetzt sind.

Wir müssen bereit sein, vor den Augen unserer Kinder die Fassung zu verlieren, in Gegenwart eines Kindes zu weinen und in seiner Anwesenheit nicht einmal in der Lage zu sein, einen Nagel richtig in die Wand zu schlagen, gerade auch als Vater eines Sohnes, der glaubt, daß sein Vater alles kann. Wenn wir unsere Verletzlichkeit und Menschlichkeit vor einem Kind zurückhalten, dann opfern wir auch eine enorme Menge an „Nahrung", d. h. an nährenden Gaben, die wir von diesem Kind bekommen würden, und wir würden ihm diese Nahrung ebenfalls vorenthalten.

Beklagen Sie sich nicht bei Ihren Kindern

Nützlich ist es auch, daran zu denken, daß man in Gegenwart von Kindern nicht jammern sollte, etwa in der Art: „Oh, das Leben ist so schrecklich, nichts läuft so, wie ich es mir vorstelle, ich bin ja *soooo* unglücklich." Das ist nichts als Gejammer. Beschweren Sie sich nicht in Gegenwart Ihrer Kinder. Denken Sie immer daran, daß Sie die Eltern des Kindes bzw. der für seine Betreuung zuständige Erwachsene sind. Es ist sehr ungesund für ein Kind, wenn Sie aus psychologischer Sicht zum Kind werden und *dem Kind* die Elternrolle zuweisen – die Rolle des Beichtvaters, desjenigen, von dem Sie Bestätigung, Anerkennung und Unterstützung brauchen. Und verfallen Sie niemals in die schreckliche Angewohnheit, das Kind die Rolle spielen zu lassen, die eigentlich der Partner spielen sollte. Wenn Kinder nach einer Scheidung oder in ähnlichen Situationen bei einem Elternteil aufwachsen, oder selbst wenn die Eltern noch zusammen sind und die Elternrolle aber nur von einem Partner gelebt wird, dann ist das Bedürfnis dieses Elternteils nach einer Partnerschaft, wie sie normalerweise reife Erwachsene verbindet, so verzweifelt groß, daß er unbewußt (manchmal einfach aus Nachlässigkeit und Schwäche heraus, manchmal aufgrund einer schweren Neurose) beginnt, dem Kind diese Rolle oder Position zuzuweisen. Sie werden bestimmt schon einmal eine vierzigjährige Frau gesehen haben, die mit ihrem zwölfjährigen Sohn flirtet. Ein solches Verhalten muß ein Kind ganz einfach in ungesunder Weise beeinflussen, und häufig wird seine Fähigkeit, als Erwachsener gesunde und erfüllende Beziehungen einzugehen, für ein ganzes Leben geschädigt. Eine solche Frau mag vielleicht sagen: „Oh, es ist ja so schwer für mich ohne deinen Papa, und es gibt so viel zu tun. Es ist ja so schwierig, ich weiß gar nicht, was ich ohne die Hilfe meines kleinen Mannes tun würde!“ usw. Das Kind bekommt das Gefühl, daß es in die Elternrolle schlüpfen und sich um seine Mutter kümmern muß; daß es sich um die ganze Familie kümmern muß.

Wenn wir uns in Gegenwart unserer Kinder beklagen, bekommen sie das Gefühl, daß sie sich um uns kümmern müssen. Was immer unser Partner zu tun versäumt, unser Kind wird glauben, daß es diese Dinge tun muß. Wenn ein Kind zum Beispiel seine Mama fragt: „Was ist mit dir?“, weil es sie weinen sieht, und die Mutter dann antwortet: „Papa und ich, wir haben uns gerade gestritten“, dann wird ein Kind immer nachfragen: „Worüber?“ Falls die Mutter dann sagt: „Er arbeitet so viel, daß ich ihn niemals zu sehen bekomme, er hilft mir nie bei der Hausarbeit, und er kommt nie auf die Idee, mir Blumen mitzubringen. Er denkt überhaupt nie an mich, er arbeitet immer so viel ...usw.“; wenn eine Mutter sich in dieser Art und Weise bei ihren Kindern beklagt, dann werden sie entweder anfangen, dem Vater zu grollen, weil er ihr weh tut, oder sie werden versuchen, genau diese Dinge zu tun, die sie sich wünscht, in der Annahme, daß sie dann zufrieden, glücklich und erfüllt sein wird. Ein solches Verhalten ist wirklich rührend, doch es ist die Gespaltenheit nicht wert, die zwangsweise in einem Kind entstehen muß, das hin- und hergerissen wird, wem gegenüber es denn nun loyal sein soll, und das zudem die Rolle eines Elternteils spielt, wo es doch nur Kind sein sollte.

Wenn unser Kind zu uns herkommt und uns umarmt, weil es uns weinen sieht, dann sollten wir es einfach ebenfalls in den Arm nehmen und uns bei ihm bedanken, statt uns bei ihm zu beschweren. Wenn es fragt: „Was hast du denn?“, dann können wir sagen: „Ich bin heute ein wenig traurig, und es ist einfach schön, umarmt zu werden", das reicht und wir können es dabei belassen.

Kinder wählen Mitgefühl

Kinder haben einen wirklichen Sinn für Integrität, für menschliche Integrität. Menschen – ganze und heile Menschen – haben, wenn sie sich selbst überlassen bleiben, eine angeborene Abscheu gegen unmenschliche Handlungen. Jedes normale Kind besitzt diese Abscheu. Doch in den Vereinigten Staaten, wo immer mehr Menschen Kokain (vor allem Crack) nehmen, bringen heutzutage weibliche Drogenabhängige, Alkoholikerinnen, ja sogar nikotin- und koffeinabhängige Frauen Kinder zur Welt, die bereits abhängig sind oder eine Veranlagung zur Abhängigkeit mitbringen. Wir erkennen, daß Kinder, die mit einer Drogenabhängigkeit geboren werden oder bereits in den ersten Lebensjahren durch ihre Eltern Drogen zu sich nehmen, mit abnormalen menschlichen Gefühlen aufwachsen. Keine Gefühle, kein Gewissen; nichts! Das ist ziemlich beängstigend, wenn man darüber nachdenkt. Ein solches Kind könnte seinen Bruder oder seine Schwester töten und nichts dabei empfinden. Wortwörtlich nichts. Keine Reue, einfach nur „na ja" und weiterleben, als wäre nichts geschehen.

Normale Menschen haben einen echten und wahren Sinn für Mitgefühl, eine Abscheu gegen Gewalt und Unmenschlichkeit, gegen Folter, Krieg, Brutalität und Vergewaltigung. Das liegt *in uns*, tief verwurzelt; das ist es, wer wir als Rasse sind, mit der uns angeborenen Möglichkeit, ein bewußtes, mitfühlendes, selbst-reflektierendes Leben zu führen. Darum ist es sehr nützlich, Kinder ihre eigene Meinung entwickeln zu lassen, denn wenn wir ihnen unsere Meinungen mit genügend Nachdruck aufzwingen, dann werden sie gegen diese Meinungen aufbegehren, weil sie mit dem Heranwachsen ein eigenständiger Mensch sein wollen. Dann kann es sein, daß sie Dinge tun, die nicht gerade dem entsprechen, was wir uns für sie wünschen, einfach nur, weil sie gegen die erhaltene Konditionierung aufbegehren. Wenn wir ihnen erlauben, sich eine eigene Meinung zu bilden, dann werden sie zu den Ansichten gelangen, die wir selbst ehren und respektieren. Sie werden anderen Menschen gegenüber nachsichtig sein und wohltätige Dinge für sie tun; sie werden tiefes Mitgefühl für die Lage der Welt empfinden. Wenn wir Kindern diese mitfühlende Menschlichkeit vorleben, so gehört dies zu den besten Impulsen, die ein Lebensumfeld bieten kann, damit Kinder jenes angeborene Mitgefühl in sich selbst spüren und lernen können, wie man es lebt.

Viele vier- oder fünfjährige Kinder haben schon einmal ein Insekt gequält oder getötet oder vielleicht auch eine Maus geärgert, die sie gefangen haben. (Ich kann mir vorstellen, daß selbst Mahatma Gandhi und Albert Schweitzer so etwas getan haben, als sie noch klein waren.) Als Kind habe ich alle möglichen Tiere gehabt, und obwohl alle Menschen mich für ein sehr liebes Kind hielten, habe auch ich meinen Teil geleistet, wenn es darum ging, Fliegen die Flügel auszureißen. Ich weiß nicht warum, aber Kinder tun solche Dinge einfach. Ich vermute, es ist reine Neugier. Ein Erwachsener, der ein solches Verhalten beobachtet, wird leicht versucht sein, dem betreffenden Kind eine bestimmte Meinung aufdrücken zu wollen. Gewiß sollten wir die Fragen von Kindern ehrlich beantworten und ihnen mit Rat und Tat zur Seite stehen, doch wir sollten versuchen, ihnen unsere Meinung nicht mit allzuviel Nachdruck aufzuzwingen. Selbst wenn wir unsere Ansichten für die edelsten, mitfühlendsten und besten Meinungen halten, die ein Mensch jemals haben kann. Wir sollten Kinder uns beobachten und ihre eigenen Schlüsse ziehen lassen.

Ich habe aus der Beobachtung meines Vater gelernt, der eine enorme soziale Integrität besaß. Er war in der Regel freundlich, urteilte nicht und kritisierte nicht. Doch seine politische Ideologie verfolgte er mit Leidenschaft. Während der McCarthy-Ära kam er in den Vereinigten Staaten auf die schwarze Liste. Während der Depression in den dreißiger Jahren schrieb er für die sozialistische Zeitung *Republic.* Als er jedoch älter wurde, gab er seine aktivsten politischen Betätigungen und Engagements auf, doch sein scharfes soziales und politisches Bewußtsein, das auf seiner Liebe zu Würde, Friede, Freundlichkeit und zur Menschheit im allgemeinen beruhte, bewahrte er sich weiterhin. Er hatte immer noch seine Kunst und seine Familie, um die er sich kümmern mußte[1]. Ich lernte aus dem Zusammenleben mit ihm, nicht weil er mir sagte, was ich zu tun und wie ich zu sein hatte. Mir war nicht einmal bewußt, daß ich lernte, doch ich tat es.

Eines seiner Bilder zeigt einen Protestmarsch, bei dem berittene Polizisten auf die protestierenden Menschen einschlagen. Es war ein Selbstportrait, doch man konnte sein Gesicht nicht erkennen, es sei denn, man schaute ganz genau hin. Als ich eines Tages das Bild betrachtete, sagte meine Mutter: „Weißt du, was auf dem Bild zu sehen ist?"

Ich sagte: „Das sind Demonstranten."

Sie sagte: „Das sind wir. Deine Vater hat an einem Protestmarsch teilgenommen, als die Polizei zu Pferde kam und alle Menschen zusammenschlug."

Ich war stumm vor Staunen. „Er?“ Ich hatte bis dahin keine Ahnung davon gehabt.

Meine Eltern hatten hohe soziale und spirituelle Ideale – aber nichts davon wurde mir mit Gewalt eingeflößt. Man erlaubte mir, das Leben und die Vorlieben meiner Eltern auf meine eigene Art und Weise und zu meiner eigenen Zeit zu entdecken. Und irgendwie habe ich mich instinktiv an die von ihnen gezeigte grundlegende Güte und das Mitgefühl gehalten und nicht etwa an die anderen Einflüsse in meinem jugendlichen Umfeld (da gab es einen fürchterlich grausamen Freund und gemeine, betrunkene Erwachsene – Eltern des einen oder anderen zeitweiligen Freundes).

Wenn wir Kindern die Weisheit einer rechten Lebensweise zeigen, dann werden sie mit zunehmendem Alter erkennen, wer glücklich ist und wer nicht; wer stark ist und wer nicht; wer zuversichtlich ist und wer nicht. Wenn sie erkennen, daß ihre vorübergehenden Idole – die Rockstars, die Kinostars und die großen Spitzensportler – weniger stark, weniger zuversichtlich und glücklich sind als wir, dann werden sie intuitiv ihre Erziehung überprüfen und sich an das halten, was sie bei uns gelernt haben.

Kinder stellen bestimmte Überlegungen an, ziehen gewisse Schlüsse und legen sie einfach zur zukünftigen Verwendung beiseite, lange bevor Änderungen in ihrem Verhalten spürbar werden, die auf diesen Ideen beruhen. Unsere Aufgabe als Eltern liegt darin, unentwegt geradeheraus und stark, liebevoll und unterstützend zu sein und keine unmittelbaren Reaktionen an der Oberfläche zu erwarten, wenn ein Kind gerade eine wichtige Lebenslektion über Großzügigkeit, Freundlichkeit, Unvoreingenommenheit oder dergleichen gelernt hat. Wenn wir nach subtilen Hinweisen Ausschau halten, werden sie da sein!

Vertrauen Sie also auf das gute Beispiel, das Sie Ihren Kindern geben, und es wird sich zeigen, daß das Vertrauen, das Sie in Ihr Kind gesetzt haben (in seine angeborene Güte, seine angeborene Brillanz und seine natürliche Integrität) auf fruchtbaren Boden gefallen ist. Und nicht nur das, denn Kinder *spüren* das Vertrauen, das Sie ihnen entgegenbringen, und das läßt sich durch nichts ersetzen.

Die Rolle der Mutter

Die göttliche Mutter

Für gewöhnlich sagen wir „Vater", wenn wir Gott meinen, da unsere Kultur dem Göttlichen männliche Gestalt verliehen hat, grundsätzlich aber sehen wir in Gott die Mutter, wenn wir auf Gott blicken oder Gott suchen. Wenn wir die lebenswichtige Liebe und mütterliche Zuneigung nicht bekommen, die wir brauchen, können wir an Gott zweifeln bzw. bezweifeln, daß es *überhaupt* einen Gott *gibt*. Der nachfolgende bearbeitete Auszug aus meinem Buch *The Alchemy of Love and Sex*[2] beschreibt diese Vorstellung und ihre Konsequenzen ausführlicher:

Die Psychologen erzählen uns, daß Kinder in den ersten Lebensmonaten, wenn nicht sogar länger, die Welt auf nicht-dualistische Weise wahrnehmen. Praktisch jedoch sind sie vollkommen von ihrer „Mama" abhängig. Wenn sie hungrig sind und weinen, ist ihre Mama zur Stelle (zumindest sollte sie es sein). Wenn sie frieren, ihnen etwas weh tut oder sie einsam sind, ist jenes „andere" – ihre Mama – da (auch hier gilt wieder, daß sie es sein sollte, falls es sich bei dieser Mama überhaupt um eine einfühlsame und liebevolle Mutter handelt). Doch ein Kind sieht seine Mama nicht als von sich getrennt, als jemanden, der von „da draußen" kommt, um es zu nähren und zu trösten. Für ein Kind ist die Mutter eine Art Verlängerung des eigenen Körpers. In der Welt eines Kindes gibt es keine Unterscheidungen – da gibt es kein ‚Mama und ich', sondern nur diese alles einschließende Erfahrung von Empfindungen, Bedürfnissen und Bedürfnisbefriedigung.

Ab einem bestimmten Alter, schätzungsweise ab dem sechsten oder siebten Lebensmonat, vielleicht auch schon früher, beginnt sich die Wahrnehmung eines Kindes zu verändern. Es beginnt seine Mama „dort drüben" zu sehen – und für ihr Kind ist sie das große und mysteriöse „andere", ist sie Gott.

Ein Kind erkennt bzw. macht keine intellektuellen Unterschiede zwischen „Frau" und „Mann". Vielmehr bekommt es einen umfassenden, natürlichen (mentalen, physischen und psychischen …) Eindruck dessen, was „Frausein" bzw. „Mannsein" bedeutet. Und die Prägung, die ein Kind von einer Frau bekommt, unterscheidet sich ganz wesentlich von der Prägung, die es von einem Mann erhält. Ein Kind betrachtet seine Mama als Gott. Das ist verständlich. Was hat Mama zu bieten? Berührung, Wärme, Aufmerksamkeit und Fürsorge. Unbewußt weiß ein Kind irgendwie, daß es im Körper seiner Mama herangewachsen ist und aus ihrem

Körper kommt. Kann sie denn noch mehr von einem Schöpfer haben? Bei Papa ist es nicht dasselbe. Er hat das Kind nicht ausgetragen; Papa hat das Leben nicht in sich gespürt; und das Kind hat sich körperlich nicht in derselben Art und Weise mit dem Männlichen verbunden, wie es sich mit dem Weiblichen verbunden hat, auch wenn sein genetischer Code zur Hälfte vom Vater stammt.

Was auch immer wir darüber sagen oder denken wollen, ein in sein Kind vernarrter Vater ist nicht dasselbe wie eine liebende Mutter. Die meisten Männer nehmen ihr Kind gerne hin und wieder auf den Arm (wenn sie nichts Besseres zu tun haben), doch selbst dann, wenn Männer ein Kind berühren, ist es nicht dasselbe wie die Berührung einer Frau. Es kann nicht dasselbe sein. Wenn also ein Kind seine Mama anschaut und das Gefühl hat „Das ist Gott", dann geschieht dies nicht auf der Ebene selbstreflektierenden, bewußten Gewahrseins. Es handelt sich um einen Eindruck, der aus dem reinen, ursprünglichen und natürlichen Instinkt stammt.

Wenn das Kind ein Mädchen ist, wird es instinktiv spüren: „Ich habe dieselben Anlagen. Wenn ich groß bin, dann werde ich auch Gott sein müssen … Oh je, das ist eine große Verantwortung." Und das ist es tatsächlich! Diese Anlagen besagen: „Ich bin Gott – ich muß dienen, dienen, dienen und noch mehr dienen." Diese Anlagen sagen einer Frau, daß sie sich um die ganze verflixte Welt zu kümmern hat. Gott zu sein ist eine ganz schön schwierige Aufgabe! Welcher Mensch, der noch ganz bei Verstand ist, würde sich eine solche Verantwortung aufbürden wollen? Keiner. Dennoch weiß ein acht, neun oder zehn Monate altes Mädchen bereits: „Eines Tages werde ich dafür verantwortlich sein müssen, Gott zu sein, denn ich bin in meinem Wesen eine FRAU."

Die meisten erwachsenen Männer sind, wie wir alle wissen, auf emotionaler Ebene immer noch Kinder (oder bestenfalls Jugendliche). Irgendwie weiß ein kleines Mädchen das und spürt die tiefe Verwundung der Gesellschaft – eine Verwundung, die nur Gott heilen kann. Welch eine ehrfurchtgebietende Verantwortung! Und eine Frau wird mit diesem Wissen groß, das ganz, ganz tief in ihr verwurzelt ist. Es handelt sich dabei um eine bedingungslose, unausgesprochene und für gewöhnlich unbewußte treibende Kraft, die allen Aktivitäten zugrunde liegt.

Was geschieht einem männlichen Kind? Zu dem Zeitpunkt, da ein kleiner Junge die Dualität zu erkennen beginnt, erhält er von „Gott"/Mama einen Eindruck, der ihm sagt: „Ich bin ein Junge. Ich habe nicht dieselben Anlagen wie Mama. Ich weiß nicht so recht, ob mir das gefällt. Ich will Gott sein. Ich will, ich will, ich will."

Der Mangel an Erziehung im Zusammenhang mit diesem Thema hat unsägliches Elend und Gewalt hervorgerufen, vom ungeheuren moralischen, sozialen, psychologischen, seelischen und spirituellen Ungleichgewicht in unserer gegenwärtigen Welt ganz zu schweigen. Auf der Grundlage dieses Mangels wird Männern beigebracht, Gott zu sein, was eine patriarchalische Reaktion auf die nicht zu verleugnende und naturgegebene Tatsache darstellt, daß die Frau Gott ist.

Paradoxerweise jedoch wird heranwachsenden Männern beigebracht, Gott zu sein, während ihr Inneres sagt: „Ich bin nicht Gott. Die Frau ist Gott." Welche psychischen Reaktionen wird das wohl verursachen? Zorn, Frustration, Schuld, Selbstzweifel, Angst, Abwehr und mehr. Und wozu führen diese internen Konflikte? Zu entsprechendem Schmerz, Gewalt, Grausamkeit und Blindheit. Männer demütigen Frauen, indem sie die Frauen erniedrigen, verletzen, brutal zu ihnen sind und sie ausnutzen. Auf diesem Wege versuchen Männer das zu ignorieren oder zu vergessen, von dem ihr Körper weiß, daß es wahr ist. Das jugendliche Aufbegehren gegen die Gottheit zeigt sich dergestalt, daß ihre Wahrheit geleugnet wird.

Natürlich gibt es auch noch ein paar Männer auf dieser Welt, die etwas sensibler als die gerade beschriebenen Exemplare sind. Dennoch ist vielen von ihnen nicht bewußt, welche subtilen psychischen Reaktionen durch die undichten Stellen hindurchsickern. Die gesamte psychische Dynamik des Mannes ist eine Reaktion gegen den Konflikt, der darin besteht, daß er zu Gott gemacht werden soll, und gleichzeitig weiß, daß er es nicht ist.

Natürlich gibt es den schönen Satz, daß wir alle – Männer, Frauen und die ganze Schöpfung –, aus nicht-dualistischer Sicht betrachtet, Gott sind. Und die ganze Rhetorik mag ja schön und gut sein, doch was ist mit der natürlichen Realität, die uns bewegt? Was ist mit der ganzen Verleugnung und den anderen unbewußten Ego-Strategien, die uns fünfundzwanzig oder fünfzig Jahre gekostet und sprichwörtlich unseren Körper, unseren Geist, unsere Gesundheit und all unsere Reaktionen und Glaubenssätze geformt haben? Ein Mann kann nicht einfach sagen: „Ja, wir alle sind Gott" und erwarten, geheilt zu sein, auch wenn es noch so schön und erfreulich wäre. Doch auf diese Art und Weise funktioniert es nicht. Wir müssen die unbewußten Motivationen mit den Wurzeln ausreißen und sie in Klarheit und durch die Auflösung lebensverneinender Gewohnheiten transzendieren. Das ist eine lebenslange Aufgabe.

Ein Kind lebt und wächst dank der Nahrung heran, die es von seiner Mutter erhält, und daran wird sich ganz sicher nichts ändern. Männer können Kinder nicht wie eine Frau mit ihrer eigenen Milch ernähren, mit Nährstoffen aus ihrem eigenen Körper, auch wenn ein Mann einem Baby das Fläschchen geben kann. (Vielleicht ist es ja auf irgendeinem anderen Planeten anders, doch solange es auf der Erde noch den Homo Sapiens gibt, werden die Menschenkinder von ihrer Mama gestillt werden.) Die prägende Lebenserhalterin, diejenige, von der das Leben kommt, wird weiterhin die Frau sein.

Die Göttliche Mutter galt und gilt in den großen spirituellen Traditionen als Ernährerin der Welt und im engeren Sinne als Ernährerin der Menschheit. Im Sanskrit trägt die weibliche Göttin sogar den Namenszusatz „Ma". Ramakrishnas Lieblingsgöttin war Kali Ma (eine Erscheinungsform der Göttlichen Mutter)[3]*. Ramakrishna liebte Kali so sehr, daß er sogar eine Zeitlang wie eine Frau lebte und dachte. Er trug Frauenkleider, lebte unter Frauen und handelte wie eine Frau. Die Frauen wiederum liebten und akzeptierten ihn als eine der ihren. Er behandelte jede Frau als die Göttliche Mutter. Selbst wenn eine schmutzige Bettlerin zum Tempel kam, warf sich Ramakrisna ihr zu Füßen nieder, da sie die Mutter, da sie Kali war. Jede Frau war Kali. Es war nicht so, daß er die Frauen liebte, weil sie anders als die Männer bzw. der entgegengesetzte Pol zum Manne sind. Er liebte die Göttin.*

Wäre es nicht schön, wenn Männer mit dem Eindruck von Ehrfurcht vor der Göttlichen Mutter aufwachsen könnten – der Verehrung, die ihr als Erhalterin der Welt gebührt? Gäbe es Shakti nicht, wären wir nicht hier. (Gäbe es Shiva nicht, wären wir auch nicht hier, doch wenn es nur Shiva ohne Shakti gäbe, dann wäre das Leben ziemlich eintönig – was eine rein hypothetische Situation ist, eine Vorstellung, daß nichts als Leere existiert.)[4]

Wäre es nicht interessant, wenn Männer in ihrer Männlichkeit so reif und so natürlich wären, daß auch eine objektive maskuline Prägung weitergegeben würde? Es ist schwierig, sich eine solche Gesellschaft vorzustellen, da dies nicht der Erfahrung entspricht, die wir als Angehörige der Mittelklasse gemacht haben. Noch wissen wir nicht, wie es wäre, wenn Männer und Frauen die Frau als Frau, als Shakti, ehren würden und wenn sie den Mann als das ehren würden, was er eigentlich ist. Ich würde gerne eine Gruppe von Menschen erleben, die in echter und wahrer Anerkennung dessen zusammenleben, ohne Rücksicht auf die psychischen Mechanismen, die Männer dazu bringen, Frauen zu erniedrigen, und die Frauen dazu bringen, mit Angst oder Zorn zu reagieren. Ja, das würde ich wirklich gerne erleben.

* * *

In der modernen Welt ist in den letzten fünfzig Jahren ein Großteil des Mutterinstinktes dadurch verlorengegangen, daß die meisten Menschen in ihrem Zuhause dermaßen auf technische Spielereien fixiert sind. Mikrowellenherde, Fernseh- und Videogeräte, beide Elterteile berufstätig … – all das hat dazu geführt, daß die Frau ihre instinktiven, archetypischen mütterlichen Reaktionen auf ihr Kind fast vollständig verloren hat. Natürlich besitzen die Frauen auch heute noch diese mütterlichen Reaktionen (sie müssen sie haben), doch sie haben keinen verläßlichen Zugang mehr dazu, wenn es darum geht, in der Lage und willens zu sein, einem Kind das zu geben, was es von seiner Mutter braucht. Die Frauen sind nicht mehr bereit, ihre übliche ungezügelte Genußsucht, ihre Begeisterung für technische Spielereien abzulegen und auf die Verlockungen eines Lebens, das sich nur um Kaufrausch, Vergnügungssucht und gesellschaftliche Verpflichtungen dreht, zu verzichten und ihrem Kind einfach nur *Mutter* zu sein. Dies ist ein schockierender, trauriger und auch sehr schwerer Verlust für die modernen Generationen. Was von einer Mutter gefordert wird, ist eine fast schon fanatische, allein dem Kind geltende Aufmerksamkeit (und offensichtlich muß sie gleichzeitig auch noch in der Lage sein, nebenbei all die praktischen Dinge zu erledigen, die getan werden müssen, d. h. das Essen zu kochen, den Haushalt zu versorgen etc.). Das bedeutet, daß man die üblichen, weltlichen Gewohnheiten und Zerstreuungen fallen lassen muß – sich beispielsweise jeden Morgen zwei Stunden Zeit zu nehmen, um aufzustehen, zu duschen, sich die Haare zu machen, Make-up aufzulegen und dergleichen.

Eine Mutter muß vor allem *da* sein. Wenn ein Kind den ganzen Tag vor dem Fernseher sitzt, hat es keine Mutter. Selbst wenn die Mutter in der Küche ist, hat dieses Kind keine Mutter, die ihm Zärtlichkeit, Sattheit und Freude gibt, und einem solchen Kind fehlt es dann an dem, was mit Mutterschaft ursprünglich gemeint war. Die „Heldinnen" von Seifenopern, Bugs Bunny oder irgendwelche Superhelden sind kaum Vorbild für ein Kind oder ein Ersatz für seine Mutter.

Das ganze negative Sozialverhalten, das wie eine Epidemie in der westlichen Welt zu spüren ist, beruht darauf, daß keiner dieser Menschen als Kind Zärtlichkeit, Sattheit und Freude erfahren hat. Wenn eine Mutter ins Kinderzimmer eilt, ihr Kind aus dem Bett holt, wieder aus dem Zimmer läuft, das Kind ins Auto packt, es dann wieder aus dem Auto scheucht, in den Supermarkt hineinhastet und hektisch durch den Laden rennt, ohne ihr Kind überhaupt zu beachten, wenn sie dann auch noch stehenbleibt, um mit einer Nachbarin ein Schwätzchen zu halten, und ihrem schreienden Kind mit den Worten: „Ich unterhalte mich mit einer Freundin, wenn es dir nichts ausmacht!“ nur einen kurzen Blick zuwirft, um das Gespräch mit der Freundin erneut fortzusetzen, dann braucht man sich nicht zu wundern, daß negatives Sozialverhalten in unserer Welt wie eine Epidemie um sich greift.

Da ein Kind den größten Teil dessen, was Kinder lernen, in den ersten beiden Lebensjahren lernt, sollte eine Frau, die sich *wirklich* ihrer Aufgabe als Mutter widmet, in diesen ersten beiden Jahren ihre Aufmerksamkeit so weit wie nur möglich auf das Kind und seine Bedürfnisse konzentrieren, auch wenn dabei einige ihrer eigenen Bedürfnisse zu kurz kommen. Meine Empfehlung ist die, daß eine Mutter grundsätzlich zwei Jahre lang ***kein eigenes Leben hat***, sondern ihrem Kind gehört.

Der Mutter eines kleinen Kindes mögen manchmal schon fünf Minuten, in denen sie sich mit einem anderen Erwachsenen unterhalten kann, wie ein Geschenk Gottes vorkommen, und darum passiert es oft, daß eine Frau das Gespräch mit Erwachsenen so sehr vermißt, daß sie trotz aller Liebe zu ihrem Kind (die man nie in Frage zu stellen braucht) bereit ist, die ihrem Kind gebührende Aufmerksamkeit einem netten, ununterbrochenen zehnminütigen oder viertelstündigen Gespräch zu opfern. Dennoch empfehlen wir, in den ersten zwei Jahren auf die eigenen Vorlieben und jene Freuden zu verzichten, die derartige Impulse bieten, und die eigene Empfänglichkeit und Freude auf das Heranwachsen, die Entwicklung und Entfaltung des Kindes zu konzentrieren. Diese Art der Konzentration ist auf jeden Fall eine gute Übung, um selbstloses Dienen zu praktizieren. Die wesentlichen Bedürfnisse des Lebens – Nahrung, Ruhe (vielleicht nicht ganz so viel, wie die Mutter es gerne hätte oder es gewohnt ist, aber doch genug) und dergleichen werden sich ganz von selbst ergeben, in Harmonie mit den neuen Mustern der Mutterschaft.

Wenn Affenliebe unsere kleinen Jungs erdrückt

Die Tendenz, daß Jungen aggressiver sind als Mädchen, ist heutzutage ziemlich weit verbreitet, da die meisten Jungen „bemuttert“ worden sind, statt wahre Mutterliebe zu erfahren. Man hat sie in Schranken gehalten und ihnen nicht erlaubt, sie selbst zu sein. Das heißt nicht, daß kleine Jungen wilde Tiere sein sollten, genauso wenig wie kleine Mädchen immer nur sanft, anständig und höflich zu sein haben. Doch kleine Jungs sind lange Zeit in den Käfig einer gewissen Konventionalität eingesperrt worden, in die alte Regel, daß „Kinder zwar gesehen, aber nicht gehört werden sollten“, und dafür geben sie ihren Müttern die Schuld. Sie geben den Frauen auch aus dem Grunde die Schuld dafür, weil die *Mutter* für ein Kind alle Frauen, *die Frau*, repräsentiert.

Ich bin gefragt worden, ob Männer von Natur aus Frauen hassen und ob man bei Jungen darauf gefaßt sein muß, daß sie ständig Mädchen ärgern. Auf einer gewissen kulturellen Ebene neigen alle Männer dazu, Angst vor Frauen zu haben, und versuchen daher, sie zu beherrschen und sie unter Kontrolle zu bekommen, oft durch Gewalt und Unterdrückung. Doch es muß nicht zwangsweise so sein, daß Jungen mit Einflüssen dieser Art aufwachsen. Eigentlich sollte es nicht so sein. Mit der richtigen Erziehung werden sie davon nicht so viel mitbekommen, wie es bei den meisten von uns Männern der Fall war. Die wichtigsten männlichen Bezugspersonen eines Jungen sollten so bewußt sein, daß sie diesen antiquierten Verhaltensweisen keine neue Kraft verleihen, und die wichtigsten weiblichen Bezugspersonen eines Kindes sollten nicht so übertrieben empfindlich sein, daß sie Berge sehen, wo es nur Maulwurfshügel gibt, und hinter jedem Grashalm und jedem sehnsüchtigen Blick ein verdorbenes Mannsbild vermuten. Diese gesamte Dynamik läuft natürlich so früh im Leben eines Menschen ab, daß dieser Haß auf die eingebildete „fesselnde Macht der Frauen“ bereits tief in uns verwurzelt ist, noch bevor wir ins Erwachsenenalter kommen.

Männer *mögen* aber auch die Gesellschaft von Frauen und entwickeln eine Art sozialen Bewußtseins. Männer und Frauen lernen gegenseitig für einander sozial akzeptabel zu sein. Sicherlich gibt es immer noch Männer, denen es nur um die Jagd (jenen Urtrieb) geht, und ohne Zweifel suchen sie die Gesellschaft von Frauen, um mit ihrer Jagdbeute Eindruck zu machen. Es gibt aber auch eine Ebene, auf der Männer die weibliche Energie genießen, die Wohltat und Behaglichkeit der weichen und empfangenden weiblichen Natur. Sie wollen mit Liebe und wahrer Zuneigung aufgenommen werden. Das ist es nämlich, was kleine Jungen von einer Mutter brauchen: Grenzen natürlich, aber im Kontext einer weichherzigen, annehmenden und liebevollen Erziehung.

Ich war kaum geschieden, da sagte meine Mutter: „Komm’ doch zu mir, du kannst bei mir wohnen.“ (Ich meine, sie würde mir alles geben, was ich mir nur wünsche: „Ich werde dir die Wäsche machen. Du kannst bei mir wohnen und wieder dein altes Zimmer haben.“) Und vielen von uns würde es gefallen, wenn man sich so um sie kümmerte. Sicher wollen wir erwachsene Männer und Frauen sein, aber da wir niemals richtig versorgt worden sind, niemals richtige mütterliche Fürsorge (wahre Mutterliebe statt erdrückender Bemutterung) erfahren haben, wünschen wir uns das. Und unsere Mutter wird immer unsere Mutter bleiben, ganz gleich, wie alt wir sind (ich habe allerdings weiterhin alleine gelebt, trotz der Versuchung, wieder „ein kleiner Junge“ zu werden).

Feedback – wie wichtig die Meinung anderer für uns ist

Wenn wir in unserer Gemeinschaft das Gefühl haben, daß einer Frau und Mutter in ihrer Mutterbeziehung etwas Wichtiges entgangen ist, sprechen wir mit ihr darüber. „Draußen in der Welt“ würde man natürlich nicht damit durchkommen, einem Menschen, der unsicher, schüchtern und stolz ist und sich den wahren Zustand seiner Psyche und Persönlichkeit nicht eingestehen mag, Dinge zu sagen, die nur allzu wahr, allzu wirklich und bedrohlich für ihn sind. Eine Frau, die gerade ihr erstes Kind bekommen hat, wird vielleicht einer Freundin mit drei Kindern (allesamt gesund, glücklich und heil) die Frage stellen: „Wie sterilisierst du denn das Babyfläschchen, und was tust du, um die Gelbsucht wieder loszuwerden?“ – und all solches Zeug. Doch wenn sich die erfahrene Mutter dann ehrlich mit ihrer Freundin zusammensetzt und ihr sagt: „Ich habe das Gefühl, da gibt es etwas, das du dir einmal näher anschauen solltest, diese Vermeidung von Zärtlichkeit und Intimität in der Beziehung zu deinem Kind“, dann wird die junge Mutter ihre erfahrene Freundin wahrscheinlich am liebsten an die Wand nageln und nie mehr mit ihr *Mah-Jongg*[d] spielen wollen. Es kommt *sehr* selten vor, daß eine Mutter offen genug ist, um eine andere Mutter zu fragen: „Wie mache ich mich?“, und daß sie es auch wirklich so *meint*. Doch genau das müssen wir tun, wenn wir unsere Kinder in Anlehnung an die hier beschriebenen Prinzipien für den Umgang mit Kindern aufziehen wollen.

Das gilt eindeutig auch für die Väter. Wir müssen andere Eltern, die vernünftig, weise und erfahren sind – vielleicht könnten wir sogar sagen, Eltern, die auf dem Gebiet der spirituellen Kindererziehung „erfolgreich“ sind –, um ihre Meinung und ihre Hilfe bitten. Andere Eltern zu fragen: „Wie stelle ich mich dabei an?“ ist jedoch sehr bedrohlich. Wenn wir unser Kind mit unserer Affenliebe erdrücken, wir aber glauben, daß wir es einfach nur sehr lieb haben und ihm wahre Zuneigung, Berührung und Verständnis geben, und wenn andere Eltern, die wir fragen, uns dann antworten: „Es sieht so aus, als würdest du dein Kind mit deiner Liebe erdrücken; deine Zuneigung ist künstlich. Du gibst deinem Kind das, wovon *du* das Gefühl hast, es nie bekommen zu haben; du gibst ihm das, was *du* möchtest. Und es ist übertrieben – es ist leer, es ist gespielt, es ist nicht echt, es ist nicht sauber, die Motivation dafür ist unsauber!“, dann wird uns das völlig umwerfen und einen höllischen Zorn auf den Ratgebenden in uns auslösen.

Keine frischgebackene Mutter, und schon gar keine Frau, die zum ersten Mal Mutter geworden (beim zweiten Mal ist es anders) und von der Schönheit dieser Erfahrung noch ganz gebannt ist, möchte hören, daß sie ihr Kind vom ersten Tag an seelisch zum Krüppel macht. Keine frischgebackene Mutter möchte davon auch nur ein Wort hören, nicht einmal im Umkreis von mindesten tausend Kilometern. Doch wenn wir unsere Kinder wahrhaft gemäß dieser Prinzipien erziehen wollen, müssen wir bereit sein, auf das Feedback anderer zu hören.

* * *

Ratschläge von Frauen unserer Gemeinschaft

In unserer Gemeinschaft lebt Kindererziehung vor allem vom Dialog und beruht nicht auf festen Formeln. Wir stellen ständig Fragen und arbeiten an den Details.

Wohin wendet man sich, um seine Vision zu finden und das, worin die Vision wirklich wurzelt? Wo findet man die zugrundeliegenden Prinzipien, an die man sich halten und auf deren Basis man dann an den Details arbeiten kann? Jede spirituelle Disziplin, ganz gleich, welchem Weg man folgt, kann diese Grundlagen bieten. Jede Frau sollte sich an das halten, was ihr in ihrer eigenen Tradition die stärkste Orientierungshilfe bietet.

Für uns bedeutet dies, daß wir uns an unseren Lehrer wenden, daß wir uns unserer spirituellen Tradition und Praxis zuwenden und daß die in diesen Quellen verkörperte Weisheit für uns an erster Stelle kommt. Wenn sie ihren Platz hat und man sich ihr bewußt zuwendet, dann ist es eine immer sprudelnde Quelle. Man wird Fehler machen (und sie werden gemacht), doch man wird damit umgehen können und innere Führung besitzen. In der Liebe zu Gott sowie in der Liebe zu ihrem Kind und zu ihrem Partner findet eine Frau das Fundament für alles, was sie tut.

Wir können gar nicht genug betonen, wie wichtig es für eine Frau ist, die Gemeinschaft von Frauen zu erfahren und die Unterstützung von Freundinnen zu haben, an die sie sich wenden kann; denn wie jede andere Mutter auch haben wir alle unsere „fünf Minuten“, in denen das Leben die Hölle zu sein scheint, in denen wir uns jedes Haar einzeln ausreißen könnten und das Gefühl haben, gleich aus der Haut fahren zu müssen, wenn wir nicht sofort unsere Ruhe bekommen. Die Elternschaft stellt eine enorme Herausforderung dar. Wenn wir uns ihr von einem Ort aus nähern, an dem wir wirklich den Wunsch haben, daß unsere Kindererziehung zu einem festen Bestandteil unseres Lebens und unserer spirituellen Übungspraxis werden soll, dann erfordert dies tausendmal mehr von uns als von einem Menschen, der sich den Werten der „konventionellen Welt" verpflichtet hat, wo Kindererziehung (bzw. die Elternschaft) allenfalls von zweitrangiger Bedeutung ist. Die Elternschaft wird um einiges anstrengender, und sie wird uns an jene Orte in uns führen, zu denen wir bis dahin keinen Zugang hatten.

Die Mutterschaft wird das Feuer wirklich schüren und unser eigenes Bewußtsein derart aufrühren, daß wir es uns vorher beim besten Willen nicht vorstellen können. Darum benötigen wir die Unterstützung anderer Frauen, mit denen wir reden und unsere Zeit verbringen können. Mütter müssen bemuttert werden; Mütter brauchen andere Frauen, die sie manchmal in den Arm nehmen.

Dennoch sollte man sich nicht entmutigen lassen. Als Frau wird man überrascht feststellen, wie schnell „die Mutter" im eigenen Körper auftaucht. Wer wir instinktiv und von Natur aus als Mutter sind, dieser Mensch wird da sein!

Wenn eine Frau kompromißlos ehrlich zu sich selbst ist, werden dadurch sämtliche Schichten des Ballastes beseitigt, der ihr den Zugang zu dem verwehrt, was instinktiv ist. Eine Frau wird immer auf kreative Art und Weise wissen, was zu tun ist. Sie braucht sich damit nicht zu quälen. Darum öffnet diese Disziplin – kompromißlose Ehrlichkeit zu sich selbst – im allgemeinen die Tür zum Instinkt und wird zu einer natürlichen, unentwegt sprudelnden Quelle, solange eine Mutter ihr Kind aufzieht.

Die Rolle des Vaters

Damit ein Kind heranwachsen kann, muß es sich an zweierlei Kräfte gewöhnen. Eine dieser Kräfte, welche in der Regel von der Mutter repräsentiert wird, ist die wohltuende Kraft der Liebe, der Nähe und Vertrautheit. Die andere Kraft jedoch, an die sich ein Kind gewöhnen muß, wenn es heranwachsen soll, ist die Macht der Verpflichtungen bzw. die Notwendigkeit, immer Neues hinzuzulernen, sich immer wieder anzupassen und das eigene Verhalten zu ändern. Diese Kraft wird in der Regel vom Vater repräsentiert.

Bedauerlicherweise kommt es in modernen Familien kaum noch vor, daß Mädchen und Jungen eine enge Bindung zum väterlichen Elternteil entwickeln. Der Herr Papa nimmt das Kleine vielleicht eine Zeitlang auf den Schoß, doch die meisten Männer sind im Umgang mit Kindern eher hilflos – sie wissen nicht, wie man eine Windel wechselt, und sind ohnehin viel zu sehr mit anderen Projekten beschäftigt (zumindest war dies bei einem Großteil *unserer* Eltern der Fall).

Das ist der Grund, weshalb Kinder sehr viel männliche Aufmerksamkeit erhalten sollten, solange sie klein sind. Wenn ein Baby auf die Welt kommt, sollte der Vater den Säugling möglichst oft auf den Arm nehmen. Andernfalls wird das Kind eine reine Mutterbindung entwickeln. Dadurch entsteht ein inneres Ungleichgewicht, das sich später häufig in psychischen Störungen ausdrückt. Hat ein Kind erst einmal eine Bindung zum Vater und zur Mutter entwickelt, dann hat es, ganz gleich, ob Mädchen oder Junge, die Chance, sich mit seinem männlichen Teil auseinanderzusetzen – eine Möglichkeit, von der man unter anderen Umständen fast überhaupt nichts hört. Eine gesunde Lebenskultur hängt zum Teil davon ab, wie Kinder Bindungen knüpfen.

Ein Kind besitzt automatisch eine Bindung zur Mutter, da es von ihr neun Monate lang ausgetragen und in ihrem Körper mit Nahrung versorgt, genährt und am Leben erhalten wurde. Eine Mutter braucht nur ein Minimum an Mühe aufzuwenden, um diese Bindung zu vertiefen und auszuweiten, doch ein Vater muß daran arbeiten – er muß sich aktiv um das Kind kümmern, um eine tiefe Bindung zu ihm herzustellen. Jenes eine einzellige Spermium, mit dem er seinen Beitrag zu diesem wunderbaren Schöpfungsprozeß geleistet hat, reicht einfach nicht aus, um den Prozeß der Bindung nach der Geburt des Kindes aufrecht zu erhalten. In unserer Gemeinschaft, so rückständig sie auch scheinen mag, beteiligen sich die meisten Väter mehr oder weniger genauso stark an der Kinderbetreuung wie die Mütter und kümmern sich zum Beispiel um ihr Baby, wenn es krank ist. (Wann haben sich denn unsere Väter um uns gekümmert, wenn wir als Säugling krank wurden? Mein Gott, wenn ein Baby Fieber oder Durchfall hatte oder sich erbrechen mußte, dann war das doch Frauensache!)

Im Idealfall beginnt der Prozeß der Bindung damit, daß sie sich zu beiden Elternteilen entwickelt, und setzt sich dann beim heranwachsenden Kind durch die Gesellschaft männlicher Freunde und Vorbilder usw. auf natürliche Weise fort. Es sollte nicht so sein, daß wir die Kinderbetreuung den Frauen überlassen, sobald unsere Kinder selbständiger werden und laufen können. Männliche Gesellschaft, Männerspiele, männliche Einflüsse sollten kontinuierlich gegeben sein. Selbstverständlich gehen wir bei dieser gesamten Thematik davon aus, daß es sich bei der männlichen Gesellschaft eines Kindes, sei es ein Junge oder ein Mädchen, um vollkommen gesunde und vernünftige, lebensbejahende, nährende Menschen und eine reife Präsenz handelt. Ein Mann, der an kleinen Mädchen (oder Jungen) „herumfummelt", statt ihnen liebevolle Zuneigung zu geben, oder ein Vater, der von seinen Kinder fordert, daß sie etwas „leisten" (sei es, daß sie gezwungen werden, eine gewisse Rolle in der Gesellschaft zu spielen, oder daß der dreijährige Sohn bereits ein herausragender Fußballspieler zu sein hat usw.), gehört nicht zu jener Art von männlichen Vorbildern, von denen Kinder lernen, Selbstvertrauen und Reife in bezug auf ihre eigene Männlichkeit bzw. ihre männliche Seite und im Umgang mit anderen Männern zu entwickeln. Es gibt Männer, die aus ihren kleinen Söhnen einen Krieger machen wollen und der Meinung sind, daß man aus einem Jungen nur auf eine Art „einen Mann" machen kann, nämlich durch Schmerz. Eine solche Art der Elternschaft ist der beste Weg, um die Unschuld und die Freude kaputt zu machen. Ich habe Menschen in der Öffentlichkeit beobachtet, die ihren Kindern, wenn sie weinen, eine Ohrfeige geben und sagen: „Wenn du noch einmal weinst, werde ich beim nächsten Mal fester zuschlagen", und auf diese Weise lassen sie die Tränen ihrer Kinder versiegen – nämlich durch Angst. Eine solche Erziehung bringt keine konfliktfreien und produktiven Erwachsenen hervor. Wenn jedoch ein Kind eine gesunde männliche Dynamik mitbekommen soll, dann können wir andererseits aber auch keinen Haufen sentimentaler Dummköpfe gebrauchen oder Männer, die ständig um die Frauen herumscharwenzeln und mit ihnen flirten. Wir brauchen Männer, die sich in ihrer Männlichkeit wohlfühlen; Männer, die es mit ihrer Partnerin ernst meinen, zufrieden sind, an ihrer Beziehung arbeiten und Männer sind. Und Frauen müssen Mütter sein, keine einfältigen, übertrieben gluckenhaften Ungeheuer. Wenn die Beziehung eines Vaters zu seinem Kind von tiefer Liebe geprägt und die Bindung zum Kind stark genug ist, dann könnte ein solcher Vater sogar den Schaden wieder gutmachen, der durch mangelnde Mutterbindung und Mutterliebe entstehen würde.

Paaren empfehlen wir, daß ein Vater, wenn es irgendwie geht, möglichst fünfzig Prozent der Zeit „da sein" sollte. Auch den Vätern raten wir, einige Jahre lang ein paar Opfer zu bringen. Für diese seltene Sorte Mensch ist es kein Opfer, aufmerksam für ein Kind dazusein, für diese ungewöhnlichen Menschen ist es etwas Großartiges – das Wunder, ihr eigenes Kind heranwachsen zu sehen, ist so beeindruckend, daß alles andere daneben verblaßt. Das ist natürlich der Idealfall. Im Idealfall möchte ein Vater mit seinem

Kind zusammensein, denn das Kind wird auf alle Fälle mit seinem Vater zusammensein wollen.

Was jedoch von uns Männern und Frauen gleichermaßen verlangt wird, das ist, daß wir aus einem Kontext der Weisheit und Vernunft heraus wahrhaftig, zuverlässig, verständnisvoll, freundlich, großzügig und liebevoll sind. Nicht zu weich und unsicher, aber auch nicht zu hart und gefühllos.

6. Kapitel

Grenzen ziehen: Von der Herausforderung verantwortungsvoller Grenzen

Warum Kinder Grenzen brauchen

Wenn wir unsere Kinder lieben, tragen wir für sie eine Verantwortung, die über unsere bloße Vorbild- bzw. Lehrerfunktion hinausgeht. Natürlich brauchen Kinder Männer und Frauen mit Tugenden wie Geduld, Ehrlichkeit, Gerechtigkeit, Freundlichkeit und so weiter, doch daraus folgt zumindest auch, daß wir gegenüber Kindern grundsätzlich die Verantwortung tragen, zuverlässige Disziplin zu üben – Disziplin nicht unbedingt im Sinne von Bestrafung, sondern in dem Sinne, daß man in der Lage ist, feste und gerechte Grenzen zu ziehen. Kinder müssen die Definitionen, die Grenzen und die Reichweite nicht nur ihrer eigenen Welt, sondern auch *der* Welt *an sich* kennenlernen. Ein Kind, das ohne zuverlässige Grenzen aufwächst, wird wenig Klarheit und Sicherheit in bezug auf sich selbst und sein eigenes Verhalten besitzen und in einem verzweifelten Versuch, endlich Grenzen gesteckt zu bekommen, viele Dinge negativ ausagieren.

Primäre Grenzen sind jene ohne Ausnahme geltenden Grenzen, die beispielsweise mit den Grundvoraussetzungen für körperliche Gesundheit zu tun haben wie etwa: „Abflußreiniger ist nicht zum Trinken da; du kannst nicht einfach auf eine befahrene Straße laufen, ohne vorher zu schauen, ob ein Auto kommt; du kannst nicht ins Feuer springen …“ Sekundäre Grenzen haben mit den Begleitumständen zu tun und können, müssen aber nicht von der jeweiligen Situation abhängen. Diese sekundären Grenzen können sich ändern, wenn Kinder älter werden und zunehmend mehr Dinge tun können.

Ohne angemessene Grenzen ist die beste Erziehung nutzlos. Einige meiner engsten Freunde (und ich bin sicher, Sie kennen auch einige Leute dieser Art) sind zwar äußerst gebildete, kultivierte und gut informierte Erwachsene, sind aber dennoch psychisch und emotional total verpfuscht, nahezu beziehungsunfähig, und haben, wie es zuweilen scheint, kaum etwas Menschliches. Darum ist Bildung zwar wichtig, aber sie kommt noch nicht einmal an zweiter Stelle. Als erstes kommen angemessene

Grenzen, als zweites müssen wir für unsere Kinder da sein, d. h. unsere Zeit mit ihnen verbringen, und als drittes kommen die formalen Elemente von Erziehung und Bildung – die Daten sozusagen.

Buchautor und Erzieher John Holt[1] vertritt eine ähnliche Ansicht wie Jean Liedloff in ihrem Buch *Auf der Suche nach dem verlorenen Glück*, nämlich daß Kinder dann in Unschuld aufwachsen, wenn wir ihnen ohne Erwartungen und Ängste erlauben, sich zu dem zu entwickeln und zu sein, wer sie sind. (Eine *weise Unschuld* wäre in unserem Sprachgebrauch die Frucht eines solchen Ansatzes.) Diese Meinung wird von jenen in Frage gestellt, die das Gefühl haben, daß Kinder kontrolliert, streng angeleitet und beaufsichtigt werden müssen.

Meine Ansicht liegt zwischen diesen beiden Standpunkten. Wenn der Freiraum, den ein Kind bekommt, auf Vernachlässigung beruht und daher kommt, daß die Eltern beispielsweise einfach keine Zeit für ihr Kind haben, dann wird dieses Kind sehr neurotisch werden. Und wenn man „auf einem Kind sitzt", aus dem Bedürfnis heraus, das Kind zu beherrschen, zu kontrollieren und zu manipulieren, dann wird seine Unschuld sehr schnell daran zerbrechen und seine Psyche Schaden erleiden.

Eltern mit spirituellem Bewußtsein müssen Grenzen festsetzen; Grenzen, die Sinn machen; Grenzen, die sie ihrem Kind erklären können. Man sollte eigentlich denken, daß die Menschen das tun, in Wirklichkeit aber bringen viele Menschen ihren Kindern Disziplin nicht auf vernünftige Art und Weise bei. Im Grunde geht es darum, ehrliche, sensible und erklärbare Grenzen zu haben und gleichzeitig aufmerksam zu sein und sanft die Richtung zu weisen, so, wie es gerade erforderlich ist.

* * *

Kinder brauchen und wollen Grenzen. Jedes Kind weiß, wie es sich anfühlt, glücklich zu sein, und es weiß auch, wie es sich anfühlt, wenn es ihm schlecht geht, und darum verlangt es nach Grenzen. Kinder werden immer wieder ihre Grenzen austesten, um herauszufinden, wo die Grenzen liegen, doch ein Kind, das seine Grenzen kennt und weiß, daß es diesen Grenzen vertrauen und sich auf sie verlassen kann, wird ein glückliches und zuversichtliches Kind sein.

Im Alter zwischen zwei und vier Jahren ist es ganz entscheidend, daß man sofort auf eine Situation reagiert und eine faire Disziplin übt, die nicht auf Willkür beruht, denn in diesem Alter lernen Kinder am meisten über Grenzen. Hier ist es wichtig, daß man festlegt, welche Konsequenzen es hat, wenn eine Grenze überschritten wird. Wir müssen wissen, *was* wir zu tun haben und *wann* wir es zu tun haben, und das schnell. Wenn man die Konsequenzen erst eine Woche nach einem Vorfall festlegt, dann nützt dies einem kleinen Kind gar nichts – eine Woche später lebt ein Kind schon wieder in einer ganz anderen Welt. Die Konsequenzen sollten dem jeweiligen Ungehorsam angemessen sein und in unmittelbarem zeitlichen Zusammenhang stehen, damit ein Kind auch weiß, wofür es bestraft wird.

Wir sind so sehr bemüht, sanft und liebevoll mit unseren Kindern umzugehen und sie in keiner Weise zu beschimpfen, zu formen oder zu gestalten, daß wir häufig den Zug verpassen, wenn es darum geht, ihnen jene liebevolle Disziplin zukommen zu lassen, nach der sie so sehr verlangen. Wenn Kinder im Alter zwischen zwei und vier Jahren nicht die Grenzen bekommen, die sie brauchen, beginnen sie häufig, diese durch schlechtes Benehmen zu provozieren. Und sie werden uns wissen lassen, daß sie durch feste, aber liebevolle Grenzen die Bestätigung brauchen, daß unsere Liebe zu ihnen verantwortungsbewußt und weise ist.

Wenn ein Kind ein anderes Kind, vielleicht eines seiner Geschwister, dabei beobachtet, wie es die Regeln bricht und das Gefühl hat, daß die Strafe für das andere Kind, das gegen die Regeln verstoßen hat, nicht hart genug ist, wird es die Eltern fragen: „Wollt ihr es denn nicht bestrafen?" Was dieses Kind damit meint, ist: „Wenn ich das getan hätte, würde ich von euch härter bestraft werden wollen." Kinder sagen ganz klar: „Ich will, daß ihr mir Grenzen vorgebt." Das Bewußtsein ist an diesem Prozeß überhaupt nicht beteiligt. Es ist der unbewußte Wunsch nach einer zuverlässigen Welt.

Ein weiteres Beispiel für Kinder, die nach Grenzen verlangen: Wenn wir einem Kind, das keine Grenzen kennt (einem Kind, dessen Eltern nicht wissen, wie man Grenzen zieht), eine Grenze setzen, so wird dieses Kind uns sprichwörtlich im selben Moment ins Herz schließen, uns vielleicht sogar auf Schritt und Tritt folgen und uns vor lauter Dankbarkeit am Rockzipfel kleben. Es ist eine solche Erleichterung für ein Kind, endlich einen Erwachsenen zu haben, der sozusagen ein Machtwort spricht. Ab einem bestimmten Alter ändert sich das natürlich alles. Wenn Kinder bis dahin als einzige Reaktion nichts als Zorn und Ärger kennengelernt haben, werden sie auf Grenzen nicht unbedingt mit gutem Benehmen und Zuneigung reagieren. Und es könnte vielleicht doch ein wenig zu spät sein, wenn man bei einem Teenager ein energisches Machtwort sprechen will.

Wille und Autonomie

Die männliche Seite entwickeln

Zu Beginn ist alles mütterlich – all unsere Wahrnehmungen und unsere Veranlagungen sind weiblich. Doch dann, an einem bestimmten Entwicklungspunkt unseres Egos, beginnen wir das Männliche in uns zu entwickeln, damit der Entwicklungsprozeß sich selbst erfüllen und das Gebot des Menschseins sich entfalten und zur Blüte gelangen kann. Das kann sich in Widerstand gegenüber mütterlichen Anweisungen zeigen – in Auseinandersetzungen mit der Mutter oder darin, daß ein Kind alleine losläuft, ohne zu schauen, wo seine Mutter bleibt – all diese Dinge. Ein solches Verhalten ist unter normalen Umständen sehr gesund. (Vorausgesetzt natürlich, eine Mutter ist achtsam genug, um nach ihrem Kind zu schauen, während es alleine davonstolziert, damit es nicht verloren geht.)

Die meisten Eltern – Mütter und Väter – neigen dazu, jede noch so kleine entwicklungsbedingte Verhaltensänderung aufzugreifen und darauf so zu reagieren, als würde ihr Kind für den Rest seines Lebens durch diese Verhaltensweise definiert. Das ist häufig der Grund, weshalb Eltern sich zu beklagen beginnen, wenn sie sehen, wie ihr Kind unabhängiger wird, obwohl dies ganz einfach dem natürlichen Lauf der Dinge entspricht: „Was haben wir denn nur falsch gemacht? Warum hört es denn nicht auf uns? Warum kommt es nicht zurück, wenn wir seinen Namen rufen? Es läuft einfach weiter ..." Grenzen sind eindeutig nötig, doch es gibt einen Punkt in der Entwicklung, an dem es für jedes Kind, ganz gleich, ob Junge oder Mädchen, natürlich ist, mehr Unabhängigkeit zu entwickeln. Und Kinder durchlaufen in ihrem Wachstumsprozeß unzählige Stadien (deren Intensität oft sehr schnell kommt und rasch wieder vergeht). Häufig ist es so, daß Kinder mit einer bestimmten Verhaltensweise ein paar Tage lang experimentieren und sie dann entweder wieder fallenlassen (und wir bekommen sie nie mehr zu sehen) oder sie irgendwie in ihr „Repertoire" integrieren. Und manchmal kann ein natürliches Entwicklungsstadium (im Gegensatz zu verhaltensbezogenen Stadien) Wochen oder Monate dauern.

Wenn eine Mutter bei jeder kleinen Veränderung ein riesengroßes Theater macht und den Drang ihres Kindes, sich von ihr zu lösen und sich als Individuum hervorzuheben, mit ihrer Affenliebe zu erdrücken versucht, dann kann dies sehr gegenteilige Auswirkungen haben. Es kann die natürliche, persönliche und psychische Entfaltung des Kindes hemmen. Diese Veränderungen haben nichts damit zu tun, daß ein Kind seine Mutter nicht mehr liebt oder die Gesellschaft, Aufmerksamkeit und Zuneigung der

Mutter nicht haben möchte. Es ist einfach so, daß von einem bestimmten Entwicklungspunkt an eine stärkere Individualisierung für die Entwicklung des Menschen angemessen ist.

Um die Sache noch schlimmer zu machen, gibt es viele Therapeuten, die von Kindern keine Ahnung haben (da es in ihrer Ausbildung nur um Psychopathologie ging). Sobald solche Therapeuten an einem Kind etwas Auffälliges entdecken, das eigentlich völlig harmlos ist – kleinere Experimente oder Verhaltensweisen, die Teil eines ein bis zwei Monate dauernden Entwicklungsstadiums sind –, werden sie beginnen, diese kleinen Auffälligkeiten wie Krankheitssymptome zu behandeln, obwohl es sich dabei lediglich um natürliche Anzeichen eines Entwicklungsstadiums handelt, das von ganz alleine vorübergehen wird, sobald Zeit und Ort dafür gekommen sind.

Sich höheren Mächten fügen – Höherer Gewalt nachgeben

Kinder müssen lernen, mit Anstand und Würde nachzugeben und ihre eigenen Wünsche oder Vorlieben gegenüber einer höheren Instanz zurückzustecken; und das ist wiederum etwas, was sie dadurch lernen bzw. nicht lernen, daß sie die Erwachsenen in ihrer Umgebung beobachten und sehen, wie diese mit ihrer eigenen „höheren Macht" umgehen, welche Beziehung sie zu Gott haben bzw. wie sie mit dem Gebot sozialer bzw. politischer Notwendigkeiten umgehen. So gelten zum Beispiel, ob es uns nun gefällt oder nicht, in jeder Verkehrssituation bestimmte Höchstgeschwindigkeiten. Ob ein Erwachsener sich an die Vorschriften hält, oder ob er jammert und klagt und die Geschwindigkeitsbegrenzungen einfach überschreitet, hat großen Einfluß auf ein Kind, das dieses Verhalten beobachtet. Auch hier geht es wieder darum, Kindern ein rechtes Vorbild zu sein. Ein weiteres Beispiel: Wenn wir unser Kind mit ins Restaurant nehmen, haben wir eindeutig keinen Einfluß darauf, wie das Essen schmecken wird, wie gut wir bedient werden usw. Aber wir haben die Möglichkeit, damit entweder würdevoll und sachlich umzugehen, oder aber herumzujammern und eine häßliche, unangemessene „Szene" zu machen. Kinder lernen unveränderliche oder unvermeidbare Situationen zu akzeptieren, und sie lernen auch, sich mit Erfolg um Dinge zu bemühen, die variabel sind bzw. sich in Situationen anzustrengen, in denen es mehrere Möglichkeiten gibt.

Da die Erwachsenen einem Kind eine Zeitlang Grenzen setzen werden, ist es sehr wahrscheinlich, daß jede bei einem Kind durchgesetzte Aufforderung zum Kampf wird, wenn es nicht in der Lage ist, höheren

Instanzen gegenüber mit Leichtigkeit nachzugeben (das muß es nicht unbedingt nach außen zeigen, wo es ruhig ein wenig herumdiskutieren und ein paar Tränen vergießen kann, sondern es geht darum, daß es diese Fähigkeit in seinem Inneren, in seinem Wesen besitzt), selbst wenn die jeweilige Grenze zum Wohle des Kindes ist. Wenn ein Mensch als Kind nicht lernt, Autoritäten – den Eltern oder den Gesetzen seines Landes – gegenüber nachzugeben, wird er als Erwachsener sehr unglücklich sein.

Mangelndes Vertrauen ist der Hauptfaktor, durch den diese Unfähigkeit in einem Kind entsteht. Mangelndes Vertrauen wird wiederum von einer negativen Eltern-Kind-Beziehung verursacht, worunter man einfach eine Beziehung versteht, der es von seiten der Erwachsenen an Liebe, Zuverlässigkeit und Einfühlsamkeit mangelt bzw. die dem Kind den Eindruck vermittelt, nicht geliebt zu werden.

Über das Austesten von Grenzen und vom Streß, den Grenzen für ein Kind bedeuten

Obwohl Kinder zwar die Notwendigkeit von Grenzen erkennen und auch die Geborgenheit, Sicherheit und Liebe, die sie innerhalb dieser Grenzen erfahren, werden sie trotzdem immer versuchen, diese Grenzen „auszuweiten“. Das Bedürfnis nach Grenzen kann mit einer Art Panik einhergehen, da mit jeder Grenze, die gezogen wird, auch „ein anderes Spiel gespielt wird“. Für ein Kind handelt es sich allerdings nicht um ein Spiel, für ein Kind geht es ums Überleben! Darum wird es Grenzen nicht unbedingt auf der Stelle anerkennen. Ein dreijähriges Kind wird wohl kaum an einem einzigen Tag seine alten Gewohnheiten ablegen und anfangen, seine Mama anders zu behandeln oder in weniger forderndem oder kritischem Ton mit ihr zu sprechen.

Eine Frau erzählte mir, daß sie mit ihrem Kind Probleme hatte, weil es ständig ausprobierte, wie weit es gehen konnte. War es Zeit, zur Schule zu gehen, so wollte es sich nicht anziehen. So versuchte es die Mutter mit allen möglichen Strategien, um das Kind zum Anziehen zu bewegen, doch das Kind weigerte sich ständig. Ich gab ihr folgenden Rat: „Sie müssen Ihre Grenzen klar und deutlich formulieren und mit Bestimmtheit zum Ausdruck bringen, welche Folgen es für ihr Kind hat, wenn es diese Grenzen nicht beachtet, dann wird es sich auch daran halten. Es ist schwierig, doch es gibt keinen anderen Weg.“

Wenn Kinder größer werden, wollen und müssen sie ihre Grenzen kennen: Sie müssen die Grenzen ihrer Umwelt erkennen, die Grenzen von

Gleichaltrigen und Erwachsenen, und sie müssen erkennen, wer sie sind und was sie tun. Das zeigt sich häufig in einem Austesten, wie weit sie gehen können, und in Ungehorsam. Das ist nicht persönlich gemeint. Kindern macht es keinen Spaß, ihre Eltern zu manipulieren – sie lernen es aus Notwendigkeit. Das Manipulieren lernen sie von Eltern, die nicht in der Lage sind, ihren Kindern gegenüber zuverlässige Erwachsene zu sein. Wenn wir auf alles hören, was uns ein dreijähriges Kind sagt, dann kommt es irgendwann so weit, daß das Kind die Elternrolle spielt und wir zum Kind werden, und das ist für ein Kind verheerend. Und selbst wenn sich unsere Kinder darüber beschweren, werden sie uns später, wenn sie als junge Erwachsene aus dem Haus gehen, enorm dankbar dafür sein, daß wir uns nicht von ihnen haben manipulieren lassen.

Disziplin kann für ein Kind auch Streß bedeuten, der allerdings eine ganz gesunde Sache sein kann. Die richtige Art von Streß läßt Stärke und Klarheit in unserem Leben präsent sein. Die meisten von uns hatten das Glück, in einem streßgeladenen Umfeld aufzuwachsen, denn dadurch haben wir, ohne daß wir uns dessen bewußt waren, gelernt, die notwendigen Entscheidungen zu treffen und uns nicht aus der Ruhe bringen zu lassen. Die Welt ist voller Streß. Es ist eine große Gabe, mit Streß in Würde und Gelassenheit umgehen zu können.

Die Art und Weise, wie wir in unserer Gemeinschaft unsere Kinder aufziehen, zielt eindeutig auf möglichst wenig bzw. keinen Streß ab. Wir versuchen, unseren Kindern ziemlich viel Freiheit zu lassen. Man hat dies als *Freizügigkeit* bezeichnet, doch eigentlich ist das nicht das richtige Wort hierfür. Es handelt sich nicht um eine Kindererziehung auf „Hippieart". Wir sollten als Eltern nicht alles erlauben, auch wenn viele Eltern in der Tat zu viele Dinge durchgehen lassen, weil sie im Zusammenhang mit dem Festlegen von Grenzen unsicher sind, in dem Sinne, daß sie Angst haben, einzugreifen, feste Grenzen zu ziehen und diese Grenzen auch durchzusetzen.

Angemessene Grenzen schaffen Streß für ein Kind. Doch obwohl Kinder sich nach Grenzen sehnen und demjenigen, der sie ihnen setzt, unglaublich dankbar sind, ist es nicht ihre Psyche oder Persönlichkeit, sondern das gesunde *Wesen* eines Kindes, welches jene Grenzen möchte und dankbar für sie ist. Kleine Kinder können vom Verstand her nicht verstehen, warum eine bestimmte Grenze gezogen wird, auch wenn sie diese Grenze grundsätzlich wollen, brauchen und dankbar dafür sind.

Wenn wir einfach die nötigen Grenzen festlegen, keine willkürlichen, sondern angemessene Grenzen auf angemessene Art und Weise, dann wird dadurch ein natürlicher und unvermeidbarer Streß für das Kind entstehen, der es auch seinem tieferen Instinkt erlaubt, sich zu zeigen und in solchen Streßzeiten aktiv zu werden.

Ungesunder Streß könnte darin bestehen, daß man ein Kind umgehend auf eine Spezialschule für kleine Genies schickt, sobald es sich für etwas zu interessieren beginnt, sei es für Sport, Musik oder dergleichen – daß man aus ihm zum Beispiel einen großen Musiker machen will. Das wäre ein Ausleben der Projektionen und des Manipulationsbedürfnisses der Eltern, die sich durch das Kind ihre eigenen (elterlichen) Bedürfnisse befriedigen lassen wollen. Dadurch wird natürlich eine andere Art von Streß geschaffen. Es gibt sogar kleine Kinder, die aus ihrem Elternhaus herausgenommen und auf Spezialschulen geschickt werden, wodurch der Stoff der Eltern-Kind-Beziehung in Fetzen gerissen wird. Natürlich wollen wir einem Kind die Möglichkeit geben, sich mit dem zu beschäftigen, wofür es starkes Interesse zeigt, und ihm darin theoretischen und praktischen Unterricht bieten, doch die Umstände, unter denen dies erfolgt, sind entscheidend für seine Gesundheit.

Ziemlich viel konstruktiver Streß entsteht für Kinder auch durch die Interaktion und das Zusammensein mit anderen Kindern. Die Mitarbeit an Gruppenprozessen, die Beteiligung an allen möglichen gemeinsamen Anstrengungen bedeutet für ein Kind, daß es sich auch mit vielen unterschiedlichen Grenzen auseinandersetzen muß, und das ist für ein Kind streßreich, aber von äußerst hohem Wert.

Wie man Grenzen setzt

1. Je einfacher, desto besser

Ich bin der Meinung, je weniger Grenzen, desto besser. Wie bereits im Zusammenhang mit primären und unabänderlichen Grenzen erwähnt, könnte man einem Kind einfach sagen: „Der Herd ist heiß, und du kannst dich daran schwer verbrennen!“ Oder: „In diesem Topf ist kochendes Wasser, damit kannst du nicht einfach herumspielen!“ Ich würde ein Kind nicht mit Rasierklingen und ähnlichen Dingen spielen lassen. Was den Lärm– und Energiepegel beim Spielen angeht, setze ich jedoch sehr wenige Grenzen, es sei denn es geht darum, körperliche Sicherheit zu gewährleisten oder Grausamkeit gegenüber anderen zu verhindern.

Wenn ein Kind mit wenig direkter Disziplin aufwächst, die Eltern aber im wesentlichen ihrem Kind als dem Menschen, der es ist, freundlich gesinnt sind und ein Leben in tadelloser Integrität führen, dann braucht ein Kind nicht viel Disziplin. Das Vorbild der Eltern spricht seine eigene Sprache und überträgt sich auf das Kind. Kinder müssen eigentlich nur wissen, daß sie überfahren werden können, wenn sie vor ein Auto laufen. Ganz einfach. Oder daß man sich verbrennen kann, wenn man ins Feuer hineinhüpft. Aber man braucht Kindern nicht zu sagen: „Das ist ein Feuer, und Feuer ist heiß." Lassen Sie Kinder ruhig einen Finger ins Feuer halten, und glauben Sie mir, noch bevor sie sich die ganze Hand verbrennen, werden sie ihren Finger ganz schnell zurückziehen, und von da an werden sie wissen, daß Feuer heiß ist.

Viele Erwachsene haben die Vorstellung, daß es Kindern so sehr an Intelligenz mangelt, daß sie, wenn wir es ihnen nicht sagen würden, ihren Finger ins Feuer halten, unter unerträglichen Schmerzen sitzen bleiben und sich überlegen würden, ob das Feuer denn nun heiß ist oder nicht. Ganz sicher nicht! Kinder brauchen nur den Bruchteil einer Sekunde, um zu merken, daß Feuer heiß ist, und dann haben sie ihre Lektion gut gelernt.

Ein weiteres Beispiel: Wenn wir ein Kind mit ans Meer nehmen, werden wir es natürlich gut im Auge behalten wollen, da auch kleinere Wellen einen stärkeren Sog besitzen, als ein eineinhalbjähriges Kind Kraft hat. Es reicht, wenn wir einfach gut auf unsere Kinder aufpassen. Das ist alles. Wir brauchen nicht jedesmal, wenn eine große Welle kommt, zu unserem Kind hinzulaufen und zu rufen: „Oh mein Gott, beinahe hätte dich die Welle erwischt, sie hätte dich mit hinaus aufs weite Meer nehmen können, du hättest ertrinken können, und dabei habe ich dich doch so lieb! Was hätte ich bloß ohne dich gemacht, wenn du ertrunken wärest? Wahrscheinlich hätte man dich nie gefunden, und dann wärest du vielleicht von einem Hai gefressen worden." Diese und ähnliche Kommentare, die ich schon am Strand gehört habe, können wir uns sparen. Nichts davon ist notwendig. Belassen wir die Dinge so einfach wie möglich.

„Es kommt immer auf die Umstände an"

Einmal waren wir im Auto unterwegs. Eines der Kinder spielte bei geöffnetem Fenster mit seinem Ball und sagte, daß es ihn aus dem Fenster „in die Berge" werfen wolle. Die Mutter erklärte dem Mädchen folgendes: „Wenn du den Ball aus dem Fenster wirfst, fällt er den Abhang hinunter, und dann können wir ihn nicht mehr holen."

Das Mädchen sagte: „Dann klettern wir eben hinunter und holen den Ball", worauf ihre Mutter antwortete: „Nein, das können wir nicht; wir werden den Ball nicht mehr finden." Ich fügte jedoch noch hinzu: „Außerdem gibt es noch einen anderen Grund."

Sicher hätten wir anhalten und den Abhang hinunterklettern können, und vielleicht hätten wir den Ball nach zwei oder drei Stunden auch gefunden, doch das war für mich nicht der Grund, warum das Mädchen den Ball nicht aus dem Fenster werfen sollte. Ich sagte: „Der Grund ist der, daß wir unterwegs sind von einem Punkt zum anderen und daß wir dafür nur eine bestimmte Zeit zur Verfügung haben, weil ich einen wichtigen Termin einhalten muß. Wir werden nicht anhalten, weil es äußerst schlechtes Benehmen ist, wenn man zu einem verabredeten Termin zu spät kommt."

Mein Grund hatte nichts damit zu tun, ob wir den Ball hätten wiederfinden können oder nicht, obwohl der ganze Aufwand natürlich vollkommen unrealistisch gewesen wäre, wenn man bedenkt, wie leicht wir einen neuen Ball hätten besorgen können.

Ich sagte weiter: „Du mußt einfach verstehen, daß heute auf dieser Fahrt von A nach B folgendes gilt: Ich werde nicht anhalten. Wenn du den Ball aus dem Fenster wirfst, ist er weg; das ist alles. Wenn wir bei uns zu Hause durch die Gegend fahren würden, dann könnte es sein, daß wir anhalten würden, um den Ball zu holen."

Jene Grenze hatte in jener speziellen Situation ihre Berechtigung. Man kann nie vorher wissen, was richtig ist, bis man im Auto sitzt und losfährt. Alles hängt von der jeweiligen Situation ab. Wir nehmen es täglich so, wie es kommt. An einem anderen Tag würden wir vielleicht sagen: „Ich werde dir nicht helfen, den Ball zu finden, wenn du ihn aus dem Fenster wirfst. Aber ich werde anhalten, damit du dir den Ball selbst holen kannst, in Ordnung?"

Natürlich wird ein Kind dann meistens sagen: „Ich will, daß *du* ihn holst", und wir können „ja" oder „nein" antworten, je nachdem. Es ist auch wichtig, daß Kinder wissen, in welchem Maße ihre Eltern etwas für sie zu tun bereit sind – für Kinder ist dies ein Zeichen zuverlässiger Fürsorge – und in welchem Ausmaß sie selbst persönlich für ihr Handeln die Verantwortung übernehmen müssen. Das ändert sich natürlich mit zunehmendem Alter der Kinder, und zwar ziemlich stark. Wenn ein einjähriges Kind in seinem Stuhl sitzt und immer wieder denselben Gegenstand (zum Beispiel einen Löffel) auf den Boden wirft, dann vermittelt es ihm große Sicherheit, wenn es weiß, daß seine Eltern diesen Gegenstand jedes Mal wieder aufheben. Das ist für ein Kind ein Beweis für die Zuverlässigkeit der Eltern. Doch wenn ein zehnjähriges Kind etwas Ähnliches tut, dann haben Sie ein Problem! Von einem zweijährigen Kind sollte man nicht erwarten, daß es sich um seine Wäsche kümmert oder sich selbst etwas zu essen macht, doch von einem Vierzehnjährigen kann man dies unter Umständen schon erwarten.

Kinder müssen das Prinzip lernen, daß zu jeder Situation bestimmte Faktoren gehören und daß diese zuweilen von anderen Menschen festgelegt werden. So mag es sein, daß für ein Kind im Elternhaus eine bestimmte, klar definierte Grenze gilt, daß es sich aber im Haus anderer Menschen, wo andere Regeln herrschen, an eine völlig andere Grenze halten muß. Es kann sogar vorkommen, daß im eigenen Elternhaus für das Kinderzimmer andere Grenzen gelten als für die übrigen Räume des Hauses. Einem zwölfjährigen Kind mag es zum Beispiel erlaubt sein, in seinem Zimmer so viel Unordnung zu haben, wie es möchte, doch im Wohnzimmer oder der Küche wird das höchstwahrscheinlich nicht der Fall sein.

Aus unserem Wunsch heraus, unseren Kindern nicht mehr so viel Aufmerksamkeit widmen zu müssen (bzw. unsere Aufmerksamkeit anderen Dingen zuwenden zu können) oder auch aus dem unbewußten Wunsch heraus, daß sie möglichst schnell groß werden sollen, neigen wir nur allzu leicht dazu, die Grenzen zu lockern und davon auszugehen, daß beispielsweise ein zweijähriges Kind genauso gut mit dem Essen zurechtkommt wie ein zwölfjähriges. Das ist aber einfach nicht der Fall. Andererseits müssen Eltern verantwortungsvoll mit dem stattfindenden Wachstum umgehen. Viele Erwachsene stellen nämlich Regeln für ein zweijähriges Kind auf, und wenn ihr Kind dann vier Jahre alt ist und die Regeln unsinnig geworden sind, halten sie immer noch daran fest, weil sie schließlich diese Regeln aufgestellt haben und weil sie nicht wissen, wie sie ihrem Kind erklären sollen, daß Regeln sich ändern können. Oder weil sie selbst so hart und streng sind, daß sie ihre Kinder voll und ganz beherrschen und manipulieren wollen und „Regeln“ zu ihren Waffen gehören.

Es ist wirklich sehr einfach. Wenn Kinder sagen: „Ich will aber mein Fleisch selbst mit einem scharfen Messer schneiden“, können wir ihnen beispielsweise antworten: „Das darfst du, wenn du älter bist. Dieses Messer ist für ein dreijähriges Kind zu scharf.“ Kinder müssen wissen, daß sich mit zunehmendem Alter viele Regeln ändern werden, weil sie dann auch mehr Dinge tun können. Im wesentlichen braucht man eigentlich nur ein wenig gesunden Menschenverstand. Es ist ganz klar, daß bestimmte Regeln, die „Gebote“, sich niemals ändern werden – Regeln, die damit zu tun haben, daß man unter anderem nicht lügen, betrügen, stehlen oder Menschen verletzen soll. Gleichzeitig sollten Sie von einem Kind, das gerade erst lernt, mit einem scharfen Messer umzugehen, nicht erwarten, daß es sein Essen so schneidet, wie es Ihrem Sinn für Ästhetik entspricht.

Generell ist diese Berücksichtigung der unterschiedlichen Altersstufen und Fähigkeiten für uns ein sehr wichtiger Gesichtspunkt bei der Kindererziehung. Einfach gesagt, geben Sie Kindern nicht mehr Freiraum, als sie tatsächlich verkraften können. Außerdem gilt, daß Kinder sich unterschiedlich schnell entfalten und unterschiedliche Fähigkeiten entwickeln, so daß eine Regel bzw. Grenze, die für ein bestimmtes dreijähriges Kind aufgestellt wurde, nicht unbedingt auch für ein anderes dreijähriges Kind gelten muß.

Grenzen nicht willkürlich setzen

Oft merke ich, daß ich nicht weiß, wie ich mit Kindern reden soll – ich bin nicht gerade kreativ; doch *niemals* würde ich willkürlich Grenzen festlegen oder willkürlich Disziplin ausüben. Ich halte dies für einen ganz entscheidenden Punkt. Wenn wir einem Kind eine Grenze setzen, sollten wir immer in der Lage sein, dem Kind in einer Sprache, die es verstehen kann, zu erklären, warum wir diese Grenze gezogen haben – warum diese Grenze wichtig ist. Antworten wie: „Das gehört sich so!", „Das hat mein Vater schon immer so gemacht!" oder „Ich bin schließlich der Vater bzw. die Mutter – darum!" sind völlig inakzeptabel, ja sogar absolut lächerlich.

Mit die erkenntnisreichste Erfahrung, die ich je mit Kindern hatte, brachte mir ein Erlebnis mit meiner ältesten Tochter. Ich hatte beschlossen, mit ihr ins Disneyland nach Florida zu fahren und vielleicht eine Woche zu bleiben, nur wir beide, sie und ich. Sie war damals vier oder fünf Jahre alt.

Wenn ich sonst etwas mit meinen Kindern unternommen habe, dann konnte es schon gelegentlich vorkommen, daß sie weinten oder ein wenig Theater machten, und ich hätte nie gedacht, daß es überhaupt nicht notwendig ist, daß Kinder ab und zu weinen oder sich ein wenig anstellen. Doch in jenem Urlaub gab es keinerlei Streit, keine Auseinandersetzungen, überhaupt keine Spannungen. Meine Tochter weinte nicht, quengelte nicht und beklagte sich nicht. Es gab nichts, was sie oder mich aus der Fassung gebracht hätte. Vor unserer Abfahrt hatte ich zu ihr gesagt: „Du weißt, wir werden jetzt lange Zeit zusammensein. Deine Mutter ist tausend Meilen weit weg. Ich bin nicht immer geduldig, aber ich habe dich sehr lieb, und ich wünsche mir, daß dies ein schöner Urlaub wird. Doch eines mußt du verstehen – ich will zwar nicht den harten Typ spielen, aber ich meine, was ich sage." Ich wußte, daß sie wußte, was ich meinte – daß meine Grenzen fair und unverrückbar waren. Es gab überhaupt keine Probleme! Das war eine völlige Offenbarung! Und sie hatte eine wundervolle Zeit, und ich ebenso.

Die ersten drei Male, die ein Kind eine Grenze überschreitet, würde ich nicht ständig wiederholen: „Du weißt, daß ich meine, was ich sage!“ Ich würde dem Kind eine klare Warnung geben und dann die Grenze durchsetzen, allerdings nicht mit Gewalt oder Zorn, nicht zu schroff und auch nicht mit unangemessenen Strafen. Einfach bestimmt und sachlich. Ich würde abwarten, bis mir ein Kind durch sein Nicken zu verstehen gibt, daß es meine Worte gehört hat, selbst wenn ich weiß, daß es mich gehört hat. Ich würde ihm trotzdem so viel Respekt entgegenbringen, ihm bewußt in die Augen zu schauen. Murmeln Sie also Ihre Regeln nicht vor sich hin und erwarten Sie dann, daß Ihr Kind sie verstanden hat. Sprechen Sie klar und deutlich, suchen Sie Blickkontakt und fragen Sie Ihr Kind, ob es Sie gehört und die Grenze verstanden hat.

Nehmen Sie Kindern die Entscheidung nicht ab! Lassen Sie ein Kind seine eigenen Entscheidungen treffen, selbst wenn es sich bei einer solchen Entscheidung um unsere Definition der Abmachung handelt. Wenn Kinder den Kopf zur Seite gedreht oder sich die Ohren zugehalten haben, während ich mit ihnen sprach, dann habe ich mich zu ihnen umgedreht, sie angeschaut und gesagt: „Wir werden damit so lange weitermachen, bis ihr mich ausreden laßt. Es dauert nur ein paar Sekunden.“ Wenn sie dann zu mir her schauten, sagte ich ihnen: „Ich meine, was ich sage, und werde versuchen, nicht willkürlich zu handeln; und ich möchte hören, was ihr dazu zu sagen habt. Doch ich habe mit diesen Dingen mehr Erfahrung als ihr, und darum habe ich auch das letzte Wort.“ (Kein Kind hat mich jemals gefragt, was „willkürlich“ bedeutet. Kinder wissen, was es heißt.)

Ich habe den Kindern auch gesagt: „Ab und zu werde ich vielleicht auch einmal einen Fehler machen, und wenn das passiert, werde ich alles tun, um den Fehler zu wieder gutzumachen; doch ich bin immer noch derjenige, der die Grenzen festlegt.“ Das ist die Ebene, auf der ich mich mit einem Kind verständigen möchte. Wenn ich einen Fehler mache und zu heftig werde, dann werde ich mich bei ihm ganz bestimmt entschuldigen. Aber ich werde ihm auch erklären: „Ich bin für dich verantwortlich, und solange das der Fall ist, gilt diese Abmachung. Ich meine, was ich sage. Ich bin hier der Manager deiner Umwelt. Sobald du in der Lage bist, für dich selbst zu sorgen, hast du meinen ganzen Segen, das kannst du mir glauben. Doch solange ich für dich verantwortlich bin, müssen wir diese Abmachung treffen.“

* * *

Der eine oder andere von Ihnen, der es gewohnt ist, im Umgang mit seinem Kind *unter allen Umständen* Disziplin walten zu lassen, und dessen Kind ebenfalls daran gewöhnt ist, wird sich vielleicht eines Tages dabei ertappen, wie er mit einer bestimmten Sache wirklich willkürlich umgeht und daraufhin die Vorschriften ein wenig großzügiger auslegt. Dann wird das Kind fragen: „Warum hast du das getan?“ Es will wissen: „Warum hast du mir das durchgehen lassen?“ Und dann müssen Sie Ihren Standpunkt ganz klar vertreten können.

Eine gute Antwort wäre zum Beispiel: „Weil ich den Eindruck hatte, daß diese Regel unter den gegebenen Umständen nicht unbedingt gerechtfertigt ist, und weil ich das Gefühl hatte, daß du alt genug bist, um das und das zu tun, ohne daß ich dir auf die Pelle rücke“ oder dergleichen. Nicht einfach: „Ach, ich habe gerade gute Laune.“ Wenn Sie zum Beispiel wie wir auf eine bestimmte Ernährung achten, sich vielleicht hauptsächlich vegetarisch ernähren, und wenn Sie wie wir Ihren Kindern gelegentlich unterwegs einen Hot Dog erlauben, dann würden wir auf die Frage „Wie kommt das denn?“ antworten: „Heute ist ein besonderer Tag, und an besonderen Tagen gibt es Zeiten, zu denen wir unsere Ernährungsregeln etwas lockern.“ Ansonsten sollte man aber grundsätzlich auf dieser Grenze bestehen.

Kinder wollen ein fester und funktionierender Bestandteil ihrer Umwelt sein. Wenn sie solche Fragen stellen, dann geht es ihnen nicht darum, uns „eins auszuwischen“. Sie wollen wirklich wissen, wie sie am besten ein funktionierender Teil ihrer Umwelt werden können. Sie wollen wissen, wie die Regeln aussehen, damit sie ihre Grenzen nicht überschreiten. Ein aufgewecktes Kind wird Fragen stellen, sobald es sprechen kann; sogar schon vorher – es wird mit den Augen fragen, und es wird wissen wollen, was vor sich geht. Doch, um es noch einmal zu sagen, Kinder fragen nicht, weil sie unsere Autorität in Frage stellen wollen, sondern weil sie dadurch etwas über ihre Welt lernen. Sie wollen wissen, warum ihnen manche Dinge verboten sind und andere nicht. Die wichtigste Regel in diesem Zusammenhang lautet: Vermeiden Sie Heuchelei!

* * *

Wenn Kinder größer werden, werden wir unter anderem feststellen, daß verschiedene Menschen die Dinge unterschiedlich handhaben. So kann es beispielsweise sein, daß unser Kind von einer Spielgruppe nach Hause kommt, etwas Bestimmtes tut und wir zu ihm sagen: „Oh nein, so geht das nicht!“ Dann wird es sich ganz entschlossen vor uns aufbauen, sich wirklich wichtig machen und antworten: „Bei Mary darf ich das aber.“

In so einem Fall antworte ich: „Jeder Erwachsene hat ein anderes Gefühl für Grenzen, hat andere Regeln. Du mußt auf denjenigen Erwachsenen hören, der im jeweiligen Moment zuständig ist.“ Und das ist die Wahrheit. Besser, als zu sagen: „Na ja, ich finde, Mary läßt die Zügel ein wenig zu sehr schleifen, ich werde wohl besser einmal mit ihr reden.“

Wenn ein Kind sagt: „Wie kommt es, daß ich das dort machen darf und hier nicht?“, – was es mit Sicherheit tun wird, es wird ganz sicher fragen –, und wenn ich diesem Kind eine Grenze gesteckt habe, die nicht willkürlich ist, für die ich einen bestimmten Grund habe und an die ich glaube, dann antworte ich: „Ich bin dieser Überzeugung, aber der andere Mensch hat offensichtlich eine andere Einstellung, und das ist sein gutes Recht. So liegen die Dinge nun einmal. Du aber mußt auf den Menschen hören, der an dem Ort das Sagen hat, an dem du dich gerade befindest.“

Ein anderer wichtiger Punkt, den man berücksichtigen sollte, ist der, daß man die Regeln nicht unterlaufen sollte, die der Partner dem Kind gesteckt hat. In der Praxis empfiehlt es sich, daß sich beide Partner im Vorfeld auf bestimmte Grenzen für ihr Kind einigen (wenn das Kind nicht anwesend ist), um zu vermeiden, daß es zu einem Elternteil hingeht und um ein Stück Schokolade bettelt, wenn es genau weiß, daß ihm der andere Elternteil keine Schokolade geben würde. Wir sollten stets unser Bestes tun, um unseren Partner zu unterstützen und vor allem nicht in Gegenwart des Kindes und des anderen Elternteils dessen Regeln ändern. Daraus wird ein Kind lediglich lernen, die Eltern gegeneinander auszuspielen, um das zu bekommen, was es möchte.

Wenn ein Kind also sagt: „Kann ich ein Stück Schokolade haben?“, antworten wir: „Hast du Mutti schon gefragt?“

„Ja-a.“

„Was hat Mutti denn dazu gesagt?“

„Sie hat nein gesagt.“

In einem solchen Fall ist es sinnvoll zu antworten: „Nun, dann ist die Antwort nein“, statt sich verstohlen umzublicken und zu antworten: „Na ja, ich nehme an, dieses eine Mal geht es schon in Ordnung.“ Dadurch kommt, wie man sich gut vorstellen kann, eine sehr ungesunde Dynamik in Gang. Darum bin ich dafür, daß die Eltern (und möglichst auch andere Beteiligte), sofern sie daran denken, bereits vorher versuchen, sich abzustimmen, und daß sie daran arbeiten, als Eltern, als Familie eine gewisse Beständigkeit zu wahren und eine Einheit zu bilden, wenn es um Grenzen für ihre Kinder geht.

Manche Erwachsenen sind im Zusammenhang mit den Verhaltensweisen, die sie durch ihr Schweigen unterstützen, ein wenig zu großzügig. Sie brauchen einem Kind nicht ständig Moralpredigten zu halten, doch ein paar wichtige Unterscheidungshilfen sollten Sie ihm schon geben, damit es begreifen kann, warum Sie gewisse Grenzen ziehen. Sie könnten ihm sagen: „Fenster sind nicht dazu da, daß man Bauklötze dagegen wirft". Das ist die Art und Weise, in der ich gerne die Sprache benutze. Oder: „Zwischen einem Spielzeug und einem antiken Stuhl gibt es gewisse Unterschiede." Das ist eine Tatsache. Es *macht* großen Spaß, auf Stühlen herumzuhüpfen, und manchmal ist es auch in Ordnung, wenn Kinder dies tun. Doch es ist eine Tatsache, daß ein Stuhl kein Spielzeug ist. Ein Stuhl ist ein Möbelstück. Und viele Erwachsene können oder wollen, wie mir aufgefallen ist, einfach nicht sagen: „Eine Küchenmaschine ist kein Spielzeug. Und darum geht es wirklich nicht, daß du Steine hineinwirfst und die Maschine einschaltest." Wenn ein Erwachsener so etwas sagt, wird ein Kind immer antworten: „Aber es macht mir Spaß, mir gefällt das." Und die ehrliche Antwort darauf lautet: „Wir können eben nicht immer tun, wozu wir Lust haben."

Kinder brauchen keine achtzig Mal am Tag von uns zu hören, daß „das nicht angemessen ist." Geben Sie Kindern einfach klare Unterscheidungen vor. „Das ist ein Spielzeug und jenes nicht." „Das ist zwar kein Spielzeug, aber du darfst damit spielen." Oder: „Das ist kein Spielzeug und kommt nicht für diese Art von Spiel in Frage." Oder was auch immer.

Als nächstes wird ein Kind dann vielleicht fragen: „Für welche Art von Spiel kommt es denn in Frage?" Und dann werden Sie ihm zum Beispiel folgendes erklären müssen: „Du kannst die Stuhlkissen nehmen, um damit eine Burg zu bauen. Doch wenn du das Kissen von einem Stuhl nimmst, dessen Sitzfläche nur mit Stoff bespannt ist, und längere Zeit auf dem Stuhl herumhüpfst, dann geht er kaputt. Nicht „vielleicht" – es ist überhaupt keine Frage, daß der Stuhl darunter leiden wird, wenn ein Kind mit ihm genauso umgeht wie mit einem Spielzeug. Und wenn ein dreijähriges Kind dies tut, werden es die Siebenjährigen bald genauso machen, und dann dauert es wirklich nicht lange, bis der Stuhl kaputt ist. Definieren Sie also einfach die Realität für Kinder in einer ganz bestimmten Weise. „Das ist kein Spielzeug. Ein Stuhl ist ein Möbelstück. Ein Stuhl hat einen anderen Zweck als ein Spielzeug."

Man ist gut damit beraten, wenn man Kindern nicht mit Dingen droht, die man nicht ernst meint, und darauf achtet, daß die Konsequenzen der jeweiligen Situation angemessen sind. Wenn wir zum Beispiel einen Besuch im Disneyland geplant haben, dann würde ich niemals sagen: „Wenn du nicht aufhörst, deine Schwester zu ärgern, dann bleiben wir zu Hause.“ Man sollte einen Ausflug ins Disneyland nicht als Preis für gutes Benehmen aussetzen. Ein solches Ereignis sollte davon unberührt bleiben. Man könnte statt dessen mit anderen Sachen drohen wie beispielsweise: „Wenn du nicht aufhörst ..., bekommst du kein Eis, gibt es keine Pommes, bekommst du keine Cola ...!“, mit kleinen Dingen, die einem Kind jedoch etwas bedeuten, niemals aber mit so großen Dingen, die für ein Kind völlig niederschmetternd sind. Die wirklich wichtigen Dinge würde ich niemals als Drohung benutzen, denn wenn unsere Kinder uns wirklich dazu bringen, daß wir eine Drohung wahr machen müssen, dann sollten wir besser auch bereit dazu sein. Außerdem begehen Kinder keine so großen Untaten, als daß es gerechtfertigt wäre, ihnen die großen Ausflüge vorzuenthalten! Das hat nichts mit Disziplin zu tun, das ist Grausamkeit.

Trotz allem müssen wir zuverlässig bleiben – zu unserem Wort stehen; denn wenn wir einem Kind gegenüber erst einmal unsere Glaubwürdigkeit verloren haben, dann haben wir sie für immer verloren. Und wenn wir in unserem Leben eine klare und liebevolle Beziehung zu unseren Kindern haben möchten, dann sollten wir dafür sorgen, daß sie uns nicht für Heuchler halten. Wenn wir einen Ausflug ins Disneyland streichen, dann wird ein Kind das bis an sein Lebensende nicht vergessen. Ein Eis können wir ihm zwanzigmal streichen, es wird diesen Vorfall nicht in derselben Weise in Erinnerung behalten. Trotzdem sind die kleinen Dinge in einem solchen Moment genauso wichtig wie dieser Ausflug ins Disneyland, und darum könnte es eine angemessene disziplinarische Maßnahme sein, ein Eis zu streichen.

Dinge, auf die *ich* mich wirklich freue, benutze ich ebenfalls nicht als Drohung. Mir macht es Spaß, in den Zoo zu gehen, weil es den Kindern immer solchen Spaß macht, und darum würde ich einen Zoobesuch niemals als Drohung benutzen – wenn sie es darauf anlegen, muß ich zu meiner Drohung stehen, und es nutzt niemandem, wenn ich mich selbst bestrafe, wo es doch eigentlich um eine Strafe für ein Kind geht.

Wenn sich die Kinder seit Wochen auf eine geplante Reise freuen und sie dann herumtrödeln, Theater machen und sich nicht anziehen wollen, werde ich niemals sagen: „Wollt ihr jetzt mitfahren oder nicht?“ Niemals! Wie würden wir denn dastehen, wenn ein Kind dann in einem Anfall von Gereiztheit sagt: „Ich habe keine Lust, mitzufahren!“? Die Koffer sind gepackt, der Motor läuft schon ..., sollen wir dann etwa sagen, daß wir es gar nicht so gemeint haben? Falls wir das tun, dann haben wir für immer unsere Glaubwürdigkeit verloren. „Dann bleiben wir eben zu Hause“, sage ich allerdings schon, wenn ich lediglich vorhabe, eine Stunde wegzufahren und ein paar nicht ganz so wichtige Dinge für mich selbst zu erledigen, und wenn ich normalerweise die Kinder mitgenommen und mit einem Stück Kuchen oder Schokoladenkeksen (keines von beiden steht bei uns auf dem täglichen Speiseplan und ist darum etwas ganz Besonderes) für ihr Mitkommen „belohnt“ hätte. Wenn es sein muß, statuiere ich auch ein Exempel – ich nehme die Kinder und trage sie schreiend und strampelnd ins Auto. Denn in der Regel sind sie schon nach drei Minuten Fahrt bereit, sich anzuziehen und sind so glücklich, wie ein Kind nur sein kann. Das würde ich der Frage vorziehen: „Wollt ihr mit nach Kalifornien kommen? Falls nicht, dann braucht ihr euch auch nicht anzuziehen!“ Denn eine große Reise ist nichts, was man so leicht neu regelt.

Wenn ein Ausflug nicht so wichtig ist und Sie bereit sind, ihn zu streichen, dann sagen Sie Ihrem Kind: „Weißt du, wir brauchen nicht unbedingt zu fahren. Wenn du wirklich keine Lust hast, dann laß uns zu Hause bleiben.“ Natürlich können wir immer noch versuchen, ein Kind mit einem Eis oder einem neuen Spielzeug zu locken, doch dann bringen wir ihm bei, es auf Bestechung anzulegen, womit gemeint ist, daß es uns erpressen und gegeneinander ausspielen lernt („Also Mutti, entweder du gibst mir das neue Skateboard, oder ich sag's Papa.“)

Sagen Sie niemals nein, wenn Sie nicht auch bereit sind, dieses Nein durchzusetzen. Wenn Sie wissen, daß Sie es nicht durchsetzen werden, dann verzichten Sie darauf, Sie Wortverdreher! Denn bei manchen Kindern reicht es schon, wenn sie es einmal geschafft haben, sich um eine feste, von Ihnen gezogene Grenze herumzumogeln, um Ihnen danach nie mehr zu vertrauen. Sie werden Ihre Autorität respektieren, weil sie es müssen – weil Sie größer und stärker sind und ihnen die Dinge verweigern können, die sie haben möchten. Aber sie werden Ihnen nicht vertrauen. Darum müssen Sie die Grenzen, die Sie festgelegt haben, auch aufrechterhalten.

Selbst wenn Sie eher *impulsiv* nein gesagt haben, sollten Sie dazu stehen, damit Kinder lernen, daß sie Ihnen vertrauen können – daß Sie vertrauenswürdig und zuverlässig sind und daß sie sich auf das verlassen können, was Sie sagen. Denn schneller, als es Ihnen lieb sein wird, werden Ihre Kinder eine feste Beziehung haben, Auto fahren und mit Freunden durch die Stadt bummeln, und dann wäre es ganz hilfreich, wenn sie Ihrem Wort vertrauen.

Ich finde, wenn wir Kindern mit einer Strafe drohen, dann sollten wir die Strafe auch verhängen, wenn sie ihre Grenzen wirklich überschreiten. Doch wir sollten unbedingt sicherstellen, daß die Drohung in der jeweiligen Situation gerechtfertigt ist. Natürlich ist es am besten, wenn man Disziplin auch durchsetzen kann, ohne Drohungen aussprechen und wahr machen zu müssen. Vor allem, weil es manchmal gar nicht so einfach ist, die eigenen Drohungen wahr zu machen. Doch wenn wir drohen, müssen wir auch konsequent sein. Natürlich können wir uns entschuldigen, wenn wir in einem Anflug von Ärger eine Drohung ausgesprochen haben und im nächsten Moment der Meinung sind, daß sie nicht angemessen war. Doch besser wäre es, die Drohung erst gar nicht auszusprechen. Überlegen Sie sich diese Dinge gut. Handeln Sie nicht impulsiv oder blind, ohne sich der Folgen und Konsequenzen bewußt zu sein.

Drohungen, die sich auf einen längeren Zeitraum beziehen, wie etwa: „Einen Monat lang kein Eis", sollten Sie ebenfalls vermeiden. Wir schaffen es nicht einmal, uns eine Woche lang daran zu *erinnern*, geschweige denn einen Monat lang. Wir können nicht einen Monat lang konsequent sein. Wenn wir sagen: „Du darfst einen Tag oder drei Tage lang nicht ins Schwimmbad gehen!", dann ist dies in Ordnung. Doch wenn wir sagen: „Also, einen Monat lang kein *was auch immer es sein mag!*", dann haben wir schon bald vergessen, worum es eigentlich ging, geben nach, das Kind tut uns leid, bis wir uns dann irgendwann sagen: „Na ja, ich war ihm böse. Die Strafe war zu hart ..." und schließlich unser Wort brechen.

Disziplin sollte (möglichst) auf der Stelle geübt werden, damit ein Kind weiß, wofür es bestraft wird. Wenn ein Kind erst zwei Wochen nach einem Vorfall bestraft wird, dann hat es keine Ahnung mehr, wofür es die Strafe bekommt, und das schafft nur Verwirrung. Ich spreche hier natürlich von kleinen Kindern. Achtzehn- oder Neunzehnjährige haben ein ganz anderes Zeitgefühl als Dreijährige.

Sagen Sie außerdem niemals zu einem Kind: „Ich gehe jetzt, und wenn du nicht mitkommst, dann kannst du hier bleiben!" Lassen Sie ein Kind niemals auf diese Art und Weise stehen. Niemals! Denn das ist eine Drohung, bei der Sie einen Rückzieher machen müssen, und mit jedem Rückzieher, den Sie machen, tun Sie Ihrem Kind keinen Gefallen. Dadurch verschaffen Sie ihm einen neurotischen Einfluß auf Sie. Sie sollten Ihren Kindern gegenüber stets Ihr Wort halten. Wenn Sie zu Hause sind und dort zu Ihrem Kind sagen, daß es im Schlafzimmer bleiben kann, während Sie in die Küche gehen, dann ist die Situation natürlich eine ganz andere, als wenn Sie dergleichen in einem Kaufhaus, einem Einkaufszentrum oder einem Park weit weg von zu Hause o. ä. sagen. Kleine Kinder haben wirklich schreckliche Angst davor, von ihren Eltern allein gelassen, verlassen zu werden. Sie können ein Stück weitergehen und dann sagen: „Na komm", und ein Kind wird fast immer loslaufen, so schnell es nur kann, um Sie noch einzuholen. Manchmal werden Kinder natürlich auch dickköpfig sein – sie wollen sehen, wie weit ihre Eltern gehen. Wenn ein Kind sehen will, wie weit ich gehe, dann laufe ich zu ihm zurück und sage: „Weißt du, ich möchte wirklich, daß du alleine gehst, denn ich kann dich nicht mehr überallhin tragen, dafür bist du schon zu groß!", und meist ist es dann bereit mitzukommen. Wenn ein Kind zwei oder drei Jahre alt ist, dann nehme ich es einfach hoch und trage es.

Wenn Erwachsene ruhig und geduldig sind, nicht schimpfen und liebevoll sind, dann ist es allerdings selten nötig, Drohungen wahr zu machen, selbst wenn es Momente gibt, in denen man einem Kind sagen muß, welche Folgen die Mißachtung von Grenzen hat. Doch *niemals*, ich wiederhole, *niemals*, darf man einfach davonlaufen, als würde man sein Kind wirklich verlassen wollen.

Wenn wir können, ist es ratsam, Kindern immer noch einen Ausweg offen zu halten. Wenn ein Kind zum Beispiel sagt: „Trage mich!", können wir ihm antworten: „In Ordnung, wenn du bis zu dem und dem Punkt alleine gehst, dann werde ich dich von dort an tragen." Es ist nützlich zu wissen, wie man mit Kindern verhandeln kann.

Man sollte Kindern die Chance lassen, ihr Gesicht zu wahren und sich auf die elterlichen Forderungen einzustellen. Wenn wir das nicht tun, dann steht uns entweder jede Menge Streit bevor, oder wir bekommen ein sehr neurotisches, unglückliches und angepaßtes Kind. Wir können mit Kindern verhandeln, aber wir sollten nicht gegen unser Wort verstoßen. Geben Sie Kindern die Chance zu lernen, wie sie mit Anstand aus Dingen herauskommen können, die sie nicht wirklich so gemeint haben. Häufig wird ein kleines Kind, dessen Aufmerksamkeitsspanne nur ein paar Augenblicke anhält, vielleicht ein recht dickköpfiges, trotziges Verhalten an den Tag legen und ein, zwei Minuten später vielleicht schon zu einem ganz anderen Verhalten bereit sein. Darum sollten wir Kindern die Gelegenheit geben, aus ihrem impulsiven, aber momentanen Verhalten in einer Weise herauszukommen, daß sie sich nicht „schlecht" oder „unrecht" zu fühlen brauchen oder nicht allzu schwer dafür bestraft werden.

Grenzen ziehen ohne Wertung

Es kann schwierig werden, Kindern zu sagen, was angemessen ist und was nicht, wenn man die Dinge nicht in gut und schlecht einteilen und ihnen keine selbstgerechten Moralvorstellungen aufbürden will, sondern statt dessen gesunden Menschenverstand und Umsicht vermitteln möchte. Es gibt jedoch Wege, dies zu tun. Angenommen, ein Kind zeigt bei Tisch schlechtes Benehmen, uns ist aber klar, daß es nur die Aufmerksamkeit auf sich ziehen will, dann können wir sagen: „Der Eßtisch ist nicht der richtige Ort, um sich so aufzuführen."

Ein Kind fragt daraufhin mit Sicherheit: „Warum?"

„Weil sich am Eßtisch alle treffen, um miteinander zu essen und das gemeinsame Beisammensein zu genießen, und ein solches Verhalten stört eine Menge Leute. Wenn du mit mir alleine am Tisch sitzen würdest, könntest du dich möglicherweise so aufführen; dann wäre es vielleicht in Ordnung. Doch du bist nicht alleine, du bist hier in Gesellschaft anderer Menschen. Du mußt alle Umstände in Betracht ziehen und darauf achten, mit wem du zusammen bist."

Ich würde diese Ausdrucksweise Kindern gegenüber nicht unbedingt benutzen wollen, sie ist ein wenig zu „erwachsen" und ein wenig zu sehr predigend, worauf es jedoch ankommt, ist, daß wir unsere Worte immer den Umständen anpassen können, daß wir die Dinge nicht in gut und schlecht einteilen und einem Kind nicht sagen, daß es gut oder schlecht ist. Es geht schließlich um das Benehmen des Kindes und nicht um sein Wesen bzw. darum, wer es als Mensch ist.

In dieselbe Richtung geht es, wenn manche Leute, Männer ebenso wie Frauen, ihre Kinder zwar ziemlich gut im Griff haben, ihr Ton jedoch mehr kaputt macht, als die Disziplin nutzt, die sie ihren Kindern beibringen. Sie erniedrigen ihre Kinder, würdigen sie herab und beschimpfen sie. Ich bin dafür, einen Ton zu vermeiden, der Kindern das Gefühl gibt, daß sie „schlecht" oder im Unrecht sind. Manche Leute sagen gar nichts, was wahrscheinlich die bessere Alternative ist, doch wenn man eine gewisse Disziplin will, muß man oft *etwas* sagen.

Grenzen und gutes Benehmen

Kinder müssen lernen, sich nach den Faktoren zu richten, die am jeweiligen Ort bzw. in der jeweiligen Umgebung gegeben sind, und dazu gehören auch die „Regeln" für die Situation, in der sie sich gerade befinden. Wir arbeiten mit Kinder so, d. h. ich zumindest, daß wir die in der jeweiligen Situation geltende Etikette beachten. Viele Erwachsene scheuen sich, einem Kind etwas abzuschlagen, aus lauter Angst, daß ihrem Kind dadurch etwas entgehen könnte. Wenn ein Kind erst einmal gelernt hat, wie leicht es seine Eltern beherrschen kann, wird es dies immer wieder tun, da es aus seiner Erfahrung mit Grenzen heraus annimmt, daß das, was es tun kann, auch richtig ist. Ein Kind wird niemals davon ausgehen, daß seine Eltern schwach sind oder Fehler machen. Zu einem späteren Zeitpunkt werden Kinder dies natürlich klar erkennen, doch dann ist es bereits zu spät, dann dominieren und manipulieren sie schon aus Gewohnheit. Wenn ein Kind bei einem offiziellen Essen zum Beispiel einfach ans Buffet geht und anfängt, sich mit seinen Fingern kleine Leckereien in den Mund zu stopfen, dann wissen viele Eltern nicht, wie sie in diesem Falle nein sagen sollen, weil ihr Kind ja zu Hause jederzeit alles essen darf, was es möchte. Doch auf einer steifen und förmlichen Hochzeitsfeier wird man sich schließlich anders verhalten als an einer Würstchenbude am Straßenrand (zumindest gehe ich davon aus).

Ein besseres Beispiel ist vielleicht folgendes: Wenn ein Kind in einen Raum kommt, in dem eine Diskussion zu einem bestimmten Thema stattfindet, dann kann das Kind gerne im Raum bleiben, solange es die Diskussion nicht stört, das ist völlig in Ordnung. Andernfalls würde man diesem Kind sagen: „An diesem Ort hat die Diskussion Vorrang, und wenn du das respektieren kannst, dann kannst du hier bleiben. Falls nicht, dann laß uns an einen Ort gehen, an dem du spielen und laut sein kannst, das ist überhaupt kein Problem. Das also sind die Regeln, falls du hier bleiben willst. Wenn du nicht bleiben möchtest, dann laß uns spielen gehen. Laß uns hinausgehen und ein wenig herumtollen!" Häufig werden Kinder aus unterschiedlichen Gründen lieber *im* Raum bleiben wollen und dadurch lernen, die Grenzen jenes Ortes zu respektieren. Wir könnten auch sagen: „Wir sind hier nicht zu Hause, und die Regeln werden hier nicht von uns gemacht. Im Leben ist es sehr wichtig zu verstehen, daß wir häufig die Regeln anderer respektieren müssen."

Wenn es darum geht, Kindern eine gewisse Sensibilität für Räume und Orte beizubringen, hoffen wir im großen und ganzen jedoch darauf, daß sie hauptsächlich durch die Beobachtung unseres eigenen Verhaltens lernen, wie man sich an einem bestimmten Ort benimmt, und weniger durch die verbale oder rhetorische Definition eines Ortes. Zu Beginn ist das Setzen von Grenzen natürlich ein Weg, um den Lernprozeß in Gang zu bringen. Wenn Kinder die Grenzen erst einmal verstanden haben und wir uns selbst an die Grenzen halten, dann werden Kinder dies in der Regel ebenfalls tun.

(Die folgenden Abschnitte beschreiben anhand von einzelnen Beispielen genauer, welche Grenzen man an welchen Orten ziehen kann. Der Autor beabsichtigt damit keine ausführliche oder erschöpfende Abhandlung des Themas, sondern möchte lediglich aufzeigen, wie einige der bisher dargelegten allgemeinen Prinzipien in die Praxis umgesetzt werden können. Der Herausgeber.)

Grenzen bei Tisch

Wenn ein Kind in den ersten Lebensjahren nicht mit am Tisch sitzen möchte, sollte ein Elternteil bzw. ein Erwachsener mit ihm vom Tisch aufstehen und es nicht zwingen, sitzen zu bleiben. Sobald ein Kind aber fließend sprechen kann – im Alter von etwa zwei bis zweieinhalb Jahren –, können wir durchaus zu ihm sagen: „Ich möchte mit den anderen ein paar Minuten bei Tisch sitzen, und es wäre sinnvoll, wenn du dich zu mir setzt, *oder aber* du kannst in der Küche spielen, wo ich dich beobachten kann, *oder* du bringst deine Spielkiste hierher und spielst hier bei uns; ich aber möchte bei der Familie (oder bei meinen Freunden) am Tisch sitzen bleiben, weil ich sie den ganzen Tag nicht gesehen habe. Ich habe den gesamten Vormittag mit dir verbracht, und jetzt kannst du mich ruhig eine Weile bei Tisch sitzen lassen!" – oder etwas Ähnliches, das der jeweiligen Situation genau angepaßt ist. Ich persönlich würde nicht ständig vom Tisch aufspringen, doch das hängt in hohem Maße vom Kind und der jeweiligen Situation ab.

Als kleiner Junge war ich, wann immer wir irgendwo zu Besuch waren, in dem Moment vom Tisch verschwunden, da das Essen vorüber war. Ich habe es sprichwörtlich keine einzige Minute bei Tisch ausgehalten und durfte auch aufstehen. (Ich war überhaupt nie ein geselliger Mensch.) Doch jetzt ist es genau umgekehrt, und das habe ich durch das Vorbild meiner Eltern gelernt. Ich genieße das gemeinsame Beisammensein und die Unterhaltung während der Mahlzeiten, auch dann noch, wenn das Essen längst vorüber ist. Die Geselligkeit der Mahlzeiten ist in vielen Familien ein kulturelles Ereignis – das gemeinsame Essen, die Freude am geselligen Beisammensein und so weiter ist etwas ganz Besonderes. Ich bin der Meinung, daß Mahlzeiten eine Zeit des sanften und vertrauten persönlichen Umgangs miteinander sein sollten und daß man Kindern die Möglichkeit geben sollte, von alleine festzustellen, daß der Eßtisch der „Ort des Geschehens" ist. Wenn sie bei Tisch sitzenbleiben möchten, dann halte ich es nicht für richtig, sie die ganze Zeit zum Schweigen bringen zu wollen. Wenn sie sich am sozialen Geschehen beteiligen, dann sollten sie das auch auf ihrer Energieebene tun dürfen.

Solange Kinder klein sind, wollen sie zumeist ganz einfach lieber spielen, und wenn sie ständig stören, gibt es auch keinen Grund, darauf zu bestehen, daß sie sitzen bleiben. Wenn jedoch der Tisch der Ort des Geschehens ist, dann verlangt man von einem Kind im Grunde, seine nährende Quelle zu verlassen, wenn man es auffordert, vom Tisch aufzustehen. Kinder werden sich vielleicht auf die Gelegenheit stürzen, spielen zu dürfen, doch nach einer Weile werden sie erkennen, daß die Quelle, die sie nährt, bei Tisch ist. Wir können Kindern diese Dinge nicht erklären, und sie haben mit Sicherheit keine Lust, die ganze Zeit Vorträge zu hören. Doch schließlich sind Kinder sensibel und werden ihre eigenen gefühlsmäßigen Schlüsse ziehen.

Wenn sich ein Kind gar zu wild aufführt oder zu sehr stört, um die Aufmerksamkeit aller auf sich zu lenken, kann es schon notwendig werden, daß man es auffordert, den Tisch zu verlassen. Man könnte zu ihm sagen: „Wenn du es nicht schaffst, dich bei Tisch so zu benehmen, daß es für alle angenehm ist, dann kannst du aufstehen." Keinesfalls aber: „Halt den Mund oder geh!" Man sollte die natürliche Ausgelassenheit eines Kindes *nicht* ersticken, doch wenn sie so ausgelebt wird, daß sie störend wirkt, dann sollte ein Kind seine Überschwenglichkeit an einem anderen Ort ausleben dürfen. Der Weg, den ich dabei einschlage, ist der, daß ich einfach sage, wie es sich verhält – *nicht* aber aus dem Kind einen schlechten Menschen mache, nur weil es den Tisch verlassen muß. Es geht hier ganz eindeutig um gute Umgangsformen an einem bestimmten Ort. Anstatt einem Kind schlechtes Benehmen vorzuwerfen, sollte man ihm mitteilen, daß sich die Menschen bei Tisch gerne unterhalten möchten, das reicht. (Das ist mit Sicherheit eine wesentlich angenehmere Art, einem Kind so etwas mitzuteilen, als ihm Dinge vorzuwerfen, die doch ein klein wenig mehr sind als bloße Unannehmlichkeiten.) Wenn ein Kind ein wenig „mürrisch" ist, dann kann man das ebenfalls in die Kategorie „Unannehmlichkeiten" einordnen. Wichtig ist einfach, daß Sie einem Kind nicht vorwerfen, garstig oder schrecklich zu sein. Achten Sie auf die Wahl Ihrer Worte. Schließlich ist jeder von uns gelegentlich mürrisch und reizbar, aber deshalb ist er noch lange kein schlechter Mensch, sondern hat einfach vorübergehend schlechte Laune.

Ein wichtiger Aspekt im Zusammenhang mit dem Thema „Kinder bei Tisch" ist, sie zu behandeln wie Erwachsene. Wenn man sie *zwingt*, bei Tisch zu bleiben, werden sie niemals bei Tisch bleiben *wollen*. Sie sollten in das Gespräch mit einbezogen werden, weil sie mit am Tisch sitzen und weil sie interessante Dinge zu sagen haben. Alle Kinder haben etwas Interessantes zu sagen. Wenn wir das Gespräch mit ihnen nicht interessant finden, dann sind in der Regel wir es, die ein Problem haben. Wenn wir sprechen, sollten wir nicht nur unseren Partner oder andere Erwachsene anblicken, sondern auch die Kinder anschauen, sie ins Gespräch mit einbeziehen und ihnen so das Gefühl geben, daß sie bei Tisch willkommen sind.

Wenn es um die Frage geht, wer einem Kind bei Tisch die Schranken weisen soll (die Eltern oder andere Erwachsene), kommt es eigentlich darauf an, was die jeweilige Situation von uns erfordert. Geduld sollten wir im Umgang mit Kindern immer üben, auch wenn wir selbst gerade ungeduldig sind. Dennoch muß jeder für sich selbst beurteilen, wann ein bestimmtes Verhalten „zu viel" wird, wann eine Situation den Punkt überschritten hat, bis zu dem man einfach Geduld haben, ruhig mit einem Kind sprechen oder versuchen sollte, an seine Vernunft zu appellieren und einen „Handel abzuschließen". Zuweilen jedoch bestrafen wir unsere Kinder ein wenig zu schnell und ein andermal wieder nicht schnell genug; doch das ist es im Grunde, wodurch wir lernen.

Wenn mehrere Kinder, Geschwister oder Freunde, am Tisch sitzen und ein Kind das Gespräch beherrscht, entweder indem es alle übertönt und an Lautstärke übertrifft oder ununterbrochen redet, können wir folgendermaßen einschreiten: „Johnnie möchte auch etwas sagen. Laß erst einmal die anderen zu Wort kommen, dann kannst du weitersprechen!"

Kinder folgen dem Vorbild der Erwachsenen, wie immer dieses aussehen mag. Wenn wir beim Essen über den ganzen Tisch langen, um uns zu bedienen, wenn wir lautstark reden, damit man uns am anderen Ende des Tisches wirklich hört, und mit vollem Munde sprechen, dann werden Kinder das lernen und nachahmen. Und wenn man sich erst einmal etwas angewöhnt hat, dann bleibt einem diese Gewohnheit meist ein Leben lang, und es schafft großen Streß, wenn man eine solche Gewohnheit später wieder ablegen muß.

Grenzen rund ums Schlafengehen

Kinder gewöhnen sich in der Regel sehr leicht an bestimmte Schlafgewohnheiten. Wir machen es gewöhnlich so, daß wir mit einer Schlafenszeit von acht oder neun Uhr abends beginnen, die von den Kindern dann auch im großen und ganzen einige Jahre lang beibehalten wird, es sei denn, sind zu sehr aufgedreht, weil sie auf einer Party der Erwachsenen mit dabei sein dürfen. (Ab und zu bleiben die Kinder bei solchen Gelegenheiten bis ein oder zwei Uhr morgens auf – sie zapfen einfach die Energie an und reiten auf dieser Energiewelle!) Wenn sich Kinder an eine bestimmte Schlafenszeit gewöhnt haben, sind sie, von Ausnahmen einmal abgesehen, in dieser Hinsicht ziemlich beständig.

Wenn Kinder älter werden und sich alleine beschäftigen können, dann würde ich sie auch alleine aufbleiben lassen, wenn sie nicht einschlafen können. Als wir vor ein paar Jahren in Indien waren, hatten wir drei Mädchen im Alter von fünf Jahren dabei. Es kam einige Male vor, daß sie einfach nicht einschlafen konnten, doch wir Erwachsenen waren viel zu erschöpft von unseren fünfzehn bis fünfundzwanzig Kilometer langen Wanderungen und all den Dingen, die wir tagsüber unternommen hatten. Ich ließ die Mädchen einfach in ihrem Zimmer aufbleiben und spielen, bis sie von alleine schlafen gehen wollten. Manchmal blieben sie bis elf Uhr abends, bis Mitternacht, manchmal sogar bis ein Uhr morgens auf und gingen dann ganz alleine zu Bett. Die einzige Grenze war damals: „Ihr dürft das Zimmer nicht alleine verlassen." Das hat wunderbar geklappt. Kinder sind ziemlich verantwortungsbewußt, wenn man ihnen die Chance dazu gibt und ihnen auch vertraut, daß sie damit umgehen können (natürlich muß es sich um etwas handeln, wozu ein Kind in der Lage ist). Es hilft, wenn die Erwachsenen beim Zubettbringen bestimmte Rituale einhalten, ihrem Kind beispielsweise noch eine Geschichte erzählen, etwas vorlesen oder ein Spiel mit ihm machen. Achten Sie jedoch darauf, das Ritual auf die tatsächliche Schlafenszeit zu beschränken und es nicht ewig lange auszudehnen, auch wenn die Geschichte gerade noch so spannend ist; *und* seien Sie auch bereit, ab und zu einmal eine Ausnahme zu machen!

Gutes Benehmen in der Öffentlichkeit

Im normalen Bewußtsein von gehemmten und unsicheren Erwachsenen findet man unter anderem die Einstellung, daß alles, was Kinder tun, wenn man von „Setz dich hin und sei still!" einmal absieht, andere Menschen „stört" (es sei denn, es bewegt sich innerhalb bestimmter Grenzen, und jeder Mensch hat andere Grenzen). Das alte Sprichwort „Kinder sollten gesehen, aber nicht gehört werden!" ist das Resultat einer schrecklich archaischen und streng patriarchalischen, Kindern gegenüber negativ eingestellten Kultur. Für eine spirituelle und bewußte Kindererziehung ist dies keine angemessene Richtschnur.

Meiner Meinung nach gibt es heutzutage äußerst wenig „wirkliche Lebensart" auf dieser Welt, und darum muß sie hier beginnen, bei unseren

Kindern. Wenn wir zum Beispiel mit einem kleinen Kind ins Kino gehen, dann können wir ihm erlauben, daß es uns leise nach den Dingen fragt, die es nicht versteht, und wenn sich die Leute vor uns von der fürsorglichen Aufmerksamkeit, die wir unserem Kind widmen, wirklich so sehr gestört fühlen, dann werden sie sich einen anderen Platz suchen. Ich war schon in vielen Kinos, in denen Kinder geweint und gesprochen haben, und wenn es mich zu sehr stört, dann setze ich mich weg. Kinder sind schließlich Kinder. Man kann von ihnen nicht erwarten, sich nicht wie ein Kind zu verhalten, und man sollte sie nicht dazu zwingen, sich wie kleine Erwachsene zu benehmen.

Natürlich gehen viele Menschen aus, um ein wenig Zeit für sich zu haben, ohne ihre Kinder, und es mag nicht ganz fair erscheinen, wenn wir unsere Kinder anderen Leuten aufzwingen. In der Regel sind Kinofilme für Erwachsene gemacht. Doch es kommt immer noch darauf an, ob ein Kind wahrhaftig ist, ob es nur Lärm macht, um Aufmerksamkeit zu erregen, oder ob es ein Spiel spielt, das da heißt: „Ich kontrolliere jetzt meine Eltern", selbst wenn es sich dabei bereits um eine unbewußte Angewohnheit handelt. Wenn Kinder wirklich eine Frage haben, dann antworten wir darauf, ob sie diese Frage nun flüstern oder laut aussprechen. Wenn sie schreien, ist das allerdings unnötig. Und wir können sie bitten, zu flüstern. Doch, wir alle wissen es, wie lange wird ein Kind daran denken? Dreißig Sekunden? Wir können also einem Kind immer wieder sagen: „Du kannst mir gerne Fragen stellen, aber bitte leise, damit sich die anderen Leute nicht gestört fühlen." Statt dessen in Panik zu geraten und das Kind mit einem „Halt den Mund!" abzukanzeln nutzt hingegen gar nichts, auch wenn die Leute in der Reihe vor uns das vielleicht begrüßen würden.

Wer der Meinung ist, daß seine Kinder auf unschuldige Weise aufrichtig und unverfälscht sind, der sollte sie aufrichtig und unverfälscht sein lassen. Doch wenn die Leute in der Reihe vor uns damit nicht zurecht kommen, dann haben wir immer noch die Möglichkeit, uns einen anderen Platz zu suchen, wo unser Kind nicht als ein kleines verwöhntes Balg betrachtet wird. Was ist wichtiger – die Entwicklung des Kindes oder ob ein unbewußter Mensch in der Lage ist, mit einer eigentlich unbedeutenden Verhaltensweise klarzukommen, die für ein Kind natürlich ist? Natürlich kann es manchmal besser sein, mit einem Kind vor die Tür zu gehen, mit ihm zu sprechen und es selbst sprechen zu lassen. Wie alles hängt auch das von den Umständen ab. Reifes und verantwortungsbewußtes Verhalten heißt auch, anzuerkennen, daß es an dem Ort, an dem wir uns befinden, außer uns noch andere Menschen gibt; anzuerkennen, daß die jeweiligen Umstände einen gewissen Respekt verdienen. Ich bin ganz gewiß nicht dafür, vollkommen unsensibel für die Bedürfnisse anderer Menschen zu sein, sie völlig zu mißachten und mich dadurch letztendlich genauso egoistisch wie jene Menschen zu verhalten, etwa nach dem Motto: „Das ist mein Kind, und es kann alles tun, was es möchte!“ Das ist ganz bestimmt nicht meine Ansicht! Wenn es einem Kind langweilig wird und es den Rest des Filmes nicht mehr sehen möchte, wenn es aus Langeweile anfängt, herumzuzappeln und Krach zu machen, dann wäre es natürlich immer angemessen, den eigenen Wunsch zu opfern, den Film zu Ende zu sehen, und mit dem Kind zum Spielen vor die Tür zu gehen. Mitte dieses Jahrhunderts gab es einen spirituellen indischen Meister, der mit seinen Schülern ins Kino ging und immer in dem Moment aufstand, um das Kino zu verlassen (seine Schüler nahm er mit), wenn alle anderen Menschen von der Handlung des Filmes völlig gebannt waren (und unbedingt den Schluß sehen wollten).

Es ist ganz in Ordnung, wenn man Kindern in einem Restaurant erlaubt, ein wenig laut zu sein, denn schließlich ***sollte*** ein besonderes Ereignis für sie auch ein wenig aufregend sein! Manche Menschen regen sich schon auf, wenn ein Kind am anderen Ende des Restaurants nur einen Piep von sich gibt. Und solche Menschen können gerne im Sumpf ihrer eigenen Negativität und ihres Selbsthasses verweilen; und das werden sie ohnehin tun, ob mit oder ohne unsere Hilfe. Solche Menschen kann man eigentlich nur bedauern (voller Mitgefühl natürlich). Wir müssen begreifen, daß es sich bei dem, was uns an öffentlichen Stätten häufig begegnet, um einen totalen Mangel an Kinder-Bewußtsein handelt. Laufen wir nicht auch durch die Gegend und kicken Steine vor uns her, ohne einen Gedanken daran zu verschwenden? Nun ja, für die meisten Menschen, die in einem Restaurant in unserer Nähe sitzen, sind Kinder nichts anderes als solche Steinchen. Man kann mit solchen Menschen nicht vernünftig sprechen. Es ist am besten, wenn wir unsere Kinder nicht dem Zorn und der Intoleranz dieser Menschen aussetzen. Gleichzeitig ist es aber auch unnötig, andere Menschen übermäßig zu stören. Kein Kind sollte derart wild sein, daß es jede Situation, in der wir uns befinden, unterbricht oder ruiniert. (Und denken Sie daran, eine Mahlzeit zu Hause ist etwas anderes als ein Essen im Restaurant bzw. in der Öffentlichkeit, und es gibt einen entscheidenden Unterschied zwischen dem Leben zu Hause und einer eher auf die Form bedachten Lebenskultur.)

Wir sollten unseren Kindern Freiraum für ihre Begeisterung und ein paar Verhaltensweisen lassen, die ihrem Alter angemessen sind. (Schließlich wird der Kellner bzw. die Bedienung ja dafür bezahlt, daß er bzw. sie den

Tisch abwischt, wenn ein Kind aus Versehen etwas Saft verschüttet hat.) Ein vierjähriges Kind mag vielleicht in der Lage sein, sich in einem vornehmen Restaurant wie ein Erwachsener zu benehmen, doch das kann es nur, wenn es seine „Vierjährigkeit" vollkommen unterdrückt. Nehmen Sie Kinder nicht an Orte mit, an denen man von ihnen erwartet oder fordert, etwas zu sein, was sie nicht sind. Das ist den Preis nicht wert, den sie dafür bezahlen müssen.

Wenn wir uns an einem bestimmten Ort befinden, dann tragen wir eine bestimmte soziale Grundverantwortung für diesen Ort. Wenn wir unser Kind mit in ein Lebensmittelgeschäft nehmen, sind wir grundsätzlich dafür verantwortlich, daß es nicht die Gänge auf und ab läuft und alle Regale ausräumt, die es erreichen kann. Das ist alles. Es liegt nicht unbedingt in unserer Verantwortung, ein Kind zum Schweigen zu bringen und ihm die Hand vor den Mund zu halten, damit es nicht in einer Art und Weise spricht, die vielleicht jemanden stören könnte. Schließlich sind die Menschen seltsam (wie Jim Morrison sagte), und es ist egal, wohin wir gehen, es wird überall jemanden geben, der sich an etwas stört! Wir müssen die Integrität unseres Kindes bewahren; und wie es jemand so schön formuliert hat, „kann man es manchen Leuten immer recht machen und allen Leuten manchmal, aber niemals kann man es allen Leuten immer recht machen." Wir sollten von unseren Kindern nicht erwarten, daß sie es allen Menschen die ganze Zeit recht machen. Schließlich sollte es eindeutig klar sein, daß *wir* das auch nicht schaffen, selbst wenn wir es aufgrund unseres verworrenen Seelenlebens versuchen.

Es liegt in der Natur von Kindern, daß sie quäken und singen, rufen und schreien, und wenn Menschen Orte in der Öffentlichkeit besuchen, an denen sie mit Kindern rechnen müssen, dann sind *diese Menschen* dafür verantwortlich zu begreifen, daß Kinder eben Kinder sind. Kein Erwachsener sollte einen Ort aufsuchen, an dem Kinder zu finden sind, wenn er nicht bereit ist, an dem Lärm, den Kinder machen, seine Freude zu haben (ich meine Lärm in einem *vernünftigen* Maße.) Kinder sind voller Tatendrang, und wir sind nicht dafür verantwortlich, aus unserem Kind eine kleine Puppe zu machen, die nur dann einen Ton von sich gibt, wenn wir es wünschen. Aber wir sind dafür verantwortlich, daß unser Kind nicht das ganze Lebensmittelgeschäft auf den Kopf stellt.

Erwachsene tragen auch eine gewisse Verantwortung dafür, jene Verantwortung zu definieren, die ein Kind für den Ort trägt, an dem es sich gerade befindet, und ihm dabei zu helfen. Es sollte Zeiten geben, zu denen Kinder so laut sein dürfen, wie sie möchten, und Zeiten, zu denen an einem bestimmten Ort Ruhe geboten ist. Es geht nicht darum, daß man Kindern sagt, still zu sein, sondern daß Kinder das Prinzip situations- und ortsbezogenen Verhaltens und Reagierens begreifen lernen. Je größer die Bandbreite an Verhaltensweisen ist, die ein Kind kennenlernt, und je mehr es lernt, wie man schnell und leicht „umschaltet“, desto entspannter und geschickter wird es als Erwachsener sein Leben meistern. Doch wenn ein Vater sein Kind vermöbelt und ihm droht: „Wenn du noch einen Ton von dir gibst, dann werde ich dich windelweich schlagen“ und das Kind vor sich hin wimmert, dann ist dies keine vernünftige Form der Verantwortung, weder dem Ort noch dem Kind gegenüber.

Wenn wir auf unser eigenes Leben zurückblicken, wie viele unter uns haben wohl bestimmte Formen der Diplomatie, bestimmte Verhaltensweisen gelernt? Doch selten hat man uns Dinge beigebracht, die mit objektivem Unterscheidungsvermögen zu tun haben. Wir haben also gelernt, daß Männer eine Frau immer auf eine bestimmte Weise behandeln oder daß Frauen mit ihrem Ehemann immer auf eine bestimmte Art und Weise umgehen. Oder daß „kleine Mädchen immer ...“, daß „kleine Jungen immer ...“, Sie wissen schon, all die üblichen Gemeinplätze. Alles hängt von den jeweiligen Umständen ab. Wenn wir zu Hause sind und die Kinder im Haus zu laut sind, dann werden sie es verstehen, wenn wir ihnen sagen: „Diesen Lärm könnt ihr draußen machen.“ Wir müssen begreifen, wann es Zeit ist zu sagen, daß „dies eine Situation ist, in der sich das und das nicht gehört, aber du kannst das gerne draußen machen, du kannst gerne das Zimmer verlassen ...“ etc. Das ist der Weg, auf dem Kinder lernen, und natürlich durch die Beobachtung unseres Verhaltens, was auf ihr Lernen den stärkeren Einfluß hat.

Feierliche und heilige Stätten

An allen Orten, wo es sehr förmlich zugeht, lautet die Grundfrage stets: Stellt ein Kind eine Störung dar? Und nicht: Denken wir, daß ein Kind stört, oder glauben wir, daß andere Leute sich gestört fühlen? Es kommt sehr häufig vor, daß Eltern ihre ganze Identität darauf aufbauen, welchen Eindruck ihr Kind macht. Unter solchen Umständen sind die betreffenden Erwachsenen in der Regel schon so paranoid, daß ihnen jede noch so kleine Zuckung ihres Kindes negativ vorkommt und sie mit Adleraugen über das Verhalten ihres Kindes wachen. Das führt üblicherweise zu Situationen, in denen wie wild auf die Umwelt projiziert wird, was fast immer unrealistisch ist und extreme Spannungen in der Beziehung zum Kind schafft. Geben Sie Ihren Kindern nicht das Gefühl, daß mit ihnen etwas nicht stimmt, und verwickeln Sie Ihre Kinder nicht in Ihre eigene Unsicherheit, in Ihre eigenen Phantasievorstellungen und Neurosen.

Wie sieht die Situation *tatsächlich* aus? Wenn Kinder auf ihren Eltern herumturnen oder auf ihnen herumklettern, dann mag es für denjenigen Elternteil, auf dem das Kind herumturnt, sehr anstrengend sein und ihn viel Energie kosten, deshalb muß es aber am betreffenden Ort noch lange nicht störend wirken. Das ist etwas, was ich erlauben würde. Grundsätzlich stellt sich die Frage: Was *stört wirklich* am jeweiligen Ort und nicht nur in unseren argwöhnischen Köpfen? Das ist es, worauf es ankommt.

An feierlichen Stätten würde ich ganz sicher einem Kind immer wieder vorschlagen: „Es wäre vielleicht ganz schön, wenn du während des Konzertes aufmerksam zuhören würdest!" – oder etwas in dieser Art. Ich würde es jedoch nicht dazu zwingen wollen, solange das Kind nicht auf sechs Leuten herumturnt oder jemandem einen Tritt verpaßt, der nicht getreten werden möchte, wenn es also objektiv gesehen nicht den ganzen Raum stört. Wenn ich ein Kind an einen sehr formellen oder feierlichen Ort mitnehme, würde ich mir natürlich einen Platz suchen, der eher etwas abseits liegt, und mich ganz bestimmt nicht dorthin setzen, wo sich die ganze Aufmerksamkeit konzentriert. Die Berücksichtigung der Sicherheit und der Heiligkeit des Ortes sind die entscheidenden Kriterien für unsere Grenzen. Wenn man damit rechnen muß, daß ein Kind unruhig wird, dann sollte man sich nach hinten setzen oder sich einen Platz am Gang suchen, damit man problemlos aufstehen und den Raum verlassen kann.

Kinder wollen dort sein, wo „etwas passiert", und viele Ebenen ihres Wesens und ihres Bewußtseins werden vom Ritual an sich berührt, allerdings nicht jene Ebene, die spielen und die Ebene der Kindesenergie zum Ausdruck bringen möchte. Wenn wir sagen: „Wenn du dich nicht beruhigst, gehen wir hinaus!", dann wird ein Kind fast immer bleiben wollen. Doch bleiben *wollen* und sich tatsächlich zu beruhigen sind zwei verschiedene Paar Schuhe.

Ich denke, es ist viel verlangt von einem Kind, sich total still zu verhalten. Es wird an einen Punkt kommen, an dem es lieber draußen spielen würde, obwohl es einerseits noch bleiben möchte, und das wird es klar und deutlich zum Ausdruck bringen. An diesem Punkt würde ich nicht versuchen, mit einem Kind zu diskutieren (oder ihm offensichtlich zu drohen), um es zum Bleiben zu bewegen. Wenn die Erwachsenen natürlich generell „kindesbewußter" wären, Kindern gegenüber positiver eingestellt wären, dann hätten sie auch kein Problem damit, wenn Kinder ein wenig in ihre „geheiligten" Stätten eindringen. Die meisten Erwachsenen sind viel zu egoistisch, um Kindern den Freiraum für ein wenig Gezappel oder Geflüster einzuräumen, und darum glaube ich nicht, daß es Kindern nützt, wenn wir ihretwegen mental oder verbal über unwesentliches Territorium streiten. Sie nehmen es nur persönlich. Ich würde mit einem Kind einfach zum Spielen nach draußen gehen und die Erwachsenen, die sich gestört fühlen, in ihrem eigenen Elend schmachten lassen (ob es ihnen bewußt ist oder nicht).

* * *

Verantwortungsbewußtsein heißt, in jeder Situation zu erkennen, was erforderlich ist, und unsere eigenen engstirnigen Vorlieben zugunsten der Erfordernisse der ausschlaggebenden Umstände aufzugeben. Und dies ist ein Prinzip, das für alle Grenzen gilt. Es ist äußerst hilfreich für Kinder, wenn sie Orte respektieren lernen, wenn sie lernen, daß jeder Ort seine eigene Definition und seinen eigenen Zweck hat und daß ein weiser Mensch, ein weiser Erwachsener zu sein bedeutet, Orte zu respektieren und ihnen gegenüber sensibel zu sein, daß „man einem Ort so begegnet, wie es diesem Ort bestimmt ist, den Menschen zu begegnen." Bei einer Lebensweise, die alles, was auftaucht, als genau das betrachtet, was es ist, ohne subjektive Erwartungen und Projektionen, hängt alles von den jeweiligen Umständen ab. Wenn hingegen das, was auftaucht, nicht als das gesehen wird, was es ist, sondern ungeachtet seiner Beschaffenheit als identisch mit jeder anderen Situation betrachtet wird, dann wird alles stets in derselben Art und Weise abgehandelt werden, egal wo oder in welcher Situation wir uns befinden. Und das ist einfach nicht wahrhaftig. Dadurch lernen Kinder, keine Sensibilität, keine Unterscheidungsfähigkeit, keinen verfeinerten Sinn für Geschmack und gewisse Unterschiede zu haben. Grenzen und Verhaltensmaßregeln müssen sich nach dem richten, was wir in der jeweiligen Situation als wahr erkannt haben. Sie können keine pauschale Angelegenheit sein!

Über den Umgang mit der Unzufriedenheit von Kindern

Die meisten Kinder sind mit irgend etwas unzufrieden – mit ihrem Zuhause zum Beispiel, egal wie und wo sie wohnen, das übliche Theater darum, daß „die Kirschen in Nachbars Garten" besser schmecken. (Es liegt schon ein Fünkchen Wahrheit in den alten Klischees.)

Wenn Kinder sich darüber beschweren, daß sie in einer Umgebung leben müssen, in der sie nicht ringsum von Videospielen, Fernsehen, Gier und

Konkurrenzkampf überschwemmt werden, und daß sie sich das Gerede von Erwachsenen über „Bewußtheit und Spiritualität" anhören müssen, dann tun sie nichts anderes, als wir damals getan haben. Die meisten von uns haben sich über ihr Zuhause beschwert, obwohl wir ein Leben gelebt haben, von dem unsere Kinder behaupten, es sich zu wünschen. Ich war ein Einzelkind, ziemlich verwöhnt, und tat genau dasselbe – ich habe mich genau wie alle anderen beschwert. Wenn ich allerdings zurückblicke, hatte ich ein ziemlich beneidenswertes Elternhaus – meine Eltern waren sehr freundlich und geduldig; ich wurde nur selten angeschrien, und man hat zwar Dinge von mir verlangt, aber die Forderungen meiner Eltern waren ziemlich fair im Vergleich zu dem, was die Eltern meiner Freunde von ihren Kindern verlangt haben. Trotzdem habe ich mich beklagt und wollte lieber andere Dinge haben, beispielsweise ständig Schokolade und Coca Cola, was mir nur ab und zu bei besonderen Gelegenheiten erlaubt war.

Eltern kann es manchmal das Herz zerreißen, wenn ihre Kinder fragen: „Warum müssen wir denn hier wohnen?" oder „Warum kann ich nicht so sein wie andere Kinder?" Doch ganz gleich, wo wir gelebt und was wir gemacht haben, die Kinder haben immer wieder dasselbe gesagt: „Warum kann ich keinen Hund haben?" – oder was immer es sein mochte, von dem sie glaubten, daß es ihnen entginge, weil sie es nicht hatten.

„Wir leben eben in einer Wohnung, und es ist die einzige Wohnung, die wir uns leisten können, und hier sind Haustiere verboten."

„Warum ziehen wir nicht woanders hin?"

Es mag schwierig sein, intelligente Grenzen zu ziehen und sich wirklich an die eigenen Prinzipien zu halten, wenn ringsumher das Leben ein Tollhaus ist und nichts als Dekadenz herrscht, doch unserem Kind zuliebe – um seiner seelischen und körperlichen Gesundheit und seiner persönlichen Integrität willen – sollten wir uns an diese Linie halten.

Es ist ganz entscheidend, unseren Kindern zu zeigen, daß sie uns so wichtig sind, daß wir ihnen eine Alternative zu den üblichen Schrecken und Grausamkeiten bieten wollen, die in der modernen Welt als Familienleben durchgehen. Selbst wenn sie lieber ganz anders leben würden (weil sie lieber anderen gesellschaftlichen Umgang hätten oder ihrer sonstigen materiellen Genußsucht nachgeben wollen), so hat es doch eine gewisse Wirkung, wenn sie uns so sehr am Herzen liegen, daß wir ihnen eine Alternative bieten, ob sie nun bewußt damit einverstanden sind oder nicht, wenn sie größer werden.

Auch auf der Gefühlsebene überträgt sich etwas auf unsere Kinder, das meiner Meinung nach ebenfalls sehr wichtig ist, wenn es darum geht, gegen den Strom zu schwimmen. Viele unserer Kinder werden beobachten, wie wir gegen jenen Strom schwimmen, der grausame, erniedrigende Methoden der Kindererziehung und selbstzerstörerische, giftige Lebenssituationen akzeptiert, obwohl selbst derartige Lebensumstände einem Kind zu einem bestimmten Zeitpunkt attraktiv erscheinen mögen. Doch wenn unsere Kinder alt genug sind, um zu erkennen, was sie von uns bekommen haben, werden sie uns zutiefst dankbar sein. In fünfzehn Jahren werden sie uns dafür danken und uns loben, daß wir sie mit einem gewissen Grad an Bewußtheit, Gerechtigkeit, wirklicher Beziehung, Klarheit und Aufrichtigkeit aufgezogen haben.

7. Kapitel

Unentschuldbar!
Grausamkeit gegenüber Kindern

Eine Epidemie

Die Bücher von Alice Miller sollten für jeden Menschen als Pflichtlektüre gelten, dem eine spirituelle und bewußte Kindererziehung am Herzen liegt. Wir müssen uns aufrichtig und ehrlich mit unserem eigenen Seelenlabyrinth befassen, wenn wir über ausreichend Klarheit verfügen wollen, um unsere Kinder ordentlich erziehen zu können. Wenn ich in den Strom der normalen Gesellschaft hinausgehe, solange Alice Millers Vorstellungen noch ganz „frisch“ in mir sind, kommt es mir vor, als hätte ich Halluzinationen; ich kann tatsächlich Menschen sehen, die auf so vielfältige Weise grausam zu ihren Kindern sind, wie es von Alice Miller so brillant und leidenschaftlich, so klar und deutlich zur Sprache gebracht wird; das Ganze ist grotesk, bizarr und scheint aus einer anderen Welt zu kommen. Alice Millers Bücher haben mir die Augen geöffnet. Ich hatte keine Ahnung, daß Grausamkeit gegenüber Kindern in all ihren Erscheinungsformen so weit in unserer Gesellschaft verbreitet ist. Das ist wirklich unglaublich und unfaßbar.

Wer hat nicht schon einmal beobachtet, wie grausam manche Eltern beim Einkaufen mit ihren Kindern umgehen? Kaum fängt ein Kind an zu weinen, bekommt es schon eine Ohrfeige, und seine Eltern drohen ihm: „Höre auf zu heulen, oder du bekommst *wirklich* Schläge.“ Das Kind fängt an zu wimmern und wird erneut geschlagen. Schon bald kauert es wie ein geprügelter Hund zitternd und bibbernd am Boden. Angst ist nicht gerade die gesündeste Art der Drohung für ein Kind.

Ich kann mich an eine Frau erinnern, die ihren kleinen, vielleicht zwei Jahre alten Jungen anzuschreien begann und ihn ein kleines „Miststück“ nannte. Dann schaute sie mich an und lächelte, als ob andere Erwachsene ihr Verhalten verstehen und gutheißen würden bzw. als ob andere Erwachsene Verständnis für ihre Ansicht hätten, daß Kinder eine schreckliche Last sind. Zu einer solchen Ignoranz ist es also bereits in unserer Gesellschaft gekommen! Da ist es kein Wunder, daß so viel Gewalt, Verbrechen und

Verdorbenheit auf dieser Welt herrschen und daß ein derart geschädigtes Kind später unbewußt alle Erwachsenen als diejenigen Peiniger betrachten wird, vor denen es einst in Angst und Schrecken gelebt hat.

Allmählich wird es wirklich unangenehm, sich in der normalen Gesellschaft zu bewegen, wenn man mit ansehen muß, wie die meisten Menschen ihre Kinder behandeln. Grausamkeit gegenüber Kindern ist derart weit verbreitet, daß man sie als groteskes Symptom einer Krankheit werten muß, die sich durch alle Gesellschaftsschichten einer verrückt gewordenen Welt zieht. Die meisten von uns sind entweder naiv, oder der Schrecken dieser weitreichenden Dynamik hat dazu geführt, daß wir aus Scham oder verzweifeltem Selbstschutz die Augen verschließen. Nur wenigen von uns ist es in ihrer Kindheit gelungen, solchen Grausamkeiten in irgendeiner Art, Form oder Gestalt zu entgehen, ob es sich nun um verbale Beschimpfungen und Beleidigungen, um emotionale oder körperliche Grausamkeit oder um Vernachlässigung handelte. Und sehr wenige unter uns wollen sich eingestehen, daß Grausamkeit gegenüber Kindern, die man auch Ignoranz in bezug auf Kinder bzw. Selbstblindheit nennen könnte, wahrscheinlich die in unserer gesamten Kultur am weitesten verbreitete Krankheit ist.

Es ist Zeit, daß wir aufhören, den Kopf in den Sand zu stecken. Wir müssen uns dafür einsetzen, daß derartige Grausamkeiten nicht in unseren eigenen Familien fortgesetzt werden und wir unseren Kindern nicht das antun, was uns angetan wurde. Das sprichwörtliche Überleben unserer Rasse könnte davon abhängen.

Bei reifen Erwachsenen, deren Herzen bereits geöffnet sind, wenn sie ihr erstes Kind bekommen, besteht kein Zweifel bzw. sollte kein Zweifel daran bestehen, daß sie die Weisheit besitzen, mit ihren Kindern anständig umzugehen, ohne grausam zu ihnen zu sein. Als junge und egoistische Erwachse haben wir jedoch häufig unser Herz noch nicht geöffnet, es ist dicht und fest verschlossen. Für solche unreifen Erwachsenen sind Kinder nur ein weiteres Statussymbol, nur eine weitere Errungenschaft. Ein weiteres Etwas, das man manipulieren und dominieren, das man vorzeigen und mit dem man prahlen kann. Und sonst ist kein Mensch da, der solchen Erwachsenen sagen würde, wie sie mit ihren Kindern umgehen sollen, da der Herr Gemahl den ganzen Tag arbeiten geht und die Frau Mama mit den lieben Kleinen tun und lassen kann, was sie möchte, ohne daß irgend jemand auch nur ein Wort zu ihr sagen würde; oder im umgekehrten Fall macht sich vielleicht die Frau Mama mit ihren Freundinnen einen netten Abend, und der Herr Papa kann das Kind durch die Gegend scheuchen, ohne daß sie jemals davon erfahren wird. Viele Erwachsene führen mit ihren Kindern im verborgenen ein dunkles, perverses oder negatives Leben, und das zieht tragische Ergebnisse nach sich.

Ein Kind kann somit für eine Frau das ideale, manipulierbare Spielzeug sein, das niedlichste Objekt für ihre Lobpreisungen, eine echte, lebende Puppe; und für einen Mann sind Kinder häufig nur eine weitere Trophäe in der Schmucksammlung ihres männlichen Egos, ein Beweis für ihre Manneskraft. Wenn ein Mann sagt: „Das ist *mein* Kind!“, meint er eigentlich: „Ich bin ein ganzer Mann mit allem Drum und Dran!“ (Als ob dies, unter uns gesagt, nicht ohnehin offensichtlich wäre.)

Einige von uns haben ihre Kindheit ohne größeren Schaden überlebt, eine ganze Reihe (eigentlich die meisten von uns) jedoch nicht. Wir sind lebende Beispiele für die institutionalisierte, ja sogar akzeptierte Kindesmißhandlung. Ich glaube an das alte Sprichwort „Wenn du nicht Teil der Lösung bist, dann bist du ein Teil des Problems.“ (In Amerika kann man diesen Spruch, von Blumen oder bunten Vögeln umrandet, auf Postern in allen spirituellen Buchhandlungen sehen.) Und es ist wirklich wahr! ***Wer sich nicht mit der um sich greifenden Verbreitung von Grausamkeit gegenüber Kindern als einer in unserer Kultur akzeptierten Lebensform auseinandersetzt, begeht eine schwere Unterlassungssünde. Wer nicht dazu beiträgt, sie ans Licht zu bringen, unterstützt damit im wesentlichen ihren Fortbestand.*** Damit muß es ein Ende haben, wenn wir vermeiden wollen, daß unsere zivilisierte Kultur voll und ganz zerstört wird.

Die meisten Menschen denken nicht einmal daran, sich Gedanken über die Fehler und Grausamkeiten zu machen, die sie ihren Kindern haben angedeihen lassen. Entweder sie gestehen sich diese überhaupt nicht ein, oder sie denken: „Na ja, jetzt läßt sich ohnehin nichts mehr ändern, jetzt ist es sowieso zu spät. Machen wir einfach weiter …“, und dann tun diese Menschen so, als sei nichts geschehen, in der Hoffnung, daß alles schön im stillen Kämmerchen verborgen bleibt und ja nichts nach außen dringt, was sie aus ihrem Betäubungsschlaf aufwecken könnte.

Das reicht nicht. Es reicht nicht, wenn wir das, was wir unseren Kindern antun, einfach übergehen, indem wir uns weigern, uns mit dem auseinanderzusetzen, was uns selbst angetan wurde. Wenn wir uns dem nicht stellen, was man uns angetan hat, dann *werden* wir es in den meisten Fällen auch unseren Kindern antun. Vielleicht werden wir derartige Verbrechen an unseren Kindern mit weniger offenkundiger Gewalt begehen (sie wird in vielen Fällen subtiler sein), aber wir *werden* es tun. Unter den „richtigen“ Umständen, unter dem „richtigen“ Druck und zum „richtigen“ Zeitpunkt, wenn wir kurz vor dem Zusammenbruch stehen, könnte so mancher von uns sehr wohl zum Kindesmißhandler werden. Die Möglichkeit besteht!

Bestimmt hätte schon so mancher von uns ein Kind mißhandelt (falls er es jetzt nicht tut), wenn wir nicht mit vierzehn, fünfzehn, neunzehn oder dreiundzwanzig abgetrieben oder das pure Glück gehabt hätten, daß wir zufällig niemanden geschwängert haben bzw. nicht schwanger wurden, bevor wir reif genug waren, um die Folgen tragen zu können.

Ein bewußtes Leben heißt für mich nicht einfach eine verträumte, sentimentale, romantische und blinde Beziehung zu den Realitäten unserer neurotischen Beweggründe. Ein bewußtes Leben bedeutet, daß wir von Grund auf in unserer Persönlichkeit, in unserer seelischen Verfassung und unserer Sensibilität zu höchst weisen und edlen Menschen werden müssen, und zwar auf jeder Ebene unseres Wesens, voller Würde und Mitgefühl für uns selbst und andere.

Bereits das ungeborene Kind lernt als wenige Monate alter Fetus Grausamkeit und Freundlichkeit kennen, und schon zu diesem frühen Zeitpunkt kann die Mißhandlung beginnen. Die Einstellung der Mutter zu ihrem ungeborenen Kind mag den Anfang machen oder die Stimme des Vaters, der in verächtlichem Ton die Mutter anschreit. Daher können wir gar nicht früh genug damit beginnen, uns immer wieder Klarheit über uns selbst zu verschaffen bzw. uns unserer selbst bewußt zu werden und die Arbeit an einer wirklichen Kontextveränderung voranzubringen.

Grausamkeit aus der Sicht des Kindes

Ein mißhandeltes Kind glaubt in seinem Inneren, daß die Mißhandlung seine eigene Schuld ist. Ein Kind kann sich nicht vorstellen, daß es von jemandem einfach nur aus Willkür gequält wird, und darum geht es davon aus, daß es diese Behandlung verdient, daß es grundsätzlich schlecht ist oder etwas Schreckliches angestellt hat. Das ist der Anfang eines lebenslangen Selbstbildes, das geprägt ist von Schamgefühlen, Unsicherheit, Selbsthaß und Abscheu vor sich selbst.

Ein Kind wird von seiner Mutter oder seinem Vater geschlagen. Beim ersten Mal wird es entweder in Panik geraten oder um sein Überleben kämpfen, sprichwörtlich Angst um seine Existenz haben. Wenn dieses Kind nun die Mißhandlung als etwas akzeptiert, das es selbst verursacht hat, das seine eigene Schuld ist, dann darf es, wie es (in seiner kindlichen Logik) annimmt, weiterhin das Kind seiner Eltern bleiben, dann wird man ihm erlauben, weiterhin in der Familie zu bleiben. Dies ist der zugrundeliegende Mechanismus. Im intuitiven Bewußtsein eines Kindes gibt es den Gedanken nicht, daß ihm ein geliebter Mensch das antun könnte, was er ihm antut, es sei denn, es (das Kind) trägt selbst die Schuld daran. Das ist die einzige Möglichkeit, die einzige Schlußfolgerung, die ein kleines Kind ziehen kann. Wenn körperliche Mißhandlung jedoch erst im Alter von zwölf Jahren beginnt (beispielsweise von seiten eines neuen Stiefvaters, einer Stiefmutter oder eines niederträchtigen Lehrers), in einem Alter, da der seelische Standpunkt eines Kindes bereits ziemlich fest geformt ist, ist das betroffene Kind auf jener Entwicklungsstufe normalerweise in der Lage zu verstehen, daß es die Dynamik des Erwachsenen ist und nicht seine eigene, die diesem Verhalten zugrunde liegt.

Kinder beurteilen Verhaltensweisen nicht danach, ob sie gut oder schlecht sind, sie treffen keine moralischen Unterscheidungen dieser Art. Für Kleinkinder gibt es kein Gut oder Schlecht. Wenn ein kleines Kind geschlagen wird, spürt es einfach nur den Schmerz; es urteilt nicht: „Papa ist ein schlechter Mensch“ oder „Mama ist ein schlechter Mensch.“ Doch es fühlt sich als Grund bzw. Auslöser für diese Erfahrung.

Wir alle haben möglicherweise schon Geschichten von schrecklich vernachlässigten und mißhandelten Kindern gelesen, die nicht von den Menschen weggeholt werden wollen, die sie so schlecht behandeln. Sie lieben ihre Mama und ihren Papa! Da gibt es Kinder, die ständig geschlagen werden, die wirklich schrecklich behandelt werden, und wenn dann der zuständige Sozialarbeiter vom Jugendamt vorbeikommt und sagt: „Wir werden dich hier herausholen und in ein schönes Heim bringen!“, dann wollen diese Kinder ihr Elternhaus nicht verlassen. Sie mögen zwar schlecht behandelt werden, doch für diese Kinder ist ihr Zuhause das, was sie als Realität kennengelernt haben und woran sie sehr stark hängen, denn sie haben das Gefühl, dorthin zu gehören, wo sie sind, so schlecht es auch sein mag.

Wenn wir älter werden, können wir uns zuweilen nicht einmal mehr an die Dinge erinnern, die man uns als Kind angetan hat. Wir haben einfach nur so ein vages un-gutes Gefühl. Wenn jemand unseren Vater erwähnt, dann fangen wir vielleicht sofort an, ihn zu verteidigen: „Oh, er war sehr gut zu mir, er hat mich geliebt. Er hat nur getan, was zu meinem Besten war.“ Dennoch nagt etwas in unserem Inneren; da gibt es noch „etwas anderes“, auch wenn wir uns lediglich daran erinnern können, wie „liebevoll“ alles war, selbst wenn wir Phantasiebilder malen, alles übertünchen und vielleicht sogar alles erfinden müssen. Warum sollten wir uns überhaupt die Mühe machen, uns an den Rest zu erinnern? Es war alles viel zu schrecklich.

Selbst in den schlimmsten Familien gab es ab und zu ein paar schöne Erlebnisse, etwa damals, als wir in der vierten Klasse die Hauptrolle in einem Theaterstück spielen durften. Oh, wie stolz unsere Eltern damals auf uns waren! Das war großartig! „Sehen Sie nur, das ist mein Kind!" hörten wir unseren Vater zu seinem Stuhlnachbarn in der vierten Reihe sagen. Ganz gleich, was sonst noch alles in unserer Familie vorgekommen sein mochte, es gab doch ein paar Dinge, die uns davon überzeugt haben, eine liebevolle Familie, ein liebevolles Umfeld zu besitzen. Es hat sich schon irgendwie gelohnt: Wir konnten so *tun*, als wären wir zuversichtliche, nützliche, starke, zufriedene, positive und erwünschte Individuen und würden irgendwie unseren Teil beisteuern. So etwas nennt man blinde Ignoranz, und diese bildet den Mittelpunkt des Mandalas der psychischen Verleugnung. Wo liegt ihr Anfang? Direkt auf den primären Ebenen. Diese blinde Ignoranz liegt im Herzen des Egos und ist das Zentrum des Mandalas der Illusion.

Unser heutiger Mangel an Selbstwertgefühl kommt nicht daher, daß wir noch keinen Nobelpreis gewonnen haben. Er kommt daher, daß wir uns grundsätzlich für schlecht halten, als grundsätzlich mit Makeln behaftete Menschen. Ein geringes Selbstwertgefühl beruht nicht darauf, daß uns eine gewisse kreative Genialität fehlt; es hat damit überhaupt nichts zu tun. Es kommt daher, daß die unverblümte Grausamkeit unserer Eltern bzw. die unbewußte Vernachlässigung von ihrer Seite uns *gelehrt* hat, daß wir in der familiären Einheit unerwünscht und un-nötig sind. Manchmal haben wir sogar geglaubt, daß wir einfach am falschen Ort, in der falschen Familie seien, daß dem Storch (oder dem lieben Gott) ein großer Fehler unterlaufen sei.

Über die Verleugnung grausamer Kindheitserfahrungen

Meine Ex-Frau ist Krankenschwester. Während eines Krankenhauspraktikums im Rahmen ihrer Ausbildung (sie absolvierte dieses Praktikum in einem Krankenhaus im Bezirk Westchester im amerikanischen Staat New York, das sehr viele mittellose und bedürftige Menschen aufnahm, die weder krankenversichert waren, noch bezahlen konnten) kam eines Tages eine unheimlich dicke, rund einhundertsechzig Kilogramm schwere Frau in die Klinik und klagte über Krämpfe. Sie schrie und tobte und machte sämtlichen Ärzten das Leben schwer, sie war ein extrem schwieriger Fall. Der Arzt, der sie untersuchen wollte, bat sie, sich freizumachen. Kaum hatte sie ihren Rock ausgezogen, war auch das Baby schon da. Die Krämpfe hörten auf; die Frau blickte auf das Baby und fragte: „Wo kommt das denn her?“ Sie weigerte sich strikt, mit diesem Kind irgend etwas zu tun zu haben. Sie sagte, sie wüßte nicht, woher das Kind käme, und stand kurz vor einem hysterischen Anfall.

Es gibt einige Dinge an dieser Geschichte, die mir zu denken geben. Zum einen, daß ein derartiges Körpergewicht nicht nur als Schutzwall vor der Welt dient, sondern auch die eigenen Sinne betäubt bzw. sie betäuben kann, je nachdem, ob die Gründe dafür, daß man sich ein solches Gewicht überhaupt zulegt und mit sich herumträgt, psychischer Natur sind. Diese Frau hat sich durch ihr Gewicht nicht nur vor Schmerz, sondern auch vor der Realität geschützt. Wahrscheinlich hatte sie in den vorangehenden neun Monaten ab und zu gedacht, daß mit ihrer Verdauung etwas nicht ganz in Ordnung sei. Wenn man bedenkt, daß sie wegen relativ harmloser Beschwerden ins Krankenhaus gefahren war, kann sie keine allzu großen Schmerzen gespürt haben, sie hatte ja nur ein paar „Krämpfe“. Offensichtlich hat die gesamte Wehentätigkeit sie nicht im geringsten berührt; nicht einmal *das* vermochte sie zu fühlen!

Zum zweiten erscheint mir die Geschichte als eine Metapher für das, was viele Menschen machen. Diese korpulente Frau, die behauptete, nicht zu wissen, wie das Baby in ihren Bauch gekommen war, die nicht einmal bei den Wehen etwas spürte, ist als Kind vielleicht auf die eine oder andere Art schwer mißhandelt worden; vielleicht hat sie häufig Schläge bekommen. Wer weiß? Doch es scheint sich um ein ziemlich direktes und klares Drehbuch zu handeln, um einen „sicheren Tip“. Und wahrscheinlich hat sie nicht nur ihren Körper, sondern auch ihren Geist vor der Realität und vor der Erinnerung an die in der Kindheit erlittene Mißhandlung geschützt, und zwar in einem solchem Maße, daß sie leugnete zu wissen, woher die kleinen Kinder kommen. Ein sehr schwerer Fall.

Für viele Menschen ist Schmerz etwas, das ihrem Weltbild so sehr entgegensteht, das ihnen so sehr verhaßt ist, daß an einem bestimmten Punkt in ihrem Leben auch bereits ein relativ geringer Schmerz zur Entscheidung führen kann, sich vor einer gewissen Intensität zu schützen. Um keinen Schmerz mehr fühlen zu müssen, sind diese Menschen bereit, auch angenehme Dinge ähnlicher Intensität bzw. ähnlich intensive Erfahrungen zu opfern, die ganz am anderen Ende des Gefühlsspektrums stehen.

In der Regel haben wir alle eine gewisse Toleranzschwelle, mit deren Hilfe wir uns vor Schmerzen schützen, bedingt durch die schreckliche Angst vor Vernichtung und Zerstörung, die ihren Ursprung in den als Kind erlittenen Grausamkeiten hat. Unterhalb dieser Schmerzgrenze fühlen wir den Schmerz und vor allem, was über dieser Schwelle liegt, schützen wir uns. Viele Menschen, die in ihrer Kindheit schwer mißhandelt worden sind, schotten sich dermaßen stark gegen alles ab, daß sie praktisch überhaupt nichts mehr fühlen. Sie werden gefühllos und verschließen sich total gegenüber *allem*, was in sie eindringen könnte – nicht nur dem Schmerz, sondern auch der Liebe, der Zuneigung und der Zärtlichkeit gegenüber. Von einer klaren Perspektive aus könnten wir solchen Menschen ins Gesicht blicken und erkennen, welch unglaublichen Schmerz sie erlitten haben (und in ihrem Inneren noch immer erleiden), dem gegenüber sie jedoch völlig verschlossen sind; sie haben sich gänzlich dagegen abgeschottet, diesen Schmerz zu fühlen oder sich diesen Schmerz überhaupt einzugestehen. Es ist nicht zu vermeiden, daß derartiges Leid auch im Körper seine Spuren hinterläßt, im Gesichtsausdruck, in der Gesundheit, im Tonfall und im Verhalten eines Menschen. Natürlich entschuldigen diese Menschen jedes davon spürbare Element mit anderweitigen Ursachen. Wenn wir uns diese Menschen anschauen, sagen wir uns vielleicht: „Mein Gott, welchen Schmerz muß dieser Mensch durchmachen!" Und wir stellen uns vor, daß ein solcher Mensch diesen Schmerz fühlt, daß er ihn fühlen *muß* – doch er tut es nicht. Wenn er ihn fühlen würde, würde er anders aussehen. Diese Menschen haben einen Schutzwall gegen eine bewußte Assoziation bzw. Verbindung mit dem Schmerz aufgebaut, den wir in ihnen sehen.

In ihrem Erwachsenenleben ordnen viele von uns die als Kind durchgemachten Mißhandlungen der Vernunft unter. Haben wir nicht alle schon einmal jemanden sagen hören: „Mein Vater hat mich zwar geschlagen, aber das hat mir überhaupt nichts geschadet. Ich habe Strenge und Disziplin gelernt. Wenn ich mich als Kind mit den Ellbogen auf den Tisch gestützt habe, dann hat mir meine Mutter tüchtig den Hintern versohlt, aber dafür habe ich heute gute Manieren. Das kann nichts schaden. Wir brauchen gute Manieren." Warum brauchen wir gute Manieren? Wenn man sich die amerikanische Kultur betrachtet – wozu hat man uns gute Manieren eingeprügelt? Verglichen mit dem größten Teil der übrigen Welt, auch mit den Ländern der Dritten Welt, sind wir ein so ungehobeltes und wenig vornehmes Volk. Kultur? Wir wissen doch nicht einmal, was Kultur ist. Ein wenig wahre Kultur würde uns nichts schaden, doch werden wir sie gewiß nicht dadurch bekommen, daß man uns unter dem Vorwand mißhandelt, uns Höflichkeit beibringen zu wollen.

Nie, nie, und nochmals nie

Wenn wir unsere Frustration und unseren Ärger an einem Kind auslassen, ist das etwas ganz anderes, als einfach ein etwas leidenschaftliches und hitziges Temperament zu haben, grundsätzlich aber ein gütiger Mensch zu sein. ***Es ist niemals in Ordnung, wenn wir unseren Ärger und unsere Frustration an einem Kind auslassen, als ob das Kind der Grund dafür wäre.*** Das bedeutet nicht, daß wir in Gegenwart eines Kindes nicht weinen oder ärgerlich sein dürfen. Es geht einfach nur darum, ein Kind nicht für Dinge verantwortlich zu machen, für die es eindeutig nichts kann. Wer hat nicht schon erlebt, daß ein Kind sich nicht wehrt, wenn es von seinen älteren Geschwistern oder den Eltern geschlagen oder verprügelt wird, weil es sich machtlos und hilflos fühlt; daß es aber die Prügel weitergibt, sobald es ein anderes wehrloses Wesen wie beispielsweise einen Hund oder eine Katze findet? Es geht nicht darum, sehr intensive Emotionen und Gefühle zu unterdrücken, sondern einfach darum, daß wir sie nicht an Kindern auslassen, mehr nicht.

* * *

Nun gut, heute habe ich also etwas ganz anderes, etwas sehr Ungewöhnliches vor. Ich werde mich beklagen, werde meckern, nörgeln und Ihnen die gute Laune vermiesen. Ich weiß, daß Sie dies, verglichen mit dem Ton der letzten Monate, ungewöhnlich finden, aber jetzt ist das Maß wirklich voll. Sie mögen es vielleicht schockierend finden, daß ein sogenannter selbsternannter Experte so wenig Haltung bewahrt, so wenig Geduld hat, daß er seinen ganzen Ärger bei Ihnen, meine werten Leser, ablädt, doch ich muß gestehen, es ist tatsächlich so.

Was mich wirklich auf die Palme bringt, als ob ich das nach dieser Einleitung noch sagen müßte, ist, wenn Erwachsene in ihrer Beziehung zu anderen Erwachsenen ein Problem, einen Krampf oder einen Knoten haben und wenn sich die eine Partei aus irgendeinem unvorstellbaren Grunde nicht direkt, offen und aufrichtig mit der anderen Partei auseinandersetzen kann oder dies aus allen möglichen vorstellbaren Gründen nicht will, und wenn dann die obengenannte erste Partei ihren Konflikt mit der zweiten Partei an den unschuldigen Kindern der zweiten Partei abreagiert, weil die erste Partei frustriert und unfähig ist, sich wie ein reifer Mensch mit ihrer eigenen Giftigkeit auseinanderzusetzen. Ich bin sicher, wenn ich mir einen unterhaltsamen kurzen Exkurs gestatten bzw. vom Thema abweichen darf, daß Sie jetzt gut verstehen können, warum ich auf dem Gebiet der persönlichen Transformation tätig und nicht in einer Rechtsanwaltskanzlei gelandet bin. Um auf das Thema zurückzukommen und um es der Wiederholung und Klarheit willen noch einmal zu sagen: Wenn jemand anderer Leute Kinder als Zielscheibe benutzt, weil er eine Meinungsverschiedenheit oder einen Konflikt mit den Eltern dieser Kinder hat, dann halte ich das für skrupellos, unzumutbar und verachtenswert. Ich bin der Meinung, solchen Leuten müßte man deutliche Grenzen setzen, und ich kann mir nur wünschen, daß dies recht bald geschieht..

Eltern geben ihren Kindern häufig genug die Schuld an allem möglichen eigenen (d. h. elterlichen) „Mist", da ist es wirklich nicht nötig, die Kinder noch mehr Schuldzuweisungen und Beschimpfungen auszusetzen, nur weil ihre Eltern echte oder eingebildete Schwierigkeiten in zwischenmenschlichen Beziehungen haben. Tatsächlich sollte man Eltern, die ihren Kindern die Schuld an ihrem eigenen (elterlichen) Versagen geben, ebenfalls in aller Entschiedenheit ihr Fehlverhalten deutlich machen, und das, wenn es Ihnen nichts ausmacht, bitte recht schnell.

In jedem Fall, und vor allem in dem gerade hier so leidenschaftlich besprochenen Fall (zumindest bespreche ich ihn leidenschaftlich und hoffe, Sie beteiligen sich bzw. betrachten ihn ebenfalls mit Leidenschaft, ob Sie nun meiner Meinung sind oder nicht), wäre es für jeden Erwachsenen, der sich für einen offenen, reifen und bewußten Menschen hält, von Vorteil, wenn er bereit wäre, die Probleme, die er mit anderen Erwachsenen hat, direkt mit den Betroffenen zu besprechen und sich nicht bei anderen darüber zu beschweren oder die Unschuld und das Glücklichsein von Kindern zu vergiften, weil sich die meisten Kinder einfach nicht wehren können, weil sie den Krampf bzw. das zur Debatte stehende Problem des Angreifers (oder sollte man besser des Mißhandlers sagen?) nicht klären können oder weil sie klein und im Gegensatz zu ihren Eltern leicht zu verprügeln sind. Das ist die Art und Weise, in der ein reifer, vernünftiger Erwachsener mit Unstimmigkeiten umgehen würde, d. h. er würde sie direkt mit dem Betroffenen klären. Probleme an anderer Leute Kinder auszulassen ist die bequeme und sichere Art, impotenten Frustrationen Luft zu verschaffen; und sich vor der eigenen Rolle in einem Konflikt zu drücken heißt ein Feigling zu sein und ist eine armselige Entschuldigung für ein menschliches Wesen.

Das waren also die schlechten Nachrichten. Nun zu den guten Nachrichten. Es soll auch vorkommen, daß Menschen, die normalerweise eine starke Persönlichkeit haben und für die es niemals in Frage käme, ein Kind mit ihren eigenen Problemen zu belasten, einfach einen schwachen Moment haben, und ihren Sinn für Klarheit verlieren. Wenn das der Fall ist, wissen es die Betroffenen, weil sie klar erkennen, was sie gerade getan haben und zulassen, daß die empfundene Reue die Wahrscheinlichkeit praktisch auf null reduziert, daß sich ein solcher Vorfall noch einmal wiederholt. So, jetzt geht es mir schon erheblich besser.

Journal, 9. Juli 1990

* * *

Die Folgen

Im Kindesalter erfahrene Grausamkeit führt zu allerlei Fehlverhalten im Erwachsenenalter. Es ist allgemein bekannt, daß körperliche Mißhandlung, vor allem sexueller Mißbrauch, zur Prostitution (oder zum Gegenteil, zur Frigidität) führen kann und dies häufig auch tut. Ich spreche hier nicht nur von gewerbsmäßiger Prostitution, sondern auch vom Prostituieren der eigenen Ideale, der Integrität oder der persönlichen Verantwortung. In der Regel handelt es sich um körperliche Mißhandlung, doch emotionale Grausamkeit kann sich leicht genauso stark auswirken und zu solchen abnormalen Verhaltensweisen führen – sie wissen schon, so Sätze wie: „Mein Gott, ich wünschte, ich hätte dich nie *bekommen*. Laß mich bloß in Ruhe. Ich bin gerade von der Arbeit nach Hause gekommen, jetzt gib mir wenigstens die Chance, mich auszuruhen. Wegen dir gehe ich den ganzen Tag arbeiten, und kaum komme ich zur Tür herein, kletterst du schon auf mir herum. Gehe mir bloß aus dem Weg!“ Bei kleinen Kindern, welche die liebevolle Aufmerksamkeit, Unterstützung und Zuneigung der Mutter (und des Vaters) brauchen, wirkt sich diese Art der emotionalen Mißhandlung verheerend auf die Entwicklung eines gesunden Selbstbildes aus. Alle Kinder sind schwach, in dem Sinne, daß sie kleiner und leichter zu beherrschen sind und daher leicht von unbewußten und haßerfüllten Erwachsenen zum Opfer gemacht werden können.

Haben Sie schon einmal ein kleines Kind im Alter von vielleicht ein oder eineinhalb Jahren gesehen, das vor lauter Freude kräht und quietscht und gar nicht genug bekommen kann, wenn man es in die Luft wirft? Kinder in diesem Alter haben keine Angst. (Es sei denn, ein Kind hat es aufgrund seiner angeborenen, biologischen Veranlagung nicht gerne, wenn man es in die Luft wirft und durch die Gegend wirbelt. Wenn ein rücksichtsloser Vater, Onkel oder großer Bruder es dann trotzdem tut, weil er davon ausgeht, daß ein Kind, das an solchen intensiven Aktivitäten keine Freude hat, ein schwächlicher Angsthase sein muß, dem ein wenig Abhärtung nichts schaden kann, wird das Kind vor Angst und Entsetzen schreien. Manche kleinen Kinder haben es gerne wild, andere nicht. Diejenigen, die gerne herumtoben, haben keine Angst.) So mancher Leser mag dies schon mit Erstaunen beobachtet und bei sich gedacht haben: „Mein Gott, was hat das Kind für ein Vertrauen!"

Natürlich hat es das. Warum sollte ein Kind kein Vertrauen haben? Schließlich befindet es sich für sein Empfinden in Gottes Armen! Vertrauen ist für Kinder etwas ziemlich Natürliches, bis sie lernen, nicht zu vertrauen. Die dominierenden psychischen Gewohnheiten eines Kindes – die Charakterzüge, die es aufgrund der Konditionierung von seiten seiner Umwelt entwickelt; jene Verhaltensweisen, die seine Beziehung zum Leben hauptsächlich bestimmen – haben sich im Alter von eineinhalb bis zwei Jahren noch nicht voll und ganz herauskristallisiert. Diese Persönlichkeitsmerkmale beginnen sich zwar bereits zu zeigen, sind aber noch nicht vollkommen am Platz. Es ist genau dieses Netzwerk von Persönlichkeitsmerkmalen, das die Angst entstehen läßt. (Wenn ein Kind dann zwei Jahre alt wird, hören wir die Leute sagen: „Unser kleiner Bobby hat auf einmal einen ganz eigenen Charakter", und sie strecken die Brust heraus, als ob sie sagen wollten: „Ist das nicht wundervoll?" Diesen Menschen ist nicht bewußt, daß ihr kleiner Bobby gerade aufgehört hat zu wachsen. Das Leben kommt für einen Menschen an diesem Punkt fast zum Stillstand, da er aufhört, das Leben in jenem vollen Umfang zu leben, der ihm eigentlich bestimmt ist.)

Kinder haben von Natur aus Vertrauen. Im Alter von eineinhalb Jahren essen sie alles, was wir ihnen geben – zumindest probieren sie es. Manche Erwachsenen finden das so unglaublich (da sie sich nicht daran erinnern können, daß ihnen jemals ein Mensch vertraut hätte), daß sie ihr Kind aus reiner Bosheit quälen und es einfach immer wieder auf die Probe stellen – indem sie es schlagen, in den Schrank sperren, anschreien, anlügen oder ihm absichtlich Cayennepfeffer, Zitronensaft oder scharfen Senf zu probieren geben. Bestimmt hat der eine oder andere unter Ihnen schon einmal in einem Chinarestaurant einen Gast beobachtet, der einem Säugling scharfen Senf fütterte (Väter tun dies besonders gerne) und dann seine Freude hatte, als das Baby zu schreien begann. Das grausame Verhalten von Erwachsenen macht aus ihrem Kind nicht nur einen neurotischen Menschen, sondern einen absoluten Psychopathen, der diese Erwachsenen in der Regel trotzdem liebt und ihnen die Liebe sogar zeigt. Können Sie sich das vorstellen? Natürlich gibt es auch jene seltenen Ausnahmen, die so stark mit ihrem Haß auf die erlittenen Mißhandlungen in Kontakt sind, daß sie sich gegen ihre Peiniger zur Wehr setzen, und zwar teilweise sogar sehr gewalttätig. Normalerweise kommt der Mißhandler aber ungeschoren davon, und die Wut richtet sich nach außen auf andere oder aber nach innen in Richtung Selbsthaß und Selbstzerstörung. Ein Kind mag unbewußt zu dem Schluß kommen, daß es besser wäre, nicht auf dieser Welt zu sein (d. h. zu sterben), wenn es dermaßen schlimm bzw. unerwünscht ist, daß es von seinen geliebten Eltern so schlecht behandelt wird; und es wird alles daran setzen, dies alleine zu vollbringen, häufig durch schwere Suchtkrankheiten und gefährliche Aktivitäten sowie durch psychosomatische Erkrankungen und im offensichtlichen Extremfall auch durch Selbstmord.

Wenn ein kleines Mädchen von seinem Vater sexuell mißbraucht wird oder vielleicht sogar von seiner Mutter, (die ihren Spaß daran hat, Sachen in die Körperöffnungen ihres Kindes zu stecken), dann wird es sich später wahrscheinlich immer wieder einen Partner suchen, der mit ihm dasselbe macht, allerdings auf Erwachsenenart. Ganz gleich, wie schlecht man uns behandelt, wir lieben den betreffenden Elternteil immer noch. Und jener Elternteil steht für das entsprechende Geschlecht.

Wenn eine Frau von ihrem Vater sexuell mißbraucht wurde, ist ihr Verhältnis zum männlichen Pol gestört, und es wird dieser Frau sehr schwer fallen, mit einem Menschen zusammenzuleben, der nicht so ist. Ab und zu wird auch einmal eine Frau, die sexuell mißbraucht wurde, eine Beziehung zu einem Mann eingehen, der sie nicht mißhandelt, weder verbal noch körperlich. Und für diese Frau wird es dann sehr schwierig, mit einem solchen Mann zusammenzuleben. Darum wird sie dazu neigen, ihn zu beschimpfen. Eine solche Frau wird zu ihrem Partner sagen: „Kannst du nicht manchmal zornig werden?“, weil sie nicht in der Lage ist zu verstehen, wie ein Mensch sie lieben kann, ohne sie zu mißhandeln, ohne das Lebensumfeld und die Verhältnisse ihrer Kindheit nachzuspielen. Diese Frau hat das Gefühl: „Wenn er mich nicht mißhandelt, kann er mich nicht wirklich lieben, denn schließlich hat mich mein Vater geliebt, und von ihm bin ich mißhandelt worden. Wie könnte ein Vater seine Kinder nicht lieben?“
So sieht es also aus.

Eine radikal gestörte Beziehung.

Eine radikal gestörte Eltern-Kind-Beziehung voller Neurosen und Psychosen wird in der Hauptsache als Un-Geliebtsein erfahren. Um eine solche radikal gestörte primäre Beziehung handelt es sich beispielsweise bei

Müttern, die vom Kokain oder Heroin dermaßen „fertig" sind, daß sie sich nicht mehr um ihr Baby kümmern können. Es ist weniger die Droge selbst, die den Schaden anrichtet, als die Unfähigkeit der Mutter, ihr Kind so zu lieben, daß sich ihr Kind instinktiv geliebt fühlen kann. Natürlich verdrehen wir solche Situationen der Mißhandlung im Rahmen psychischer Überlebensstrategien oft so lange, bis sie ein unbewußtes Bild von Liebe ergeben – als ob Prügel ein Zeichen von Liebe wären. Gleichzeitig gibt es tief in uns etwas – ob Bewußtsein, „Seele", Wesen oder wie immer man es nennen mag –, das die Realität der Liebe und die Realität des Liebesmangels bzw. der Grausamkeit spürt. Eine radikal gestörte Eltern-Kind-Beziehung ist also bei Drogenabhängigen und Alkoholikern mit Kindern recht weit verbreitet, vor allem bei schwerer Abhängigkeit. Bei einem Alkoholiker, der noch über ausreichend Bewußtheit verfügt, um seinem Kind echte aufmerksame Liebe entgegenzubringen, könnte die Abhängigkeit relativ lange unbemerkt bleiben, bis das Kind selbst alt genug ist, um sich solcher Dinge bewußt zu werden.

Wenn eine Mutter in den ersten Lebensjahren ihres Kindes schwer krank ist und ihr Kind in die Obhut von Verwandten geben muß, die eigentlich überhaupt keine Lust haben, sich um das Kind zu kümmern, so wäre dies ein weiteres Beispiel für eine radikal gestörte Eltern-Kind-Beziehung. Dasselbe würde auch für Situationen ständigen körperlichen Mißbrauchs gelten, wenn dieser Mißbrauch entweder von der Mutter geduldet wird oder sie keinen Versuch unternimmt, ihrem Kind zu helfen und es davor zu bewahren.

Der primäre Eindruck, nicht geliebt zu werden, der sich mit zunehmendem Alter eines Kindes für gewöhnlich im Unbewußten verankert, geht häufig mit einem unstillbaren, unerreichbaren Verlangen einher. Dieses kann die Grundlage für viele Neurosen sein (und ist es auch). Viele Psychologen und Psychiater behaupten beispielsweise, daß es so etwas wie „Nymphomanie" überhaupt nicht gibt, sondern daß alle Erscheinungsformen dessen, was fälschlicherweise oder gemeinhin als Nymphomanie bezeichnet wird, nichts anderes sind als der Versuch, den als Kleinkind erfahrenen Mangel an Liebe und Aufmerksamkeit zu kompensieren.

Es gibt Menschen, die von jedem, den sie kennen, ständig gelobt werden wollen, ansonsten fühlen sie sich niedergeschlagen, deprimiert und wertlos. Diese Art von Dynamik ist ebenfalls ein Hinweis auf einen solchen grundlegenden Mangel. Ich bin sicher, daß die meisten von Ihnen schon einmal einen Partner hatten, und zwar nicht unbedingt mit fünfzehn, der ständig fragte: „Liebst du mich? Sag mir, daß du mich liebst!" Ganz gleich, wie oft Sie diesem Partner gesagt haben, daß Sie ihn lieben, es war niemals genug, da sein Bedürfnis viel zu tief im Unbewußten begraben liegt, als daß die mit den Sinnen und dem Verstand wahrgenommenen Zeichen der Liebe es hätten erreichen können. (Diese primären Gefühle sind normalen Wahrnehmungen für gewöhnlich nicht zugänglich.) Solche Menschen brauchen ständige Bestätigung, um wenigstens das Gefühl zu haben, auf Sparflamme funktionieren zu können. Da es sich jedoch um eine Kompensation handelt und der Mangel natürlich niemals wirklich kompensiert wurde, ist die Wunde niemals verheilt.

Zum Glück gibt es andere Mittel, solche Wunden zu heilen – Methoden, die an jenem tiefliegenden Ort ansetzen, an dem die Gefühle des Ungeliebtseins beheimatet sind und von dem sie aufsteigen (Einige dieser Methoden werden an späterer Stelle, im Abschnitt *Hilfe für die Mißhandelten*, besprochen.)

Was zu weit geht, geht zu weit

Angesichts all der Beschuldigungen und der Angst rund um das Thema sexueller Mißbrauch in Vorschulen und ähnlichen Institutionen verlangen heutzutage immer mehr Schulen von ihren Lehrern, daß sie die Schüler überhaupt nicht mehr berühren. Das geht in meinen Augen zu weit. Die anständigen Lehrer werden durch jene wenigen, die eigentlich diesen Beruf überhaupt nicht hätten ergreifen dürfen, völlig in ihrer Berufsausübung behindert.

Im „Playboy" war ein Artikel über einen Mann zu lesen, der ein vorbildlichen Vater und unglaublich engagierter Kinderrechtler war. In einem erbitterten Scheidungsverfahren und Rechtsstreit um das Sorgerecht für die Tochter wurde er von seiner Frau beschuldigt, die gemeinsame fünfjährige Tochter sexuell mißbraucht zu haben. Sprichwörtlich noch in derselben Woche, als diese Beschuldigung erhoben wurde, wandten sich die Gerichte gegen den Vater, verweigerten das gemeinsame Sorgerecht und gestatteten ihm lediglich, seine Tochter in Gegenwart eines vom Gericht bestimmten Sozialarbeiters zu sehen. Der Vater legte Berufung dagegen ein. Er unterzog sich einem Lügendetektor-Test, sorgte dafür, daß drei Sozialarbeiter dabei waren, wenn er seine Tochter sah, und es wurde ihm von allen Seiten einwandfreies Verhalten bestätigt, doch seine Exfrau wollte nicht einlenken. Eines schönen Tages dann, als er seine Tochter abholen wollte, schoß der Vater seiner Exfrau auf ihn und tötete ihn – während das fünfjährige Mädchen im Haus war.

Unsere Gesellschaft ist auf dem besten Wege, verrückt zu werden. Die einstige völlige Gleichgültigkeit und die legalen Kindesmißhandlungen, wozu beispielsweise die regelmäßige Tracht Prügel gehörte, die man noch vor hundert Jahren in den Erziehungsrichtlinien empfohlen hat, um Kindern Disziplin beizubringen, ist umgeschlagen in totale Paranoia und Angst, bereits die ehrliche, unzudringliche und so dringend notwendige Zuneigung könne einen sexuellen Mißbrauch darstellen und traumatische Schädigungen in einem Kind hervorrufen. Selbst Menschen, die an Schulen unterrichten und Kinder erziehen sollten, gehen wie auf Eiern, weil jeder jeden, selbst mit noch so fadenscheinigen Begründungen, des Kindesmißbrauchs anklagen kann. Vielleicht haben Sie ja vom Fall McMartin gehört, der in Amerika für ziemlichen Aufruhr gesorgt hat. Schauplatz des Ganzen war Kalifornien, wo eines Tages ein Kind aus der Kindertagesstätte, der Grundschule oder einer ähnlichen Institution nach Hause kam und etwas sagte, von dem die Eltern dachten, es habe mit sexueller Belästigung zu tun. Sie beschuldigten daraufhin den betreffenden Lehrer oder Erzieher, mehrere Kinder dieser Klasse sexuell zu mißbrauchen und die Kinder dazu zu bringen, gewisse Dinge miteinander zu tun ... Es gab einen Riesenskandal, im Verlaufe dessen zwanzig oder dreißig Eltern im wahrsten Sinne des Wortes auf den Zug aufsprangen, nachdem die ersten Eltern etwas gesagt hatten. Das FBI schritt ein, und die Kinder, die teilweise erst drei und vier Jahre alt waren, wurden bei greller Beleuchtung von zwei Männern, die sich vor ihnen aufbauten, verhört und einem gründlichen Kreuzverhör unterzogen. Es ist unfaßbar, was man diesen Kindern angetan hat – und das alles im Namen der Aufklärung eines Kindesmißbrauchs!

Man hat den Mann dann irgendwann für unschuldig befunden. (Ich kenne die Einzelheiten nicht genau.) Doch selbst nachdem man ihn von jeder Schuld freigesprochen hatte, waren die Eltern nicht willens, Ruhe zu geben. Sie wollten diesen Mann ans Kreuz nageln für das, was *sie* ihren Kindern angetan hatten, und ihm die Schuld an allen Problemen ihrer Kinder geben.

Wer will beurteilen, ob in diesem Fall ein Kindesmißbrauch vorgelegen hat oder nicht? Doch die Art und Weise, wie man mit diesem Fall umgegangen ist, zeigt eine so grobe Fahrlässigkeit gegenüber der kindlichen Sensibilität, daß daraus ein Alptraum wurde. Hexenverfolger machen sich niemals Gedanken über die Kinder der angeklagten Hexe. Sie wollen nur „Gerechtigkeit“ (und meinen damit Blut).

Hilfe für die Mißhandelten

Das Risiko minimieren

In einem Umfeld, in dem Mißhandlungen an der Tagesordnung sind, sollten die Prioritäten für den nicht gewalttätigen Partner klar sein. Wenn ein Vater betrunken nach Hause kommt und nach dem erstbesten Menschen Ausschau hält, den er verprügeln kann, dann hat eine Mutter keine andere Wahl, als ihr Baby auf den Arm zu nehmen und das Weite zu suchen, statt auf den Vater des Kindes loszugehen: „Mein Gott, Ron, du kommst ja schon wieder betrunken nach Hause! Warum machst du das nur immer wieder? Wir können uns nicht einmal einen Kopf Salat leisten, und du spülst jede Woche deinen Lohn die Kehle hinunter ...!" *Klatsch, klatsch, klatsch*, und schon liegt das Baby weinend auf dem Sofa, während die Mutter zusammengeschlagen wird.

Wenn die Mutter ihr Kind nicht beschützen kann, aber ein anderer Erwachsener in der Nähe ist, dann sollte dieser dafür sorgen, daß das Kind die Auseinandersetzung nicht mitbekommt oder vielleicht sogar mit einbezogen wird. Es liegt in der Verantwortung des anderen Elternteils, ein Kind aus einem grausamen, gewalttätigen Umfeld herauszunehmen, um dessen negative Auswirkungen so gering wie möglich zu halten, *wie immer* die Situation aussehen mag. Wenn ein kleines Mädchen von seinem Vater praktisch bewußtlos geschlagen wird und dann zu seiner Mama geht und sagt: „Das hat mir Papa angetan", dann darf die Mutter niemals eine solche Behandlung entschuldigen oder rechtfertigen. Und sie ist dafür verantwortlich, dem Kind jede Menge Zuneigung, jede Menge Berührung und jede Menge Streicheleinheiten zu geben, es so sanft und liebevoll wie möglich immer wieder zu beruhigen, um das Erlebte so weit wie möglich auszugleichen. Nicht: „Oh mein kleines Mädchen, ach du Armes, du tust mir ja so leid, aber weißt du, dein Papa steht sehr unter Druck." Unsinniges Zeug dieser Art zu reden ist das Schlimmste, was man tun kann. Das ist *keine* Unterstützung. Doch viel Zuneigung – Streicheleinheiten und Berührung – ist einer der wichtigsten Faktoren, mit deren Hilfe sich die traumatischen Folgen von schwerwiegenden, negativen Erlebnissen für ein Kind minimieren lassen.

Richtig wäre es natürlich, gleich beim ersten Mal, wenn es zu einer Mißhandlung kommt, die Flucht zu ergreifen und nie mehr zurückzukehren. Jeder, der mit offenen Augen durch die Welt geht, kann solche Dinge kommen sehen und sich entweder gemeinsam mit dem Partner einer umfassenden Beratung bzw. Therapie unterziehen oder die Beziehung beenden, bevor die Kinder darunter leiden. Mit das Schlimmste (und Dümmste), was eine Frau tun kann, wäre, schwanger zu werden und so die durch einen bösartigen, grausamen und gewalttätigen Mann in der Beziehung entstandenen Schäden reparieren oder mindern zu wollen.

Da das Thema Kindesmißhandlung und die damit verbundenen Gefahren allmählich mehr an die Öffentlichkeit dringen, sind immer mehr Frauen bereit, ihre Ehemänner zu verlassen, um ihre Kinder zu retten, und immer mehr Ehemänner beantragen das Sorgerecht für ihre Kinder, um sie vor grausamen Müttern zu bewahren. Die Mütter unserer Generation haben jede Menge schlimme Dinge erduldet und hätten ihre Kinder niemals in der Öffentlichkeit gegen ihren Ehemann verteidigt – ein solches Verhalten war für eine „abhängige Frau" nicht gesellschaftlich akzeptabel. Das hat sich Gott sei Dank geändert und ist weiter dabei, sich zu verändern.

Den Kreis durchbrechen

Einer der wichtigsten und spektakulärsten Punkte, die Alice Miller in ihren Büchern anspricht, ist die Tatsache, daß der Einfluß der elterlichen Konditionierung auf ein Kind automatisch schwächer zu werden beginnt, sobald die Eltern des Kindes die in der eigenen Kindheit erlittene Grausamkeit annehmen können bzw. wenn sie damit klarkommen, wie sie ihr Kind mißhandelt haben.

Dies ist ein ganz entscheidender Punkt, denn wenn die einzige Möglichkeit zur seelischen Gesundung (wie manche Leute vorschlagen) darin liegen würde, jedes einzelne krankmachende Kindheitserlebnis noch einmal zu durchleben oder neu zu gestalten und neu zu programmieren, dann wären realistische Erwartungen auf psychologische Hilfe schlichtweg absurd. Eine erfolgreiche psychologische Hilfe wäre praktisch unmöglich, da es ein Ding der Unmöglichkeit ist, die Vielzahl von Erfahrungen im Säuglings- und Kindesalter vollständig aufzudecken und aufzuarbeiten bzw. neu zu gestalten. Diese Aufgabe ist zu gewaltig. Manche Leute machen Primärtherapie und Rückführungen ins Säuglingsalter und in den Mutterleib und gehen von einer Primär-Sitzung zur anderen. (Und es ist einfach nichts zu machen, Sie können nicht viel tiefer gehen, als Ihre Geburt erneut zu durchleben oder sich im Alter von einigen Monaten noch einmal im Mutterleib zu erfahren; das ist ungefähr das Maximum dessen, wie weit Sie zurückgehen können.) Wenn diese Menschen dann der Primärtherapie müde sind, machen sie weiter mit Transaktionsanalyse oder irgend einer anderen Transpersonalen Therapie, weil sie immer noch diese

Wunde des Un-Geliebtseins spüren. Es ist ein nie endender Prozeß, weil es endlos viele Daten zu erinnern, neu zu durchleben und neu zu konditionieren gibt.

Um es also noch einmal zu sagen: Wenn ein Elternteil, der sein Kind mißbraucht oder mißhandelt hat (in dem Sinne, wie Alice Miller den Begriff Mißbrauch bzw. Mißhandlung verwendet), seine eigene Rolle dabei akzeptieren lernt, dann endet damit auf der Stelle die Eingrenzung eines Kindes durch die zwischen diesem Kind und dem betreffenden Elternteil bestehende psychologische und pathologische Dynamik – jene Dynamik, durch die Eltern ihre Kinder in gewisser Weise konditionieren und deren Auswirkungen ein Kind auch dann noch in seinem Verhalten beeinflussen können, wenn es selbst bereits fünfzig Jahre alt ist und die Eltern vielleicht schon lange tot sind (ob das Sinn macht oder nicht)! Dieses Offenlegen von seiten der Eltern – sozusagen das Eingestehen und Annehmen ihrer eigenen Mißbrauchsdynamik und das Annehmen der noch tiefer liegenden, in der eigenen Kindheit erlittenen und unterdrückten Grausamkeit – bietet ihren eigenen Kindern einen gewissen Raum, eine gewisse Möglichkeit, nicht mehr dem alten Weltbild ausgeliefert zu sein, sondern ein Leben frei von den Ketten und Bindungen alter chronischer Gewohnheiten zu beginnen.

Darum *mache* ich mit meinen Schülern zwar viel psychologische Arbeit, allerdings eher sporadisch im Kontext eines weiter gefaßten Engagements für Gesundheit, Heilung und wahre geistige Gesundheit, und es geht weniger darum, eine Lösung für spezifische Probleme oder Schwierigkeiten zu finden. In Beziehungen kann ein bestimmtes Maß an psychologischer Arbeit grundsätzlich dazu beitragen, das Zusammenleben wesentlich einfacher zu machen. Es reicht schon, gewisse Elemente des Grolls, der Gier, der Besitzansprüche und des Territorialverhaltens usw. zu beseitigen, um das Leben unendlich schöner und angenehmer zu machen. Die Chance, an unserer persönlichen Transformation ohne den Ballast psychischer Probleme und Konflikte arbeiten zu können, hängt damit zusammen, ob wir einen absolut kompromißlosen und klaren Blick für die seelische Dynamik haben, welche uns unserer Kraft beraubt.

Wenn wir den klärenden und reinigenden Prinzipien in den brillanten Thesen Alice Millers folgen, dann können wir unsere Vergangenheit nehmen, sie verbrennen und vergessen. Was nutzt sie uns denn? Woran erinnert sie uns? An den Spaß, den wir auf unseren Geburtstagsparties hatten? Ja, schon. Aber sie erinnert uns auch an die vielen Male, da unser Vater uns geschlagen hat (allerdings erinnern wir uns meist nicht mehr bewußt an jenen Teil; doch dieser beeinflußt uns mehr als all die glücklichen Geburtstagsfeiern). Die ewig gleichen Themen immer und immer wieder aus dem Keller zu holen ist nicht nur langweilig und eine totale Zeit-, Energie-, Kraft- und Geldverschwendung, sondern kann auch Dinge am Leben erhalten, die es eigentlich verdienen, tot und begraben zu sein. Unsere Vergangenheit ist Geschichte und gehört der akademischen Welt an, nicht aber der Welt eines kreativen, bunten, aufregenden und immer weitergehenden Lebens mit seinem endlosen Potential und seinen endlosen Möglichkeiten.

8. Kapitel

Die Wahrheit sprechen: Sprache und Ehrlichkeit

Sprache

Kinder reagieren auf Reize anders als Erwachsene. Da sie noch nicht deren intellektuelle Reife oder Lebenserfahrung besitzen, sind sie auch nicht in der Lage, dieselben verstandesmäßigen Sprünge zu machen wie Erwachsene. Wenn wir zum Beispiel einen Freund treffen, einen Blick auf sein Hemd werfen und im Spaß zu ihm sagen: „Das ist ja wirklich ein scheußliches Hemd, wo hast du das denn her? Hast du das etwa auf der Straße gefunden?", dann weiß ein Erwachsener, daß es sich dabei um ein Spiel handelt, um ein wohlmeinendes Lästern; Kinder aber nehmen solche Dinge wörtlich. Den Erwachsenen ist nicht klar, daß ein Kind unter einem völlig harmlosen Kommentar ein Leben lang leiden kann. Vor ein paar Jahren verbrachte ich viel Zeit mit einem Mann, der seine Freunde am liebsten mit einem „He, du siehst heute aber beschissen aus!" begrüßte. Wenn er das sagte, lag ein Lächeln auf seinem Gesicht und große Herzlichkeit in seinen Worten, und er umarmte die Leute zur Begrüßung. Er war ein wirklich herzensguter, quirliger Mensch, der für seine Freunde sein letztes Hemd gegeben hätte. Aber seine Sprache war tödlich, und welche Folgen diese Sprachgewohnheiten hatten, konnte man an seinen Kindern sehen. Seine Kinder im Teenageralter zeigten unverkennbare Verhaltensweisen, die eindeutig auf seinen Sprachgebrauch zurückzuführen waren.

Ein weiteres Beispiel: Wenn ein Kind drei oder vier Jahre alt wird und zu sprechen beginnt, sagen viele Leute: „Dreijährige Kinder sind mir viel lieber als Babys. Jetzt kann man mit ihnen wenigstens etwas anfangen." Das ist einem Kind gegenüber nicht gerade eine harmlose Bemerkung. Viele Kinder verbringen die ersten sechs bis neun Monate ihres Lebens damit, behandelt zu werden, als wären sie überhaupt keine Menschen; und ob Sie es glauben oder nicht, Kinder sind in bezug auf diese Dinge sehr sensibel. Sie hören jedes Wort, das in ihrer Gegenwart gesprochen wird – ob man es nun direkt an sie richtet oder nicht. Es ist daher unerläßlich, daß wir sehr klar sind in dem, was wir in Gegenwart von Kindern sagen, denn oftmals werden sie uns nicht darum bitten, daß wir ihnen das Gehörte erklären, sondern sie werden ihre eigenen Schlüsse ziehen und entsprechend einordnen. Wenn ein Kind dann irgendwann diese Schlußfolgerungen wieder aus der Schublade holt und wir seine wilden Vorstellungen zu Gehör bekommen und zu korrigieren versuchen, ist es zu spät – diese Ideen sind bereits tief in seinem Verhalten und in seinem Bewußtsein eingegraben. Mir haben vier- oder fünfjährige Kinder schon oft Dinge erzählt, die sie von anderen Kindern gehört und als Tatsache aufgefaßt haben. Als ich dann versucht habe, ihnen die korrekten Informationen zu geben, waren sie so sehr überzeugt, daß ich falsch informiert sein müsse, daß es kaum eine Möglichkeit der Richtigstellung gab.

Kinder hören *alles* – ein Kind mag zwar an einem Ende des Eßzimmers in sein Spiel vertieft sein, es wird das Gespräch der Erwachsenen natürlich trotzdem mitbekommen, wenn sie am anderen Ende des Raumes über Dinge sprechen, über die man in Gegenwart eines Kindes besser nicht sprechen sollte. Selbst wenn das Kind im betreffenden Moment nicht zu erkennen gibt, daß es alles gehört hat, so wird es doch zwei oder drei Tage später, wenn vielleicht ein bestimmter Name fällt, Dinge ausplaudern oder Kommentare abgeben, die es offensichtlich mitbekommen hat, als wir dachten, es würde uns nicht zuhören.

Wenn wir dann fragen: „Wo hast du das denn gehört?“, wird uns das Kind vielleicht ganz verdutzt anschauen, etwa so, als ob es sagen wollte: „Ich weiß nicht.“ Erwachsene müssen daher auf ihre Sprache achten – auf ihren eigenen Klatsch und Tratsch, und zwar vor allem dann, wenn ein Kind in der Nähe ist.

Was man grundsätzlich tun und lassen sollte

Wenn man mit Kindern spricht, sollte man stets als erstes daran denken, daß sie in jedem Alter voll wahrnehmungsfähig sind und denselben Respekt verdienen, den wir uns selbst als Erwachsene wünschen und den wir auch anderen Erwachsenen, die wir respektieren, entgegenbringen würden. Ich bin daher absolut gegen der Gebrauch der Babysprache nach dem Motto „Guck, guck, da da“, gegen jenen gekünstelten Tonfall und all die anderen Dinge, die Eltern bei ihrem ersten Kind gerne sagen und tun. Wahrscheinlich haben wir diese Art, mit Kindern umzugehen, so häufig im Fernsehen gesehen, daß wir davon ausgehen, sie sei richtig.

Ich empfehle, selbst mit einem Kind im Mutterleib in der Sprache der Erwachsenen zu sprechen. Die jeweils zu einem Wort gehörenden Konzepte übertragen sich *wörtlich* auf das Kind, und daher wird es sich sogar bereits im Mutterleib daran gewöhnen, Sprache mit Gefühlen zu assoziieren. Wie ich bereits an früherer Stelle erwähnt habe, können die „Gespräche“ mit einem Kind im Mutterleib darin bestehen, daß man seinem Kind erzählt, wie sehr man sich darauf freut, daß es zu einem kommt. Vermeiden Sie Sätze wie: „Wenn du ein Junge wirst, dann weiß ich, was wir tun – wir gehen hinaus ins Grüne und spielen Fußball.“ Erzählen Sie Ihrem Kind einfach: „Wir wollen dir die bestmöglichen Eltern sein. Wir freuen uns wirklich darauf, daß du zu uns auf diese Welt kommst“ und ähnliches.

Was den Tonfall und die Betonung der einzelnen Worte angeht, so sollten wir mit einem Kind genauso sprechen wie mit einem Erwachsenen und nicht von oben herab. Wenn wir möchten, daß ein Kind mit uns kommt, können wir einfach sagen: „Okay, laß uns gehen.“ Und nicht in vogelähnlichem Singsang: „Mami geht jetzt einkaufen, möchtest du mitkommen, mein Kleines?“ Auch wenn ein Kind noch so niedlich ist und wir es am liebsten noch so sehr verhätscheln, verwöhnen und herausputzen würden, wir sollten es nicht mit unverständlichem Kauderwelsch verniedlichen.

Einer der Jungen hier in unserer Gemeinschaft hatte die Angewohnheit, mit sich selbst in der Babysprache zu sprechen. Eines Tages kam er während der Essensvorbereitungen in die Küche und fragte, ob er beim Kochen helfen könne. Er sprach mich mit seiner Babystimme an, und ich fragte ihn: „Wie alt bist du?“ Er antwortete: „Ich bin acht“, woraufhin ich ihn bat: „Könntest du dann bitte auch die Stimme eines Achtjährigen benutzen, wenn du mit mir sprichst?“ (Das ist etwas anderes, als zu sagen: „Stelle diesen Ton ab, hast du gehört?“ Oder: „Hör auf, dich wie ein Baby zu benehmen!“ Man sollte derartige Unterscheidungen für eine Sache des gesunden Menschenverstandes halten, doch leider scheinen Erwachsene mit Kindern davon nur wenig zu besitzen.) Der Junge antwortete mit einem „Na klar“ und hat seitdem nie mehr auf diese Art und Weise mit mir gesprochen. Als der Junge das nächste Mal in meiner Nähe war, habe ich genau darauf geachtet, ob er sich vielleicht gehemmt fühlt oder das Gefühl hat, daß ich böse auf ihn werden könnte, doch dies war nicht der Fall. Jene eine kurze Begegnung hatte gereicht, um ihm einiges klar zu machen. Er spürte ganz offensichtlich, daß ich auf ihn als Achtjährigen hören würde, und darum brauchte er sich nicht klein und niedlich zu machen, um Aufmerksamkeit und Anerkennung zu bekommen.

Ich würde einem Kind niemals drohen, etwa nach dem Motto: „Ich werde dir gleich eine ’runterhauen, ich werde dich gleich einen Kopf kürzer machen, ich werde … etc. etc.“. Nicht im Scherz und schon gar nicht aus

Zorn oder Frust! Ich glaube, ich habe noch nie in meinem Leben derartige Drohungen benutzt, und es hat wirklich Momente gegeben, in denen ich richtig wütend auf ein Kind war. Ich halte ganz und gar nichts davon, überhaupt jemals mit Gewalt zu drohen. Manche Eltern machen das zum Spaß, es ist ihre Art, mit Kindern herumzuspielen. Es ist ihre Art von Humor. Manche Väter treiben ständig solche Spielchen mit ihren Kindern, geben ihnen eine Kopfnuß oder ziehen ihnen ein wenig die Ohren lang. Für manche Leute mag das ja in Ordnung sein, ich jedoch würde es *niemals* in Erwägung ziehen. Meine Wut hält etwa zehn Sekunden lang an, doch das reicht schon, um ein paar heftige Worte zu sagen. In zehn Minuten können wir eine Menge schlimmer Dinge von uns geben – und das müssen wir auf alle Fälle vermeiden. Wir müssen immer über unserem Ärger stehen, vor allem dann, wenn es um Kinder geht.

Sprechen Sie niemals über ein Kind, als wäre es ein lebloser Gegenstand oder überhaupt nicht vorhanden. Wenn Sie einen Blick in ein Zimmer hineinwerfen, in dem ein Säugling in seinem Bettchen liegt, dann verzichten Sie zum Beispiel auf Worte wie: „Hallo, ist da jemand? Wie kommt es denn, daß der Kleine nicht lächelt?" Und wenn der dreijährige Jimmy neben Ihnen steht, dann ersparen Sie ihm ein: „Was sollen wir bloß mit Jimmys Manieren machen?" Ich habe all diese Dinge schon in Gegenwart von Kindern gehört und die Reaktionen des betreffenden Kindes bemerkt bzw. gefühlt.

Kritisieren Sie niemals die Eltern eines Kindes, wenn das Kind in der Nähe ist bzw. Sie hören kann. Ich gehe davon aus, daß von der Empfängnis an ein Bewußtsein vorhanden ist, das sich mit allen Sinnen der Umgebung gewahr ist.

Bezeichnen Sie ein Kind niemals als „schmutzig", nur weil es in die Hose gemacht hat, und verzichten Sie auf das ganze Repertoire an verächtlichen Kommentaren, die manche Leute für witzig halten. Damit meine ich Sätze wie: „Mein Gott, stinkt das!" oder „Du solltest dir wirklich überlegen, ob du nicht in einem Orchester mitspielen willst!", wenn ein Kind zum Beispiel einen Wind hat abgehen lassen. So mancher sogenannte „reife" oder intelligente Mensch besitzt nicht einmal so viel Verstand, daß ihm das klar ist!

Was die Sprache angeht, so würde ich bei einem siebenjährigen Kind dieselben Regeln anwenden wie bei einem Säugling – und das gilt für ein schlafendes Kind genauso wie für ein waches Kind. Aus der Psychologie weiß man, daß auch das Schlafbewußtsein sensorische Daten aktiv aus der Umgebung aufnimmt. Man sollte also darauf verzichten, seiner Kinder wegen im Kinderzimmer zu streiten, während diese darin schlafen.

Verzichten Sie darauf, ihrem Kind ständig vorführen zu wollen, wie clever Sie sind. Einem Kind wird lange Zeit nicht bewußt sein, was für „kluge Kerlchen“ Papa und Mama sind, und darum brauchen wir uns vor einem Kind auch nicht zu beweisen, denn darum geht es ja eigentlich bei der ganzen Prahlerei, dem ganzen Getue und all den Witzeleien. Bedingt durch ihre grundsätzliche Unsicherheit und Unreife sind die Menschen derart aufgeblasen vor Stolz. Von den zwei Milliarden Männern auf der Erde ist bis auf einen ganz kleinen Prozentsatz jeder in der Lage, Kinder zu zeugen. Doch jeder Mann, der ein Kind hat, denkt und handelt, als habe er etwas Besonderes vollbracht. Dieses Verhalten ist natürlich in den westlichen, sogenannten zivilisierten Kulturen besonders extrem. Ein Mann also, der voller Stolz ist, wird sich dadurch in Szene zu setzen versuchen, daß er dummes Zeug zu seinem Kind sagt und ihm oft lächerliche Namen gibt.

Selbst wenn wir erkennen, daß unser Einschreiten gefordert und unser Kommentar angebracht ist, wird ein Kind unsere Worte doch als recht unangenehm empfinden, wenn wir von oben herab mit ihm sprechen, statt ihm ganz natürlich und ungekünstelt die entsprechende Grenze zu setzen, und es wird ihm nicht entgehen, wie völlig „daneben“ unser Verhalten ist. Vor allem Männer neigen dazu, von oben herab mit ihren Kindern zu sprechen, wirklich herablassend zu sein. In der Stimme vieler Väter schwingt eigentlich folgende Botschaft mit: „Du tust besser daran, dich nicht mit mir anzulegen, denn schließlich bist du nur ein kleines Kind, das ich zwingen kann, wozu ich will, und darum tue gefälligst, was ich dir sage!“

Jeder kann mit einem Kind schimpfen, und fast jeder kann ein Kind mit heftiger Schelte und Prügeln zur Unterwürfigkeit zwingen. Wir können ein Kind so lange beschimpfen und auf sein Verhalten einwirken, bis nur noch ein braver kleiner Junge oder ein braves kleines Mädchen übrig bleibt („brav“ nach unseren Vorstellungen). Selbst wenn wir eine Grenze am „richtigen“ Ort ziehen, dies jedoch mit der falschen Einstellung oder mit zuviel Nachdruck tun, ist es einfach schlichtweg falsch.

Wir raten auch von Kosenamen wie „meine kleine Maus“ oder im Spaß gemeinten Ausdrücken wie „na du Wicht“, „du halbe Portion“ oder „du kleines Würstchen“ ab. Man muß sich darüber im klaren sein, daß Kinder alles wörtlich nehmen. Es handelt sich dabei nicht um ein tiefgründiges esoterisches Prinzip, sondern um psychologisches Grundwissen. Sparen Sie sich auch Witzeleien über Körpergeruch und Ausscheidungen eines Kindes, wie beispielsweise: „Oh Mann, oh Mann, das stinkt aber ganz schön, was du da erbrochen hast!“ Oder: „Dafür, daß du so klein bist, kannst du schon richtig große Haufen machen!“ Für ein Kind ist das, was aus seinem Körper kommt, ein Teil seiner selbst, und darum heißt

„Erbrochenes stinkt“ für ein Kind wörtlich: „Du stinkst … und das ist schlecht. Darum bist du ebenfalls schlecht.“ Seien Sie also sehr, sehr vorsichtig im Umgang mit der Sprache.

Anstatt einem Kind zu sagen: „Mache die Tür nicht zu!“, könnte man ihm vorschlagen: „Warum läßt du die Tür nicht einfach offen?“ Man sollte stets versuchen, einem Kind positive Vorschläge zu machen, statt negative Kommentare von sich zu geben. Wenn wir nicht kreativ sind, ist es oft schwierig, spontan an solche Dinge zu denken. Wir sollten es jedoch auf jeden Fall so oft wie möglich versuchen.

Lassen Sie ein achtjähriges Kind acht Jahre alt sein; wenn es zehn Jahre alt ist, dann lassen Sie es zehn Jahre alt sein; und wenn es zwölf ist und unbedingt schon vierzehn sein möchte, na ja, dann können Sie es wenig älter sein lassen. Mit einem neunjährigen Jungen Witze über Mädchen und Verabredungen zu machen ist hingegen unangemessen. Wenn ein Junge zum Beispiel zu einer Veranstaltung seiner Schule geht und wir ihn dann bei seiner Rückkehr fragen: „Na wie war's, waren denn wenigstens ein paar heiße Vögel da?“ Es ist schrecklich, mit einem Neunjährigen so zu sprechen. Es ist völlig unangemessen, mit Kindern über Dinge zu scherzen, die weit über ihren Entwicklungsstand hinausgehen. Verzichten Sie bei Dreizehnjährigen auf provokatorische Witze über Verabredungen und das andere Geschlecht. Glauben Sie mir, wenn Kinder in das Alter kommen, in dem sie sich verlieben, und wenn sie sich dann tatsächlich verlieben, ist es garantiert nicht witzig für sie. Dann ist es sogar eine richtig ernste Sache, wie einige von uns noch wissen sollten. Sparen Sie sich Witze über Pickel oder Brüste in Gegenwart von Jugendlichen in der Vorpubertät und Pubertät. Behandeln Sie Kinder – auch wenn sie bereits voll erwachsen sind und eigene Kinder haben – stets mit Höflichkeit, Respekt, Würde und Kameradschaft.

Sprache kann die Unschuld zerstören

Je nachdem, welche Worte wir in Gegenwart von Kindern benutzen, lernen sie schon sehr früh, ihre Unschuld zu verlieren, genauso wie sie durch körperliche Mißhandlung von ihrer Unschuld abgetrennt werden. Wie bereits an früherer Stelle besprochen, können scheinbar harmlose, kleine Kommentare wie: „Ist das Kind nicht süß!“ oder „Du bist ja so niedlich!“ ein Kind darauf aufmerksam machen, wie es mit dieser Süße und Niedlichkeit die Erwachsenen manipulieren kann, um von ihnen eine bestimmte Art von Aufmerksamkeit zu bekommen. Ein Kind wird dann dazu tendieren, diese Verhaltensweisen zu übertreiben und ziemlich affektiert zu werden.

Wir haben uns lange Zeit mit den negativen Auswirkungen von Vergleichen befaßt wie beispielsweise: „Oh, dein Bruder hat erst mit drei Jahren laufen gelernt, aber ich wette, du wirst bereits mit neun Monaten laufen können!“ Oder: „Mein Gott, du bist ja so dünn. Gibt dir deine Mutter denn gar nichts zu essen?“ Oder: „Dein Cousin bekommt nur gute Noten in der Schule. Warum kannst du denn nicht ein wenig besser sein?“ Die Wahrscheinlichkeit, daß gedankenlose Erwachsene solche Kommentare abgeben, ist ziemlich groß.

Ich bin sicher, daß alle Eltern unter uns ihre kleinen Kinder schon einmal mit in einen Supermarkt oder an einen anderen geschäftigen Ort genommen haben und daß andere Menschen dort den Kindern gegenüber irgendwelche negativen Kommentare von sich gegeben haben. Es ist äußerst wichtig, daß wir solche Kommentare entkräften. Als ein Freund von mir zum ersten Mal Vater wurde, sagte er mir, er habe bis dahin keine Vorstellung davon gehabt, wie schlimm es ist – wie konstant die Negativität ist –, bis er sein Kind zum ersten Mal mit zu seinen Eltern nahm, um es den frischgebackenen Großeltern zu zeigen. Nicht nur ab und zu, sondern *jedesmal*, wenn seine Mutter den Mund aufmachte, gab sie kritische und geringschätzige Bemerkungen von sich, wie zum Beispiel: „Warum ziehst du denn dem armen Kind nichts an? Bei Gott, es wird sich noch den Tod holen vor Kälte!“ Wahrscheinlich findet man das in jeder Familie ein wenig – wohlmeinend, aber einfach unwissend und unbewußt.

Wir empfehlen darum, mit dem betroffenen Kind ruhig und besonnen zu sprechen und die ganze Negativität dadurch aufzulösen. Wenn im Supermarkt zum Beispiel jemand sagt: „Oh, die Kleine ist aber ganz schön rundlich!“, dann können wir, um den unbewußten Kommentator nicht unnötig zu provozieren, mit sanfter, leiser Stimme zum betroffenen Kind sagen: „Dieser Mensch weiß nicht, wovon er spricht. Er versteht nicht viel von Kindern. Er ist einfach unbewußt. Du brauchst ihn nicht zu beachten. Du bist vollkommen in Ordnung so, wie du bist!“ oder etwas in dieser Art. Ein weiteres, weit verbreitetes Beispiel: Wenn ein Kind ein wenig Theater macht, wird der eine oder andere Erwachsene in der Nähe vielleicht fragen: „Oh je, bist du etwa krank?“ Wir empfehlen immer, daß der verantwortliche Erwachsene dann zu dem betreffenden Kind sagt: „Dieser Mensch hat von Kranksein keine Ahnung“, und damit sollte man nicht bis später warten, da Kinder ganz stark im Moment leben und später keinen Bezug mehr zu dem jetzigen Ereignis herstellen können. Die Art und Weise, wie man das Wort „krank“ verwendet, kann ein Kind für den Rest seines Lebens zum Hypochonder machen und es dazu bringen, sich gehen zu lassen, oder es kann entsprechend lernen zu denken „Ach, das ist nicht weiter schlimm."

Viele Dinge, die von seiten eines Erwachsenen völlig gut gemeint sein mögen, können für ein Kind in Wirklichkeit sehr beeinträchtigend oder verwirrend sein. Wenn wir, wir bereits erwähnt, einem Kind einen Kosenamen geben, dann versteht ein Kind die doppelte Bedeutung nicht. Wenn Kinder ein Wort lernen, dann lernen sie seine wörtliche Bedeutung. Wenn wir Worte benutzen, die neben ihrer wörtlichen Bedeutung noch einen anderen Sinn haben (häufig in idiomatischen Redewendungen), dann nehmen Kinder diese Begriffe trotzdem wörtlich und gewöhnen sich oft ein Verhalten an, das auf dem beruht, was sie hören, nicht aber auf dem, was wir meinen. Ein vier Wochen oder vier Monate altes Kind versteht vielleicht nicht die einzelnen Worte, aber es versteht mit Sicherheit die Absicht, das Gefühl und die Stimmung. Die meisten Kinder verstehen die Sprache viel früher, als sie tatsächlich zu sprechen beginnen – wir wären erstaunt, wieviel ein Kind bereits schon im Alter von sechs oder sieben Monaten versteht, wenn wir klar und deutlich mit ihm sprechen.

Es ist fast unmöglich, sämtliche unstimmigen Elemente aus jedem Umfeld zu entfernen, davon abgesehen, daß dies sowieso nicht unbedingt erstrebenswert wäre, aber was ganz sicher erstrebenswert ist, das sind lebensbejahende, vernünftige, gesunde und bewußte Gewohnheiten, die unseren Kindern ein Leben lang zugute kommen.

Sorgfältige Wortwahl

Daß wir Kindern gegenüber Sorgfalt bei der Wahl unserer Worte walten lassen, muß nicht bedeuten, daß wir jegliche Farbe, jegliche Poesie aus der Sprache nehmen. Es ist sogar so, daß Kinder auf Metaphern ansprechen; sie haben ein instinktives Verständnis für echte Metaphern und für Poesie. Ich spreche hier nicht einfach davon, daß man Worte verwendet, die eine andere Bedeutung haben, sondern vielmehr über den Gebrauch der Sprache in einer nicht metaphorischen Art und Weise. Von Erwachsenen hört man zum Beispiel oft den Satz: „Ich bin fast am Verhungern!" Oder: „Ich sterbe gleich vor Hunger!" Das sind *keine* Metaphern, das sind im Grunde einfach falsche Aussagen. Die Sprache soll uns unterstützen, und darum liegt es in unserem Interesse, die Wahrheit zu sagen. „Ich bin sehr hungrig, und das Essen schmeckt wirklich sehr lecker", ist eine Aussage, die Leben in sich hat. Sätze wie: „Ich bin am Verhungern!" oder „Ich sterbe gleich vor Hunger", wenn dies überhaupt nicht zutrifft, sind hingegen tödlich, weil sie nicht wahr sind und Kinder dadurch lernen, in einer Art und Weise zu übertreiben, die sie von der Wahrheit ihrer eigenen Erfahrung abschneidet.

Unsere Sprache ist im allgemeinen so salopp, daß es entsetzlich ist, und kein bißchen weniger als das. Als einer meiner Freunde versuchte, ein Basketballspiel zwischen den Mitarbeitern seiner Firma und den Mitarbeitern eines anderen Unternehmens aus der Gegend zu organisieren, sagte er in Gegenwart einiger Kinder: „Wir haben von den Typen noch nichts gehört, das sind ganz schöne Hasenfüße." Eine solche Ausdrucksweise kann für Kinder nicht nur verwirrend sein, sondern sie demonstriert auch eine aggressive Neigung zum Konkurrenzkampf und ein „Herabkanzeln" von Freunden, was für Kinder unverständlich ist, selbst wenn es die Erwachsenen im Spaß meinen.

Wenn wir beobachten, wie die Menschen auf derart dumme und alberne Kommentare reagieren, werden wir feststellen, daß sie automatisch lachen, ohne darüber nachzudenken. Um ehrlich zu sein, haben die meisten von uns damals darüber gelacht, und das übermittelt Kindern eine doppelte Botschaft. Sie fragen sich: „Sind die Leute in der anderen Mannschaft denn nun Freunde oder Feinde?"

Ein weiteres Beispiel: In einem Gespräch, bei dem es um Arbeitsplätze ging, sagte ein Mann zu einem anderen Erwachsenen: „Die Republikaner werden uns noch umbringen." Sofort fragte eines der Kinder mit sehr verängstigter Stimme: „Was umbringen? Wen umbringen?" Als dieser Mann mich später fragte, ob er sich etwa unangemessen ausgedrückt habe, antwortete ich ihm, daß dies ganz klar der Fall und seine Worte sehr irreführend gewesen seien. Es gibt in unserer Alltagssprache eine ganze Litanei von Ausdrücken, auf die Kinder ansprechen und die für sie beunruhigend und verwirrend sein können, selbst wenn unsere Stimme nicht unbedingt bedrohlich oder beschimpfend klingt.

In den Anfangsjahren meiner Lehrtätigkeit pflegte ich über Sprachgewohnheiten und die Entstehung psychosomatischer Erkrankungen zu sprechen. Wenn wir zum Beispiel immer wieder sagen, daß uns etwas, vornehm ausgedrückt, „am Hinterteil vorbeigeht", dann kann dadurch eine tatsächliche Neigung zu Hämorrhoiden entstehen. Das gilt für sämtliche Ausdrücke, die sich auf den Körper beziehen. Der Satz: „Meine Füße bringen mich noch um" – könnte im Extremfall dazu führen, daß der Betreffende ausrutscht und sich das Genick bricht oder einen Abhang hinunterstürzt. Ich bemühe mich, nicht einmal das Wort „krank" zu benutzen. Wenn jemand erkältet ist und behauptet, daß er „krank" ist und das Gefühl hat, tagelang wegen dieser „Erkältung“ das Bett hüten zu müssen, dann ist das für mich ein schändliches Sich-Gehen-Lassen. Wissen Sie, warum wir das tun? Weil wir *lernen*, daß wir „krank“ sind, wenn wir eine Erkältung haben – es handelt sich dabei um reine Verhaltenskonditionierungen und falsches Denken. Für mich heißt krank sein *krank sein* – Mumps, vierzig Grad Fieber oder eine Lebensmittelvergiftung – etwas, das es uns wirklich unmöglich macht, im Alltag zu funktionieren! Aber doch keine Erkältung! Wir holen uns eine Erkältung und *machen* uns selbst krank. Wir lernen solche Assoziationen im Kindesalter und setzen uns häufig allein aufgrund unserer Erwartungen außer Gefecht.

Das Großartige an solchen Beispielen ist, daß wir erkennen können, wie unbewußt und mechanisch wir uns verhalten. Wenn wir dies erkennen, können wir es zu unserem Vorteil verwandeln. Wenn wir es in ausreichendem Masse erkennen können, wenn es uns genug schockiert, dann werden wir aufhören, so mechanisch zu sein. Oder wir werden weniger und weniger mechanisch werden. Vielleicht werden wir sogar weniger reden, und das wäre ja eigentlich gar nicht so schlimm.

* * *

„Böse“ ist ein Wort, vor dem man sich in acht nehmen sollte. Selbst achtsame Menschen, die sensibel sind für die Belange von Kindern, können dazu neigen, das Verhalten von Kindern, die sich ziemlich aggressiv abreagieren, als „böse“ zu bezeichnen. Kinder, vor allem kleine Kinder, sind nicht bösartig. Anstatt uns der Vorstellung hinzugeben, daß „Kinder böse und niederträchtig sind“ können wir in einem solchen Fall das Verhalten, das in einem Kind zum Vorschein kommt, einfach beobachten und uns fragen: „Wie reagiere ich am besten darauf?“ Manchmal ist es Kindern einfach nur langweilig. Vielleicht agieren sie aber auch die Gewalttätigkeit ihrer Eltern aus oder reagieren unbewußt auf eine herabwürdigende, grausame Behandlung. Wir sollten alles daransetzen, das Handeln von Kindern nicht in eine bestimmte Kategorie einordnen oder sie in eine bestimmte Schublade stecken zu wollen, die wir in unserem Kopf haben. Statt dessen können wir herauszufinden versuchen, was sich hinter ihrem Handeln verbirgt und was sie brauchen, um anders zu sein.

Es ist entscheidend, daß wir äußerst achtsam mit der Sprache umgehen. „Schmutzig“ ist ein weiteres Wort, das in der Praxis falsch benutzt wird. „Schmutzig“ wäre zum Beispiel Teer – Teer ist schmutzig. Ölfarbe, die auf der Haut antrocknet, ist schmutzig. Erde, Eiter, Fliegendreck – das alles ist kein Schmutz. Schmutz ist etwas, das man wirklich entfernen *muß*. Wenn man uns geteert und gefedert hat, sind wir schmutzig, doch wenn wir von oben bis unten mit Schlamm bedeckt sind, dann sind wir nicht schmutzig, denn wir brauchen lediglich ins Wasser zu springen, um den Schlamm wieder loszuwerden. Ein Fleck, der sich nicht aus einem Kleidungsstück entfernen läßt, wäre ebenfalls „Schmutz". Flecken, die sofort verschwinden, wenn wir eine Bluse oder Hose in die Waschmaschine stecken, sind kein Schmutz. Ein Kind „schmutzig" zu nennen würde für die kindliche Logik wiederum bedeuten, daß wir ihm unterstellen, es sei in seinem innersten Wesen schmutzig.

Auf Schimpfnamen reagieren Kinder extrem sensibel. Ich kenne ein Kind, das einer erwachsenen Frau einen Schimpfnamen hinterher gerufen hat, woraufhin sie zu dem Kind sagte: „Ich finde das nicht in Ordnung, ich beschimpfe dich ja schließlich auch nicht!" Doch das Kind antwortete ihr: „Doch, das tust du!" Als sie das Kind dann danach fragte, war die Antwort, sie habe es einen „Schmutzfleck" genannt, was das Kind als negativ empfunden hatte. Was wir daraus lernen können, ist, daß wir Kinder mit ihrem eigenen Namen rufen sollten, denn unter diesem Namen kennen sie sich selbst, und mit diesem Namen wollen sie auch angesprochen werden.

Gleichzeitig bin ich aber der Meinung, daß auch ein Raum für liebevolle Kosenamen vorhanden ist. Jeder Mensch muß sich in dieses Thema „einfühlen" und sollte sich nicht an unbeugsame Regeln klammern. Unser Tun sollte vom Geist dieses Prinzips beseelt werden, von einem Ort des Herzens aus, statt auf der Grundlage einer starren Vorschriftensammlung. Wir können das Problem natürlich dadurch lösen, daß wir unsere Kinder immer mit ihrem richtigen Namen ansprechen, dann brauchen wir uns keine weiteren Gedanken darüber zu machen. Doch das hieße für mich, auf eine ganze Beziehungsdimension zu verzichten. Die Sprache ist schließlich ein Weg, auf dem Menschen einander ihre Liebe zeigen. „Liebling" oder „Schatz" kann eine warme und liebevolle Form der Anrede für ein Kind sein, sofern sie von einem klaren Ort kommt – das heißt, solange diese Anrede schlicht, ungekünstelt, unbefangen und vorurteilslos (also nicht unbewußt) erfolgt. Sein Kind aber von einem Ort der sentimentalen Heuchelei aus ständig „Schätzchen" zu nennen, würde ich nicht gerade empfehlen.

Achten Sie darauf, mit einem Kind so zu sprechen, daß es seinem Alter angemessen und für das Kind verständlich ist, anstatt einfach etwas zu sagen, was für uns Erwachsene Sinn macht. Erwachsenen fällt es leicht, zwischen den Zeilen zu lesen, Kindern nicht. Wenn wir zum Beispiel wegfahren wollen und zu einem anderen Erwachsenen sagen: „Wir essen, wenn wir ankommen", wird uns der andere wahrscheinlich fragen, wie weit es bis zum Ziel ist. Wenn wir ihm dann antworten, daß es etwa 300 Kilometer sind, dann kann sich der andere leicht ausrechnen, daß dreihundert Kilometer ungefähr drei Stunden Fahrzeit bedeuten. Wenn wir zu einem Kind sagen: „Wir essen, wenn wir ankommen“ und das Kind dann auf die Frage „Wie weit ist es?“ die Antwort „Dreihundert Kilometer“ bekommt, dann kann es damit ziemlich wenig anfangen. Selbst wenn wir „Drei Stunden“ sagen, hat das für Kinder unter einem bestimmten Alter immer noch keine Aussagekraft, da die Aufmerksamkeitsspanne eines Kindes fünfzehn Minuten beträgt, und wenn es hungrig ist, dann will es *jetzt* essen! Wenn wir sagen: „Es wird eine lange Fahrt“, dann ist das etwas anderes als „Drei Stunden“, doch wir werden auch diese Antwort noch oft wiederholen müssen und sollten mit Kindern Geduld haben und ihnen zeigen, daß es in Ordnung ist, wenn sie hungrig sind. Wir wollen sie ja schließlich nicht *schlecht* machen, nur weil sie hungrig sind, nur weil es *uns* auf die Nerven geht, wenn sie alle zehn Minuten fragen: „Wann sind wir denn endlich da?“ Schließlich sind wir die Erwachsenen, oder nicht? Wir sollten in der Lage sein, die Zeit mit Geduld und Liebe zu überbrücken und sogar ein Gefühl der Sicherheit zu vermitteln. Versuchen Sie sich das einmal vorzustellen!

Wie Kinder lernen

Kinder lernen richtig sprechen, indem sie anderen Menschen aufmerksam zuhören, und nicht dadurch, daß man ihre Sprachmuster korrigiert. So konnte eines der Kinder hier in unserer Gemeinschaft am Anfang kein „J“ aussprechen und sagte zum Beispiel am Anfang statt „Jacke“ immer „Lacke“. Ich ließ das Mädchen einfach sagen, was es wollte, und mit der Zeit lernte es die richtige Aussprache ganz von selbst. Warum sollte man ein Kind wegen seiner Unschuld tadeln? Ich habe das Mädchen nie korrigiert oder gedrängt, es „richtig“ auszusprechen, und alle, die „Lacke“ hörten, wußten, was gemeint war. Ich meine, wenn alle anderen im Raum „Jacke“ sagen und unser Kind weit und breit der einzige Mensch ist, der „Lacke“ sagt, dann wird auch unser Kind anfangen, „Jacke“ zu sagen, wenn der Zeitpunkt dafür gekommen ist – der Unterschied wird ihm nicht entgehen. Kinder brauchen niemanden, der sie ständig ermahnt oder sich über ihre Sprachfehler lustig macht. Kinder lernen Sprechen durch Zuhören.

Wenn ich darüber nachdenke, wie ich sprechen und gute Manieren usw. gelernt habe, so war es einfach dadurch, daß ich die Menschen in meiner

Umgebung nachahmte. Was auch immer ihre Absicht gewesen sein mag, sie kam genauso stark bei mir an wie das, was diese Menschen taten. Ob sie sorgfältig darauf achteten, sich zu korrigieren, wenn sie mit mir sprachen, oder ob sie das, was sie gerade taten und sagten, voll und ganz in Anspruch nahm, es kam genauso stark durch wie alles andere.

Wenn wir uns ein wenig entspannen und uns nicht ständig den Kopf zerbrechen, ob wir denn nun wirklich alles richtig machen, dann werden unsere Kinder sowohl unsere Absicht mitbekommen, uns klar auszudrücken und deutlich zu sprechen, als auch unsere Absicht, aus dem Herzen heraus zu sprechen und zu handeln. Kinder spüren wahre Aufrichtigkeit und Echtheit, selbst wenn unsere Handlungen ein wenig schwerfällig oder exzentrisch sind. Außerdem haben wir in dem, was man gemeinhin als die nahe Zukunft bezeichnet, ohnehin keine Möglichkeit zu beurteilen, wie unsere Absichten bei unseren Kindern angekommen sind. Bis das ans Licht kommt, können noch Jahre vergehen.

Natürlicher Umgang mit Lob

Für viele Menschen ist es wahrscheinlich selbstverständlich, daß man nicht übertreiben und Kinder mit zuckersüßen Worten überschütten sollte, wenn man sie für ihre Leistungen loben möchte. Viele Eltern kommen zwar auf die Idee, ihre Kinder zu loben, schießen dann aber so weit über das Ziel hinaus, daß sich ihr Lob am Ende mehr negativ als positiv auswirkt. Wenn uns ein Kind zum Beispiel seine Kritzeleien bringt, dann sollten wir versuchen, nicht gleich in überschwengliches Verzücken auszubrechen: „Oh, du bist ja so ein großer Künstler. Das muß ich unbedingt aufhängen, das ist absolut phantastisch. Du bist ja ein richtiger kleiner Picasso!“ Wenn Kinder älter werden, werden sie ohnehin erkennen, daß wir uns heuchlerisch, falsch und herablassend verhalten haben. Ein Kind mag zwar sein Bestes geben, aber es weiß, daß es weder Picasso noch Chagall ist. Kinder wünschen sich einfach, daß wir dankbar sind für das, was sie uns bringen, weil sie uns liebhaben, deshalb brauchen wir aber noch lange nicht bei jedem Blümchen, das sie uns malen, in übertriebenes Lob auszubrechen. Widmen Sie einem Kind, wenn es Ihnen etwas bringt, Ihre volle Aufmerksamkeit, schenken Sie ihm ein Lächeln oder eine Berührung und sagen Sie ihm, daß es Ihnen gefällt – das reicht voll und ganz. Dadurch daß wir ständig dieselben Lobesworte wiederholen, vermitteln wir einem Kind auch nicht mehr Vertrauen; es verringert eigentlich eher die Freude und die Spontaneität des Ganzen. Vermeiden Sie daher solche Fehlurteile.

Welche Wirkung unser Feedback auf ein Kind hat, hängt auch davon ab, *wie* wir es loben. Es kann gewiß nicht unser Ziel sein, einem Kind hundert Mal am Tag wegen jeder Kleinigkeit ein Lob auszusprechen! Wenn wir ein Kompliment ehrlich und aufrichtig meinen und ein Kind nicht nur loben, um sein Selbstbewußtsein aufzubauen, dann ist unser Lob als Reaktion selbstverständlich vollkommen korrekt. Wenn ein Kind auf einen Stuhl steigt, wird man wohl kaum zu ihm sagen: „Oh, du bist ja auf den Stuhl gestiegen, das hast du aber fein gemacht." Wenn alles, was ein Kind tut, mit Lob bedacht wird, dann wird es die Neigung entwickeln, alles nur noch des Lohnes wegen zu tun. Ein Kind kann sich total verlieren und seine eigene Einzigartigkeit unterdrücken, nur um so zu sein, wie die Erwachsenen es haben wollen, damit es den Preis einer Belohnung oder eines Lobes bekommt. Kinder werden dann, um es mit einem beliebten Ausdruck aus der Psychologie zu sagen, total adaptiv.

Manche Erzieher behaupten, daß es sogar schädlich sein kann, die kleinen Kunstwerke eines Kindes zu loben, da ein Kind seine natürliche Kreativität in diesem Fall auf das Lob ausrichten wird – womit gemeint ist, daß es dann beispielsweise einen Baum immer wieder auf dieselbe Art und Weise malen wird, um sich das ständige Lob des Lehrers zu sichern. Wenn unser Lob jedoch unserem wahren Wesen entspricht und wenn wir dem, wer wir sind, gegenüber ehrlich sind, dann sollte dies allerdings nicht der Fall sein. Wenn wir jedoch normalerweise eher zurückhaltend sind, plötzlich aber unheimlich überschwenglich werden, sobald wir unsere Kinder loben, wird sich dieses Verhalten auf sie auswirken – und zwar dahingehend, daß sie diese Überschwenglichkeit suchen und sich gleichzeitig fragen werden, warum wir ihnen gegenüber so anders sind als sonst.

Es sollte selbstverständlich sein, daß wir die kreativen Bemühungen von Kindern, auf die sie so stolz sind, niemals als „Schrott", als „mies" oder „schrecklich" usw. bezeichnen. Wenn wir selbst natürlich nur eine neurotische Ansammlung gequälter Unsicherheiten, Frustrationen und Zugeständnisse sind, dann könnte vielleicht eine so umfassende Erziehung, wie sie dieses Buch hoffentlich anzuregen vermag, ein Schlüsselelement zu einem natürlichen Umgang mit unseren Kindern darstellen.

Darum sollten wir, bevor wir etwas sagen, einen Augenblick innehalten und erst dann bewußt sprechen. Das alleine reicht in der Regel aus, um zu spüren, womit wir einem Kind am besten dienen können.

Ehrlichkeit

Perfekt sein wollen ist verlorene Liebesmühe (kein Mensch ist perfekt)

Es ist sehr sinnvoll, Kinder wissen zu lassen, daß auch Erwachsene nur Menschen sind. Das sind wir schließlich alle. Wir können Kinder nur so lange zum Narren halten, wie sie den Erwachsenen ihre irrigen Versuche abnehmen, unfehlbar erscheinen zu wollen. Kinder erkennen früh genug, daß wir Fehler machen, daß wir zum Beispiel manche Dinge falsch einschätzen – und wenn wir versuchen, uns anderweitig zu verhalten, werden sie uns einfach mißtrauen. Ein solches „Perfekt-Sein-Wollen" wird ein Kind nicht aus der Fassung bringen – es wird nicht verwirrt sein, sondern uns einfach nur mißtrauen. Wenn Kinder hingegen wissen, daß wir nach bestem Wissen und Gewissen handeln, daß wir älter sind und mehr Erfahrung haben als sie, daß wir aufgrund dessen auch eine gewisse Weisheit besitzen (eine Weisheit, die wir mit ihnen teilen wollen), dann werden sie unserer Obhut vertrauen, sie werden beobachten, wie wir mit den Dingen umgehen und sowohl aus unseren Erfolgen als auch aus unseren Fehlern lernen. Im anderen Falle werden sie sich allem gegenüber verschließen.

Wenn ein Kind einen Tobsuchtsanfall bekommt, könnte man beispielsweise zu ihm sagen: „Weißt du, ich kann auch wütend werden, und du kannst mir glauben, daß es manchmal wirklich schwierig ist. Ich kann deine Gefühle gut verstehen!" – so können wir Kindern unser Mitgefühl zeigen. Das setzt natürlich voraus, daß wir *tatsächlich* mit ihnen fühlen – wenn wir nur so tun als ob, wird unsere Botschaft nicht ankommen. Wir müssen Kinder wirklich verstehen. Dann werden sie uns anschauen, als ob sie sich niemals hätten vorstellen können, daß wir dieselben Dinge durchmachen wie sie. In einem solchen Moment kann man dann zu einem Kind sagen: „Ich weiß ganz genau, wie du dich fühlst. Manchmal geht es mir auch so, und wenn ich alles vermassele, ist es für mich genauso hart wie für dich. Dann arbeite ich daran und versuche, damit klar zu kommen." Kinder können sich nämlich selbst nicht leiden, wenn sie den Fluß unterbrechen; sie wissen einfach nicht, wie sie mit ihrem Ärger umgehen sollen.

Ich habe diese Ausdrucksweise meinen beiden älteren Kindern gegenüber mehrmals verwendet, und sie haben jedesmal ihr Tun unterbrochen, um mir zuzuhören. Wenn mein Sohn zum Beispiel sagte: „Das ist doch wirklich ‚Beschiß', dieses Spielzeug ist einfach kaputt gegangen", dann habe ich ihm geantwortet: „Ja, das scheint wirklich nicht fair zu sein", worauf er dann innehielt und mir zuhörte. Wenn es uns erst einmal gelungen ist, die Aufmerksamkeit eines Kindes auf uns zu lenken, dann können wir ihm die Dinge erklären. Ich würde niemals sagen: „Ach komm, vergiß es, werde endlich vernünftig, das Leben ist nun einmal so!", sondern vielmehr: „Ich habe manchmal auch das Gefühl, daß das Leben nicht fair ist, aber es gibt einfach Situationen, in denen wir nichts ändern können" oder etwas in dieser Art. Ich würde nicht sagen: „Ich habe dir doch gesagt, daß du damit nicht so grob umgehen sollst."

Wir sollten versuchen, unseren eigenen Prozessen aus dem Weg zu gehen und Kindern gegenüber objektiv zu sein. Wenn wir bei Kindern einmal „verloren haben", dann können wir, sobald wir uns wieder gefangen haben, immer noch zu ihnen sagen: „Okay, dieses Mal habe ich es zwar verpatzt, aber das nächste Mal will ich versuchen, es besser zu machen!" oder andere Worte verwenden, die ihnen zeigen, daß wir nicht vorgeben, etwas zu sein, was wir nicht sind. Ein Kind wird dann einfach „In Ordnung" sagen und uns manchmal vielleicht sogar auf die Schulter klopfen nach dem Motto: „Das geht schon in Ordnung, Papa. Es ist wirklich okay!"

* * *

Bei einem Kind, das all unsere „Knöpfe drückt", ist es durchaus in Ordnung, auch einmal in Tränen auszubrechen, wenn uns danach zumute ist. Manchmal ist das der beste Weg, um zu erreichen, daß ein Kind die Dinge mit anderen Augen betrachtet. Ein vierjähriges Kind, das aus Gewohnheit seine ganze Umgebung manipuliert, ist sich wirklich nicht bewußt, daß es anderen Menschen damit das Leben so schwer macht, wie es dies tatsächlich tut. Für ein Kind ist dieses Verhalten einfach normal. Derartige Manipulationen sind seine Beziehungsstrategie, und diese Strategie ist völlig unbewußt. Wenn es seine Mutter weinen sieht, wird es fragen: „Was ist los, Mami, warum weinst du?" Kinder meinen das wirklich ehrlich. Sie *fühlen* mit uns und wollen alles wieder gutmachen. Nichts schockiert ein Kind mehr, als wenn es etwas tut oder sagt und dann einen Erwachsenen deswegen weinen sieht. Keines unserer Worte könnte einem Kind besser zeigen, was seine Taten oder Worte bedeuten. Wenn ein Kind merkt, daß wir diese Dinge ernst nehmen und sie uns tief berühren, dann wird es innehalten und darüber nachdenken, soweit es in seinem Alter dazu in der Lage ist. Der Gedanke, daß es seine Mutter zum Weinen gebracht hat, schmerzt ein Kind so sehr, daß dieser Schock eine Veränderung in ihm bewirken kann. Ich habe selbst gesehen, wie sich Verhaltensweisen total verändert haben, und das scheinbar dauerhaft, nur weil eine Mutter ein einziges Mal am Ende ihrer Kräfte angelangt war und zu schluchzen begann. Machen Sie jedoch keine Gewohnheit daraus und weisen Sie einem Kind nicht die Schuld für Ihre eigenen Toleranzgrenzen zu. Natürlich lernen Kinder mit zunehmendem Alter, wieviel Macht sie haben, andere zu verwunden oder zu heilen. Bei den Kleinen jedoch sind es einfach erlernte Verhaltensweisen. Es kann nicht in unserem Interesse liegen, Tränenausbrüche und Bestürzung zu heucheln (Kinder merken das ohnehin), doch es gibt Zeiten, in denen das Weinen einfach aus unserer eigenen Unzulänglichkeit, Frustration, Hilflosigkeit usw. entsteht.

Eine ehrliche Entschuldigung

Wir wollen einmal annehmen, daß wir konditionierte und unserem eigenen mechanischen Verhalten ausgelieferte Gewohnheitstiere sind. Wir wollen weiter annehmen, daß ein Kind all unsere Knöpfe drückt, bis wir die Beherrschung verlieren und dieses Kind schlagen. Was sollen wir dann tun, wenn wir uns abreagiert haben und wieder zur Vernunft gekommen sind?

Wir sollten dieses Kind in den Arm nehmen, es ganz fest drücken, ihm sagen, daß wir es lieb haben, und uns bei ihm entschuldigen. Wir können zu ihm sagen: „Mama (oder Papa) hat die Beherrschung verloren, und es war nicht richtig, dich zu schlagen. Ich habe einige schlechte Angewohnheiten, und manchmal kann ich meine Gewohnheiten nicht kontrollieren." Wir erklären ihm, daß wir einen Fehler gemacht haben, und geben ihm viel Zuneigung; das ist in dem Moment das einzig Richtige. Und wir rechtfertigen *niemals* erneute Schläge mit der Tatsache, daß wir unser Kind immer noch lieben.

Wenn wir einem Kind diese Zuneigung geben wollen, so liegt der Schlüssel darin, daß wir uns nicht aufdrängen – selbst eine Umarmung kann eine subtile Form von Grausamkeit sein, wenn man ein Kind festhält, das sich aus unserer Umarmung zu befreien versucht und in Ruhe gelassen werden will. Einem Kind Zuneigung zu geben heißt, ihm die Streicheleinheiten und Umarmungen zu geben, die es zuläßt und auf die es mit Anschmiegsamkeit reagiert. Wenn wir uns das Kind unerwartet schnappen und es im Namen der Zuneigung durchschütteln, während es schreit, daß es in Ruhe gelassen werden möchte, dann machen wir die Probleme dadurch nur noch größer. Kinder sehnen sich nach Zärtlichkeit und genießen sie sowohl im Austausch mit Erwachsenen als auch im Austausch mit anderen Kindern, doch eine solche Zuneigung muß aus freien Stücken gegeben werden und darf nicht erzwungen werden oder erdrückend sein.

Wenn wir die Beherrschung verloren und ein Kind angebrüllt oder geschlagenen haben, müssen wir uns bei ihm entschuldigen – und das nicht erst am nächsten Tag, sondern unmittelbar danach, denn der nächste Tag ist für Kinder eine ganz andere Welt, vor allem für kleine Kinder. Direkt danach, wenn das Kind aus Angst vor weiteren Schlägen in der Ecke kauert, müssen wir zu ihm hingehen, tief durchatmen, ihm aufhelfen, es in den Arm nehmen, ihm unsere Aufmerksamkeit widmen und uns bei ihm entschuldigen. Eine mögliche Entschuldigung könnte lauten: „Erwachsene sind nicht perfekt. Es tut mir sehr leid. Erwachsene sind nicht perfekt."

Kindern die Wahrheit sagen

Ich bin sehr dafür, daß man Kindern die Wahrheit sagt, allerdings halte ich nichts davon, die Wahrheit als Axt über ihrem Kopf schweben zu lassen oder sie als Waffe einzusetzen, um ein Kind damit im Zaum zu halten. Wenn wir beispielsweise einem Kind ein leicht zerbrechliches Spielzeug schenken – aus Porzellan vielleicht – und zu ihm sagen: „Das ist leicht zerbrechlich. Wenn du es auf den Boden fallen läßt oder irgendwo dagegen schlägst, kann es kaputt gehen," dann wird das Kind unsere Worte zwar registrieren, doch schon im nächsten übermütigen Moment kann es vorkommen, daß es dieses Spielzeug an die Wand wirft. Wenn das Spielzeug dann zerbricht, wird das Kind anfangen zu weinen: „Mami, mach' es wieder ganz!" In einer solchen Situation lautet die Wahrheit: „Ich habe dir gesagt, daß es zerbrechlich ist, und wenn du etwas Zerbrechliches an die Wand wirfst, geht es kaputt." Das ist die Wahrheit, und wir können natürlich noch hinzufügen: „Komm, wir nehmen etwas Klebstoff und schauen, was wir tun können." Natürlich würde man ein Kind nicht dafür tadeln wollen, daß es die Wahrheit vergessen hat, sondern ihm einfach nur eine offensichtliche physikalische Tatsache erklären.

Wir neigen jedoch statt dessen dazu, Kinder in solchen Fällen ablenken und ihr Interesse auf etwas anderes lenken zu wollen, und wenn das Ganze für uns wie ein Unfall ausgesehen hat, sagen wir dann: „Wir können dir ja ein neues Spielzeug kaufen." Wir wollen uns natürlich keinesfalls vorstellen, daß unser Kind das Ding einfach gegen die Wand geschleudert hat, um zu sehen, ob es wirklich zerbrechlich ist. Ich bin allerdings der Meinung, daß Eltern sich ihren Kindern gegenüber in vielen Fällen so verhalten, als habe es sich um einen Zufall gehandelt, auch dann, wenn es eindeutig keiner war. Es war nicht nur unterbewußt, sondern auch bewußt ganz und gar kein Zufall. Das betreffende Kind weiß, daß es kein Zufall war, und wenn wir versuchen, das Ganze wie einen Unfall aussehen zu lassen, dann sprechen wir Kinder von ihrer Verantwortung für ihre absichtlichen Handlungen frei, wenn wir zu ihnen sagen: „Ist schon gut, wir können ja ein neues Spielzeug kaufen. Wir gehen am Samstag auf den Jahrmarkt in der Stadt, und vielleicht sehen wir dort etwas, das dir gefällt.“ Oder: „Na ja, ich habe dieses Spielzeug ohnehin nie gemocht.“ Es ist in Ordnung, wenn man ein Kind zu trösten versucht, doch es ist auch wichtig, einem Kind die Wahrheit zu sagen. Was immer die Wahrheit sein mag! In ganz einfachen Worten, direkt, unsentimental und ohne sich zu rechtfertigen. Und wichtig ist auch, daß Kinder oft kein „neues Exemplar“ wollen, sie wollen das alte zurückhaben, genau das und kein anderes. Wir sollten also verständnisvoll und geduldig sein.

Grundsätzlich gibt es Kinder, denen man die Wahrheit nicht sehr oft zu sagen braucht, und andere, denen man sie mit ziemlicher Regelmäßigkeit sagen muß, beispielsweise: „Wenn du Tommy schlägst, wird das und das passieren.“ Kleine Kinder vergeben und vergessen sehr leicht; wenn also ein Kind nicht mit einem anderen Kind spielen will, dann gibt es immer einen Grund dafür. Wenn wir zu unserem Kind sagen: „Na ja, vielleicht hatte Tommy heute einfach schlechte Laune“, dann ist das nicht die Wahrheit, denn die Wahrheit wäre: „Du mußt daran denken, daß du Tommy in den letzten zwei Jahren jedesmal getreten, geschlagen und gezwickt hast, wenn du ihm begegnet bist. Das ist der Grund, warum er nicht mit dir spielen will.“ Ganz einfach. Wenn Ihr Kind dann zu weinen anfängt und sagt: „Aber ich habe es doch gar nicht so gemeint“, dann lautet die Wahrheit: „Es ist wunderschön, daß du so ein gutes Herz hast und es bereust, wenn du jemanden geschlagen hast, doch wenn du es *wirklich* nicht so meinst, dann mußt du lernen, andere erst gar nicht zu schlagen.“

Wenn dieses Kind dann sagt: „Ich weiß aber nicht, wie ich damit aufhören soll“, dann müssen wir eine Situation abwarten, in der wir ihm dabei helfen können zu lernen, wie man damit aufhört. Wir wollen Kinder schließlich nicht ablehnen oder meiden, nur weil wir ihnen sagen, „was Sache ist.“

Manchmal versuchen wir unsere Kinder vor der Wahrheit zu schützen, als ob diese sie verletzen könnte. Wenn wir einem Kind die Wahrheit auf angemessene Art und Weise sagen, dann wird sie ihm auch nicht weh tun, selbst wenn es im betreffenden Moment vielleicht nicht gerade begeistert sein wird, sie zu hören. Ein Kind, dem man die Wahrheit sagen muß, befindet sich in der Regel in einer Situation, in der die Konditionierung bereits voll die Kontrolle und die Regie übernommen hat, und darum wird die Wahrheit ein solches Kind natürlich aus der Fassung bringen und zu Streß führen. Aber auch ein solches Kind kann immer noch einen gewissen Willen zu mehr Beziehungsfähigkeit besitzen.

Wenn ein Kind noch aus seiner kindlichen Unschuld heraus agiert, braucht man ihm die Wahrheit nicht so oft und in derselben Art und Weise zu sagen. Dem Setzen angemessener Grenzen liegt unter anderem der Wunsch zugrunde, Kindern dabei zu helfen, daß sie in ihrem Leben so weit wie möglich ohne Manipulation auskommen können. Kein Kind (und kein Erwachsener) lebt *ständig* so, doch wir können mit Sicherheit dazu beitragen, daß der überwiegende Teil ihrer Handlungen auf der Seite der Unschuld und der rechten Beziehungen zu anderen Menschen und ihrer Umgebung bleibt.

* * *

Dann gibt es auch noch Fälle von kindlichem Größenwahn. Ein Beispiel hierfür wäre ein Junge, der glaubt, ein besserer Basketball-Spieler als Michael Jordan zu sein und erstaunliche Kunststücke mit dem Ball vollbringen zu können. Manche Eltern haben das Gefühl, daß das Selbstwertgefühl ihres Kindes Schaden erleiden könnte, wenn man ihm in dieser Hinsicht die Wahrheit sagt, da es oft auch sehr nützlich ist, wenn Kinder ihre Vorstellungskraft trainieren. Ich bin der Meinung, daß die Wahrheit in solchen Fällen subjektiv ist. Vielleicht wird dieses Kind in zwanzig Jahren ja wirklich so gut sein. Wenn ein Kind sich einem Auto in den Weg stellt, weil es sich für Supermann hält und sich stark genug fühlt, den Wagen anzuhalten, dann müssen wir darauf irgendwie reagieren; wenn sich aber ein Kind im Zusammenhang mit seinen Interessen und Leidenschaften für großartig hält, würde ich persönlich nichts dazu sagen. Ich würde es einfach lassen. Diesen Unterschied zu machen ist sehr wichtig. Kinder leben zu einem großen Teil in einer Phantasiewelt, und es bleibt dem gesunden Menschenverstand der Eltern überlassen, wo sie sich dafür entscheiden, einen gewissen Rahmen zu setzen und wo sie ihre Kinder kommentarlos oder aber auch unterstützend und teilnahmsvoll in einer magischen Phantasiewelt leben lassen. Wenn wir einem Kind zum falschen Zeitpunkt sagen, daß es keinen Weihnachtsmann gibt, dann kann das ziemlichen Schaden anrichten – wenn es auch in gewisser Hinsicht die Wahrheit ist, so ist es andererseits wiederum nicht die Wahrheit. Wenn man über diese Vorstellungswelten spricht, ist eine gewisse Sensibilität für die kindliche Beziehung zu Phantasiewelten etc. ganz entscheidend. Vieles von dem, was wir für die Wahrheit in jenen Welten halten, ist einfach nur *unsere* verstandesmäßige Wahrheit, welche aber nicht unbedingt *die* Wahrheit sein muß. Wo wären wir denn, wenn man C. S. Lewis und J. R. R. Tolkien gesagt hätte, daß ihre Phantasiewelten lächerliche Illusionen sind?

Beim Weihnachtsmann beispielsweise hat es den Anschein, daß wir diejenigen waren, die dieses Bild ursprünglich eingeführt haben. Der Weihnachtsmann ist keine Erfindung unserer Kinder, die wir unterstützen können – wie etwa einen erfundenen Spielkameraden. Wir haben ihnen diese Idee in den Kopf gesetzt, und darum müssen wir auch eine gewisse Offenheit an den Tag legen – ohne allzu große Pedanterie und allzu großen Ehrgeiz –, wenn wir Kinder zu einem erwachsenen und kritischen Realtitätsverständnis führen wollen.

* * *

Entziehen Sie sich Ihren Kindern nicht. Wenn Ihr Kind draußen spielen will, Sie selbst aber wirklich keine Lust haben, mit ihm hinauszugehen und zu spielen, dann ist es nicht gerade die beste Reaktion, wenn Sie seufzen und stöhnen, mit den Augen rollen und schließlich widerwillig ja sagen. Hallo, Sie da! Wenn Sie sich jedesmal weigern wollen, sobald Ihr Kind Sie vor die Tür locken will, dann hätten Sie besser erst gar keine Kinder bekommen. Vielleicht sollten Sie ernsthaft überlegen, ob Sie sich nicht besser sterilisieren lassen oder ähnliche Vorkehrungen treffen wollen! Wenn Sie gerade sehr beschäftigt sind, können Sie das einem Kind klipp und klar sagen: „Ich habe jetzt zu viel zu tun, ich muß erst die Arbeit hier fertig machen. Ich spiele nachher mit dir." Und dann sollten Sie anschließend auch wirklich mit Ihrem Kind spielen. Wenn Sie *immer* zu viel zu tun haben, dann haben Sie allerdings ein großes Problem – und sollten sich Ihren ständigen Rückzug einmal näher anschauen und in den Griff bekommen.

Ein Mann, ein Wort

Wir sollten halten, was wir versprechen. Für andere Erwachsene mag es diese Zuverlässigkeit weder hier noch dort geben, Kinder erlernen jedoch durch das Zusammenleben mit vertrauenswürdigen Erwachsenen ein wichtiges Lebensprinzip. Sie lernen, zu ihrem Wort zu stehen – zuverlässig und klar zu sein. Das setzt natürlich voraus, daß wir wissen, was wir versprochen haben. Wir müssen „wissen, wer wir sind" in dem Sinne, daß wir wissen, wie man realistische Grenzen setzt, die eingehalten werden können. Wie ich bereits an anderer Stelle gesagt habe, werde ich keinem Kind den

Arm brechen, ich werde ein Kind nicht mißhandeln, und darum werde ich auch nicht sagen: „Hör zu, wenn du dich nicht änderst, dann ziehe ich dir die Ohren lang ..., dann zwicke ich dich in die Nase ..., dann werde ich dir so sehr den Hintern versohlen, daß du zwei Wochen lang nicht mehr sitzen kannst, hast du mich verstanden?“ Ich weiß, daß ich diese Dinge nicht tun werde, und darum bluffe ich auch nicht in der Hoffnung, daß eine ausreichend heftige Drohung ein Kind so sehr ängstigen wird, daß es gehorcht.

Wir sollten einem Kind nichts versprechen – angefangen vom gemeinsamen Spiel, über Süßigkeiten bis hin zu Schlägen – wenn wir unser Versprechen nicht halten können oder wollen. Was war denn der Grund dafür, daß wir unseren Eltern nie geglaubt haben, wenn sie uns erzählt haben, was ihrer Meinung nach gut für uns sei? Wir wußten das alles, wir waren ja so clever. Wir haben gelernt, ihnen niemals zu glauben, weil sie ihr Wort nicht gehalten haben, zumindest die meisten von ihnen. Auf sie war weder im Augenblick Verlaß, noch gab es bei ihnen über längere Zeit hinweg eine gewisse Konstanz. Wenn ein Kind fragt: „Können wir in den Zirkus gehen?“ und wir darauf mit einem „Na klar“ antworten, wird es uns daraufhin fragen „Wann?“; wenn wir dann mit einem „Irgendwann“ antworten und das Kind „In Ordnung“ sagt, entsteht dadurch große Verwirrung. Für ein Kind gibt es so etwas wie „irgendwann“ nicht. Darum wird es für sich dieses „Irgendwann“ als nächste Woche oder irgendeinen anderen Zeitpunkt definieren, und wenn wir nicht genau dann das Gewünschte mit ihm unternehmen, wird es uns der Lüge bezichtigen; wir können ihm daraufhin erklären, so viel wir wollen, es wird sich nicht davon überzeugen lassen, daß es uns nicht richtig verstanden hat. Darum sollte man vorausdenken und auf seine Worte achten, ansonsten werden wir selbst dann unsere Glaubwürdigkeit verlieren, wenn wir ehrlich sind.

* * *

Wenn wir mit Kindern etwas ausmachen, etwas, das sie definitiv zu einem bestimmten Zeitpunkt machen wollen, und wir dann nicht erscheinen, verlieren wir enorm an Glaubwürdigkeit. Es ist bedauerlich, aber manche Menschen sind wirklich wundervoll, wenn sie es irgendwann schaffen, das zu erfüllen, was sie versprochen haben, aber sie sind einfach schrecklich, wenn es darum geht, sich dazu aufzuraffen.

Wir hatten hier bei uns eine Reitlehrerin, die vermutlich noch nie in ihrem Leben gesehen hat, welche Enttäuschung sich im begeisterten Gesicht eines Kindes, das sich eine ganze Woche auf seine Reitstunde gefreut hat, breit macht, wenn der Unterricht ausfällt. Sie fand alle möglichen

Entschuldigungen: eine Autopanne, die Bremsen hatten versagt ...; Sie würden es kaum glauben, was dieser Frau nicht alles widerfahren ist, damit sie nicht halbwegs regelmäßig zu erscheinen und Reitunterricht zu geben brauchte. Irgendwann mußten wir dann ganz auf ihre Dienste als Reitlehrerin verzichten, weil die Kinder zu oft zu sehr enttäuscht worden waren. Das war sehr schade, denn sie war eine ganz hervorragende Lehrerin, wenn sie es ausnahmsweise einmal schaffte, zum Unterricht zu erscheinen. Es ist niederschmetternd für Kinder, wenn sie derart enttäuscht werden.

Natürlich gibt es auch Menschen, welche die Ansicht vertreten, daß Kinder lernen müssen, spontan zu sein und unvermeidbare Situationen ruhig und mit stoischer Gelassenheit zu tragen. Von solchen Menschen hört man dann Sätze wie: „So ist das Leben nun einmal ... und Kinder müssen lernen, sich anzupassen." Doch das Vertrauen und die Vorfreude eines unschuldigen Kindes auf etwas, was es gerne tut, zu zerstören ist für mich einfach nicht akzeptabel. Kinder müssen zwar einerseits lernen, spontan zu sein und unerwartet geänderte Pläne bereitwillig anzunehmen, doch andererseits sollte Vertrauenswürdigkeit – gegenüber Kindern und anderen Erwachsenen – zum Charakter eines guten verantwortungsvollen Menschen gehören. Daß ein Kind lernt, Zuverlässigkeit und vertrauenswürdige Integrität zu entwickeln, ist wichtiger, als daß es lernt, Enttäuschungen gleichmütig und ohne große Gefühlsausbrüche hinzunehmen.

Als Erwachsene sollten wir daher niemals etwas versprechen oder einwilligen, etwas für ein Kind bzw. mit einem Kind zu unternehmen, wenn wir nicht vorhaben, das zu tun, und zwar zum versprochenen Zeitpunkt. Es ist immer schrecklich, ein Kind warten zu lassen, auch dann, wenn es nicht völlig vor Freude aus dem Häuschen ist. Wenn wir nicht vorhaben, unsere Versprechen und Vereinbarungen zum versprochenen Zeitpunkt einzuhalten, dann sollten wir es besser bleiben lassen.

Wenn Kinder größer werden, können wir ehrlich zu ihnen sagen: „Weißt du, ich habe nicht darüber nachgedacht, als ich das sagte, und es gibt einfach Umstände, die ich nicht vorhersehen konnte, und jetzt kann es sein, daß wir den Zeitpunkt oder die Situation ändern müssen." Kleine Kinder jedoch können nicht verstehen, daß ein allmächtiger Erwachsener nicht das tut, was er versprochen hat, bzw. nicht dann, wann er es versprochen hat. Kinder haben von Natur aus Vertrauen, bis wir ihnen beweisen, daß sie uns besser nicht vertrauen sollten. Es wäre für eine reife und konstante Erziehung und das Heranwachsen eines Kindes wesentlich nützlicher und hilfreicher, wenn es seinen Eltern vertrauen könnte und die Tatsache, daß nicht *alle* Menschen vertrauenswürdig sind, durch die Beobachtung von Situationen lernen würde, an denen andere Menschen beteiligt sind – das

Leben anderer Kinder, die Freunde anderer Kinder oder Erwachsene, die einem Kind weniger nahe stehen als Mama und Papa. Auf diese Art und Weise würde ein Kind in seinem Wesen unschuldig bleiben – das heißt, es würde vertrauen, ohne naiv zu sein, und es wäre sich allgemein über die Natur des Menschen im klaren. Es würde nicht das Bedürfnis bzw. die unbewußte Notwendigkeit verspüren, selbst vertrauensunwürdig zu werden, um unter anderen vertrauensunwürdigen Erwachsenen überleben zu können. „Lüge um Lüge" (oder Heuchelei um Heuchelei) ist nicht gerade ein geeignetes Lebensmodell für einen reifen Erwachsenen.

Sich selbst gegenüber ehrlich sein

Niemand, den ich kenne, ist so heilig, daß er sich nicht hin und wieder über seine Kinder ärgert. Wenn uns ein Kind auf die Nerven geht, wenn unser Geist unreif und widerspenstig ist, kann es schon sein, daß wir – vielleicht sogar ernsthaft – den ***Gedanken erwägen,*** es zu schlagen oder anzuschreien. Menschen denken an Gewalt – das geht jedem manchmal so, und daran ist nichts Schlimmes. Wenn wir jedoch ständig herumlaufen und mit gekünstelter Stimme sagen: „Meine Kinder sind ja so süß. Ich liebe sie – sie gehen mir nie auf die Nerven", und innerlich vor unterdrückter Wut kochen, dann ist das für unsere Kinder nicht gerade das Gesündeste und für uns erst recht nicht. Kinder *sind* manchmal schwierig, zuweilen sogar sehr nervenaufreibend. Wenn es vorkommt und wir es uns eingestehen (sowohl uns selbst gegenüber als auch zuweilen und in angemessener Weise unseren Kindern gegenüber), dann muß das nicht heißen, daß wir sie nicht lieben, sondern einfach nur, daß sie manchmal so anstrengend sind, daß wir nicht mehr ruhig bleiben können. Auch die wundervollsten, schönsten, liebevollsten und perfektesten Kinder machen manchmal Theater und stellen unsere Geduld auf die Probe.

Kinder brauchen ständige Aufmerksamkeit und machen Lärm ... und alles andere auch. In der Tat brauchen sie nicht nur ständige Aufmerksamkeit, sie *fordern* sie sogar. Sie kennen *unsere* Regeln und Toleranzschwellen nicht. Wenn wir also zugeben, daß sie uns „auf den Geist gehen", d. h. unsere gewohnte Gemütsruhe ins Wanken bringen, ihnen aber gleichzeitig zu verstehen geben, daß dies nichts mit unserer Liebe zu ihnen zu tun hat, sondern nur mit unserer mangelnden Geduld, dann werden wir damit auch kein Problem haben. Es wird kommen und wieder vorübergehen. Das ist alles. Wir brauchen uns dann nicht mit Gedanken zu quälen wie: „Was bin ich nur für ein Monster. Ich bin ein schrecklicher Mensch, weil ich mein

Kind hasse." Nein. Wenn wir uns selbst die Wahrheit eingestehen, daß unsere Kinder uns auf die Nerven gehen, sind wir einfach nur bereit, die Verantwortung für unsere eigenen ich-zentrierten Gedankenspiele zu übernehmen, und es gibt viele Menschen, die dazu nicht bereit sind. Bei manchen Menschen kann man beobachten, wie sie sich wegen ihrer Kinder krümmen und winden und sich dann immer noch weigern, sich dies einzugestehen; sie geben dem Kind für alles die Schuld und übernehmen keinerlei persönliche Verantwortung für die Rolle, die sie selbst dabei spielen.

Es ist wesentlich besser, wenn wir uns die eigene Ungeduld oder Frustration eingestehen, aber wir brauchen dem Kind davon nichts zu erzählen, es sei denn, wir sind in der Lage, dies auf liebevolle, nicht bedrohliche Weise zu tun, denn ein Kind wird es nicht verstehen können. Zu sagen: „Ich würde dich jetzt am liebsten schlagen" wäre ziemlich unangebracht; wenn wir jedoch sagen: „Ich bin jetzt wütend, weil ich der Meinung bin, daß es nicht unbedingt nötig war, den Buchdeckel von meinem neuen Buch abzureißen", dann steckt darin keine Drohung, drückt aber aus, worum es geht.

Wenn wir einem Kind *wirklich* böse sind, sollten wir niemals sagen: „Ich bin nicht böse auf dich." Angebracht wäre statt dessen: „Ich bin im Moment wirklich wütend, und ich habe dich trotzdem lieb, aber ich möchte nicht, daß du jemals wieder deine Milch auf den Boden schüttest."

Als ich den *est course*[1] machte, hat der Trainer das Thema Kinder in ungefähr zwei Minuten abgehandelt. Er sagte: „Wir kommen jetzt zum Thema Kinder", und alle Teilnehmer, die Kinder hatten, richteten sich erwartungsvoll auf. Dann sagte der Trainer: „Man muß manchmal einfach zugeben, daß Kinder einem höllisch auf die Nerven gehen. Ganz ehrlich."

Viele Seminar-Teilnehmer waren geschockt und haben sich mit Händen und Füßen gegen diese Aussage gewehrt – lauter Menschen, die versucht haben, ihre Kinder stets unter allen Umständen zu lieben; Menschen, die versucht haben, ihren Kindern niemals böse zu sein und niemals wütend zu werden. Sie machten Einwände: „Das soll Werner Erhards Lösung für den Umgang mit Kindern sein? Zwei Minuten?" „Manchmal gehen einem Kinder wirklich auf die Nerven. Ganz ehrlich." Einfach nur Nervensägen? Sonst nichts? Was ist mit der Freude, der Schönheit und der Zärtlichkeit? Es ist doch einfach so, daß wir die Freude, die Schönheit und die Zärtlichkeit nicht verneinen. Wir verneinen nur die Dinge, die wir nicht sehen wollen, nicht diejenigen, die wir gerne sehen. Und nichts im Leben hat nur eine Seite. Nichts außer dieser Tatsache gibt es *immer* oder *niemals*! Das Leben hat *niemals* nur eine Seite. Das Leben hat *immer* zwei Seiten: Schmerz und Spaß, Häßlichkeit und Schönheit, Freud und Leid.

Wenn wir uns eingestehen könnten, daß es Zeiten gibt, so selten sie auch sein mögen, in denen wir mit unserer Geduld am Ende sind, daß es Dinge gibt, die uns ärgern (das ist die meiste Zeit der Fall), dann können wir Kindern alles geben, was wir ihnen zu geben haben, und zwar ohne jede Einschränkung oder Zaghaftigkeit. Wenn wir jedoch in den Momenten, in denen „sie uns höllisch auf die Nerven gehen", ständig und unbedingt versuchen wollen, so zu tun, als sei alles in Ordnung und als wären wir total fröhlich und unberührt (weil sie ja schließlich unser eigen Fleisch und Blut sind), dann schneiden wir uns von ihnen ab. Wir *machen* die Beziehung in solchen Momenten falsch; und wenn sie in solchen Momenten falsch ist, ist sie auch in allen übrigen Momenten falsch, in denen wir versuchen, sie auf andere Art und Weise „echt und wirklich" zu machen. Wir grenzen uns von unseren Kindern ab, weil wir Ärger und Frustration mit mangelnder Liebe von unserer Seite aus gleichsetzen. Und weil wir so große Angst vor dem Gefühl haben, daß wir unsere eigenen Kinder vielleicht nicht lieben könnten, schaffen wir es nicht, die nötige Klarheit zu finden, die uns hilft, die richtigen Unterscheidungen zu treffen, und zwar: Wir lieben unsere Kinder immer, ganz gleich, was geschieht, *und* wir verlieren manchmal die Geduld mit ihnen und werden ärgerlich oder wütend.

Das ist einer der Gründe dafür, daß Kinder so häufig mißhandelt werden: Die Menschen „versuchen" unter allen Umständen, ihre Kinder die ganze Zeit zu lieben. Wenn sie damit nicht klarkommen, dann bilden sie sich ein, daß sie ihre Kinder nicht lieben, was zu tiefen Krisen des Selbsthasses führt, wodurch es dann zu Gewaltausbrüchen kommt, deren Ziel das nächstliegende Objekt ist, und das sind in der Regel die Kinder selbst. Was (oder in diesem Falle, wen) sie für die Ursache ihres Versagens halten, dem versuchen solche Menschen die Schuld zuzuweisen. Natürlich ist dies eine sehr vereinfachte Erklärung und nur eine der vielen unzähligen Ursachen für Kindesmißhandlung – auf jeden Fall aber eine Ursache, die man berücksichtigen sollte.

* * *

Die Notwendigkeit, buchstäblich jedem Element in der Beziehung zu unseren Kindern Aufmerksamkeit zu widmen, ist, was die Absicht angeht, eine unglaubliche spirituelle Übung. Die angemessene Sprache für Kinder zu finden, Kindern ein angemessenes emotionales Umfeld und eine angemessene Bandbreite und Intensitätsspanne an Impulsen zu bieten – all dies sind Verantwortlichkeiten, die für ein Kind von tiefgreifendem Nutzen sind, während es zu einem reifen, glücklichen und gesunden Erwachsenen heranwächst.

9. Kapitel

Erziehung fürs Leben

Leben im Kontinuum

(Anmerkung des amerikanischen Herausgebers: Der Begriff *Continuum* wird nachfolgend in dem Sinne verwendet, wie ihn Jean Liedloff in ihrem wegweisenden Buch *Auf der Suche nach dem verlorenen Glück* beschreibt, das auf ihrem Leben bei den Yequana-Indianern in Südamerika basiert. Einer der wichtigsten von Jean Liedloff beschriebenen Grundsätze lautet, daß Säuglinge, die auf Verlangen gestillt werden und so lange engen Körperkontakt mit ihren Eltern und anderen Menschen haben dürfen, bis sie so weit sind, daß sie alleine ihre Umgebung entdecken wollen, auf ganz natürliche Weise jene Aufmerksamkeit bekommen und jene Verbindungen auf Energieebene herstellen, die ihre Freude und Geborgenheit in der Gegenwart und ihre stetige gesunde Entwicklung gewährleisten. Lee Lozowick bezieht sich im nachfolgenden Abschnitt auf diese Prinzipien, wenn er über die Bedeutung und die praktische Umsetzung der Integration von Kindern spricht, über die Integration in das „Leben, so wie es ist" innerhalb der Kultur, in die ein Kind hineingeboren wird; er betrachtet diese Prinzipien außerdem als ein Mittel, welches das Selbstvertrauen und die Unabhängigkeit von Kindern dadurch zu stärken vermag, daß das grundsätzlich Gute in ihnen und ihr Vertrauen in ihre eigenen Sicherheits- und Überlebensinstinkte gefördert werden.)

Wenn wir die von Jean Liedloff in ihrem Buch *Auf der Suche nach dem verlorenen Glück* beschriebenen *Continuum-Concept*-Prinzipien in unserem eigenen Leben in die Praxis umsetzen wollen, so liegt der Schlüssel zum Teil in einer vollkommenen Integration der Kinder in die Gesellschaft als deren vollwertige Mitglieder. Diese Integration kann bereits vor der Geburt beginnen. Sobald eine Frau weiß, daß sie schwanger ist, kann sie anfangen, diesem neuen vollwertigen Mitglied der Gesellschaft bis zu einem gewissen Grade bei der Integration zu helfen. Bereits im Mutterleib wird das Kind durch das Feiern der Vorfreude auf die Geburt integriert. Dazu gehören jede Menge Einzelheiten, doch das, was ich hier beschreibe, ist die zugehörige Grundstimmung.

Die von Jean Liedloff beschriebenen Prinzipien sprechen instinktiv ein Gefühl der Richtigkeit und der angeborenen Gerechtigkeit an, und sie machen außerdem ziemlich viel Sinn, auch wenn jene Erziehungsprinzipien in einem Lebenskontext stattfinden, der meilenweit von dem Kontext entfernt ist, in dem wir uns gewöhnlich bewegen. Ich habe selbst bei optimalen Voraussetzungen noch nicht erlebt, daß diese Prinzipien im Westen perfekt in die Praxis umgesetzt würden. Nichtsdestoweniger werden wirklich aufrichtige und engagierte Eltern diese Prinzipien mit Sicherheit zum außergewöhnlichen Vorteil ihrer Kinder, zu ihrem eigenen Vorteil und zum Vorteil der ganzen Gesellschaft einsetzen. Wir brauchen diese Prinzipien einfach nur auf intelligente Weise umzusetzen und an die Gegebenheiten unserer eigenen Kultur anzupassen.

Noch bevor es laufen lernt, ist es gut für ein Kind, wenn es uns dabei beobachten kann, wie wir unseren Alltagsbeschäftigungen nachgehen – auf diese Art und Weise lernen Kinder. Es ist gut für die gesunde Entwicklung eines Kleinkindes, wenn es von einem Elternteil getragen wird und Körperkontakt zu ihm hat, während dieser Elternteil ganz normal seinem Leben ohne Unterbrechung nachgeht. Bei Naturvölkern ist dies wesentlich einfacher und selbstverständlicher als in unserer „modernen", von der Technik geprägten und schnell-lebigen westlichen Zivilisation. Bei diesen Naturvölkern wird die Ankunft eines Kindes auf dieser Welt als ein wundersames Ereignis respektiert – ein Kind ist von Anfang an voll und ganz erwünscht, wird ganz und gar geliebt, still und bedingungslos. Daher brauchen sich solche Völker mit dem Thema *Kindern Aufmerksamkeit widmen*, das sich wie ein Faden durch dieses Buch zieht und in einem der vorhergehenden Kapitel ausführlich besprochen wurde, wahrlich überhaupt nicht zu befassen, da dieses Thema in ihrer Kultur bereits fest verwurzelt ist. In solchen Gesellschaften ist die Gemeinschaft von Müttern und Kindern wesentlich stärker ausgeprägt, und es gibt wesentlich mehr Unterstützung für solche engen Beziehungen. In diesen Kulturen ist es ganz natürlich, daß die Eltern ihr normales und produktives Leben weiterführen und daß Kinder dieses Leben nicht zu unterbrechen brauchen, es sei denn aus ganz natürlichen und notwendigen Gründen – um gestillt oder gebadet zu werden, um zu spielen etc. Kinder sind dann Zeugen des Lebens in seinem natürlichen Tempo und in seiner natürlichen Vielfalt.

In Anlehnung an diese Prinzipien geben wir die Empfehlung, daß Kinder während des „Tragestadiums" – bis etwa zum zweiten oder dritten Lebensjahr, je nachdem, wie schnell sich ein Kind entwickelt – am Körper getragen werden sollten. (Babytragetücher eignen sich dafür sehr gut, solange sich ein Kind darin wohlfühlt.) Wenn ein Kind natürlich seine ersten Schritte in die Welt seiner Umgebung machen möchte, was Teil des natürlichen Entwicklungsprozesses ist, dann erlauben wir ihm selbstverständlich, diese Welt nach Belieben zu erforschen.

Die Eltern sollten während dieses Stadiums ihr Leben wie gewohnt weiterführen und all das tun, was sie normalerweise tun – schreiben, arbeiten und dergleichen – während ihr Kind dabei einfach zuschaut. (Ich halte es immer für besser, ein Kind statt auf dem Rücken an der Körpervorderseite oder an der Seite zu tragen, so daß es Zeuge unseres Lebens sein und, wenn es möchte, Blickkontakt mit uns halten kann.) Wenn Kinder dann älter werden, werden sie sich natürlich stärker bemerkbar machen und den Schwerpunkt der Beziehung mehr auf das verlegen, was *sie* möchten, und dies gegenüber den Dingen durchsetzen, die der Erwachsene tun möchte. Dann geht es weniger darum, daß die Erwachsenen in ihrem Leben Kompromisse schließen, sondern daß sie ihr Leben entsprechend anpassen, um die wachsende Unabhängigkeit des Kindes und sein Bedürfnis nach anderen Impulsen, d. h. stärker kind-orientierten Impulsen, zu berücksichtigen.

* * *

Ich finde es großartig, wenn Kinder uns bei unseren Alltagsbeschäftigungen helfen können. Je mehr Ansporn sie bekommen, desto besser. Sobald sie die ersten wackligen Schritte machen können, sind sie auch in der Lage, ein nasses Kleidungsstück von der Waschmaschine bis zur Wäscheleine zu tragen oder einen schmutzigen Teller in die Küche zu bringen. Kindern macht es wirklich Spaß, wenn sie Mutti und Vati helfen können. Wenn wir sie lassen – wenn wir ihnen die Freiheit geben zu lernen, ohne daß ständig unser herrschender Blick über ihnen schwebt –, dann werden sie uns auch später gerne helfen. Kleine Mädchen helfen beim Kochen, Putzen und all den Tätigkeiten, die Frauen üblicherweise verrichten, und sie kümmern sich um die kleineren Kinder, denn das ist die Beschäftigung, bei der sie die erwachsenen Frauen am häufigsten beobachten können. Und kleine Jungen werden im Alter von vier oder fünf Jahren allmählich in das Leben der Männer integriert. Sie gehen hinaus in die Garage, sägen ein Stück Holz klein, waschen den Automotor, und ab und zu helfen sie auch, einen verstopften Abfluß wieder frei zu machen. Auf diese Art und Weise lernen Kinder und wachsen eingebunden in das Leben ihrer Gesellschaft heran. In einem gesunden Umfeld lernen natürlich auch Jungen zu kochen, zu nähen und sich um die kleineren Kinder zu kümmern, und Mädchen lernen mit Werkzeug umzugehen etc., doch es scheint auch bestimmte Tätigkeitsbereiche zu geben, die traditionell eher dem einen oder dem anderen Geschlecht zufallen.

Ein Großteil dessen, was Jean Liedloff in ihrem Buch *Auf der Suche nach dem verlorenen Glück* beschreibt, ist eine wirklich vollständige Integration von Kindern, und zwar nicht als abhängige Anhängsel der Erwachsenen, sondern als vollständige und nützliche Mitglieder der Gesellschaft. In der westlichen Gesellschaft ist es häufig so, daß Menschen, die mit Kindern zu tun haben, diese oft als abhängig betrachten, als müßten sie sich so lange um ein Kind kümmern, bis es seinen Teil des „Handels" erfüllen kann. Und genau das hindert ein Kind eigentlich daran, seinen Teil der Abmachung einzuhalten. Wenn wir zum Beispiel einem dreijährigen Kind nicht so begegnen, wie es sich für ein dreijähriges Kind gebührt, sondern es grundsätzlich behandeln, als wäre es erst sechs Monate alt, dann trägt es im Familienverband nicht die Verantwortung, die es tragen könnte. Wenn Kinder wie Abhängige behandelt werden, dann werden sie im Unterbewußtsein mit dieser Dynamik arbeiten und das tun, was von ihnen erwartet wird, und das würde in diesem Fall bedeuten, hilflos und unfähig zu sein.

Joseph Chilton Pearce, Verfasser des Buches *Magical Child*[2] und anderer hervorragender Bücher zum Thema Kinderentwicklung, vertritt die Ansicht, daß *alles, was ein Kind tut*, für ein Kind Arbeit ist. Selbst wenn ein Kind mit Bauklötzen spielt und sie anschließend wieder umwirft, ist das für ein Kind Arbeit – es ist sozusagen die Aufgabe, mit der es sich seinen Lebensunterhalt verdient, so wie es für einen Erwachsenen Arbeit ist, wenn er seiner beruflichen, bezahlten Tätigkeit nachgeht oder Reparaturen am Haus vornimmt. Und Kinder nehmen ihre Arbeit sehr ernst. Die Schuhe einzeln aus dem Schuhschrank zu holen, um sie nacheinander an einen anderen Platz zu stellen, ist eine sehr, sehr ernste Arbeit – für ein Kind ist dies kein Spiel. Wir können sagen: „Oh, wie niedlich!", oder wir können uns darüber aufregen und ein Kind auffordern, damit aufzuhören und alle Schuhe sofort auf ihren Platz zurückzustellen, für dieses Kind ist und bleibt es seine Arbeit, die es eifrig und konzentriert verrichtet, und das sollten wir anerkennen. Wir sollten anerkennen, daß es gute Arbeit leistet, auch wenn wir vielleicht hinterher sämtliche Schuhe wieder zurücktragen und ordentlich an ihren Platz stellen müssen. Natürlich kann man ein Kind bereits mit einem minimalen Aufwand an positivem Feedback und gutem Zureden dazu bringen, die Schuhe selbst an ihren Platz zurückzutragen, denn auch Kinder lieben Vollständigkeit und bringen die Dinge gerne zu Ende.

* * *

Meiner Meinung nach zeigen sich Begabungen bereits sehr früh. Praktisch von dem Moment an, da Kinder sich fortbewegen können, zeigen sie bestimmte Vorlieben für verschiedene Dinge. Zum Beispiel würden viele Kinder gerne kochen, doch dabei muß den Erwachsenen einfach klar sein, daß Kinder kochen wollen, weil Kochen *Spaß* macht, und das ist etwas ganz anderes, als zur vollsten Zufriedenheit eines Erwachsenen in der Küche mithelfen zu können bzw. mit einer Geschicklichkeit, die – gemessen am Alter des Kindes – der eines Erwachsenen vergleichbar ist. Wenn ein kleines Kind kochen lernen will, müssen wir auch in Kauf nehmen, daß einiges zu Boden fällt. Es wird also nicht jede Karotte genauso aussehen, wie wir es gerne hätten, und das ist in Ordnung; und außerdem werden wir eine Menge Mehl und Zucker am Boden zusammenkehren müssen. Ich würde von einem Kind nicht verlangen, daß es sich stundenlang darauf konzentriert, Gemüse zu schnippeln. Grundsätzlich jedoch sollte ein Kind in der Lage sein, einem Erwachsenen zuzuhören, ihm zu helfen und sich eine Weile an der Arbeit zu beteiligen – beim Schneiden, Rühren, Würzen, bei der Zubereitung von Pasteten und dem Ausstechen von Keksen zu helfen. Jedes Kind, das eine wirkliche Neigung zum Kochen zeigt, sollte auch nach Kräften dazu ermuntert werden, in der Küche zu mitzuhelfen. Wenn andererseits ein Kind wirklich nicht helfen möchte, böse wird, sich widerspenstig weigert und sämtliche Bemühungen sabotiert, dann lohnt es sich meiner Meinung nach nicht, dieses Kind zum Helfen zwingen zu wollen. Dann konzentriert sich nämlich alles nur noch auf den Kampf mit dem Erwachsenen.

Ich möchte Ihnen statt dessen empfehlen, daß Sie Ihren Kindern erlauben, die Spiele zu spielen, die *sie (die Kinder*) spielen wollen, und daß Sie das, was Sie zu tun haben, später erledigen bzw. wenn die Kinder in ihrer Nähe spielen. Wenn hingegen das, was getan werden muß, nicht auf später verschoben werden kann, dann muß ein Kind einsehen, daß jeder eine gewisse Verantwortung trägt und daß seine Verantwortung darin liegt, zu spielen; daß aber auch seine Verantwortung darin liegt, so lange Geduld zu haben, bis Sie fertig sind, wenn Sie etwas Wichtiges zu erledigen haben. Je leichter ein Kind es Ihnen macht, Ihre Aufgabe zu erfüllen, desto früher werden Sie wieder mit ihm spielen können. Wenn man diesbezüglich als Erwachsener ein wenig Kreativität aufbringt, kann man sich mit den meisten Kindern ganz leicht einigen. Drohungen jedoch sind übrigens nicht gerade kreativ.

Wenn ein Erwachsener kocht, der sehr pingelig ist und alles auf eine ganz bestimmte Art und Weise haben will, und wenn dieser Erwachsene vor lauter Sorge um das Ergebnis zu sehr unter Spannung steht, dann würde ich nicht wollen, daß ein Kind diesem Erwachsenen beim Kochen hilft, da die Spannung dem Kind mehr schadet, als es durch das Helfen in der Küche an Selbstvertrauen gewinnt.

* * *

Unter den Experten für Kindererziehung ist die Frage, ob man Kinder zum Arbeiten *zwingen* soll oder nicht, ein sehr umstrittenes Thema. Soll man sie dazu *zwingen*, den Tisch abzuräumen; soll man sie *zwingen*, Schnee zu schippen; soll man sie *zwingen*, den Rasen zu mähen und auch bei den anderen Aufgaben ihren Teil der Verantwortung zu übernehmen? Etwa in der Art: „Du lebst hier, dann mußt du auch deinen Teil der Verantwortung übernehmen!" Ich weiß wirklich keine Antwort darauf, aber ich halte nichts davon, sich mit einem Kind so lange anzulegen, bis es die Wäsche macht, oder es so lange an die Spüle „zu ketten", bis es das Geschirr gespült hat. Natürlich müssen wir dabei kreativ sein, denn Strenge und Härte bewirken oft nur das Gegenteil.

Ideal wäre ein kinderfreundliches Umfeld, in dem es nicht unrealistisch ist, Kinder in unser Leben einzugliedern; ein Umfeld, in dem Kinder spielen können, während wir die nötige Arbeit erledigen. Wenn uns ein Kind dabei helfen kann, dann sollte es das auch tun, wenn dies jedoch nicht möglich ist, dann würde ein kinderfreundliches Umfeld gestatten, daß man dem Kind von einem Ort gesunder Vernunft, Anerkennung und Liebe aus begegnet. Grundlage eines solchen Umfeldes wäre eine klare Definition dessen, was Spiel ist und was kein Spiel ist, was Erziehung und was keine Erziehung ist, was vernünftig und gesundheitsfördernd ist und was nicht. Auf diese Art und Weise sollte und kann Kindererziehung ganz leicht funktionieren.

Ich neige zur Ansicht, daß ein Kind, in dessen Umfeld die Erwachsenen hart arbeiten, Verantwortungsbewußtsein haben und Integrität in ihr Leben bringen, später als Erwachsener hart arbeiten und Integrität in sein Leben bringen *wird*, selbst wenn es nicht dazu gezwungen wird, im Haus mitzuhelfen und seinen Teil der Verantwortung zu übernehmen. Ich glaube nicht, daß man sich ein zwölfjähriges Kind vornehmen, *zum Arbeiten zwingen* und dann auch noch erwarten kann, daß es mit dem Ergebnis zufrieden ist, geschweige denn man selbst.

Vor einigen Jahren haben wir einen Hare Krishna Tempel im Staat West Virginia besucht, wo man von einer ganzen Horde Kinder, unter anderem auch von einem dreizehnjährigen Jungen, verlangte, ein gewaltiges Arbeitspensum zu erledigen. Einer der älteren (Hare Krishna) Jünger focht einen heftigen Kampf mit dem Teenager aus und machte den jungen Mann richtiggehend nieder (bzw. er versuchte es zumindest). Dieser Junge war wie jeder andere Dreizehnjährige auch und hatte bereits bestimmte feste Gewohnheiten. Er war im Alter von zehn oder elf Jahren mit seinen Eltern in den Hare Krishna Tempel gekommen und hatte einfach keine Lust, diese Art von Arbeit zu verrichten, weil er nicht daran gewöhnt war. Doch im Hare Krishna-System wird gearbeitet! Entweder man arbeitet, oder es werden Mantras gesungen, und mit ein wenig Glück darf man ein oder zwei Stunden am Tag zum Spielen hinaus auf die Felder gehen. Jener junge Mann hatte aber einfach keine Lust dazu. Er wollte sich draußen herumtreiben und das machen, was auf dem Lande in West Virginia alle Jugendlichen machen, und so stritt er sich ständig mit den Swamis, ging einfach weg und ließ seine Arbeit liegen. Die Lebensweise der Hare Krishna-Jünger steht hier nicht zur Debatte. Der Punkt, um den es hier geht, ist der, daß das Lehren durch Vorbild Vorrang haben sollte vor den strengen und harten Verurteilungen, dem Gerede und den Forderungen von Erwachsenen.

Es ist in jeder Lebensgemeinschaft dasselbe. Wenn wir Kinder großziehen wollen, müssen sie als Teil der Gemeinschaft heranwachsen, damit sie das tun, was die Erwachsenen tun. Und insgesamt haben wir damit in der Gesellschaft ziemliche Schwierigkeiten. Wir sind im großen und ganzen von einem vollständig integrierten Erwachsenen-Kind-System ziemlich abgeschnitten. In unserer technologisch-fortschrittlichen Gesellschaft werden Erwachsene bereits von Jugend an ziemlich stark in eine bestimmte Richtung gelenkt. Sich auf Kinder einzulassen erfordert sehr viel Zeit, Energie, Geduld und Anteilnahme an ihrem Leben und ihren Interessen. Kindererziehung ist Teamarbeit. Wir können ein Kind nicht einfach vor den Fernseher setzen oder es die ganze Zeit einem Babysitter überlassen und dann erwarten, daß es den Erwachsenen und der Lebensweise der Erwachsenen nicht auf vielfältige Weise entfremdet wird.

Im allgemeinen dauert das erste Entwicklungsstadium eines Kindes vom ersten bis zum siebten Lebensjahr. Innerhalb dieses Zeitraumes gibt es gewisse Zwischenstadien, auf alle Fälle jedoch entwickeln sich in dieser ersten wichtigen Lebensphase die Körpermotorik, die Bewegungskoordination, der Körper und die Gefühle. Die zweite wichtige Lebensphase umfaßt etwa die Zeit vom siebten bis zum vierzehnten Lebensjahr. Auch diese Phase läßt sich wiederum in kleinere Zwischenphasen unterteilen, doch generell geht es in dieser Lebensphase um die emotionale Entwicklung und die Reife des Kindes, um die Entwicklung einer tieferen Beziehung zu anderen, zur äußeren Welt, um Beziehungen zu allem und jedem. Die Zeit vom zwölften bis zum vierzehnten Lebensjahr ist in jedem Kulturkreis das Alter, in dem ein Junge zum Mann, ein Mädchen zur Frau wird, in dem die jungen Menschen mit Initiationsriten in den Kreis der Erwachsenen aufgenommen werden. Die Konfirmation bei den Christen sowie die Bar bzw. Bat Mitzvah-Feier[a] bei den Juden, das alles sind Beispiele für Einweihungsriten. Darauf folgt die dritte wichtige Entwicklungsphase, in welcher der Verstand, die eigenen Ideen, die Logik, das gesamte Denken und die analytischen Fähigkeiten heranreifen.

Wenn unsere Kinder in das Alter von zwölf bis vierzehn Jahren kommen, sollte es nicht nötig sein, daß wir uns wie Gefängniswärter aufführen, sie kontrollieren, herumkommandieren und ständig überwachen. Selbstverständlich sollten wir uns ohnehin niemals wie Kerkermeister aufführen, doch manche Erwachsenen scheinen die Elternschaft mit Kontrolle und strengem Managementstil zu verwechseln. Ein Kind sollte in diesem Alter reif genug sein, auf sich selbst zu achten, in verantwortungsvoller Weise mit Erwachsenen zusammenzuarbeiten und natürlich auch gewisse Grenzen zu verstehen, die Grenze nämlich, daß es die dritte Lebensphase noch nicht ganz durchlaufen hat. Im wesentlichen jedoch sollten Kinder in den ersten beiden Lebensphasen eine gewisse Reife erreicht haben. Wir müssen Kindern, wenn sie langsam größer werden, also beibringen und ihnen dabei helfen, sich mehr und mehr in die Gesellschaft der Erwachsenen zu integrieren und verantwortungsvolle Mitglieder dieser Gesellschaft zu werden.

Je mehr wir uns daher darin üben, mit unseren Kindern zusammenzuarbeiten, mit ihnen zu spielen und wirklich voll und ganz *mit* ihnen zu leben, desto stärker werden sie sich integrieren und glücklich sein, sich einbringen und sich ganz von alleine engagieren. Sie werden sich an unserem Leben beteiligen, wenn sie soweit sind; sie werden sich sogar beteiligen *wollen* und wirklich Spaß daran haben. Wenn wir uns aber immer nur über unsere Arbeit beklagen und darüber, daß wir weder Zeit noch Energie haben, werden sie uns niemals helfen wollen. Warum sollten sie auch? Bei unseren Kindern kommen die Botschaften an, die wir aussenden.

Wir haben ein natürliches Gespür für richtige Kindererziehung; wir haben einen instinktiven Sinn für das, was funktioniert und was nicht, und wir sollten in der Lage sein, diejenigen *Continuum-Concept*-Vorstellungen, die bei uns funktionieren, in unsere Lebensweise mit einzubinden. Es gibt wirklich keine Probleme außer denen, die wir uns selbst schaffen.

Erwartungen

Jean Liedloff beschreibt die grundlegende Bedeutung von Erwartungen:

Erwartungen sind als ureigener Lebensplan tief im Menschen verwurzelt. Seine Lungen haben nicht nur die Erwartung, Luft zu bekommen, sondern man kann sagen, sie sind die Erwartung von Luft, seine Augen sind die Erwartung von Lichtstrahlen, seine Ohren die Erwartung von Vibrationen, hervorgerufen durch die Ereignisse, die ihn mit größter Wahrscheinlichkeit betreffen, darin eingeschlossen die Stimmen anderer Menschen und seine eigene Stimme[1].

Erwartungen sind somit der Kontext, in dem unser Körper funktioniert. Man könnte dies vielleicht auch als Instinkt bezeichnen.

Bei der Kindererziehung ist es enorm hilfreich, wenn man eine Vorstellung davon hat, was von einem „erwartet" wird, damit wir wissen, worauf wir abzielen (um zu vermeiden, daß in einer Lebensgemeinschaft dreißig Erwachsene durch die Gegend laufen und sich fragen, wer denn all die Kinder sind, was sie hier machen und welche Verantwortung die Erwachsenen haben etc.). Das ist für die seelische und spirituelle Gesundheit und Reife eines Menschen und für die unterschiedlichen Stadien, die ein heranwachsendes Kind in seiner Entwicklung durchläuft, enorm wichtig.

Als Erwachsene müssen wir uns gegenseitig mit Anstand und guten Manieren begegnen, damit unsere Kinder ebenfalls anständig und gesittet miteinander (und mit den Erwachsenen) umgehen. Ich möchte hier ganz entschieden betonen, daß Kinder dies nicht mitbekommen, wenn wir es ihnen nicht in der Beziehung zu unseren Mitmenschen vorleben. Sie werden zwar intuitiv bzw. instinktiv wissen, daß dieses Verhalten richtig ist, werden sich aber dennoch den Forderungen ihrer erwachsenen Vorbilder fügen. Und die Art und Weise, wie wir uns benehmen, *ist* eine Forderung an alle anderen, sich exakt genauso zu verhalten. Wir können andere Erwachsene nicht dazu zwingen, sich genauso zu verhalten wie wir, über Kinder jedoch haben wir wesentlich größere Macht, selbst wenn wir uns dieser Macht nicht bewußt sind und sie nicht diktatorisch ausüben.

Kinder reagieren auf die Erwartungen der Erwachsenen in ihrem Umfeld. Jean Liedloff führt in ihrem Buch das Beispiel der Yequana-Indianer an, deren Kinder, obwohl sie sich frei auf allen vieren bewegen durften, weder ins Feuer gekrabbelt, noch in den Fluß hineingefallen sind, weil nämlich von ihnen erwartet wurde, daß sie in so grundlegenden Dingen alleine zurechtkommen. Die Kinder haben sich nicht einmal in den Finger geschnitten, obwohl sie mit rasierklingenscharfen Messern spielen durften, weil einfach von ihnen erwartet wurde, daß sie wissen, wie man mit solchen Gegenständen umgeht, und das taten sie auch.

Ganz anders als die Yequana-Indianer sind die meisten von uns so erzogen worden, daß sie bei sehr vielen Dingen das Gefühl haben, sie seien nicht nützlich, sondern gefährlich für unsere Kinder. Um dieser Tendenz zu begegnen, empfehlen wir als Richtlinie für das Einschreiten zum Schutz von Kindern, daß Eltern und Aufsichtspersonen nicht vorschnell einschreiten sollten, solange eine Situation nicht lebensbedrohlich oder gefährlich ist. Lassen Sie ihre Kinder ruhig eine Gurke schneiden oder eine Banane für ihr Frühstücksmüsli, auf ihre eigene Art und Weise, so gut sie es aus ihrer eigenen Sicht können. Lassen Sie Kinder helfen, und gönnen Sie ihnen den Stolz, geholfen zu haben. Was macht es denn schon, wenn jede Bananenscheibe anders aussieht? Sie schmecken trotzdem alle gleich. Andererseits achte ich darauf, Kindern keine kleinen Gegenstände zum Spielen zu geben, die scharf und gefährlich sein könnten, bzw. Dinge, die sie allzu leicht verschlucken könnten; zumindest so lange nicht, bis ein Kind in der Lage ist, feste Nahrung richtig zu sich zu nehmen und seine Zunge so zu beherrschen, daß es nichts mehr versehentlich verschluckt. Wir müssen jede Situation von einer ganz praktischen Warte aus betrachten – wenn ein Kind eine Glasperle verschluckt, passiert überhaupt nichts; sie geht einfach durch. Bei einer spitzen Büroklammer oder einem Reißnagel kann die Sache allerdings ganz anders aussehen.

Wenn Kinder mit anderen Kindern spielen und anfangen, sich gegenseitig zu verprügeln, dann ist unser Wunsch, unser Kind zu beschützen und seine Unschuld zu bewahren, meist so stark, daß wir dazu neigen, viel stärker schützend einzugreifen, als tatsächlich nötig wäre. Wir wollen nicht, daß unser Kind und seine Gefühle verletzt werden. Gewöhnlich ist ein solches Eingreifen jedoch unnötig. Es ist erstaunlich, wie gut Kinder solche Dinge unter sich regeln, wenn man anerkennt und respektiert, daß sie dazu in der Lage sind. Man sollte einfach darauf achten, daß sie andere Kinder nicht verletzen. Wenn ein Kind ein T-Shirt durch die Gegend schwenkt und damit ein anderes Kind trifft, ist dies etwas anderes, als wenn es eine schwere Metalleisenbahn durch die Luft wirbelt.

Wenn der für die Betreuung und die Sicherheit eines Kindes verantwortliche Erwachsene in seiner Sorge für das körperliche Wohlergehen des Kindes selbstsicher und zuverlässig ist und weiß, daß er sich auf seinen pragmatischen, gesunden Menschenverstand verlassen kann, dann wird sich für dieses Kind nichts ändern, wenn rein zufällig etwas passiert – ein kleiner Unfall, nichts Ernstes, vielleicht mit ein paar Tränen und ein bißchen Blut verbunden –, da das Kind versteht, daß der Erwachsene die

Verantwortung trägt, und das spürt ein Kind. Wenn es unerwartet stürzt, wird es vielleicht vor Überraschung ein paar Tränen vergießen, aber es wird sich immer noch sicher fühlen.

Was bedeutet „verletzt werden" überhaupt? Ist ein gebrochener Arm eine Verletzung? Es wäre ja möglich, daß Voreingenommenheit, Heuchelei, Grausamkeit und Egoismus beigebracht zu bekommen die schlimmste Art der Verletzung darstellt, und nicht ein gebrochener Knochen oder ein paar Kratzer. Letzteres verheilt schnell und hinterläßt keine tiefen Narben. Verletzt werden heißt, für den Rest seines Lebens voreingenommen zu sein gegen Menschen anderer Religion, anderer Rasse oder anderer politischer Überzeugung. Solche Dinge heilen nicht sehr leicht und hinterlassen nicht nur Narben bei dem, der diese Überzeugungen hegt, sondern auch bei denen, die unter solcher Engstirnigkeit zu leiden haben. Ein Kind Angst, Paranoia und Gewalt zu lehren, das ist die wirkliche Verletzung.

In unserer Beziehung zu den Kindern anderer Leute müssen wir, was die Sicherheit angeht, unsere eigene Integrität bewahren, statt uns darüber Sorgen zu machen, was andere Mütter sagen würden. Zwar sollten wir für die Wünsche und die Lebensweise der Familie eines anderen Kindes nicht unsensibel sein, doch ist es wichtig, daß wir für die uns anvertrauten Kinder die Verantwortung übernehmen, auch wenn ihre Eltern vielleicht manche Dinge ein wenig anders machen würden. Für viele von uns Eltern besteht eines der größten Probleme darin, wie wir mit der Unzufriedenheit anderer Leute umgehen sollen, denen unsere Art, die Dinge zu regeln, nicht paßt. Ich spreche hier über die Unzufriedenheit unserer engen Freunde, nicht nur über die Unzufriedenheit unserer Eltern, Großeltern usw., da wir diese wahrscheinlich nicht ganz so häufig zu sehen bekommen. Es ist schon erstaunlich, wie kritisch enge Freunde werden können, wenn ein entscheidender wunder Punkt in ihnen berührt wird – ein Punkt, der sonst nie angetastet wird. Wenn sich die Art und Weise, wie man seine Kinder erzieht, von dem unterscheidet, was andere Leute für richtig halten, ist es für diese anderen Leute eine große Herausforderung, sanft und freundlich und mit Akzeptanz darauf zu reagieren.

* * *

Gesundheit, Intelligenz und die Entwicklung bestimmter Fertigkeiten und ähnliches von Kindern zu erwarten ist dasselbe, wie zu verstehen, daß Kinder alles *tun können*, was wir von ihnen erwarten.

Wenn ein Kind nein sagt, verbinden viele von uns dieses Nein mit der Vorstellung, daß dieses Kind nicht in der Lage ist, das Gewünschte zu tun.

Wir müssen die Erwartung aufrecht erhalten, daß es dazu fähig ist. Es ist ganz klar, daß wir diese Erwartung haben müssen, solange ein Kind klein ist. Kinder *werden das Gewünschte tun*, zu dem für sie richtigen Zeitpunkt und am für sie richtigen Ort, wenn wir nur die Erwartung haben, daß sie dazu in der Lage sind. Wenn ein Kind nein sagt, denken viele von uns etwa: „Na ja, es ist wohl nicht dazu in der Lage", oder wir nehmen an, daß dieses Kind das Betreffende wirklich nicht tun möchte. Manchmal ist das natürlich tatsächlich der Fall, oft aber ist das Ganze vollkommen subjektiv. Was Kinder damit häufig meinen, ist, daß sie es nicht so tun wollen, wie wir es gerne hätten, daß sie es aber *gerne* anders machen würden. Ihre Reaktionen sind unterschiedlich, je nachdem, mit wem sie es zu tun haben und wie der betreffende Erwachsene die Beziehung zu ihnen handhabt.

Insgesamt gesehen ist es daher wichtig, in welchem Kontext unsere Erwartungen stehen. Es geht nicht darum, Details vorschreiben zu wollen. Einzelheiten sind immer von den Umständen abhängig und gehen am Thema vorbei. Sich mit Details abzugeben heißt, sich um den Inhalt statt um den Kontext zu kümmern. Wenn wir uns mit Einzelheiten abgeben wollten, müßten wir für jeden Vierundzwanzig-Stunden-Zeitraum einen genauen Plan machen, und das ist einfach unrealistisch und außerdem unpraktisch.

* * *

Wenn ein Kind in den ersten Lebensjahren angemessene – liebevolle, sanfte und unterstützende – Aufmerksamkeit erhält, wird es recht großes Selbstvertrauen entwickeln und ein gutes Gefühl in bezug auf sich selbst haben. Dann wird es, wenn es vier, fünf oder sechs Jahre alt wird, auch nicht ständig aus Unsicherheit die Aufmerksamkeit der Erwachsenen in seinem Lebensumfeld auf sich ziehen wollen. Solche Kinder haben ihre eigene Integrität. Wenn sie jedoch diese Aufmerksamkeit, die sie so notwendig für ein gesundes Heranwachsen brauchen, nicht erhalten, wenn sie am Anfang vernachlässigt werden, dann werden sie einfach ohne Unterlaß an den Erwachsenen zerren (und die Mutter bekommt den größten Teil davon ab, selbst wenn der Vater in die Kindererziehung mit eingebunden ist).

Aufgrund meiner Beobachtungen und meiner direkten Erfahrung bin ich der Meinung, daß Kinder um so mehr Selbstvertrauen und eine positive Einstellung zu sich selbst haben, je mehr es uns gelingt, die in diesem Buch besprochenen Prinzipien in die Praxis umzusetzen. Dann brauchen Kinder auch nicht ständig von den Eltern behütet und beaufsichtigt zu werden.

Kinder, die in Anlehnung an diese *Continuum*-Grundprinzipien erzogen werden, sind sehr unabhängig – selbstsicher, experimentierfreudig und stets bereit, alles zu erforschen, von ihrer Kompetenz und Zuverlässigkeit ganz zu schweigen.

Erziehung im Kontext

Man hat mich einmal gefragt, wie viele Generationen notwendig wären, um eine dauerhaft bewußte Kultur zu schaffen, eine Kultur, die über einen langen Zeitraum, vielleicht sogar jahrhundertelang Bestand hätte. Wir gerieten in eine Diskussion über Erziehung und darüber, welche Art von Erziehung notwendig ist, d. h. sollen wir Kindern Denkmodelle und philosophische Anschauungen beibringen oder lediglich praktische Dinge? Welche Art von Erziehungssystem sollen wir planen und gestalten?

Ich verweise immer wieder auf das Buch *Learning How to Learn* von Idries Shah[3] , denn das größte Geschenk, das wir einem Kind machen können, falls wir lernen, wie wir ihm dieses Geschenk geben können, liegt darin, ihm Unterscheidungsfähigkeit im Hinblick auf den Lernprozeß selbst beizubringen, statt bücherweise nichts als Fakten zu lehren. Wenn man einem Kind vermitteln kann, wie man lernt, und ihm dann Informationen auf der Grundlage dieses Kontextes zur Verfügung stellt, wird es für ein solches Kind ganz offensichtlich sein, welche Informationen nützlich sind und welche nicht. Wenn Kinder in der Lage sind, zu unterscheiden, können sie in jeder Situation die optimalen Informationen herausfiltern.

Kleine Kinder wollen immer mehr machen, als sie schon können – ihr Geist ist ihrem Körper meilenweit voraus. Der eine oder andere von uns hat vielleicht bei seinen eigenen oder bei anderen Kindern erlebt, daß sie an einen Punkt kommen, an dem sie unbedingt Lesen lernen wollen, es jedoch noch nicht können. Dieser inbrünstige Wunsch ist die größte Hilfe für ein Kind, um das zu lernen, was es lernen will. Fast jedes Kind, das ich erlebt habe, wollte mit seinen Händen praktische oder mechanische Dinge tun, die weit über seine Fähigkeiten hinausgingen. Doch Kinder lernen dadurch, daß sie etwas versuchen oder machen, selbst wenn die ersten Versuche frustrierend sind. Aus diesem Grund müssen wir Kindern möglichst viel Gelegenheit zum Experimentieren geben und sie sogar Dinge versuchen lassen, bei denen wir das Gefühl haben, daß sie ihre Fähigkeiten ein wenig übersteigen. Wir können dabei jedoch unser gesundes Urteilsvermögen walten lassen. Wenn wir einem dreijährigen Kind erlauben, uns beim Schneiden einer Banane zu helfen, dann werden die Bananenstückchen am Anfang vielleicht unterschiedlich groß und ein wenig breiig sein, doch das Kind wird schnell lernen, wie es das am geschicktesten macht; wenn wir einem Dreijährigen hingegen erlauben, eine Armbanduhr auseinanderzunehmen und sie wieder zusammenzusetzen, dann würde dies seine geistigen und mechanischen Fertigkeiten dermaßen übersteigen, daß die unvermeidbare Frustration eher kontraproduktiv und als Ansporn völlig ungeeignet wäre, um das Gewünschte zu lernen. Ermutigende Resultate spornen Kinder an, wenn sie jedoch merken, daß sie vollkommen unfähig sind, etwas zu tun, dann verlieren sie gänzlich die Lust an ihrer Lernaufgabe.

Um zu lernen, brauchen Kinder dem Lernstoff nicht unbedingt Beachtung zu schenken, weder zu Hause, noch in der Schule. Ein Kind kann selbst in der linken Gehirnhälfte angesiedelte Fächer wie Mathematik oder Grammatik zu einem großen Teil dadurch aufnehmen, daß es sich einfach in einer Lernumgebung befindet. Es mag den Anschein haben, daß sich ein Kind überhaupt nicht für den Lehrstoff interessiert, und trotzdem wird es etwas lernen. Ich habe dies sogar bei kleinen Kindern festgestellt, wenn man ihnen bestimmte Dinge spielerisch beibringt. Wenn die Kinder zum Beispiel lärmend herumgetollt und durch die Gegend gerannt sind, während ich versucht habe, ihnen eine Geschichte zu erzählen, dann konnte man denken, daß sie dem Ganzen überhaupt keine Beachtung schenken, daß sie überhaupt nicht zuhören und lieber etwas anderes machen würden. Sobald wir jedoch nach draußen gegangen sind, um etwas anderes zu unternehmen, haben sie sich gegenseitig die Geschichte Wort für Wort erzählt, und mir auch. Sie hatten jedes Detail davon mitbekommen, allerdings auf ganz und gar nicht lineare Art und Weise.

Wenn wir für gewisse Dinge sorgen, beispielsweise für klassische Musik, dann nehmen Kinder davon möglicherweise mehr auf, als wir uns vorstellen können, selbst wenn sie die betreffende Sache nicht direkt beachten, selbst wenn sie sagen: „Ich hasse das.“ Die unbewußte bzw. periphere Aufmerksamkeit eines Kindes verfügt über erstaunliche Aufnahme- und Speicherkapazitäten. Wir brauchen also die Aufmerksamkeit von Kindern nicht mit sämtlichen direkten Mitteln zu kontrollieren und zu beherrschen, die für Erwachsene von so linearer Bedeutung sind. Wir können Kinder spielen und ihren Tagträumen nachhängen lassen und ihnen währenddessen einfach weiter das zeigen, von dem wir möchten, daß sie es lernen. Sie werden diese Informationen auf ihre eigene Art und Weise aufnehmen, und wenn sie bereit sind, diese zu nutzen, dann werden sie dies tun. Ein Großteil der Erziehungsarbeit besteht darin, Kindern möglichst viele Informationen zum Aufnehmen zur Verfügung zu stellen. Ein Kind ist wie ein trockener Schwamm in einer Schüssel Wasser. Kinder saugen den Lernstoff einfach auf. Das ist schließlich ihre Natur. In diesem Sinne möchte ich betonen, daß die Bücher von John Holt *(Why Children Fail, Escape from Childhood und How Children Learn)* und Joseph Chilton Pearce *(The Magical Child, The Magical Child Returns)* für jeden, der Kinder unterrichtet, auch wenn es nur eine Stunde in der Woche ist; für jeden, der Kinder hat; für jeden, der irgendwann Kinder möchte, und für jeden, der erwartet, irgendwann einmal auf irgendeiner Ebene etwas mit Kindern zu tun zu haben, gewissermaßen genauso Pflichtlektüre und Grundvoraussetzung für den Umgang mit Kindern sind, wie man sich auch in seinem Beruf oder auf seinem Spezialgebiet durch das Studium von Fachliteratur auf dem laufenden halten würde. Wer in einem Klassenzimmer versucht, Kinder bewußt und spirituell zu erziehen, ohne als Grundlage dafür John Holt gelesen zu haben, der gleicht einem Vogel, der ohne Flügel fliegen will.

Leider orientiert sich in den heute üblichen Schulsystemen alles an materiellen Werten. Sämtliche Erziehungsprozesse sind darauf ausgerichtet, materiellen Erfolg zu erzielen. Wofür hat man schließlich Erfolg? Um zu reisen, ein schönes Zuhause zu haben, die Heizungsrechnung zu bezahlen, ein Auto zu haben – lauter materielle „Werte“. Nichts davon dient der essentiellen Befriedigung der Emotionen und des Geistes bzw. der tiefen Gefühle, zu denen wir Menschen in der Lage sind. Außer in höchst seltenen Ausnahmefällen bringt man uns also nicht bei, das Ästhetische zu schätzen oder unsere verfeinerte kreative Ausdrucksfähigkeit zu nutzen.

Die Gefühlsdimension ist die erste Dimension, die sich in einem Kind entwickelt. In der Schule, vor allem in den unteren Klassen, muß das Lernen und das Lehren in der Gefühlsdimension stattfinden, um die Grundlage bzw. Basis für ein erfolgreiches Lernen in der Zukunft zu schaffen. Allerdings besteht heutzutage jedoch der meiste Unterricht aus geistlosem Gerede, wird durch Sprechen und Denken gelehrt. Es ist zwar richtig, daß der gesamte Bereich des Denkens und der Sprache entwickelt werden muß, damit Kinder nicht einzig und allein in ihrem Gefühlskörper isoliert bleiben, allerdings ist dabei ein gewisses Gleichgewicht und das richtige Verhältnis erforderlich. Wenn Kinder, die nur intellektuellen Unterricht bekommen haben, älter und reifer werden, dann werden sie die Meinungen, die sie sich in ihrer frühen Erziehung gebildet haben, nicht aktiv vertreten, da es rein intellektuelle und keine gefühlsmäßigen Entscheidungen waren. Es geht also darum, am Anfang ihrer Entwicklung den Körper mit in den Unterricht einzubinden.

Meine Vorstellung von einer Erziehung für Kinder sieht so aus, daß es vor allem um ihre – emotionale, körperliche und vielleicht auch spirituelle – Gesundheit geht und daß akademisches Wissen wirklich erst an zweiter Stelle steht. Akademisches Wissen ist nicht unwichtig, wenn es zum rechten Zeitpunkt und am rechten Ort kommt; doch Wissen, das auf der Grundlage von Neurosen und psychischen Störungen unterrichtet wird, trägt nicht dieselben Früchte und kann nicht dieselben Früchte tragen wie eine Wissensvermittlung auf der Basis einer glücklichen, unschuldigen und offenen Beziehung zum Leben. Lehrer, die eine rein formale Ausbildung in akademischen Fächern absolviert und persönlich im Hinblick auf das innere Leben sozusagen keinerlei Erziehung genossen haben, neigen häufig dazu, der Vermittlung von Fakten und Zahlen zu großen Wert beizumessen, was zu Lasten der wirklichen Lebensbedürfnisse der Kinder geht, mit denen sie zu kommunizieren versuchen. Zu den Aufgaben eines guten Lehrers gehört es, einen Basiskontext und Richtlinien für Erziehungsprinzipien bereitzuhalten, um so einen fruchtbaren Boden zu schaffen, auf dem dann die Wissensvermittlung (Lesen, Schreiben und Rechnen) wachsen kann. Das ist allerdings ein wirklich frustrierender Punkt, da es nur sehr wenige Lehrer gibt, die auf beiden Gebieten ausgebildet sind.

Die Gabe der Wissensvermittlung ist für mich entweder angeboren oder erfordert sehr viel Übung. Doch selbst dann besitzt nicht jeder diese besondere Fähigkeit. Viele von uns mögen die besten Absichten haben, wissen aber einfach nicht, was sie tun sollen. Die Grundlagen einer gesunden Lebenseinstellung, gesunder Emotionen und einer gesunden seelischen Verfassung zu lehren, fällt jedoch all denen leicht, deren eigenes Leben auf diesen Grundlagen aufbaut. Bewußte Eltern machen einem Lehrer das Leben wesentlich leichter.

* * *

Zuweilen verspüre ich eine enorme Bestürzung, wenn Erwachsene, die von spiritueller und bewußter Erziehung keine Ahnung haben, Entscheidungen fällen und Regeln aufstellen, wie man ihre Kinder besser unterrichten sollte. Das Problem liegt nicht darin, daß wir noch mehr oder bessere Regeln brauchen, das Problem sind Erwachsene, die nicht wissen, was es heißt, vier, neun, zwölf oder dreizehn Jahre alt zu sein.

Wenn wir uns in Kinder *einfühlen* würden, als die Menschen, die sie in ihrem jeweiligen Alter sind – in ihre Werte, ihr Weltbild, ihre Vorlieben und Abneigungen –, anstatt in das, wer sie unserer erwachsenen Meinung nach sein sollten, wäre die Situation eine ganz andere. Ohne eine Beziehung zu den Bedürfnissen von Kindern und zu ihrer geistig-seelischen Verfassung gibt es keine Möglichkeit, sie effektiv zu unterrichten. Lassen Sie es mich noch einmal sagen: Von Kindern zu erwarten, daß sie unserer Führung folgen, selbst wenn diese Führung sehr sanft und sehr gerecht ist, ohne daß wir eine Beziehung zu ihnen haben (Beziehung heißt in diesem Zusammenhang, „zu verstehen, an welchem Ort sie sind"), wäre mehr von ihnen verlangt, als recht und billig ist. Es ist nicht so, daß sie es nicht tun wollen, sie können es nicht.

Wenn Kinder das Gefühl haben, daß wir sie verstehen, werden sie zwar manchmal mit uns diskutieren oder anderer Meinung sein, doch sie werden unseren Standpunkt verstehen und die Grenzen, die wir ihnen setzen, in der Regel respektieren, da diese Grenzen einen Sinn ergeben. Wenn wir ihren Standpunkt nicht verstehen, stellen wir nur akademische und leere Regeln auf – wir definieren strenge Verhaltensmaßregeln für jede einzelne Situation und setzen diese dann mit unserer Muskelkraft oder Willensstärke durch. Damit machen wir Kinder zwar gehorsam, doch außer daß sie unzufrieden und häufig auch widerspenstig und rebellisch sind, erreichen wir gar nichts.

Kinder und ihre Wünsche, ihre Bedürfnisse und ihre Begeisterung sind nicht das Problem. Als Erwachsene müssen wir in der Lage sein, uns in ihren Standpunkt einzufühlen, damit wir verstehen können, wie wir Grenzen und solche Dinge am besten festlegen. Geht zum Beispiel die erste Beziehung einer Dreizehnjährigen in die Brüche, dann mag das für uns kein Problem sein. Vielleicht sind wir sogar ziemlich erleichtert darüber. Wir haben schon einige Liebesaffairen hinter uns und sehen darin kein großes Drama: „Du wirst schon darüber hinwegkommen. Du bist noch jung. Du hast noch so viele Chancen." Wir haben eine Perspektive, Jugendliche nicht. Für sie ist eine Trennung eine *sehr* schwere Sache. Für sie hängt das gesamte gesellschaftliche Leben der nächsten sechs Jahre von dieser Situation ab. Wenn wir uns nicht in ihre Lage hineinversetzen können, dann lassen wir sie mit unserer Anteilnahme im Stich und gehen nicht zufriedenstellend auf ihre Emotionen ein. Wenn ein Kind etwas braucht, dann müssen wir vielleicht nicht unbedingt sofort alles fallenlassen und herbeieilen, doch wenn wir uns nicht in seinen Standpunkt einfühlen können, ist es unwahrscheinlich, daß wir in einer Art und Weise auf seine Bedürfnisse eingehen werden, die für beide, für uns selbst und das Kind, richtig ist, und die Wahrscheinlichkeit ist groß, daß es immer frustrierter wird.

Bestimmt hat jeder schon einmal auf einer Hochzeit oder einer Beerdigung einen fünfjährigen Jungen mit Anzug, Schlips und Hut gesehen, der von Kopf bis Fuß wie ein Erwachsener gekleidet war und, viel schlimmer noch, von dem erwartet wurde, daß er sich wie ein zugeknöpfter vierzigjähriger Erwachsener *benimmt*, während die Frau Mama ihren Sohn ansah, als wollte sie sagen: „Ist er nicht der niedlichste kleine Junge, den die Welt je gesehen hat! Er ist ja *soooo* ein Schatz. „Solchen Kindern würde ich am liebsten den Anzug und die Krawatte vom Leib reißen und ihnen eine ausgeleierte Jogginghose oder sonst etwas Bequemes zum Anziehen geben. Solche Eltern haben dann immer Sprüche auf Lager wie: „Das ist mein kleiner Mann." So viel zum Thema *Sich nicht in ein Kind hineinversetzen können*! Es ist sehr unfair, von Kindern zu erwarten, kleine Erwachsene oder sonst etwas zu sein, was sie nicht sind.

Die Vermittlung gewisser Umgangsformen kann wertvoll sein, damit Kinder lernen, sich in der Gesellschaft zu bewegen – gutes Benehmen, Anstandsregeln, alles was mit der Kunst des gesellschaftlichen, menschlichen Miteinanders zu tun hat. Wir brauchen gewisse Grundregeln, ein Grundgerüst, auf das man aufbauen kann. Die Dynamik ist dieselbe wie beim Lesen eines Horoskops oder bei der Arbeit mit Tarotkarten – durch die Karten bzw. das Horoskop wird eine gewisse Ausgangsbasis festgelegt, in der die Freiheit enthalten ist, verschiedene Informationen zu erkennen, doch auch die Zeichen und Bilder selbst lösen etwas in uns aus. Dasselbe gilt auch für die Vermittlung von guten Umgangsformen. Ein sanfte und flexible, aber dennoch formelle Erziehung, einem Kind zum Beispiel beizubringen, daß es „Danke", „Bitte" und „Gern geschehen" sagt, sowie andere grundlegende Anstandsregeln sind eine gute Ausgangsbasis. Daß man mit einer Gabel ißt und sich das Essen nicht einfach in den Mund stopft, daß man sich nicht von oben bis unten vollkleckert, daß man nicht mit vollem Munde spricht oder beim Essen spuckt, sind die Grundlagen guter Tischmanieren.

Ich halte es für wertvoll, gutes Benehmen in einem gewissen Maße zu definieren, und zwar sowohl gutes Benehmen in der Öffentlichkeit als auch im privaten zwischenmenschlichen Bereich; und mit das Wichtigste in diesem Zusammenhang (einer jener Bereiche, um die es bei gutem Benehmen eigentlich geht) ist der Respekt, den wir einander in verschiedenen Situationen entgegenbringen. Auch hier bin ich der Meinung, daß Respekt nichts ist, das man mit Gewalt oder auf Verlangen trainieren kann, obwohl ich glaube, daß ein solcher Respekt bei allen Formen der Persönlichkeitsschulung und der Vermittlung von guten Umgangsformen ein wichtiger, speziell behandelter Aspekt sein dürfte. Im Rahmen einer solchen Erziehung würde man versuchen, einen gewissen essentiellen Respekt zu vermitteln, der frei ist von allen möglichen Arten psychischer

Subjektivität. Grundsätzlich jedoch muß dieser Respekt aus einer Art natürlicher Kommunikation herauskommen – aus einem Gefühl für andere, für die Umgebung und den Ort, an dem man sich befindet.

Beim Umgang mit Werkzeug sollte ein Kind zum Beispiel lernen, daß das Arbeiten mit einem Hammer auch bedeutet, ihn an seinen angestammten Platz zurückzulegen, und zwar so, wie es ihn dort vorgefunden hat. Und nicht: „Zuerst lernen wir, wie man einen Hammer benutzt, und danach kommt dann irgendwann auch noch das Aufräumen." Statt dessen sollte man vermitteln, daß die Benutzung eines Werkzeugs und seine Pflege ein und dasselbe und nicht zweierlei Dinge sind. So wird es ganz automatisch zur Gewohnheit, daß man ein Werkzeug auch wieder wegräumt. Man sollte keinen Unterschied machen zwischen dem Benutzen und der Pflege von Werkzeug. Es gehört alles zusammen; und das ist der Kontext für den Umgang mit Werkzeug.

So hat jeder Aspekt des praktischen Lebens – Anziehen, Waschen, Kochen, Lernen und sogar das Spielen – ein ähnliches Grundmuster bzw. einen ähnlichen Kontext. Eine angemessene Lebensweise ist eigentlich das, was ein menschliches Leben ausmacht.

Älteren Kindern diesen Kontext zu vermitteln ist schwierig, da wir eventuell damit beginnen müssen, nachdem sie bereits eine bestimmte Prägung erfahren haben und höchstwahrscheinlich durch diese Prägung fest geformt sind. Für jüngere Kinder ist es hingegen viel einfacher, in diese Stimmung des Mitschwingens mit der Essenz bzw. mit der Gesamtqualität aller Dinge hineinzuwachsen, solange die für ihr Leben wichtigen Bezugspersonen ihnen ein solches Verständnis und seine praktische Umsetzung vorleben.

Zum Kochen gehört auch die sorgsame Behandlung von Töpfen, Pfannen und Herd. Kochen bedeutet, daran zu denken, daß man den Herd ausschaltet; daran zu denken, daß man die Herdplatte nicht zu heiß einstellt, um zu vermeiden, daß der Topf durch die Hitze beschädigt wird; es bedeutet aufzupassen, daß die Haferflocken nicht überkochen, damit derjenige, der nach uns kommt, nicht den ganzen Herd saubermachen muß, und es bedeutet, daß man ein Ei, das weich sein soll, nicht zu lange kochen läßt. Das Kochen erfordert ein bestimmtes Verhältnis zum Küchengerät sowie zur Zubereitung und dem Umgang mit Nahrungsmitteln. Sport setzt eine bestimmte Beziehung zum Sportgerät sowie zu den eigenen Muskeln und zur Sicherheit in diesem Bereich voraus. Und so weiter.

Wenn Kinder heranwachsen und beispielsweise in der Küche mitarbeiten lernen, dann sollte zum Kontext des Kochens auch gehören, daß Lebensmittel lebenswichtige und lebendige Stoffe sind und daß die zubereiteten Speisen davon, wie man kocht, mindestens genauso stark beeinflußt werden wie von unseren theoretischen Kochkenntnissen. Die gesamte Dynamik der Heiligkeit von Nahrungsmitteln, der Kombination der Zutaten und ihrer Farben, und wie das Essen – im wahrsten Sinne des Wortes – auf den Teller kommt, all das gehört zum Kontext, den bewußte Erwachsene vermitteln können, gehört zu jenen kollektiven Informationen, die eine gepflegte und respektvolle Beziehung zum Essen ausmachen. Wenn Kinder in der Küche arbeiten und beim Kochen helfen, sollte man all diese Dinge berücksichtigen. Und diese Überlegungen sollten auch in das Auftragen der Speisen, das Verzehren und Abräumen der Mahlzeiten eingebracht werden. Ansonsten ist die Wahrscheinlichkeit groß, daß Kinder lernen, alles auf ihrem Teller unterschiedslos in sich hineinzustopfen, daß sie kaum langsam genug essen, um den Geschmack der Speisen wahrzunehmen, daß sie über den ganzen Tisch spucken, daß sie in dem Moment, wo sie fertig sind, vom Stuhl aufspringen und ihrem Körper fast keine Gelegenheit geben, mit der Verdauung zu beginnen.

Wenn wir Karotten einfach achtlos in unterschiedlich große Stücke schneiden, dann ist das etwas ganz anderes, als wenn wir sie achtsam und absichtlich in kleine Würfel schneiden. Und das ist das Gefühl, das Kinder für alle Dinge bekommen müssen – so daß alle Dinge vereinigend und wichtig für sie sind.

Damit können wir bei einem Kind bereits im Säuglingsalter beginnen, so daß es dadurch die kleinen Kinder lernen; bei älteren Kindern, die bereits in Gewohnheitsmustern verhaftet sind, tun wir einfach unser Bestes. Wir müssen einen Mittelweg finden – ein wenig experimentieren und etwas finden, das funktioniert. Das ist die Einstellung, die jede Mutter und jeder Vater haben sollte. Dann können wir freundlich, entspannt und gelöst mit unseren Kindern umgehen, statt uns wie ehrgeizige Reformer zu verhalten, die Feuer und Flamme sind für ihre Mission, „allen Schaden beheben zu wollen", welches ein sehr gewaltsamer Ansatz ist, der in der Regel voller Heuchelei und Mißhandlungen steckt.

Wenn Kinder lernen, allem mit einer umfassenden und gründlichen Einstellung zu begegnen, wachsen sie zu vielseitig interessierten Menschen heran, haben eine breite Grundlage, sind dem Leben gegenüber entspannt, besitzen Anstand und gute Manieren. Einer der Gründe dafür, daß wir alle bestimmte Dinge vergessen oder vergessen, Dinge zu Ende zu bringen – der Grund dafür, daß wir beispielsweise vergessen, das Licht auszuschalten, wenn wir einen Raum verlassen – ist, daß wir „irgendwo leben" nicht mit „der Totalität" gleichsetzen, die unser Leben, wo immer wir sind, eigentlich ist. Wir setzen es nicht mit der Stromrechnung, mit der

Wasserrechnung oder mit dem Gedanken gleich, daß unsere überlaufende Spüle irgendwann einen Wasserschaden zur Folgen haben wird, wenn sich das Wasser seinen Weg durch den Fußboden bahnt. Wir berücksichtigen nicht, daß der Ort, an dem wir leben, und die Art, wie wir leben, die vereinigenden Elemente des Lebens selbst sind. Dies ist ein ganz entscheidender Bestandteil der Kindererziehung – daß Kinder lernen, die Dinge nicht in Mosaikstückchen zu sehen, sondern von einem ganzheitlichen Blickwinkel aus. Wenn wir lernen, dieses Prinzip in allen Bereichen zu berücksichtigen, dann werden es unsere Kinder von uns übernehmen.

Stellen Sie sich nur vor, was es für unsere Beziehungen – und damit auch für den Sex – bedeuten würde, wenn man uns so erzogen hätte und wir mit dieser Einstellung dem Leben begegnen würden! Es würde unsere Beziehungen total öffnen, unsere Lebenserfahrungen ganz und gar erweitern.

Das Gesamtbild im Auge behalten

Wenn zwei kleine Kinder miteinander befreundet sind oder sich mögen, dann können sie den schlimmsten Streit haben und sich gegenseitig anschreien: „Ich will nie wieder mit dir spielen!“ Doch schon zehn Minuten später (vielleicht sogar noch früher) werden sie wieder fröhlich miteinander spielen. In ihrer Unschuld hegen sie keinen Groll gegeneinander; sie haben sich nicht von ihrem instinktiven oder essentiellen Wissen distanziert, und darum bleibt das darunterliegende Muster, die Liebe oder Freundschaft zwischen den beiden, das vorherrschende Element. Erwachsene hingegen funktionieren offensichtlich nicht nach diesem Muster. Bei Erwachsenen besteht eher die Wahrscheinlichkeit, daß sie sich mit dem Inhalt der Dinge beschäftigen, statt den Kontext aufrechtzuerhalten, und im allgemeinen identifizieren sie sich mit den weniger wichtigen Realitäten ihres Bewußtseins. In vielen Ehen ist es zum Beispiel nicht ungewöhnlich, daß die gesamte Beziehung geschwächt wird, nur weil einer der beiden Partner in bezug auf die grundlegende und alles durchdringende Liebe des anderen unsicher und zaghaft ist und ständig auf jedes winzige Zeichen von Ungehaltenheit, Verdruß oder Ärger des Partners so reagiert, als seien derartige Launen ein Zeichen für dessen mangelnde Liebe oder ein Störfaktor in der Liebe des anderen, statt sie lediglich als die ganz normalen kleinen Unwegsamkeiten des Lebens zu betrachten. Wenn diese übertriebene Empfindlichkeit ein bestimmtes Maß erreicht, kann sie die Liebe des anderen irgendwann tatsächlich zerbröckeln lassen und schließlich sogar zum Ende einer Beziehung führen.

Wir reagieren heftig auf Dinge, die von kurzer Dauer sind, d. h. auf oberflächliche Dinge, da wir nicht gelernt haben, die größeren Zusammenhänge zu erkennen und die tieferen Prinzipien der Existenz zu sehen. Wenn wir als Kinder eine solche Betrachtungs- und Unterscheidungsweise gelernt hätten, würden wir als Erwachsene kein so trauriges Schicksal erleiden. Es ist eine Tatsache, daß Menschen in ihrem Verhalten zugrundeliegende Zyklen aufweisen, ebenso wie eher plötzlich auftretende Stimmungsschwankungen, und wir neigen dazu, wesentlich stärker auf den Inhalt, auf die oberflächlichen Details in der Stimmung eines Menschen einzugehen als auf die Dynamik der inneren Vorgänge. Wenn jemand schlechte Laune hat, ist die Wahrheit die, daß diese Laune vorübergehen wird. Wir müssen uns vor Augen halten, welches Prinzip unserer Beziehung zu diesem Menschen zugrundeliegt.

Für diejenigen, die Kinder erziehen, wäre es in allen Bereichen der Kindererziehung nützlich, wenn sie die Fähigkeit entwickeln würden, Kindern zu vermitteln, wie sie im Leben universale Muster erkennen können – wie man sich einen Überblick verschafft –, anstatt sich ausschließlich auf die großen und die kleinen Details zu konzentrieren. Wenn wir alle gelernt hätten, die Bewegungsmuster in den Dingen zu beobachten, wäre das Leben unendlich leichter.

Die Interessen von Kindern unterstützen

Welche Unterstützung haben wir als Kind bekommen? Um es anders zu formulieren, wie war es denn, als wir uns leidenschaftlich für etwas interessiert haben, wenn wir beispielsweise unbedingt Klavier, Schlagzeug oder Trompete spielen wollten, haben sich dann unsere Eltern über uns lustig gemacht oder gesagt: „Ich will diesen Krach hier nicht haben. Geh mir nicht auf die Nerven, geh woanders hin!“? Oder haben sie gesagt: „Das ist doch völliger Blödsinn, du wirst dir damit nie deinen Lebensunterhalt verdienen können!“? Oder haben uns unsere Eltern bei all unseren Leidenschaften und Interessen ermutigt und unterstützt? Wahrscheinlich nicht, vor allem dann nicht, wenn unsere Interessen mit Lärm oder Schmutz verbunden waren. Was wir jedoch im Zusammenhang mit Kindererziehung verstehen müssen, ist, daß ***wir nicht unsere Eltern sind***, auch wenn wir möglicherweise so handeln wie sie, so sprechen wie sie oder vielleicht sogar so denken wie sie. Wir sind nicht unsere Eltern! Und wenn wir die Prinzipien einer spirituellen und bewußten Kindererziehung sorgfältig und liebevoll anwenden, dann werden sich unsere Kinder trotz all unserer

Fehler und Mängel geliebt fühlen. Keiner von uns wird als Mutter oder Vater perfekt sein, und doch können wir dafür sorgen, daß sich unsere Kinder in einer Art und Weise geliebt fühlen, wie wir das niemals getan haben, als wir selbst noch klein waren. Unsere Bereitschaft, die Interessen unserer Kinder zu fördern, wird für sie eindeutig erkennbar sein, auch wenn wir die von ihrem Alter, ihren Fähigkeiten und anderen Faktoren abhängigen und notwendigen Grenzen ziehen. Hier ein paar Beispiele:

Eines der kleinen Mädchen hier in unserer Gemeinschaft ist eine begeisterte Reiterin – das Mädchen ist ein geborener Pferdemensch, fühlt sich mit diesen Tieren wohl, hat keine Angst vor ihnen und liebt sie wirklich. Für mich sind Pferde große, stumme und langweilige Geschöpfe, die man eigentlich am besten zu Hundefutter verarbeiten sollte. (Ich bin mit Sicherheit *kein* Pferdemensch.) Aber ich zwinge anderen Menschen meine offensichtlichen Vorurteile nicht auf. Als dieses Mädchen also im Alter von drei oder vier Jahren mit dem Reitunterricht begann, haben wir es dabei voll und ganz unterstützt. Wir haben einen Reitlehrer für das Mädchen besorgt, und jedesmal, wenn es zum Unterricht gehen wollte, sind wir uns selbst aus dem Weg gegangen und haben es dazu ermuntert. Wir haben sogar ein paar Pferde angeschafft.

Viele Erwachsene mit meiner Pferde-Neurose hätten gesagt: „Pferde? Du willst auf diesen großen, stumpfsinnigen und dummen Dingern reiten? Die sollte man besser zu Hundefutter verarbeiten. Möchtest du nicht lieber etwas Schönes machen? Möchtest du denn nicht lieber malen; hast du keine Lust zu schreiben, würdest du nicht lieber meditieren?“ Wir haben das Mädchen hingegen all das tun lassen, was es wollte, und wir sind Gott dankbar, daß es nicht Dudelsack oder Schlagzeug spielen wollte; doch wenn dies der Fall gewesen wäre, dann hätten wir es ebenfalls möglich gemacht.

Einer der Jugendlichen wollte unbedingt Gitarre spielen lernen und übte jeden Tag vier bis fünf Stunden lang. Am Anfang konnte er keine drei Töne zusammen anschlagen, ohne daß es falsch klang. Er klimperte einfach auf dem Ding herum – und das stundenlang, Tag für Tag. Dann wurde es ihm zu langweilig, nur auf der Akustikgitarre zu üben, und er besorgte sich einen kleinen Verstärker – der war zwar klein, aber LAUT. Und er drehte das Ding auf, so weit es ging. Sie müssen sich vorstellen, er hatte da so ein Verzerrer-Pedal, und das klang dann, als ginge ein Orkan durchs Haus. Je mehr Lärm er machen konnte, desto mehr Spaß machte es ihm – und es hat ihm unglaublich gut getan! In den vielen Stunden, die er täglich übte, lernte er das Gitarrespielen ganz alleine. Nach einiger Zeit wurde aus ihm ein hervorragender Gitarrist und Allround-Musiker, was er natürlich immer noch ist, und seine Musik gibt ihm so viel. Das ist den anfänglichen „Lärm" mehr als wert.

Es lohnt sich, eine Menge Lärm zu ertragen, damit eine solche Naturbegabung nicht verkümmert, sondern sich entfalten und aufblühen kann. Wir sprechen hier über das *Leben* eines jungen Mannes. Für das Leben eines jungen Mannes bin ich bereit, so viel Lärm zu ertragen, wie ich ertragen muß. Das ist es, was wir zu tun haben, wenn wir die Freiheit und Entfaltung eines Menschen fördern und unterstützen wollen. Natürlich kann man hier sinnvolle Grenzen setzen – daß zum Beispiel nur tagsüber geübt werden darf und nicht in der Nacht, wenn alle ihren Schlaf brauchen. Doch wir können die Grenzen der Leidenschaft entsprechend realistisch halten, statt unterdrückerische und willkürliche Grenzen zu ziehen, die keinen anderen Sinn haben als uns, den Erwachsenen, zu erlauben, die Herrschaft und die Kontrolle zu behalten. Wir brauchen unseren Kindern nicht mit strengem Autoritätsgebaren zu zeigen, „wer der Boß ist", sondern können ihnen mit sanfter Führung, Liebe und gesundem Menschenverstand helfen, am Familienleben in einer Art und Weise teilzunehmen, die allen gerecht wird.

* * *

Man sollte ein Kind bereits möglichst frühzeitig, sobald es das entsprechende Verständnis besitzt, mit der Vorstellung vertraut machen, die Führung weiser und fähiger Menschen zu suchen. Kinder sollten irgendwie lernen, wie wichtig für ihr eigenes Leben die Führung durch erfahrene bzw. reife Menschen ist, und zwar auf allen Gebieten. Für ein Kind, das beispielsweise auf einem bestimmten Gebiet der Kunst eine angeborene Begabung zeigt, ist es sehr schwierig, diese Kunst beherrschen zu lernen, wenn es nicht kontinuierlich in irgendeiner Art Anregungen von jemandem bekommt, der diese besondere Kunstform bereits gemeistert hat (wenn es auch Menschen geben mag, die das geschafft haben). Es mag zwar viele ausgezeichnete Musiker geben, die keine Noten lesen können und sich bis zu einem gewissen Grade alles selbst beigebracht haben, doch die meisten haben von anderen gelernt (und waren bereit, von anderen zu lernen), vor allem, wenn es um die Feinheiten ging, zum Beispiel um die Beherrschung bestimmter Techniken auf dem betreffenden Gebiet. Wir wollen, daß unsere Kinder lernen, ihre Begabungen produktiv, weise und effizient zu nutzen, und nicht, daß ihnen nur mechanisches Verhalten eingepaukt wird, so wie die meisten von uns in der Schule Monologe und Gedichte von Shakespeare auswendig lernen mußten; statt dessen sollen sie das, was sie lernen, mit Sensibilität und Tiefe lernen.

Hausunterricht

Für eine Mutter oder einen Vater ist es wirklich eine Kunst, die eigenen Kinder zu unterrichten. Es ist aus dem Grunde schwierig, da ein Kind, dem eine neutrale Autoritätsperson sagt: „Diese Mathematikaufgaben müssen bis morgen erledigt werden!", seine Hausaufgaben machen wird; wenn hingegen die eigene Mutter sagt: „Diese Mathematikaufgaben müssen bis morgen erledigt werden", dann hat jedes Kind sein eigenes Repertoire an kleinen Tricks, um sich vor dem zu drücken, was ihm seine Mutter sagt. Wenn wir nicht absolut klar und deutlich sind, führt Hausunterricht zu ständigem Zank und Streit.

Natürlich kann der Unterricht zu Hause auch viel Spaß machen, wenn die Eltern bereit sind, alle dazugehörigen Elemente zu akzeptieren. Wir müssen in der Lage sein, mit Liebe und Humor feste Grenzen zu ziehen und aufrecht zu erhalten und die Perspektive nicht aus den Augen zu verlieren.

Heimunterricht bedeutet, daß Kinder in alles, was zu Hause geschieht, voll integriert sind – in die Gemeinschaft der im Haushalt lebenden Menschen, in alles, was in der Küche geschieht, in sämtliche laufenden Projekte, in Aufgaben wie Wäsche waschen und Reparaturarbeiten am Haus – und zu alledem kommen dann noch Projekte rund um Kunst und Musik sowie Unterricht in Sachfächern. Das Lernen richtet sich überwiegend nach dem Zeitplan der Kinder und weniger nach den Wünschen der Eltern. Manche Kinder haben zum Beispiel nicht vor acht oder neun Uhr abends Lust auf Mathematik oder nicht vor ihrem achten oder neunten Lebensjahr. Morgens haben sie vielleicht eher Lust auf Kunst, oder im umgekehrten Fall dürstet es ein Kind vielleicht schon mit fünf Jahren nach Mathematik. Die Bereitschaft, jedes dieser Bedürfnisse zu berücksichtigen, ist einer der Hauptunterschiede zwischen Privatunterricht und wahrem Hausunterricht. Eltern müssen also in ihrer Bereitschaft, verschiedene Projekte, Fächer und so weiter unter einen Hut zu bringen, ziemlich beweglich und flexibel sein. Eltern müssen sehr einfühlsam auf die naturgegebenen Lernmuster und Interessen eines Kindes eingehen.

Wenn Geschwister unterschiedlichen Alters, unterschiedlicher Klassenstufen und mit unterschiedlichem emotionalen und intellektuellen Entwicklungsstand gemeinsam zu Hause unterrichtet werden, kann es durchaus passieren, daß wir das Gefühl haben, nicht den Bedürfnissen und Wünschen jedes Kindes richtig gerecht werden zu können. Das kann eine ziemlich schwierige Aufgabe sein, die sich eindeutig davon unterscheidet, seine Kinder jeden Morgen einfach in die Schule zu schicken und sie nach der Schule wieder zu Hause zu begrüßen, wobei das einzige Engagement dann darin besteht, die Frage zu stellen: „Was hast du denn heute gelernt?" und die Antwort „Nichts" zu hören. Hausunterricht kann schwierig sein, doch er bringt beiden, Eltern und Kindern, einen eigenen, immensen Lohn.

In meiner Zeit als Hauslehrerin hatte ich ein Kind im Unterricht, das sich zwei Jahre lang mit allen Mitteln dagegen wehrte, in den Lerngruppen mitzuarbeiten, das keinerlei Interesse an den wissenschaftlichen Fächern hatte und sich höchstens für handwerkliche Dinge interessierte. Ich habe damals bitter mit der Situation gekämpft, weil ich mich so verrückt machte und sehr große Angst um die Zukunft des Kindes hatte. Jetzt ist dieses Mädchen auf einer weiterführenden öffentlichen Schule und gehört mit zu den Besten. Es gab niemals Probleme, und der Vater des Mädchens hat mir damals immer wieder gesagt: „Alles, worum es mir geht, ist, daß sie glücklich zum Unterricht geht und daß sie wieder glücklich vom Unterricht zurückkommt." Und das war der Fall.

Das war für mich in bezug auf das Unterrichten von Kindern wirklich eine der größten Lektionen, da ich von Ehrgeiz besessen und sicher war, daß es mir wirklich um die Integrität dieses Kindes ging. Und in gewisser Weise stimmte das auch. Ich bekam wirklich zu sehen, daß alles, was in der Lernumgebung stattgefunden hatte, auch angekommen war, ganz gleich, ob sich das Kind aktiv zu beteiligen schien oder nicht. Jedes kleine Detail dessen, was die anderen Kinder lernten, hatte sich eingeprägt. Ein Kind, das etwa auf dem Stand der zweiten Klasse zu sein schien, kam direkt in die siebte Klasse einer öffentlichen Schule und besaß alle Kenntnisse, die es brauchte, und schrieb dort von Anfang an nur Bestnoten. Das zu beobachten war für mich wirklich großartig. Dadurch hat sich für mich wirklich eine Menge verändert.

Eine Hauslehrerin

Wer Hausunterricht praktiziert, an dessen Stelle würde ich nicht einfach versuchen, den Lehrplan der öffentlichen Schulen zu übernehmen und ihn dem eigenen Konzept überzustülpen, was bei allen guten Absichten als die einfachste Lösung erscheinen mag. Hausunterricht wird in Anbetracht unserer individuellen und einzigartigen Umgebung jeweils ganz anders aussehen. Für viele Eltern sind die offiziellen Schulen einfach eine Art Kindertagesstätte. Sie sind froh, daß sie sich nicht den ganzen Tag mit ihren Kindern abzugeben brauchen. Für sie ist die Schule eine Verschnaufpause, ein täglicher Kurzurlaub. Diese Einstellung ist ziemlich weit verbreitet, und solche Eltern sind oft total frustriert, wenn sie ihren Kindern zu Hause irgend etwas beibringen wollen. Hausunterricht ist also eine sehr große Aufgabe und sollte nicht auf die leichte Schulter genommen werden.

Wenn ich mir andererseits anschaue, wie die typische Erziehung in der nicht sehr bewußten Durchschnittsfamilie aussieht, dann kann ich mir nicht vorstellen, daß Kinder in einer staatlichen Schule irgendwelche größeren Probleme haben sollten, die sich von den Problemen zu Hause wesentlich unterscheiden. Für bewußte und spirituelle Eltern jedoch mag der unbewußte Unterricht an öffentlichen Schulen nicht gerade erstrebenswert sein. Natürlich wäre es wundervoll, auch im staatlichen Bereich leistungsfähigere Schulen entstehen zu sehen, und zwar sowohl in den akademischen als auch in den praktischen Fächern. Ich fände es wunderschön, wenn mehr praktischer Unterricht angeboten würde, Kochen, Werken, Bauen, all solche Dinge, von denen unsere Kinder bis jetzt nur wenig mitbekommen. Gleichzeitig bin ich der Meinung, daß ein Kind, wenn der Lehrplan an öffentlichen Schulen nicht gerade abwechslungsreich ist, in dem Maße, in dem es sich von den Lehrern in der Schule und von Zuhause ermutigt, respektiert und anerkannt fühlt, bereit sein wird, alleine loszugehen und sich das zu holen, was es möchte. Ich denke, selbst wenn die Schule bestimmte Dinge nicht anbietet, werden Kinder, die sich respektiert fühlen, bereit sein, Dinge zu verlangen – „Ich möchte dies … und jenes …, ich möchte Bücher …!“ – und alleine alle möglichen Dinge zu erforschen, die „nicht auf dem Lehrplan stehen“. Und das ist natürlich eine sehr gesunde Einstellung.

* * *

Die meisten Eltern erziehen ihre Kinder, indem sie jene Prinzipien an sie weitergeben, mit denen sie selbst aufgewachsen sind, und all das im Namen des Credo: „Was für mich gut war, muß auch für meine Kinder gut sein!“ Diese Prinzipien schränken Kinder jedoch so sehr ein und zwingen sie, in einem derart engen Kanal zu fühlen und wahrzunehmen, daß sie völlig einseitig und aus dem Gleichgewicht sind, und das ist der heutige Stand der Dinge.

Solange wir unsere Kinder genauso erziehen, wie man uns erzogen hat, werden sie dieselben Fehler machen, die wir gemacht haben, selbst wenn wir sie vor diesen Fehlern bewahren wollen. Der Ausweg aus diesem Kreislauf liegt darin, Kindern beizubringen, wie sie ähnliche Fehler vermeiden können, statt sie davor beschützen zu wollen. Wir sollten Kinder so erziehen, daß sie fähig werden, mit den Problemen und Fehlern zurechtzukommen, mit denen wir nicht klargekommen sind – Fehler, mit denen wir vielleicht bis heute noch nicht umgehen können. Hierbei gehe ich natürlich davon aus, daß unsere eigene Kindheit und Erziehung nicht gerade spirituell, nicht ideal, auf die eine oder andere (vielleicht auch auf vielerlei) Art und Weise grausam, herabwürdigend und manipulierend war. Wir mögen uns die Frage stellen: „Wie kann ich meine Kinder anders erziehen, wenn ich selbst noch immer ein Produkt von … bin, wenn ich noch immer an die Ketten meiner eigenen grausamen Erziehung gefesselt bin?“ Wenn wir in bezug auf die erlittenen Grausamkeiten absolut ehrlich zu uns selbst sind – seien diese Mißhandlungen körperlicher, sexueller, psychischer, emotionaler oder psychologischer Natur –, dann haben wir die Chance, uns klar und bewußt so zu verhalten, daß wir diese Erziehung an unseren Kindern nicht wiederholen. Wenn wir uns selbst belügen, dann ist die Wahrscheinlichkeit, daß wir unsere Kinder anders behandeln werden, als man uns behandelt hat, bestenfalls minimal. Wir müssen alle Anstrengungen unternehmen, um uns der Fehler bewußt zu werden, die unsere Eltern in unserem Fall gemacht haben, und wir müssen unseren ganzen Willen daran setzen, unsere eigenen und andere Kinder, zu denen wir eine Beziehung haben, anders zu behandeln. Das ist der einzige Weg, den Kreis zu durchbrechen.

Unsere Kinder werden ab und zu Mißerfolge haben. Das gehört mit zum Leben dazu. Wir können sie darauf vorbereiten und ihnen *zeigen*, wie sie mit unerwartet auftauchenden Schwierigkeiten und dem ganz normalen Streß des Erwachsenwerdens umgehen können, wie sie sich ihren Weg durch die Minenfelder der Pubertät, der privaten und geschäftlichen Beziehungen und der Selbstentdeckung bahnen können.

Ich denke, mit das Wertvollste, was wir unseren Kindern geben können, ist einfach die Bereitwilligkeit und Leichtigkeit, einer Sache dann Aufmerksamkeit schenken zu können, wenn es nötig ist, lernen zu können, wie man lernt, und bestimmten Situationen, anderen Menschen und Umgebungen gegenüber respektvoll und sensibel zu sein. Wenn Kinder all das mitbekommen, dann können sie überall in allem Erfolg haben und sich direkt die Dinge vornehmen, die sie noch zu lernen haben.

10. Kapitel

Kinderspiele
Emotionen, Energiemanagement und Streit

Ich nehme an, es ist wahrscheinlich selbstverständlich, aber wir sollten versuchen, die Emotionalität eines Kindes nicht schlecht zu machen, und statt dessen sehr großzügig sein, wenn es darum geht, unseren Kindern zu erlauben, daß sie Angst, Kummer, Ärger, Frustration, Stolz und Gier usw. zum Ausdruck bringen. Diese Emotionen sind nicht falsch. Sie können übersteigert und dramatisch übertrieben sein, es kann sich aber auch um den ganz natürlichen Ausdruck der Beziehung handeln, die ein Kind zu seiner Umgebung hat. Wenn einem Kind zum Weinen zumute ist, wird es weinen, und das ist sehr gesund. Warum sollte man zu einem Kind sagen: „Du brauchst nicht zu weinen!"? Vielleicht ist es ja gerade das, was es *braucht*; woher wollen wir denn das wissen?

Kinder stellen eine große Bandbreite von Stimmungen und Launen zur Schau, darunter auch unglückliche, und es ist wichtig, daß wir uns stets darüber im klaren sind, daß wir einem Kind zwar *alles* geben können, doch wenn es sich nicht irgendwann zu einer anderen Stimmung entschließt, können wir nicht genügend tun. Wir können selbst glücklich sein, unsere Kinder mögen vielleicht sogar wissen, daß sie glücklich sein können, doch wenn sie sich nicht dafür entscheiden, glücklich zu sein, wird es nicht geschehen. Wenn wir zu einem Kind sagen: „Du hast die Möglichkeit, glücklich zu sein!", dann kann es vorkommen, daß es uns anschaut und sagt: „Ich will aber nicht!" Doch *wenn* es glücklich sein will, dann wird es das auch sein. Wenn Kinder nicht wissen, daß sie glücklich sein können, dann können wir ihnen vielleicht dadurch helfen, daß wir sie durch unsere direkte, aber sanfte Erziehung und unsere Schlußfolgerungen wissen lassen, daß sie es in der Hand haben, ihre Stimmungen und ihre Gemütsverfassung in unterschiedlichem Maße zu steuern.

Es kann vorkommen, daß ein Kind nicht weiß, was es empfindet. In diesem Fall kann ein Erwachsener manchmal objektiv die Emotion spüren, die das Kind gerade durchlebt, die es aber vielleicht nicht definieren kann, bzw. mit der es nicht gut zurechtkommt. Falls erforderlich, mag es diesem Kind dann vielleicht helfen, wenn man sagt: „Es kommt mir vor, als wärest du traurig, hab' ich recht?" Oder: „Ich habe das Gefühl, du bist ärgerlich.

Ist es das, was du gerade fühlst?" Das ist besser, als zu sagen: „Du *bist* traurig, du *bist* ärgerlich usw. …", je nachdem, welche Emotion man als Erwachsener gerade beobachtet. Am besten ist es, einem Kind überhaupt nicht zu sagen, welche Emotion es unserer Vorstellung nach hat, sondern das Gespräch mit ihm zu suchen, falls es überhaupt notwendig oder nützlich ist, darüber zu sprechen.

Tatsächlich gibt es zwei Möglichkeiten, dieses Thema anzugehen. Wenn es einem Kind bereits zur Gewohnheit geworden ist, daß emotionale Reaktionen ganz leicht in ihm ausgelöst werden können, und wenn es von diesen Emotionen so überwältigt wird, daß es keinen einzigen Moment mehr klar sieht, dann kann ein entsprechender Kommentar von unserer Seite hilfreich sein. Manchmal reicht es, wenn Kinder einfach nur den Raum verlassen oder ihre Aufmerksamkeit auf etwas anderes richten, damit sie sofort ruhiger werden. Dann könnte es hilfreich sein zu fragen: „Hast du Angst vor …?" Oder: „Bist du ärgerlich wegen …?" Oder: „Ich habe den Eindruck, daß du darüber traurig bist; gibt es etwas, das ich tun kann?" Diese Kinder werden in der Regel nein sagen, sich aber gleichzeitig sicher fühlen und dankbar erkennen, daß wir mit ihnen fühlen und für sie da sind, wenn sie den Wunsch nach Nähe haben. Wir sollten sie jedoch nicht dazu zwingen, zu uns zu kommen, weder indem wir sie ständig drängen, mit uns zu sprechen, noch dadurch, daß wir sie uns einfach schnappen und sie mit Gewalt und ohne Rücksicht an uns drücken.

Wenn man sich einem Kind durch solche Fragen nähert, ist das etwas ganz anderes, als in richtig forderndem Ton zu sagen: „Du ärgerst dich, weil Katie dir dein Spielzeug weggenommen hat, stimmt's? Ich weiß, daß es so ist!" Ein Kind einzuschüchtern oder ein Geständnis aus ihm herauszupressen ist nicht gerade die liebevollste Art, mit ihm umzugehen. Grundsätzlich sollten wir es vermeiden, Kindern zu sagen, was sie fühlen. Formulierungen wie „Ich habe das Gefühl, daß du ärgerlich bist. Gibt es etwas, das ich tun kann?" geben Kindern hingegen die Möglichkeit, ja oder nein zu sagen. Manchmal sagen sie nein, dann können wir darauf antworten: „Gut, in Ordnung." Und manchmal sagen sie auch: „Ja, ich bin wütend. Was glaubst du wohl, warum ich drei Spielsachen kaputt gemacht habe? Ich bin wütend." Und das ist dann auch: „Gut, in Ordnung."

Es hilft Kindern, wenn wir sie dazu ermutigen, ehrlich zu sich selbst zu sein. Wir alle wissen, welche Dimensionen die „Verleugnung", um den heutzutage in therapeutischen Kreisen üblichen Begriff zu benutzen, annehmen kann. Je besser unsere Kinder zu ihren eigenen Gefühlen stehen und sie ausdrücken können, statt auf manipulierende Art und Weise ein

Drama daraus zu machen oder in ihren Gefühlen zu schwelgen, desto leichter werden sie es als Erwachsene haben.

Ein Vorbild an Gleichmut und Gelassenheit

Wenn ein Kind unerwartet stürzt und sich erschrickt, dann gibt es zwei Möglichkeiten, wie man damit umgehen kann. Wir können entweder wie von der Tarantel gestochen aufspringen und das Kind an uns reißen, was meist dazu führt, daß die Intensität unserer Reaktion den unerwarteten Schrecken für das Kind noch verstärkt und es doppelt heftig reagieren läßt, vor allem wenn unser Energieausbruch auch noch von einer schrillen und ängstlichen Stimme begleitet wird. (Ein Kind mit schriller Stimme anzukreischen ist der sicherste Weg, um es ängstlich in Tränen ausbrechen und übersteigert reagieren zu lassen, auch wenn wir nur eine so harmlose Frage stellen wie: „Bist du verletzt?“ Oder: „Ist alles in Ordnung?“) Statt dessen können wir ein Kind in aller Ruhe hochnehmen und vielleicht zu ihm sagen: „Hast du dir weh getan? Für mich sieht es so aus, als sei dir nichts passiert!“ Oder: „Das war aber eine Überraschung!“ Wenn sich ein Kind natürlich wirklich verletzt hat – wenn es sich das Knie oder den Ellenbogen aufgeschürft hat und blutet oder dergleichen –, dann müssen wir uns selbstverständlich darum kümmern, doch wenn das Kind einfach nur ausgerutscht ist oder einen kleinen Kratzer hat, dann hängt es oft von unserer Reaktion ab, ob es gleich wieder in aller Seelenruhe weiterspielt, sobald wir nach ihm geschaut und es ein wenig getröstet haben, oder ob es ein riesengroßes Drama gibt.

Wenn ich ein Kind hinfallen sehe, verlasse ich mich auf mein Einfühlungsvermögen und auf meine Erfahrung, um zu wissen, ob es sich verletzt hat oder nicht. Als Kind habe ich einmal mit einem Freund gespielt. Jeder von uns stand auf einer Seite einer Tür und versuchte den anderen wegzudrücken, wir lachten und hatten unseren Spaß dabei. Die Hand meines Freundes rutschte vom hölzernen Teil der Tür ab und durchstieß die gläserne Türfüllung – die Schnittwunde am Arm war schätzungsweise mehr als einen halben Zentimeter tief. Es sah schlimm aus. Wir Kinder hatten schon häufig Glas zu Bruch gehen lassen, ohne uns dabei ernsthaft zu verletzen, doch in dem Moment, als die Hand meines Freundes jene Glasscheibe durchstieß, wußten wir beide instinktiv, daß es ernst war. Die Wunde begann nicht sofort zu bluten, wir schauten sie uns an, und statt meiner sonst üblichen Reaktion, nämlich mit einem „Ach, das ist nicht so schlimm!“ einfach weiterzuspielen, sagte ich: „Mach, daß du nach Hause kommst, beeile dich!“ Mein Freund rannte nach Hause, seine Mutter kümmerte sich sofort um ihn, und alles war in Ordnung, die Wunde verheilte schnell, und der Vorfall hatte keine größeren Folgen.

Ich bin der Meinung, daß Kinder durch ein Verhalten, das ihnen in allen möglichen Situationen unsere eigene Gelassenheit demonstriert, lernen, selbst gelassen zu reagieren. Durch ein Verhalten, das hingegen die wildesten Stimmungsschwankungen von Panik bis Hysterie aufweist, werden Kinder häufig verunsichert und lernen nicht, wie sie schnell, gelassen und kompetent reagieren können. Darum sollten wir unseren Kindern im Idealfall ein lebendes Beispiel für Gleichmut und Gelassenheit sein. Hier ein praktisches Beispiel: Brechen Sie nicht gleich in Panik aus, und verlieren Sie nicht die Nerven, wenn alles ein wenig „schmuddelig“ wird – Sie wissen schon, wenn Kinder essen und ihre Hände klebrig werden und sie das Essen überall verteilen, auch auf ihrer Kleidung. Wir brauchen nicht gleich in Panik auszubrechen, wenn die Erdbeersoße an ihren Fingern auf unserem Hemd oder unserer Bluse Spuren hinterläßt. Wenn ich mit kleinen Kindern ein Eis essen gehe, plane ich solche Dinge mit ein – ich ziehe Sachen an, die auch ein paar Flecken vertragen können. Ich verzichte lieber darauf, meine beste Hose anzuziehen, dann brauche ich, wenn sie ihr Schokoladeneis in der Hand halten, auch nicht ständig herumzutänzeln und zu versuchen, ihre Hände von mir fernzuhalten, damit das Eis nicht auf mich tropft. Es ist sinnvoll, solche alltäglichen Dinge von vornherein mit einzuplanen.

Es gibt auch Möglichkeiten, unsere Freude ohne wild übertriebene Emotionalität zum Ausdruck zu bringen – wenn uns ein Kind zum Beispiel ein heiß geliebtes Spielzeug zeigt oder einen Schatz, den es entdeckt hat. Empfinden wir nicht alle manchmal Freude, ohne daß wir diese Freude gleich in wilden und übersteigerten Gesten und Verhaltensweisen ausdrücken? Das möchte ich schon annehmen. Manchmal widerfährt einem anderen Menschen ein großes Glück, und wir freuen uns aufrichtig für ihn und fühlen mit ihm, ohne daß wir gleich aufspringen, ihm um den Hals fallen, ihn abküssen und auf die Schulter klopfen. Wir sitzen einfach nur ruhig da, freuen uns und strahlen vor Freude. Allgemein reicht ein zustimmendes Kopfnicken oder ein Laut der Anerkennung vollkommen aus.

Eine Möglichkeit, unsere Gelassenheit zu zeigen, betrifft den Fall, wenn ein Kind zu uns sagt: „Vergiß nicht … (was auch immer wir nicht vergessen sollen)“; dann reicht ein einfaches „In Ordnung“ statt einem ganzen Wortschwall: „In Ordnung, ich werde es nicht vergessen, mach dir keine Sorgen, ich werde bestimmt daran denken! Habe ich schon jemals etwas vergessen? Du brauchst mich nicht daran zu erinnern!“ Und wir sollten darauf verzichten, Kinder mit übertrieben lauter Stimme anzuschreien. Wenn wir uns angewöhnen, mit einem Minimum an Anerkennung, aber mit Klarheit, Bestimmtheit und Zuversicht zu sprechen, dann werden Kinder unseren Worten vertrauen. Natürlich müssen wir das zuverlässig durchhalten, wenn wir ihr Vertrauen dauerhaft erhalten wollen.

Wenn wir das Gefühl haben, daß ein Kind unsere Aufmerksamkeit durch Wutanfälle auf sich ziehen will, daß es ihm irgendwie zur Gewohnheit geworden ist, Tobsuchtsanfälle zu bekommen, und daß ihm nicht bewußt ist, daß es solche energie-intensiven Zustände zu diesem Zweck benutzt, dann können wir ihm zum Beispiel einfach sagen: „Ich habe dich lieb, und wenn du etwas von mir brauchst, dann frage mich einfach." Viele Kinder bitten nicht um das, was sie möchten, entweder weil sie es nicht gelernt haben oder weil sie nicht wissen, daß sie einfach darum bitten können, oder weil sie durch das Verhalten unbewußter Eltern gelernt haben, daß Fragen nicht viel nützt, da die Erwachsenen nicht darauf reagieren. Wenn man einem Kind erklärt und ihm zeigt, daß es das, was es möchte, bekommen *kann*, dann wird es das verstehen. (Ich spreche hier natürlich von Eltern, die für ihr Kind wirklich das wollen, was für seine Entwicklung optimal ist. Ich nehme an, daß jähzornige, starrköpfige und rücksichtslose Eltern dieses Buch ohnehin nicht lesen würden.)

Manchmal bekommen Kinder Tobsuchtsanfälle, weil sie frustriert sind. Häufig lernen Kinder bereits Dinge wahrzunehmen und zu begreifen, lange bevor ihre motorischen Fähigkeiten so weit entwickelt sind, daß sie das tun können, von dem sie wissen, daß sie es tun wollen. Dann versuchen sie es immer und immer wieder, schaffen es aber einfach nicht, das Betreffende so in die Praxis umzusetzen, daß es ihrer Vorstellung entspricht. Es ist verständlich, daß Kinder dadurch so stark frustriert werden. Wenn wir bedenken, daß eine solche Frustration der Grund für ihren Wutanfall ist, können wir sagen: „Ich habe das Gefühl, daß du mehr machen möchtest, als dir im Moment möglich ist, weil deine Fähigkeiten einfach noch nicht weit genug entwickelt sind. Aber du wirst jeden Tag älter und größer und wirst schneller dazu in der Lage sein, als du dir vorstellen kannst." Beruhigen Sie Ihr Kind und helfen Sie ihm, einen kreativen Weg zu suchen, wie es das tun kann, was es tun möchte. Aber versuchen Sie, nicht in die Gewohnheit zu verfallen, ihm alles abzunehmen. Auch wenn wir das Gewünschte mit unseren motorischen Fähigkeiten ganz leicht erledigen könnten, so ist es nicht wirklich das, was Kinder wollen. Kinder wollen wirklich lernen, wie sie das, was sie tun wollen, alleine machen können.

Es gibt andere Möglichkeiten, mit Wutanfällen umzugehen, als aus unserer eigenen Frustration heraus zu sagen: „Höre auf mit diesem zornigen Theater!“ und dann zu erwarten, daß ein Kind tatsächlich damit aufhört. Wie bereits erwähnt, ist körperliche Nähe der wichtigste Aspekt: Das Kind befindet sich an Ihrem Körper, während Sie liebevoll und zärtlich mit ihm sprechen. Halten Sie so kontinuierlich wie möglich Körperkontakt! Natürlich müssen Sie die Arme und Beine des Kindes ein wenig bändigen, damit es Sie in seiner blinden Wut nicht ernsthaft verletzt, damit es Ihnen keinen Tritt versetzt oder Sie krallt und kratzt usw. Nehmen Sie ein Kind auch dann in den Arm, wenn es Sie wegstößt und schreit, so daß Sie es, Ihrem Gefühl nach, wirklich beruhigen und trösten können! Wenn es jedoch tatsächlich vorkommt, daß Ihnen ein Kind einen heftigen Tritt versetzt, dann sollten Sie ihm deswegen nicht böse sein oder gar die Umarmung lösen, denn wenn zum unbewußten Ärger des Kindes auch noch Ihr eigener Ärger hinzukommt, führt dies nur dazu, daß sich beim Kind das Gefühl der Hilflosigkeit und Frustration verdoppelt. Schließlich ist der Wutanfall des Kindes keine aggressive, gegen Sie gerichtete Handlung. Sie sind ihm einfach zufällig im Weg. Tadeln Sie darum ein Kind nicht wegen einer Sache, die einfach außer Kontrolle geraten ist! Und wenn Sie es in den Arm nehmen, dann nicht mit einem Blick, der ihm sagt, daß Sie sein Gefängniswärter oder Folterknecht sind, sondern mit einer Haltung, die Zärtlichkeit und Fürsorge ausdrückt.

Kinder bekommen normalerweise keine Wutanfälle, es sei denn, es hat in ihrer Erziehung von Anfang an etwas gegeben, das nicht ganz in Ordnung war, obwohl Zorn und heftige oder intensive Reaktionen auf bestimmte Dinge ansonsten unter normalen Bedingungen recht gesund sind – wie vieles andere auch, sind sie einfach Beispiele aus dem breiten Spektrum der Gefühle und Empfindungen. Ein kleines Mädchen kam mit seinen Eltern in unsere Gemeinschaft, als es zwei Jahre alt war, und dieses Mädchen bekam mit ziemlicher Regelmäßigkeit unglaubliche Tobsuchtsanfälle. Die Art und Weise, wie sowohl die Männer als auch die Frauen bei uns damit umgingen, war die, daß sie das Mädchen hochnahmen, es im Arm hielten und mit ihm sprachen, und dadurch hat sich unheimlich viel verändert. Heute ist dieses Mädchen erwachsen und eine ziemlich außergewöhnliche Frau, die über eine Menge Selbstbeherrschung verfügt – sie ist stark, sehr selbstbewußt und hochintelligent. Selbst im Alter von zwei Jahren war dieses Mädchen bereits sehr weise (extrem aufgeweckt und einsichtig); und ich denke, daß eine Menge von dem, was geschah, darauf beruhte, daß sich das Mädchen der mehr oder weniger subtilen Grausamkeit und Unbewußtheit vieler Erwachsener in seinem familiären Umfeld bewußt war, und das brachte das Mädchen in Verbindung mit der Tatsache, daß die Erwachsenen es einfach nicht verstanden, zum „Rasen“.

Alle Dinge in der Welt haben einen Gegenpol, und Kinder können in anschaulicher Weise zu unterschiedlichen Zeiten ein fast widersprüchliches Verhalten an den Tag legen – manchmal haben sie zuviel *Yin* und manchmal zuviel *Yang*[1].

Als wir einmal einen hinduistischen Tempel besichtigen wollten, mußten wir eine Strecke von beinahe fünfhundert Kilometern zurücklegen, um dorthin zu gelangen. Eine ziemlich lange Fahrt. Das jüngste Kind konnte im Auto nicht schlafen und war darum während der ganzen Fahrt wach. Als wir am Tempel ankamen, begann das Mädchen im Kreis umherzulaufen, so schnell es konnte – in immer größeren Kreisen; das Mädchen verausgabte sich richtiggehend. Der Mann, der uns die Stätte zeigte, war sehr sensibel und sagte: „Das Kind hat bestimmt eine lange Fahrt hinter sich, es muß erst einmal Dampf ablassen."

Genau das war der Fall. Das Mädchen war sechs Stunden lang *Yin* gewesen, und das mußte es jetzt erst einmal ausgleichen und war darum für eine Weile *Yang*. Das ging zehn Minuten lang so, dann war die Kleine ein wenig außer Atem und so weit, daß sie etwas essen und sich ein wenig beruhigen konnte. Manchmal ist diese Dynamik vorhanden, und dann ist sie völlig gerechtfertigt und natürlich. Es ist am besten, wenn man solche Polaritäten erkennt und zuläßt bzw. sogar nachhilft, damit sie wieder ins Gleichgewicht kommen.

In den Situationen, die wir durchleben, insbesondere mit Kindern, müssen wir das Wesen der Polarität erkennen, denn dies kann uns helfen, so manche Dynamik zu verstehen, die zuweilen verwirrend oder widersprüchlich erscheinen mag, falls uns nichts über die Polaritätsprinzipien bekannt ist.

* * *

Wenn Energie die Möglichkeit hat, sich „auszutoben" oder unkanalisiert zu fließen, dann wird sie dies tun. Kinder haben so viel Energie – sie haben sozusagen einen direkten Zugang zum universalen Energiegenerator. Wenn Kinder zu sehr aufgedreht sind und die Energie außer Kontrolle gerät, schaffen sie es oft nicht mehr von alleine, sich zu beruhigen. Dann reagieren sie sich gewöhnlich dadurch ab, daß sie weinen, streiten oder Theater machen und schließlich irgendwann erschöpft einschlafen. Das kann dann der Fall sein, wenn sie vor Freude so sehr aufgeregt sind, daß sie völlig in einer Sache aufgehen; das kann auf einer Party oder bei einem Disneyland-Besuch passieren, vielleicht aber auch schon beim Besuch eines ganz normalen, herkömmlichen Vergnügungsparks oder aus einem anderen Grund.

Unsere Erwartung ist die, daß Kinder aus ihren eigenen Erfahrungen und durch entsprechende Anleitung, die ohne Drohungen auskommt, lernen, wann ungerichtete Energie zu Frustration und Tränen oder Streit mit anderen Kindern usw. führt. Auf der Grundlage, daß wir ihnen gestatten, diese Lektionen mit sanfter Hilfe und Führung selbst zu lernen, und, was ebenfalls sehr wichtig ist, dadurch daß sie beobachten, wie wir mit unserer Energie umgehen, erwarten wir, daß sie richtiges bzw. optimales Energiemanagement allmählich für sich als Lebensprinzip erkennen. Hierbei handelt es sich nicht um etwas, das in Worten vermittelt werden kann, sondern um einen praktischen und experimentellen Prozeß und außerdem um ein Thema, für das es äußerst schwierig ist, ein wirklich effektives Lernprogramm zu entwickeln. Wir müssen ein sehr empfindliches Gleichgewicht zwischen zu viel Kontrolle und zu wenig Hilfestellung wahren. Und während dies für einen oder beide Elternteile mit ein bis zwei Kindern noch relativ einfach machbar ist, ist es dort, wo Erziehung in einem größeren Rahmen stattfindet, schon wesentlich schwieriger – wenn ein Lehrer oder Erzieher in einem ganzen Raum voller Kinder vor dieser Aufgabe steht. Kinder reagieren (wenn auch nicht immer positiv) ganz ohne Zweifel auf eine Autoritätsperson, die ihnen genügend Angst einjagt oder ihnen genügend droht, doch das ist *nicht* der richtige Weg.

Energie-Erziehung kann auf verbaler Ebene bereits bei ganz kleinen Kindern beginnen, indem man ihnen die gesamte Dynamik des Energiemanagements in sehr einfachen und direkten Worten erklärt. Wir können mit ihnen darüber sprechen, daß man ab und zu tief Luft holen oder hier und da eine Pause machen kann – ganz grundlegende Dinge, die wichtig sind, wenn man aufgedreht ist und herumtollt. Wenn sie dann allmählich größer werden, können wir ihnen die Prinzipien mehr im Detail erklären, sie ihnen immer und immer wieder erklären und das Energiemanagement natürlich in unserem eigenen Leben in die Praxis umsetzen. Unser Vorbild ist stets die Grundlage für jeden wahrhaft effektiven Unterricht bzw. jede wahrhaft effektive Erziehung. Ich meine damit nicht, daß Kinder immer stillschweigend lernen werden und wir immer wegschauen sollen. Unser Beitrag ist notwendig – jedoch in der Form, daß wir ihnen Rückmeldung geben, und nicht in Form von Predigten oder durch die Unterdrückung unschuldiger Aktivitäten und Verhaltensweisen.

Wenn Kinder zum Beispiel schreiend durchs Haus toben, dann würde ich damit so umgehen, daß ich ihnen das Prinzip erkläre, daß an bestimmten Orten ein bestimmtes Verhalten angebracht ist, ein Prinzip, das ich

bereits an anderer Stelle ausführlich besprochen habe. Ich würde das etwa so formulieren: „Diese Lautstärke ist an diesem Ort nicht angebracht, aber du kannst nach draußen gehen und dort sogar noch mehr Lärm machen." Wenn ein Kind eine Menge aggressiver Energie in sich hat, einfach allgemein aggressive Energie, die nicht einmal gegen einen anderen Menschen gerichtet sein muß, dann ist es nützlich, diesem Kind eine andere Beschäftigung vorzuschlagen (etwas anderes, als andere Kinder zu schlagen); daß es zum Beispiel nach draußen geht und kleine Steinchen auf große Steine wirft oder eine Burg baut.
Manchmal regen die Erwachsenen irgendwelche wilden Spiele an, und manche schaffen dies, ohne daß sich der Lärmpegel zu einem lauten Kreischen und Schreien entwickelt. Wir müssen einfach in der Lage sein zu hören, wenn etwas außer Kontrolle gerät, und dann einfach sagen: „Hole einmal tief Luft. Jetzt wird es allmählich ein wenig zu laut. Hast du Lust, nach draußen zu gehen und zu spielen? Hast du Lust, Fangen zu spielen oder um die Wette zu rennen?" Oder: „Laß uns eine Zeitlang etwas Ruhigeres spielen." Wir müssen uns selbst bewußt sein, welches Verhalten am jeweiligen Ort angebracht ist, und dürfen uns nicht einfach so sehr in der eskalierenden Intensität der Spiele unserer Kinder verlieren, daß wir vergessen, wo wir sind und daß es außer uns noch andere Menschen gibt.

Streiten, Kämpfen und andere „Kinderspiele"

Freundlichkeit, Großzügigkeit und Mitgefühl lernen Kinder im Idealfall durch das Vorbild der Erwachsenen in ihrer Umgebung. Inwieweit man diese Eigenschaften jedoch bereits von Kindern im Schulalter *erwarten* kann und wieviel sie mit der Zeit tatsächlich *lernen* werden, ist eine andere Frage. Als Grundstimmung kann man solche Freundlichkeit etc. zwar schon von Kindern erwarten, allerdings nicht unbedingt in jeder zwischenmenschlichen Beziehung. Es ist wesentlich wahrscheinlicher, daß Kinder gegenüber Fremden und Kindern, die sie nicht kennen, freundlich, großzügig und mitfühlend sind, als gegenüber den Menschen, die ihnen nahestehen – gegenüber Freunden und Familienmitgliedern, vor allem gegenüber den eigenen Geschwistern, bei denen Kinder dann einfach „alles 'rauslassen." Miteinander zu kämpfen oder auf kleineren Kindern herumzuhacken scheint eine universale Erscheinung zu sein. Das Phänomen der Hackordnung gibt es nicht nur bei Hühnern, auch wenn es gemein und unfair ist.

In meiner Naivität halte ich tatsächlich eine Lebensform für möglich, bei der es nicht nötig ist, daß es die älteren Kinder auf die Kleinen „abgesehen haben". Unter normalen Umständen hängt es davon ab, ob Kinder eng miteinander befreundet sind und ob sie ansonsten gut miteinander spielen können. Wenn dies der Fall ist, werden sie sich ab und zu einmal heftig streiten und unfreundlich zueinander sein, vor allem, wenn sie ein neu hinzugekommenes Kind beeindrucken wollen oder wenn sie einen Konkurrenzkampf oder dergleichen miteinander ausfechten. Insgesamt jedoch können wir, wenn Kinder eine enge freundschaftliche Beziehung zueinander haben, über manche Dinge einfach hinwegsehen, da Liebe und Zuneigung der Kontext sind, auf dem die Beziehungen der Kinder gründen.

Als die in der jeweiligen Situation verantwortlichen Erwachsenen können die „Moral" sanft präsentieren, ohne unsere Kinder dazu zu zwingen, diese anzunehmen; sie werden uns dennoch hören. Selbst wenn es nötig wird, daß sie erst einmal von Zuhause weggehen und alleine leben müssen (daß sie aufs College gehen oder in einer anderen Stadt arbeiten), so sind Freundlichkeit, Großzügigkeit und Mitgefühl das, was für Kinder zählt, solange wir ihnen diese Qualitäten vorleben. Es mag Abstand zum Elternhaus erforderlich sein, damit dieses Verhalten ans Licht kommen kann, doch es wird eine Lektion sein, die „sitzt". Für ein Kind ist es eher „natürlich", anderen gegenüber grundsätzlich fürsorglich zu sein als isoliert, engstirnig und grausam.

Wenn Kinder miteinander spielen, brauchen wir uns nicht ständig in ihrer Nähe aufzuhalten, um aufzupassen, daß sie sich anständig benehmen und einander nicht schlecht behandeln. Ab und zu kann es auch einmal zu einem ernsten Kampf kommen, grundsätzlich jedoch sind Kinder durchaus in der Lage, solche Dinge unter sich zu regeln, wenn sie spüren, daß sie von den Erwachsenen darin unterstützt werden, und wenn sie ein gewisses Selbstvertrauen und eine gewisse Integrität besitzen. Vielleicht gibt es ein Kind, das den Anführer spielt, das allen anderen mit seinem „Machttrip" auf der Nase herumtanzt und möchte, daß alles ständig nach seinem Willen geht, doch nach einer Weile werden die übrigen Kinder dieses Kind einfach nicht mehr beachten.

Kinder kommen ganz gut miteinander zurecht. Wenn wir ihnen keinen Freiraum lassen und sie nicht darin unterstützen, Meinungsverschiedenheiten alleine zu regeln, dann werden sie solche Formen des Sozialverhaltens nicht lernen. Natürlich sollten wir sofort einschreiten, wenn die körperliche Sicherheit eines Kindes auf dem Spiel steht. Ich würde nicht zulassen, daß ältere Kinder die Kleinen nach Lust und Laune verprügeln. Wenn ein älteres Kind anfängt, seine Holzeisenbahn durch die Luft zu schwingen, dann würde ich dem ganz schnell ein Ende setzen. Wenn wirklicher körperlicher Schaden möglich ist, würde ich einschreiten, andernfalls ist es jedoch erstaunlich, wie gut Kinder die Dinge in Eigeninitiative untereinander klären können. Grundsätzlich müssen sie einfach nur wissen, daß ein Erwachsener in der Nähe ist, wenn sie jemanden brauchen, wenn sie beispielsweise mit einer Situation nicht alleine klarkommen; und daß wir für sie da sind, wenn sie um Hilfe rufen.

Wo seelischer Schaden entstehen kann, wenn beispielsweise ein älteres Kind ein jüngeres Kind als „häßlich", „fett" oder „dumm" bezeichnet, neige ich ebenfalls zum Einschreiten, vor allem dann, wenn die ganz Kleinen beschimpft werden, die noch nicht sprechen können. Dann kann es vorkommen, daß ich zum älteren Kind sage: „Wenn du mit dem Kleinen so reden willst, dann warte, bis er sprechen gelernt hat und sich wehren kann. Dann könnt ihr das untereinander ausmachen. Wenn du ihn dann beschimpfen willst, kann er dir deine Beschimpfungen zurückgeben, und dann wirst du schon sehen, wie du das findest. Doch jetzt kann er sich kaum wehren … also halte dich noch eine Weile zurück!"

Es kann schwierig werden, ein aggressives Kind bei einem Streit nicht unbewußt zu beschimpfen, vor allem dann, wenn wir anscheinend unser eigenes Kind vor den Angriffen eines Kindes beschützen, das nicht unser eigenes ist. Wenn zwei Kinder sich streiten, mache ich es häufig so, daß ich mich einfach mit dem Körper dazwischen stelle. Ohne ein Wort unterbreche ich das Geschehen einfach für einen kurzen Moment. Manchmal sage ich dann auch: „Menschen sind nicht dazu da, daß man sie schlägt. Stühle sind nicht dazu da, daß man ihnen die Beine absägt!", einfach Formulierungen dieser Art, ohne irgend jemanden zu beschimpfen. Kinder sind Beschimpfungen gegenüber enorm sensibel, es sei denn, sie sind bereits so verschlossen und konditioniert, daß es ihnen nichts mehr ausmacht, beschimpft zu werden, was sogar schon bei einem vierjährigen Kind der Fall sein kann. Wenn ein Kind klein und unschuldig ist, ist sein Selbstbild so empfindlich. Solange sich das Selbstbild eines Kindes noch im Entwicklungsstadium befindet, sollten wir äußerst sorgfältig auf unsere Worte achten, denn das, was uns vielleicht als ganz normaler Sprachgebrauch erscheinen mag, kann sich auf ein Kind verheerend auswirken.

Ich versuche, keine Moralpredigten zu halten, sondern sehr vorsichtig auf die Worte und die Sprache zu achten, die ich benutze, wenn ich Kindern etwas erkläre oder zeige. Wenn ich mit Kindern über sie selbst oder wenn ich mit ihnen über andere spreche, vermeide ich vor allem das Wort „böse", wie ich dies bereits im Kapitel zum Thema Sprachgebrauch erläutert habe. Ich würde niemals zu einem Kind sagen: „Sei nicht so böse!" Statt dessen würde ich eher sagen: „Du könntest etwas mehr Geduld haben ... oder freundlicher sein ... oder weniger fordernd sein." Ich würde vielleicht auch sagen: „Wenn ihr zu streiten beginnt, kann es sein, daß du alleine spielen mußt." Wenn Kinder sich einfach nur gegenseitig ein wenig durch die Gegend schubsen, warte ich mit dem Eingreifen, bis der Streit das Stadium erreicht, in dem sie sich gegenseitig beißen und kratzen. In mehr als der Hälfte aller Fälle endet ein Streit, bevor es soweit kommt. Wenn sich der Streit dann tatsächlich so weit hochschaukelt, daß sie einander beißen, sage ich zum Angreifer: „Du kannst mich beißen." Ich habe das tatsächlich schon gesagt. Ein Kind wird dann vielleicht etwas halbherzig zubeißen, in der Regel jedoch wird es durch diese Worte veranlaßt, sich etwas Interessanterem zu widmen – einer eher gutartigen Form des Spiels. *Mich* will das Kind in Wirklichkeit ja gar nicht beißen, es will das andere Kind beißen; und darum wird es das Ganze nach ein paar Sekunden vergessen.

Wir müssen darauf achten, wer die beteiligten Kinder sind, wie alt sie sind und worum es bei einem Streit eigentlich geht. Wenn ein zehnjähriges Kind auf einem fünfjährigen herumhackt, ist dieses mit großer Wahrscheinlichkeit einfach unschuldig, dennoch mag aber das Einschreiten eines Erwachsenen notwendig sein. Wenn ein neunjähriges Kind auf einem achtjährigen herumhackt, ist es wesentlich wahrscheinlicher, daß diese Kinder das unter sich ausmachen können. Wenn es so aussieht, als würde ein Streit tatsächlich eskalieren, dann lenken wir die Aufmerksamkeit auf etwas anderes, unterbrechen das Ganze und finden einen kreativen Weg, um die Kinder wieder zum Spiel zurückzuführen.

Gruppenzwang und Hackordnung

Kinder lernen von der Gruppe ihrer Spielkameraden und der Gleichaltrigen und finden es gleichzeitig sehr wichtig, von den anderen Mitgliedern einer Gruppe akzeptiert zu werden. Wenn ein Kind neun Jahre und der Anführer seiner Gruppe elf Jahre alt ist, dann kann es manchmal vorkommen, daß dieses Kind bei rücksichtslosem oder gewalttätigem Verhalten mitmacht, obwohl so etwas in der Regel nicht mehr als einmal vorkommen wird, weil Kinder häufig aus der gemachten Erfahrung lernen und von ihrem natürlichen Gewissen beeinflußt werden, wenn sie im Anschluß daran Zeit haben, über ihr Verhalten nachzudenken. Natürlich sind manche Kinder so stark und idealistisch, daß sie sich auch gegenüber einer Gruppe behaupten und ziemlich unabhängig sind, wenn sie das Gefühl haben, daß die Gruppe

„daneben“ oder ungerecht ist. Doch zumeist ist eine negative Erfahrung nötig, um jemanden davon zu überzeugen, daß eigentlich das entgegengesetzte Verhalten angebracht ist.

Als ich noch jung war, vielleicht zehn oder elf Jahre alt, machten sich alle meine Freunde auf die Jagd nach kleinen Tieren, mit Stock und Stein und Pfeil und Bogen. Ich hatte einen Kinderbogen und Pfeile mit stumpfen Spitzen. Ich kann mich noch daran erinnern und werde es niemals vergessen, wie ich fröhlich auf jedes kleine vierbeinige Wesen schoß, das ein Fell hatte, von Mäusen über Eichhörnchen bis hin zu Katzen. Einmal habe ich dann tatsächlich ein Eichhörnchen ins Bein getroffen und beobachtete es, wie es still und wie betäubt dalag und dann offensichtlich unter Schmerzen davonhumpelte. Ich war selbst so verblüfft, daß ich einen Eid schwor, dies niemals wieder zu tun, denn ich hätte nie im Leben mit der Realität gerechnet, daß ich einem kleinen Tier, das ich liebte, tatsächlich Schmerz zufügen würde. Das war eine sehr dramatische Lektion in meinem jungen Leben. Und wann immer meine Freunde jagen gingen, auch später als Jugendliche und Erwachsene (mit dem Gewehr), entschied ich mich einfach dafür, nicht mitzumachen.

* * *

Ganz gleich, wie liebevoll Kinder sind, das kleinste Kind wird in der Rangordnung fast immer ganz unten stehen. Die älteren Kinder sind dominanter, selbst wenn sie die Kleinen liebhaben und sie, wenn es nötig ist, beschützen. Die Kleinen müssen all die schmutzigen Aufgaben erledigen: „Geh’ und mach’ dies. Mache jenes. Bringe mir dies. Bringe mir jenes.“ Und schon laufen sie los, gewöhnlich überglücklich und stolz darauf, eine Aufgabe zu haben, voller Begeisterung, von den anderen mit einbezogen zu werden.

Manche Eltern haben damit ein Problem, weil sie glauben, daß alles immer gerecht und gleichmäßig verteilt sein muß. Doch wenn unser Kind in seiner Gruppe das jüngste ist oder wir mehrere Kinder in unterschiedlichem Alter haben, dann werden sie *nicht* alle gleich sein, und das hat nichts mit Grausamkeit zu tun – es ist die universale Hackordnung, wie sie in der Tierwelt einfach üblich ist! Selbst bei Zwillingen gibt es eine ganz subtile Rangordnung. Das jüngste Kind dient den anderen …, und es ist dasjenige, auf das es alle abgesehen haben. Die Älteren stellen die Regeln auf und kommandieren die Kleinen herum. Das kann ganz gesund sein. Natürlich kann auch das gesündeste natürliche Verhalten untergraben und pervertiert werden, doch das ändert nichts am ursprünglich objektiven Prinzip.

Wenn sich Kinder über andere lustig machen

Ein Kind, dessen Integrität intakt ist, das sich in seiner Kindheit grundsätzlich als geliebt und respektiert erfahren hat, wird niemals von sich aus anfangen, andere zu hänseln; und es wird in der Lage sein, Situationen, in denen es vielleicht selbst von anderen aufgezogen wird, ohne seelischen Schaden zu überstehen. Natürlich wird es ihm nicht unbedingt Spaß machen, aber es wird das Ganze besser verstehen und weniger dazu neigen, die Sache „ernst zu nehmen". Gleichzeitig aber kann es vorkommen, daß ein Kind, das niemals von sich aus anfangen würde, andere zu hänseln, bei Sticheleien mitmacht, und zwar in der Regel schweigend, wenn es sich in einer Gruppe von Kindern befindet, die sich über eine andere Gruppe lustig macht. Der Grund dafür ist häufig ein tiefes Bedürfnis, dazuzugehören, und ein Mangel an Erfahrung, wie man mit solchen Situationen umgeht, d. h. wie man solche Sticheleien auf diplomatische Weise entschärfen kann oder wie man sich einer solchen Situation einfach und elegant entzieht, ohne selbst die nächste Zielscheibe für Hänseleien abzugeben.

Die meisten Hänseleien beruhen auf einem Bedürfnis, angesichts eindeutiger Erscheinungs-, Verhaltens- und Meinungsunterschiede im Recht zu sein, denn für eine unsichere Psyche deuten all diese Dinge unbewußt darauf hin, daß dieses so andere Aussehen, dieses so andere Verhalten oder diese so andere Meinung falsch sein könnte. Bei einem selbstsicheren Kind wäre somit ein derart schwacher Beweggrund nicht wahrscheinlich.

Schauspielerei

Wenn wir sehen, wie gut Kinder schauspielern können, sollten wir diese Begabung zwar fördern, aber nicht unbedingt ihre Neigung, dies ständig zu tun. Selbst die scheußlichen Dinge, die Kinder sehen und nachahmen, sind für viele Kinder einfach nur ein Zeitvertreib, eine Art Spiel und auch eine Form der Entdeckung. Wenn Kinder zum Beispiel sehen, wie sich eines der anderen Kinder wirklich boshaft und gehässig aufführt, dann macht ihnen das genauso großen Spaß wie das Glücklichsein, da es einfach nur ein Spiel ist, so wie Kinder sich zum Spaß verkleiden. Wenn wir dann sagen: „Dieses Verhalten ist nicht erfreulich", dann werden sie uns überrascht anblicken und nach dem Grund fragen, denn sie haben dabei genauso viel Spaß wie bei allen anderen Dingen – es ist reine Schauspielerei, sie spielen einfach nur. Wenn sie Mamas hochhackige Schuhe anprobieren, dann haben wir unsere Freude daran, lächeln und sprechen in süßem Ton mit ihnen, doch wenn sie „böser Junge“ spielen und wir uns aufregen, dann können sie es nicht verstehen. Boshaftigkeit und Gehässigkeit sind für Kinder kein Begriff; sie haben einfach bei jemand anderem (einem älteren Kind oder einem Erwachsenen) eine Verhaltensweise gesehen, die sie noch nie zuvor gesehen haben oder noch nicht richtig kennen, und probieren sie aus, um sie kennenzulernen und zu erforschen. Für Kinder ist das wirklich ein Abenteuer.

Wir müssen Kindern frühzeitig erklären, daß es Unterschiede darin gibt, wie sich bestimmte Verhaltensweisen auf die Menschen auswirken, daß manche positiv und andere negativ auf Menschen wirken können. Wir sollten jedoch stets ihre Fähigkeit fördern, eine Vielfalt von Verhaltensweisen zur Schau zu stellen und ihr „Repertoire“ an Kenntnissen, Gefühlen und Lebensäußerungen zu vertiefen. Wir können also zu einem Kind sagen: „Wenn du dich manchmal im Spiel so aufführst, ist es völlig in Ordnung, doch der Eßtisch ist nicht der richtige Ort, um ein solches Verhalten zum Ausdruck zu bringen. Trotzdem ist es großartig, daß du das tun kannst, wenn du es tun möchtest, und daß du es aus deinem Erfahrungsschatz ausgraben kannst. Wunderbar!“

Schwierigkeiten lösen

Wenn es einen Weg gibt, wie wir Erwachsenen untereinander unsere Mißverständnisse klären, dann wird unseren Kindern dieses Beispiel nicht entgehen, selbst wenn sie ihre Mißverständnisse zunächst vielleicht nicht auf dieselbe Art und Weise regeln; und irgendwann wird der Zeitpunkt kommen, da sie unserem Vorbild folgen; möglicherweise erst dann, wenn sie unsere tatkräftige Unterstützung nicht mehr brauchen, vielleicht wird es nicht vor ihrem dreißigsten Lebensjahr sein, aber irgendwann werden sie es tun. Unser Beispiel ist ausschlaggebend.

Wenn wir aus Gewohnheit unseren Partner anschreien, können wir von kleinen Kindern, die uns dabei beobachten, kaum erwarten, daß sie dieses Verhalten nicht für normal und gesund halten. Schließlich müssen wir unseren Kindern beibringen, zu erkennen, wie neurotisch wir wirklich sind. Am Anfang gehen Kinder davon aus, daß wir vollkommen und im ganzheitlichlichen Sinne an Leib und Seele gesund sind, und darum ist es unsere Pflicht, dies tatsächlich auch zu sein, damit sie lernen können, so zu sein, und unsere neurotische Überspanntheit und Verschrobenheit sollten wir so weit als möglich für uns behalten. All diese Dinge sollten unsere eigene Angelegenheit sein und nicht das Problem unserer Kinder.

Für mich ist die Lösung stets das Schlüsselelement, denn nicht jeder von uns ist ein Fachmann in Diplomatie. Für Kinder ist es wichtig zu sehen, daß wir gemeinsam eine Lösung finden. Manchmal gibt es Meinungsverschiedenheiten, manchmal stürmt jemand aus dem Raum, und manchmal werden wir auch laut, doch solange Kinder sehen können, daß wir am nächsten Tag wieder Arm in Arm mit demjenigen durch die Gegend laufen, zu dem wir wirklich aggressiv und böse waren – daß wir ihn immer noch lieben und immer noch Freunde sind –, lernen sie, was es bedeutet, eine Lösung zu finden. Positive Lösungen haben die stärkste Wirkung. Natürlich ist es auch von Bedeutung, wie wir zur Lösung gelangen, und das Ganze wäre mit Sicherheit noch ein wenig effektiver, wenn wir ohne unnötige emotionale oder körperliche Explosionen zur Lösung gelangen könnten.

Lösungen zu finden und Konflikte aufzulösen ist in der Tat etwas, das wir von Kindern lernen können, wenn wir es selbst nicht tun. Ein Kind kann jetzt schwören, daß es sein ganzes Leben lang nie mehr mit einem anderen Kind spielen wird, daß es das andere Kind haßt, und bereits im nächsten Moment ist davon keine Spur mehr übrig – die beiden sind wieder die allerbesten Freunde und spielen miteinander, als wäre nie etwas geschehen. Die meisten von uns könnten eine solche Lektion gut gebrauchen! Kinder sind so, weil sie unschuldig sind, aber sie werden lernen, nicht unschuldig zu sein, wenn sie uns anders handeln sehen – wenn wir keine Lösungen finden und Groll hegen.

Es ist sehr leicht, Kindern das aufzudrücken, was wir für angemessenes Energiemanagement in einem Konflikt halten; und in vielen Fällen *ist* das Ausdiskutieren der angemessene Umgang mit Energie. (Allerdings braucht man die Dinge nicht unbedingt „herauszuprügeln“. Es ist selten, daß Erwachsene damit sauber umgehen können, weil wir selbst in unserer eigenen Erziehung dafür kein Vorbild hatten.) Kinder unterschiedlichen Alters und mit unterschiedlichem Temperament werden mit ihrer Energie jeweils anders umgehen, daher sollten Sie nicht davon ausgehen, daß alle Kinder die Dinge auf dieselbe Art und Weise klären müssen. Von unterschiedlichen Altersgruppen zu erwarten, daß sie mit den Dingen in derselben Weise umgehen, ist ziemlich unrealistisch. Wir können leicht denken, es sei nicht in Ordnung, wenn Kinder ihre Konflikte im Ringkampf auf dem Boden oder brüllend und schreiend usw. lösen. Ich komme jedoch immer mehr zu der Ansicht, daß dies in Ordnung ist; daß es sogar recht gesund ist. Wenn Kinder im Alter von sechs, sieben und acht Jahren Konflikte lösen lernen, dann bekommen sie dadurch etwas ganz anderes mit, als wenn sie dreißig oder fünfunddreißig sind und versuchen, Lösungen zu finden, ohne über das nötige Werkzeug und den entsprechenden Kontext zu verfügen.

11. Kapitel

Körper und Seele: Essen, Gesundheit, Sex und Gott

Essen und Ernährung

Der Schlüssel, der Kindern eine gesunde Beziehung zum Essen ermöglicht, liegt wie in allen anderen Bereichen auch in unserer eigenen urteilsfreien und gesunden Einstellung – wir sollten verstehen, welche Nahrungsmittel gesund und nahrhaft und welche Nahrungsmittel ungesund und schädlich sind, gleichzeitig sollten wir Kindern aber auch einen gewissen Freiraum lassen, damit sie gelegentlich experimentieren können.

Wo bekommt man denn schon absolut reine Nahrungsmittel? Nirgendwo! Glauben Sie wirklich, daß das Grundwasser überall dort, wo biologisches Gemüse angebaut wird, sauber ist? Glauben Sie etwa, daß die Luft vollkommen rein ist? Wenn Sie in einen Apfel beißen, nehmen Sie doch nicht nur das Wachs und den Farbüberzug der Schale zu sich, sondern auch die Luft des Obstgartens, in dem der Apfel auf seinem Baum herangereift ist, und die ganzen Stoffe im Wasser kommen ebenfalls dazu. Darum brauchen Sie auch nicht allzu streng oder dogmatisch zu sein, es reicht völlig aus, wenn Sie grundsätzlich gesunde, lebendige Nahrung zu sich nehmen und sich ansonsten nicht allzuviele Sorgen darum machen, ob alles hundertprozentig ist. Wenn Sie sich darüber Gedanken machen und beklagen, beeinflussen Sie dadurch nur Ihre Kinder in Richtung einer übertriebenen Exklusivität. Gönnen Sie Ihren Kindern eine Pause, und sich selbst ebenfalls! Lassen sie einfach Ihren gesunden Menschenverstand walten, versuchen Sie, möglichst saubere Nahrungsmittel zu besorgen, und entspannen Sie sich!

* * *

Als Kind habe ich an sechs Abenden in der Woche dasselbe gegessen: ein Steak (das beste Stück Fleisch, das zu bekommen war), verkochtes Gemüse und Salat. Sechs Abende die Woche! Den Salat habe ich nie gegessen, ich habe ihn gehaßt; und was das angebrannte Gemüse angeht, so habe ich davon so wenig wie möglich gegessen, es sei denn, es gab etwas, das ich wirklich gerne mochte, wie Spinat oder Spargel, in dem Fall habe ich dann viel Gemüse gegessen. (Doch wenn es Blumenkohl gab, war nichts zu machen!) Ich habe auch zwanzig Jahre lang jeden Morgen dasselbe gefrühstückt: eine halbe Grapefruit, Toast, Eier, Speck, ein Glas Milch und Frühstücksflocken. Die einzige Abwechslung bestand darin, daß ich mich nach zehn Jahren für eine andere Sorte Frühstücksflocken entschied, um dann nach weiteren fünf Jahren wieder zur ersten Sorte zurückzukehren; und gelegentlich bekam ich statt der halben Grapefruit ein Glas frisch gepreßten Orangensaft. Ungefähr einmal die Woche ist meine Familie essen gegangen, manchmal auch öfter, und dann haben wir alles ausprobiert, was es an Gerichten gab. Obwohl das Essen bei uns zu Hause nicht gerade sehr abwechslungsreich war – einfach und vorhersehbar –, haben mich meine Eltern ermutigt, sämtliche Geschmacksrichtungen auszuprobieren, die ich finden konnte, und meine Mutter hat immer exotische Früchte und Leckereien mit nach Hause gebracht. Ich war in keiner Weise voreingenommen gegen irgendwelche Speisen. Und das Essen, das es bei uns gab, war frisch und sauber, was einen starken Eindruck hinterlassen hat.

Was ich jetzt esse? Salat, Obst und Gemüse – all das, was ich als Kind nicht mochte, was aber verfügbar und gesund *war*. Als Kind habe ich alles gegessen, was mir meine Eltern erlaubt haben – soviel Brot, wie ich wollte, bestrichen mit so viel Butter, wie wollte, aber auch nicht mehr. Da mir niemand beigebracht hat, daß bestimmte Lebensmittel falsch sind, da ich nicht auf seelischer Ebene beeinflußt worden bin, war ich dann als Erwachsener frei, meine Entscheidungen auf der Basis unvoreingenommener Überlegungen zu treffen. Heute wähle ich eine grundsätzlich vegetarische Ernährung (mit ein paar Ausnahmen), bestehend aus sauberen, frischen und gesunden Nahrungsmitteln. Ab und zu esse ich aber auch etwas weniger Gesundes aus dem breiten Angebot der Schnellimbiß-Anbieter, das hängt ganz davon ab, in welcher Gesellschaft und in welcher Situation ich mich befinde.

Einmal hatte ich ein fünfjähriges Mädchen bei mir, das eine Viertelpfundpackung Butter haben wollte, und ich hatte nichts dagegen. Das Mädchen nahm die Butter und aß die ganze Packung auf. Wissen Sie, was dann passiert ist? Nichts. Einige Frauen, die das jetzt lesen, werden bestimmt sagen: „Sie lügen. Dem Mädchen ist bestimmt schlecht geworden. Ich *weiß*, daß ihm schlecht geworden ist. Sie haben es vielleicht gar nicht bemerkt, daß das Kind in sein Zimmer gerannt ist und sich übergeben hat. Irgend etwas muß passiert sein!" Nein, nichts ist geschehen. Und wissen Sie, was? Das Mädchen hat nie wieder darum gebeten. Es hat sogar eine sehr konservative Einstellung zur Butter entwickelt (und ein Gespür für die optimale Menge, die der Körper von Natur aus braucht).

Als das Mädchen die Butter verspeiste, schaute ich mit weit aufgerissenen Augen zu. „Wie hat es geschmeckt?", fragte ich.

„Oh, es hat gut geschmeckt." Das war alles.

Natürlich sollten wir unseren gesunden Menschenverstand einsetzen, doch ein Kind wird nicht öfter als ein oder zweimal zuviel Eis verspeisen. Kinder, die eine gesunde Erziehung genießen, gehen nicht so achtlos mit sich um wie viele Erwachsene. Kindern wird einmal schlecht, und daraus lernen sie.

In eine ähnliche Richtung geht es, wenn Kinder über einen langen Zeitraum hinweg ständig immer nur dasselbe essen. Meine Tochter hatte eine Phase, in der sie monatelang etwa vier bis sechs Bananen pro Tag aß und sonst fast gar nichts – gefrorene Bananen. Und das war kein Problem. Lassen Sie Kinder essen, was sie möchten, und ab und zu können Sie dann zum Beispiel auch einmal sagen: „Möchtest du nicht vielleicht doch ein wenig Salat oder etwas Reis?" Der Körper eines Kindes, das nicht von strengen und engstirnigen Erwachsenen programmiert wurde, definiert seine eigenen Wünsche und geschmacklichen Vorlieben. Wenn Grünzeug und Karotten zur Verfügung stehen und Kinder diese Nahrungsmittel brauchen, dann werden sie auch Grünzeug und Karotten essen, und zwar mit Appetit.

* * *

Achten Sie darauf, Ihre Kinder nicht zu beeinflussen. Wenn es Dinge gibt, die Sie selbst nicht gerne essen, sollten Sie Ihre Kinder trotzdem *selbst* entscheiden lassen, was sie davon halten. Für eine meiner Töchter habe ich, als sie noch klein war, immer Haferflockenbrei gekocht, und sie hat ihn gerne gegessen. Bis ihre Mutter eines Tages den Brei probierte und sagte: „An den Haferflocken fehlt das Salz", und dabei legte sie derart großes emotionales Gewicht auf das Salz, daß meine Tochter von diesem Zeitpunkt an jedesmal fragte: „Ist da auch Salz drin?" Diese starke innere Voreingenommenheit in bezug auf das Salz hatte bei meiner Tochter einen schockierenden Eindruck hinterlassen. Wenn ich danach den Haferflockenbrei ohne Salz zubereitet habe, hat meine Tochter ihn gegessen, und zwar mit Appetit, doch sobald ihre Mutter ins Zimmer kam, rannte das Kind den Salzstreuer holen, jedesmal. Eine einzige Reaktion – das war alles, was es dazu gebraucht hatte. Die Haferflocken hatten ihr vorher gut geschmeckt, das Salzen wurde so zu einer reinen Gewohnheit, zu einer psychosomatischen Geschmackserwartung, die mit dem natürlichen Geschmacksempfinden nichts zu tun hatte.

Hier noch ein Beispiel, wie wir unsere Kinder beeinflussen: Gehen wir von einer Durchschnittsmutter und ihrem Kind aus. Nehmen wir einmal an, daß das Kind ein Jahr alt ist und zum ersten Mal Knoblauch, Cayennepfeffer, Spinat, Rote Bete und dergleichen probiert und daß es ihm nicht schmeckt. Für die Mutter des Kindes steht dann fest, daß ihr Kind diese Dinge nicht mag und sie niemals mögen wird, es sei denn, es ist etwas darunter, was die Mutter selbst sehr gerne ißt. Dann wird sie jedesmal, wenn es ihr Lieblingsgericht gibt, versuchen, ihr Kind damit zu füttern. Doch wenn die Mutter etwas nicht mag bzw. beschlossen hat, daß es ihrem Kind ebenfalls nicht schmeckt – nur weil es bei jener einen Gelegenheit das Essen verweigert hat –, dann wird diese Mutter automatisch davon ausgehen, daß es dem Kind nicht schmeckt und *niemals* schmecken wird. In den nächsten zwanzig Jahren wird diese Mutter dann jedesmal, wenn jemand diesem Kind bzw. dieser jungen Erwachsenen Rote Bete anbietet, antworten: „Rote Bete schmecken meiner Tochter nicht." Ganz automatisch.

Für jeden Menschen, der aus dem Kontext des Egos heraus funktioniert, ist die Vergangenheit eine lebendige, lebensfähige, bedeutsame und *reale* Größe, bei der keine Veränderung möglich ist. Da die Vergangenheit für das Ego real ist, hat jeder, der aus dem Kontext des Egos heraus funktioniert, zu allem eine lineare Beziehung. Das Ego schützt sich selbst und hält seine eigene unabhängige und autonome Autorität dadurch aufrecht, daß es durch die Erinnerung an die Vergangenheit und die Projektion auf die Zukunft eine Kontinuität herstellt. Das Ego schützt sich dadurch, daß es stets davon ausgeht, daß es bis in die Zukunft hinein überleben wird, und dadurch, daß es seine vergangenen Erfahrungen benutzt, um zukünftiges Verhalten zu definieren. Es befaßt sich niemals mit dem gegenwärtigen Moment, da der gegenwärtige Augenblick der einzig freie Moment ist.

Wahrhaft freies Verhalten zieht jedoch nur den gegenwärtigen Moment in Betracht, und alles freie Verhalten ist eine spontane Erscheinung bzw. Reaktion auf die im jeweiligen Moment vorhandenen Reize. Völlig freies Verhalten erfolgt auf vielerlei Art und Weise, doch das Prinzip ist stets dasselbe.

Wir sollten daher unseren Kindern viel Raum lassen, damit ihnen heute etwas schmecken kann, morgen nicht und übermorgen wieder um so mehr. Der Geschmack von Kindern ändert sich mit dem Alter, und manchmal sogar recht dramatisch. Auf dem Gebiet der Ernährung sollten wir, wie auch in allen anderen Lebensbereichen, unsere Kinder nicht in unbewegliche Schranken zwängen oder ihnen bestimmte Vorlieben und Geschmacksrichtungen aufzwingen.

Der Nahrung vertrauen

Für ein Kind ist es am wichtigsten, daß es dem Essen vertrauen kann, das ihm seine Eltern geben, und wenn wir ständig alle Nahrungsmittel auseinandernehmen, nach dem Motto: „Ach du liebe Zeit, das reicht ja gar nicht, um deinen täglichen Eiweißbedarf zu decken, du brauchst doch unbedingt dein Eiweiß und deine Vitamine, vergiß ja nicht, dein Vitamin C zu nehmen, und dann auch noch die B-Vitamine, du mußt unbedingt Vitamin B 12 zu dir nehmen, und vergiß das Kalzium nicht, und so weiter und so weiter ...", dann brauchen wir uns nicht zu wundern, wenn wir ein kleines, krankes und neurotisches Püppchen zu Hause haben, das jeglichen natürlichen Bezug zum Essen verloren hat.

Wir brauchen Kindern nicht übertrieben viel über die Nahrung zu erzählen, die sie zu sich nehmen. Wir sind nicht dazu verpflichtet, ihnen die Möglichkeit zu geben, sich zwischen braunem Reis aus kontrolliert biologischem Anbau und einem fetten Cheeseburger oder gebratenen Chicken Nuggets aus dem Fastfood-Restaurant zu entscheiden; setzen Sie ihren Kindern einfach verschiedene unbehandelte, frische und gesunde Nahrungsmittel vor und erlauben Sie ihnen, davon das zu essen, was sie mögen. Lassen Sie Ihre Kinder von allem essen, was auf dem Tisch steht, und zwar soviel sie wollen, und wenn sie sich offensichtlich den Bauch vollstopfen, dann brauchen wir nur zu sagen: „Ich glaube, du hast jetzt genug gegessen."

Ich bin grundsätzlich der Ansicht, daß Kinder Grenzen brauchen, die sowohl für sie als auch für die Erwachsenen in ihrem Leben einen Sinn ergeben, niemals aber Grenzen, die willkürlich sind. Ein sinnvoller Umgang mit Ernährung hieße zum Beispiel, daß wir unsere eigenen Überzeugungen nicht dermaßen ernst nehmen, daß wir zu Ernährungspolizisten werden. Wir brauchen also nicht zu sagen: „Iß nicht so viele Bratkartoffeln! Weißt du eigentlich, wieviel Fett du zu dir nimmst? Deine Leber ... und so weiter und so fort." Oder auch: „Weißt du eigentlich, welche Schäden der Zucker in deinem Körper anrichten kann? Wenn du jetzt noch ein paar Donuts ißt, dann bist du anschließend völlig aufgedreht. Dann machst du bis morgen früh um drei kein Auge zu, und ich habe keine Chance mehr, dich heute nacht noch ins Bett zu bekommen!" – und so weiter und so fort. So etwas ist keine sinnvolle Grenze. Das ist Ernährungshysterie, und davon gibt es mehr als genug. Was wir aber sagen könnten, wenn Kinder zum

Beispiel nach Donuts fragen, wäre folgendes: „Wir haben heute schon ganz schön viel Süßes gegessen und sollten besser erst einmal eine Pause einlegen, aber es wird bald wieder Donuts geben.“ Und wenn ein Kind dann fragt: „Warum wäre es am besten, erst einmal eine Pause einzulegen?“, dann ist es an der Zeit, ihm das ABC (und auch das P und das Q) unserer Ernährung zu erklären. Das sollte allerdings nicht so aussehen: „... Zucker, Zucker, Zucker, Zucker, Koffein, Koffein, Koffein, Fleisch, Fleisch, Fleisch, Fleisch, schlecht, schlecht, schlecht ...“ Das ist ganz bestimmt nicht der richtige Weg, um Kindern etwas über Vitamine und gesunde Ernährung beizubringen, sondern der sicherste Weg, um Kinder ein für allemal davon abzubringen. Bieten Sie Ihren Kindern schlicht und einfach eine anständige Ernährung an *und* sorgen Sie auch dafür, daß ihre gesunde und ganzheitlich ausgewogene Ernährung durch viele „Leckereien und Naschereien“ ergänzt wird. Wenn uns eine optimale Ernährung am Herzen liegt, werden Kinder mit zunehmendem Alter auch um entsprechende Informationen bitten, sobald sie bereit und so weit sind, daß sie mehr darüber lernen wollen.

Sagen Sie Kindern niemals, daß das, was sie essen, teuer ist und daß es Sie Geld kostet. Stellen Sie einfach sicher, daß Ihre Kinder in ihrer überreichen Liebe zu nahrhaftem Essen unterstützt werden. Und wie werden Kinder darin unterstützt? Indem wir ihnen nicht ständig über die Schultern schauen und befürchten, daß sie sich schlecht ernähren könnten und daß wir sie mit Vitaminen vollpumpen und Grünzeug in sie hineinstopfen müssen.

Blicken Sie der Tatsache einfach ins Auge, daß Ihre Kinder ohnehin gesund sein werden. Kinder mit ihrer Lebensenergie neigen von sich aus dazu, das zu sich zu nehmen, was sie wirklich *brauchen*, und außerdem können Kinder praktisch alles essen. Es sind die Erwachsenen, die völlig verkorkst sind.

Natürlich wird niemand einem Kind den ganzen Tag Schokolade geben, und daher nehme ich an, daß jeder intelligente Erwachsene über einen kleinen Funken gesunden Menschenverstand verfügt. (Ich weiß, ich weiß, mit einer solchen Vermutung und zwei Dollar werde ich in der New Yorker U-Bahn landen.)

In der Vielfalt liegt die Würze

Bei Kindern ist es hilfreich, wenn man ihre Ernährung ein wenig abwechslungsreich gestaltet. Wenn Kinder streng mit einer bestimmten Ernährungsweise aufwachsen, dann werden sie mit einem extrem begrenzten und exklusiven Muster groß und werden es daher später sehr schwer haben, dieses Muster zu erweitern, um andere Möglichkeiten, die in ihrem Leben auftauchen, integrieren zu können. Für manche Eltern ist es ein großes Thema, ob sie ihren Kindern Zucker und andere „Naschereien" geben sollen oder nicht. Und obwohl ich Zucker erst so spät wie möglich in die Ernährung von Kindern einführen würde, bin ich persönlich sehr dafür, daß Kinder, die als strenge Vegetarier groß werden, ab und zu auch ein Stück Fleisch essen dürfen und manchmal auch ein wenig Zucker – nicht oft, aber ab und zu, damit ihr Körper einfach auch diese Nahrungsmittel kennenlernt. Es muß nicht einmal in der Woche oder einmal im Monat sein, aber alle paar Monate ein kleines Stück Fleisch von guter Qualität, ein wenig Fisch, ein wenig Geflügel oder ein billiger Schokoladenpudding – dadurch lernt der Körper auf natürliche Weise, daß es eine Vielzahl von Stoffen mit einer Vielzahl von Mustern gibt. Der Körper ist dann nicht allzusehr fixiert und begrenzt auf etwas, das so rein ist, daß es auch dic gesamte chemische Beziehung eines Kindes zum Leben definiert.

Wir ernähren uns in unserer Gemeinschaft in der Hauptsache vegetarisch und versuchen, raffinierte Nahrungsmittel und Fertigprodukte, chemische Zusätze, Nahrungsersatzstoffe etc. möglichst zu vermeiden, aber wir machen wir auch viele Ausnahmen, an bestimmten Urlaubs- und Feiertagen und auch bei persönlichen Anlässen. Wenn wir auf Reisen sind und auswärts essen, bekommen die Kinder immer ein Eis und jede Menge regionaler Spezialitäten, was immer das gerade sein mag, auch Fleisch und besondere Süßspeisen. Ich bin schon immer zu Hause etwas strenger und auf Reisen etwas großzügiger gewesen. Wenn wir also mit den Kindern reisen, wann immer wir in Europa oder anderswo sind, ist die „Jagdsaison" auf Gerichte eröffnet, die wir normalerweise nicht essen, bzw. auf Speisen, die als kulturelle Spezialitäten gelten und das Erfahrungsspektrum der Kinder erweitern helfen. Innerhalb eines vernünftigen Rahmens dürfen unsere Kinder dann alles essen, was sie möchten. Schließlich ist es ein Abenteuer, eine Ferienreise. Sie wissen, daß es, wenn sie nach Hause zurückkommen, weder Bratwurst (Deutschland) noch Kaninchen (Frankreich), Ziegenbraten (Mexiko) oder Zucker (überall) gibt. Reisen sollte für Kinder keine Arbeit sein. Es sollte Spaß machen, es sollte eine Forschungsreise sein, voller Staunen, Spaß, Freude und Entdeckungen.

Erwachsenen, die sich vegetarisch ernähren, deren Eltern und Verwandte jedoch keine Vegetarier sind, kann es mit Sicherheit nicht schaden, ab und zu auch einmal ein kleines Stück Fleisch zu essen, wenn sie ihrem Elternhaus einen Besuch abstatten. Ein solches Verhalten ist als Anschauungsunterricht zum Thema Gastfreundschaft sehr geeignet – daß wir als Gast das essen, was man uns serviert, selbst dann, wenn es in unserem alten Zuhause ist. Wenn unsere Mutter extra den Braten gemacht hat, den wir als Kind immer so gerne gegessen haben, dann sollten wir ihr auch die Freude machen und davon essen. Das Glück unserer Mutter ist (in diesem Falle!) wichtiger als unsere Disziplin als überzeugte Vegetarier.

Wenn unsere Kinder gesunde Eßgewohnheiten haben, solange sie zu Hause leben, dann kann es zwar sein, daß sie mit achtzehn, mit einundzwanzig oder während der Studienzeit ernährungsmäßig über die Stränge schlagen, aber ganz gleich, was sie auch tun, sie werden wieder auf ihre festen Gewohnheiten zurückkommen. Das ist der Gesamteindruck, den ich aufgrund meiner experimentellen Erfahrung gewonnen habe. In vielen Fällen müssen unsere Kinder erst dreißig Jahre alt werden und eigene Kinder großziehen, bis wir erkennen können, wie effektiv die Erziehung unserer Kinder war.

Nahrung und Liebe

Wenn wir unseren Kindern beibringen, daß Essen gleichbedeutend mit „Liebe" ist, dann ist das natürlich etwas, wodurch wir sie zu Krüppeln machen. Ich habe eine Menge Leute kennengelernt, für die das Essen gleich „Liebe" ist; und wenn diese Menschen ohne gewisse Nahrungsergänzungsmittel auskommen müssen oder ihnen das Essen zur Strafe entzogen wird, und sogar dann, wenn die äußeren Umstände verhindern, daß sie bestimmte Nahrungsmittel bzw. eine bestimmte Nahrungsmenge zu sich nehmen können, von der sie das Gefühl haben, sie zu benötigen, dann gerät ihr Körper in Panik und zeigt Rückzugssymptome, weil sie sich unwürdig fühlen, ein Mensch zu sein, geschweige denn auf dieser Erde zu leben und zu wandeln, und weil sie das Gefühl haben, daß sie nicht geliebt werden und daß man sie niemals lieben wird, wenn sie nicht ihre Eisentabletten, ihr Eis oder ihre dritte Portion bekommen.

Viele Erwachsene setzen das Essen anstelle von Zuneigung und Respekt als Druckmittel ein, um Kindern beizubringen, das zu tun, was die Erwachsenen wollen; als ein Mittel, um Kinder anpassungsfähig zu machen. „Geh dir die Hände waschen, sonst bekommst du kein Abendessen!", das ist der übliche Ersatz für eine Umarmung, einen Kuß und die respektvolle Bitte an ein Kind, sich die Hände zu waschen, nachdem es im Rinnstein gespielt hat und bevor es ein belegtes Brot ißt. Das Essen wird zur Bezahlung oder zum Lohn für „gutes" Benehmen – Kinder bekommen ein Eis statt liebevoller

Zuneigung und lernen schnell, daß das Essen mit Liebe gleichzusetzen ist, vor allem die besonderen Sachen. In der Regel handelt es sich um Süßes, und Kinder wissen, wie süß die *Liebe* ist. Sie sehnen sich danach. Somit machen wir sie, manchmal ohne daß wir uns dessen bewußt sind, von Süßigkeiten abhängig. Natürlich ist in manchen schweren Fällen das Essen selbst das Suchtmittel.

Manche Erwachsenen sind so verklemmt und kaum noch in der Lage, ihre Zuneigung frei zu zeigen, daß Süßigkeiten für sie zu einem Mittel werden, mit dem sie ihrem Kind zu zeigen versuchen, daß es geliebt wird. Doch Kinder können eine derart subtile psychische Dynamik nicht verstehen. Sie brauchen Berührung, viel Körperkontakt, Ringkämpfe, Umarmungen und Küsse – sowohl sanfte und liebevolle Berührungen, als auch festen, vertrauensvollen Kontakt. Aus diesem Grunde sollte man Kindern nicht den Mund stopfen, wenn sie eigentlich ein tröstendes Lächeln, ein Wort des Lobes und der Anerkennung oder eine Umarmung brauchen.

* * *

Bei kleinen Zwischenmahlzeiten für Kinder geht es einfach darum, daß man gut für ihren Körper sorgt. Das Heranwachsen verbraucht viel Energie, und dafür muß dem Körper eine große Menge Brennstoff unterschiedlicher Art zugeführt werden. Ein paar Kleinigkeiten zwischendurch sind in Ordnung, solange sie nicht die aktive Beteiligung an den Mahlzeiten beeinträchtigen. Dennoch sollten wir Kindern helfen, zu kleinen Zwischenmahlzeiten eine Beziehung zu entwickeln, die nicht neurotisch ist (d. h. das Essen sollte nicht zum bloßen Zeitvertreib werden). Kinder werden von ganz alleine damit aufhören, nach etwas Eßbarem zu verlangen, wenn die Zeit dafür gekommen ist, das heißt, falls wir ihnen nicht jedesmal dann etwas zu essen geben, wenn ihnen langweilig ist.

Ich halte nicht allzuviel davon, Kinder nur mit Kartoffelchips, Keksen und Käseprodukten zu ernähren, die sie dann mit „Fruchtsaftgetränken" („hergestellt unter Verwendung von echtem Fruchtsaft") hinunterspülen. Zwischenmahlzeiten für Kinder können von rohem Gemüse und Dips bis zu belegten Broten, Obst, Müsli und anderen gesunden Dingen reichen.

Tischmanieren

Sobald Kinder in einem Alter sind, in dem sie Entscheidungen treffen können, sollte man im Zusammenhang mit den Mahlzeiten von ihnen erwarten können, daß sie alleine wissen, was ihnen schmeckt und was nicht, und daß sie entscheiden, was sie gerne essen möchten, vor allem dann, wenn es Essen vom Buffet gibt. Man sollte ihnen jedoch auch zutrauen, daß sie mit sensibler Diskretion vorgehen und nicht einfach *alle* Oliven nehmen oder alles auf ihrem Teller in Ketchup ertränken. Allerdings wäre es auch nicht schlimm, wenn wir ein fünfjähriges Kind mit in ein vornehmes Restaurant nehmen, in dem man sich sein Essen am Buffet selbst zusammenstellen kann, und dieses Kind zum Abendessen nichts anderes als einen ganzen Teller Oliven ißt. Wir brauchen Kinder nicht zu zwingen, ein riesiges Hauptgericht zu verspeisen, nur weil wir im Restaurant essen, wenn alles, was sie wollen, ein paar saure Gurken und Salzkräcker sind.

Kinder müssen auch nicht immer zuerst bedient werden. Manchmal machen die Erwachsenen dies automatisch, aus dem elterlichen Gefühl heraus, daß „die Jungen beschützt werden müssen." Unsere Kinder sind nicht hilflos, und man braucht sie nicht so zu behandeln, als würde nichts mehr für sie übrig bleiben, wenn sie nicht zuerst bzw. sofort ihr Essen bekommen. Ich würde ein zweijähriges Kind nicht unnötig warten lassen wollen, und darum würde ich im Restaurant den Kellner bzw. die Bedienung bitten, ihm das Essen so schnell wie möglich zu bringen; von einem siebenjährigen Kind würde ich hingegen schon erwarten, daß es versteht, daß Restaurants nicht dafür da sind, einzig und allein für seine Bedürfnisse zu sorgen. Ich würde ein Kind nicht mit endlos langem Warten quälen wollen, doch ein klein wenig Geduld kann nichts schaden. Es läßt eine neurotische Stimmung des Mangels entstehen, wenn wir ständig Panik haben, daß unsere Kinder möglichst sofort ihr Essen bekommen. Beteiligen Sie Ihre Kinder ganz einfach, wenn Sie mit dem Kellner besprechen, wann er was bringen soll. Das dürfte keine allzu große Mühe bereiten.

Wenn alle Familienmitglieder ihren Teller zum Spülen in die Küche zurückbringen, dann sollten die Kinder dies ebenfalls tun. Wenn ein kleines Kind beim Abräumen hilft oder einfach seinen Teller in die Küche bringt und dabei ein Salatblatt oder das Stückchen Blumenkohl, das es nicht gegessen hat, auf den Boden fallen läßt, dann sollte es wenigstens dafür verantwortlich sein, dieses wieder aufzuheben und je nach Alter eventuell auch noch den Fußboden an der betreffenden Stelle sauber zu machen. Erwarten Sie aber auf keinen Fall von einem dreijährigen Kind, daß es dieselbe Geschicklichkeit und dasselbe Verantwortungsbewußtsein besitzt, das Sie von einem zwölfjährigen Kind erwarten würden. Kinder helfen gerne beim Aufräumen, und es lohnt sich, wenn man ihnen dabei hilft, verantwortungsvolle Gewohnheiten zu entwickeln, auch wenn bei sehr kleinen Kindern der Enthusiasmus wesentlich größer ist als ihre praktischen

Fähigkeiten. Lassen Sie Kinder helfen und beseitigen Sie erst anschließend das Chaos, das sie in ihrer ungezügelten Freude darüber anrichten, fest dazuzugehören und in alles eingebunden zu werden! (Beseitigen Sie ihre kleinen Unterlassungsfehler erst dann, wenn sie nicht mehr im Raum sind, d. h. nicht in ihrer Gegenwart!)

Im Prinzip ist es so, daß Kinder, wenn wir für sie immer alles tun, was sie selbst erledigen können, diese Hilflosigkeit als eine Lebensstrategie für ihre Beziehung zu anderen Menschen erlernen. Wenn sie dann erwachsen werden, haben sie enorme Schwierigkeiten, da sie von ihrem Partner, von ihren Freunden und sogar von ihrem Chef erwarten, daß sie ihnen Dinge abnehmen, die sie eigentlich und ganz einfach selbst erledigen sollten. Diese Strategie wird zu einem Manipulationswerkzeug, ja sogar zu einem Mittel, um andere zu dominieren, und das kann sehr unangenehm sein.

Wir können Kindern erlauben, mit ihrem Essen ein wenig zu „arbeiten" – das ist oft eine Art Liebesaffaire. Wenn ein dreijähriges Kind, das genau weiß, wie die Dinge laufen, dasitzt und absichtlich löffelweise das Essen auf den Boden wirft, dann würde ich dem ein Ende setzen. Wenn ein Kind erst sechs Monate alt ist und mit seinem Essen spielt, dann wird es dies einfach aus Freude tun – und Freude sollte man nicht als einen absichtlichen und bösartigen Versuch interpretieren, uns persönlich zu belästigen. Das ist ganz und gar nicht der Fall.

Jeder Mensch hat seine ganz persönliche Art zu essen, und wenn wir versuchen, unseren Kindern beizubringen, genau so zu essen wie wir, auf dieselbe Art und Weise und mit denselben Gesten, dann kann dies bedeuten, daß wir ihnen nicht genug Freiraum lassen, ihren eigenen „Mittelweg" zu finden. Das Essen ist ein wichtiger Lebensbereich, und wenn wir zum Essen, zur Nahrungsaufnahme, zur nährenden Qualität des Essens ein ungesundes Verhältnis haben, so ist dies ein Grundleiden, das sich leicht auf alle Lebensbereiche eines Erwachsenen negativ auswirken kann. Unterscheiden Sie daher ganz klar, ob es sich um persönliche Eßgewohnheiten handelt oder ob das Essen benutzt wird, um damit Unfug anzustellen. Bei einem siebenjährigen Kind kann es schon einmal vorkommen, daß es mitten in einer angeregten Unterhaltung oder, von seinen Tagträumen ganz in Anspruch genommen, geistesabwesend sein Essen vom Teller fegt und auf dem ganzen Tisch verteilt, doch eine einfache und freundliche Ermahnung, doch ein wenig aufzupassen, reicht da schon aus. Wir brauchen Kindern keine Vorträge über Tischmanieren zu halten!

Gesundheit

Die bewußte Kindererziehung, wie wir sie zu praktizieren versuchen, hat auch ihre Kehrseite. Und diese Kehrseite ist jene erdrückende Mutterliebe, die so übertrieben um die Gesundheit und die Unschuld unserer Kinder besorgt ist, daß wir ihnen in Wirklichkeit dadurch erst beibringen, *krank zu sein* und ihre Unschuld zu verlieren, damit wir sie weiterhin bemuttern können.

Jemand sagte kürzlich zu mir: „Sollten wir nicht versuchen zu verhindern, daß unsere Kinder die Vorstellung bekommen, sie müßten jedesmal etwas einnehmen, wenn sie krank werden?", woraufhin ich sagte: „Sie machen wohl Spaß, diese Vorstellung haben sie doch schon längst." Ich habe *Jahre* gebraucht, um die Frauen hier so weit zu bringen, daß sie nicht ständig umherlaufen und mit weit offenen Augen nach jedem noch so kleinen Zwischenfall Ausschau halten. Sie hatten kleine Gürteltaschen – Sie wissen schon, so ähnlich wie die Pistolenhalfter der Cowboys im Wilden Westen – sie (die Frauen hier) hatten also diese kleinen Gürteltaschen, in denen sie die Notfalltropfen[1] mit sich herumtrugen, voller Erwartung, und in dem Moment, da ein Kind auf dem Tennisplatz stürzte, rannten sie bereits mit sprichwörtlicher Lichtgeschwindigkeit zu ihm hinüber. Sie hätten sehen sollen, wie sich manche dieser Mütter bewegten – wenn wir sie dazu hätten bringen können, sich beim Geschirrspülen, auf einem Ausflug oder bei einem Einkaufsbummel so schnell zu bewegen, dann hätten wir nichts dagegen gehabt, aber nein, da war nichts zu machen! Wir hatten hier die reinsten Wettbewerbe, wer am schnellsten das Fläschchen mit den Notfalltropfen ziehen konnte; die Kinder bekamen die Notfalltropfen überall hin: Notfalltropfen auf den Kopf, Notfalltropfen in den Mund, Notfalltropfen auf den Po, an allen erdenklichen Stellen, Notfalltropfen waren für alles gut. Und mit zwei Jahren hatten die Kinder bereits gelernt, daß jeder noch so kleine Stoß, jedes kleine Wehwehchen, jedes kleine Etwas unbedingt ein paar Notfalltropfen, ein paar kleine weißen Pillen und einen großen Verband brauchte – da war es bereits „in". Wenn diese Kinder sich jetzt ein bißchen schneiden und man ihnen ein kleines Pflaster holt, bei einem Schnitt, der kaum zu sehen ist, dann sagen sie: „Das ist nicht groß genug." Sie brauchen ein *großes* Pflaster, am besten gleich vier Stück übereinander, damit das Ganze aussieht wie ein großer Stern, und es sollten bunte Pflaster sein, mit Bildern darauf. Das ist „in", und so werden diese Kinder ihr restliches Leben lang sein. So werden sie ihre eigenen Kinder großziehen.

Wir lassen unsere Kinder nicht einfach hinfallen und sich die Knie aufschürfen. Wir werden gleich hysterisch. Als meine Tochter das erste Mal hingefallen ist und sich das Knie aufgeschürft hat, war ich total begeistert. Ich war so glücklich. Es war ein Gefühl wie: „Oh mein Gott, sie blutet. Gott sei Dank, sie ist ein normales Kind.“ Nein, ganz so dramatisch war es nicht, aber wir sollten aufhören, uns unsere Kinder als jene vollkommenen kleinen Wesen vorzustellen, als jene Engelchen, als jene Porzellanpüppchen. Wir sollten uns eher die folgende Perspektive zu eigen machen – Kinder wachsen heran: sie fallen hin, sie bekommen blaue Flecken, sie stoßen sich, sie schneiden sich, was soll's? Kinder erholen sich erstaunlich leicht und schnell. Behandeln Sie direkt das Symptom, und machen Sie nicht mehr und nicht weniger als nötig!

Ich habe noch nie eine Infektion gehabt – außer vor ein paar Jahren in Indien habe ich noch nie eine Infektion gehabt, und ich mache nichts von all dem Zeug auf meine Wunden. Wenn man sich geschnitten hat, dann hat man sich eben geschnitten. Waschen Sie die Wunde aus und machen Sie dort weiter, wo Sie aufgehört haben. Und statt dessen reagieren wir so: „Oh mein Gott, das Kind wird sich infizieren, nimm das hier, in den Mund, in die Augen, auf den Po ...!“

Eines Tages wird die Gruppe derjenigen, die in Heilberufen tätig sind, diesen Kontext voll und ganz anerkennen und niemandem das Bedürfnis nachsehen, Zuneigung zu bekommen, nur weil er krank ist; Liebe zu bekommen, nur weil er krank ist. Manche von uns *werden* manchmal vielleicht sogar ein wenig krank, weil das der einzige Moment ist, in dem wir außer der Reihe ein wenig Fürsorge und Aufmerksamkeit erfahren. Sie alle kennen die Dynamik wahrscheinlich: Für viele Kinder ist es das einzige Mal, daß ein Elternteil von der Arbeit zu Hause bleibt und ihnen wirklich Aufmerksamkeit widmet, wenn sie krank sind. Und so entwickeln wir oft das *Krankwerden* als Mittel, um Aufmerksamkeit zu bekommen. Ich bin sicher, jeder, der in einem Heilberuf tätig ist, kennt diese Erscheinung – viele Menschen gehen zum Therapeuten, weil sie dort mehr Aufmerksamkeit als sonst in ihrem ganzen Leben bekommen. Wenn ein Arzt eine wirklich herzliche und vertrauenerweckende Art hat, werden die Menschen zu ihm gehen. Ich bin der Meinung, jeder Arzt hat eine gewisse Zahl an Patienten, deren Erkrankungen rein psychosomatischer Natur sind, absolute Hypochonder. Und genau dorthin gehen diese Menschen, um Aufmerksamkeit zu bekommen; sie gehen zu einem Heiler, welcher Art auch immer, um Zuwendung zu erhalten.

Ich bin genau das Gegenteil. Einmal mußte ein Mädchen wegen einer Blinddarmentzündung ins Krankenhaus, wo sie ihr den Blinddarm herausnahmen. Ein paar Tage später hatte Schwester Rachett Stationsdienst (ich kann mich nicht mehr genau an ihren Namen erinnern, aber sie sah so aus, als müßte sie Rachett heißen) und wollte „die Patientin" nicht entlassen. Ich ließ mich auf eine Auseinandersetzung ein (ich sollte so etwas nicht tun) und sagte zu dem Mädchen: „Zieh dich an!" Das Mädchen antwortete: „Hole mich hier 'raus!" Wir wollten gerade das Zimmer verlassen, da kam die Krankenschwester und fragte: „Was machen Sie denn da?" Und ich antwortete: „Wie meinen Sie die Frage, was wir da machen? Ist das hier ein Krankenhaus oder ein Gefängnis?" (Das hätte ich nicht sagen sollen.) Ich war jedoch wirklich verärgert, ja sogar sehr erregt, weil man das Mädchen nicht aus dem Krankenhaus lassen wollte. Ich sagte: „Wie bitte? Gibt es denn ein entsprechendes Gesetz, wollen Sie etwa die Polizei holen oder was? Muß sie denn im Krankenhaus bleiben?" Und die Krankenschwester antwortete: „Nein, aber sie ist noch nicht ganz gesund" (bei einem Tagessatz von ungefähr $ 3.000). Ich sagte: „Nun, sie ist gesund, es geht ihr gut, wir gehen nach Hause." Daraufhin sagte die Schwester: „Dann müssen Sie aber einen Entlassungsschein unterschreiben. Wir übernehmen hierfür keinerlei Verantwortung." Und ich antwortete ihr: „Also gut, hören Sie auf mit dem *Versuch*, Verantwortung übernehmen zu wollen, und lassen Sie mich das Kind hier herausholen." Die Schwester rannte los, um den Arzt zu holen; dieser zuckte nur mit den Schultern und sagte zur Krankenschwester: „Lassen Sie den Entlassungsschein unterzeichnen. Entspannen Sie sich. Es ist deren Problem."

Wir unterschrieben also den Entlassungsschein. Wenn es nach ihnen gegangen wäre, hätte das Mädchen noch drei oder vier Tage im Krankenhaus bleiben sollen, und wir weigerten uns. Das Kind war vollkommen gesund. Es ist nichts Schlimmes passiert. Nichts *wäre* passiert. Außer daß man ihm noch mehr Wackelpudding, noch mehr Kartoffelbrei aus der Tüte und noch mehr Schokomilch zum Mittagessen gegeben hätte.

Erziehen Sie Ihre Kinder nicht dazu, wegen jeder Kleinigkeit zu jammern. Wenn ein Kind beinahe einen Finger verliert und dieser nur noch an einer Sehne hängt, dann bin ich auch der Meinung, daß man ein wenig nervös werden darf. Doch wenn ein Kind hinfällt und sich den Kopf anschlägt, dann lassen Sie ihm einfach ein wenig Zeit. Ein Kuß, ein wenig Mitgefühl, und weiter geht das Spiel.

Jeder sagt: „Woher wollen wir das *wissen*? Woher sollen wir denn wissen, ob es nicht doch ein *Problem* gibt?" Ich weiß nicht, wie Sie das wissen. Ich gehe einfach davon aus, daß Sie als Mutter *wissen*, ob sich Ihr Kind verletzt hat – ob sein Stolz gelitten hat oder ob sein Körper verletzt ist. Und wenn sich ein Kind das Knie aufschürft, ist nur sein Stolz verletzt, nicht sein Körper. Dann machen Sie etwas auf das Knie, und das war's: „Es ist alles wieder in Ordnung."

„Nein, es tut weh.“

„Ja, ich weiß, daß es weh tut. Es tut eine Viertelstunde lang weh, und dann ist es vorbei.“

Ab und zu müssen wir einfach ein wenig hart zu unseren Kindern sein. Etwa folgendermaßen: „Du bist in Ordnung. Ich kann sehen, daß du ganz in Ordnung bist, ich weiß, daß es weh tut – es tut weh, wenn man sich an einem Blatt Papier schneidet; es tut weh, wenn man sich die Knie aufschürft ..., aber du bist vollkommen in Ordnung ..., das geht schnell wieder vorbei. Es ist wirklich nicht so schlimm.“

„Doch, es ist schlimm, es tut wirklich weh.“

„Ja, ich weiß, daß es weh tut. Mir tut es auch weh, wenn mir das passiert. Aber es ist trotzdem nicht schlimm, es ist harmlos. Es ist in Ordnung. Du schaffst das schon!“

Es ist vernünftig, wenn man wirklich diese Einstellung hat. Allerdings sollten Sie es damit auch nicht übertreiben und von Ihrem Kind erwarten, daß es seinen Schmerz bzw. den durch eine Verletzung oder Krankheit hervorgerufenen Schock oder die Überraschung heroisch unterdrückt, als ob es Rambo oder sonst ein Held wäre. Denken Sie vor allem daran, daß Kinder keine Erwachsenen, sondern immer noch Kinder sind, und daß sie viel Verständnis, Seelennahrung, Fürsorge, Zuneigung und Anerkennung brauchen!

Unsere Überzeugungen können eine Form von Grausamkeit sein

Vieles von dem, was wir über Ernährung gesagt haben, kann man auch auf das Thema Gesundheit anwenden. Unsere Überzeugungen können eine Form von Grausamkeit sein. Während viele Mütter der alternativen, auf eine natürliche Ernährung und eine natürliche Lebensweise ausgerichteten Szene sich radikal dem natürlichen Gesundheits- und Heilungsprozeß verschrieben haben (genau wie ich), bin ich doch aufgrund meiner Erfahrungen zu dem Schluß gekommen, daß es eine ganz subtile Form der Manipulation darstellt, die leicht zu einer schwerwiegenderen Form der Kindesmißhandlung werden kann, wenn wir einem Kind Heilung vorenthalten, weil es ja „nur einen Virus hat und das schon überstehen wird“ und weil wir unsere Kinder nicht künstlich von Medikamenten abhängig machen wollen – nicht einmal homöopathische Mittel bekommen diese Kinder, Sie wissen schon, weil „Pillen ja schließlich Pillen sind“. Es ist eine Form von Grausamkeit, wenn wir ein Kind leiden lassen, nur weil wir selbst Puristen sind. Es muß ja nicht ganz so extrem sein, wie im Falle jener orthodoxen Fanatiker, deren Kind sterben mußte, weil sie sich weigerten, es zu einer Bluttransfusion ins Krankenhaus zu bringen, aber es bedeutet immer noch, daß wir die Gesundheit unseres Kindes in die Hand nehmen, wenn es sinnvoller wäre, einen Heilpraktiker oder einen Arzt aufzusuchen.

Wenn ein Kind noch zu klein ist, um seine eigene Heilung in die Hand zu nehmen, liegt es in unserer Verantwortung, dies zu tun. Es ist nicht unsere Aufgabe, Kinder davon zu überzeugen, daß es „so etwas wie Leiden gar nicht gibt", daß „alle Krankheiten psychosomatischer Natur sind" oder sie unnötig leiden zu lassen, wenn es Möglichkeiten gibt, den durch die Erkrankung hervorgerufenen unmittelbaren Streß und die Angst zu lindern. Es gibt keinerlei Entschuldigung, wenn es uns selbst in dieser Hinsicht an Klarheit mangelt. Es ist unsere Aufgabe, für unsere Kinder zu sorgen, und wenn unsere Lebensprinzipien echt und wahrhaftig sind, dann werden unsere Kinder sie lernen. Ein einjähriges Kind wird nichts über natürliche Heilung lernen, nur weil es eine Krankheit durchleidet, ohne daß es Arznei bekommt.

Wenn wir ein gesundes Leben führen, dann werden unsere Kinder dies von uns lernen, und zwar dadurch, daß sie uns beobachten und diesen Lebensstil über längere Zeit hinweg praktizieren. Es ist gleichgültig, wieviel Kinder-Aspirintabletten wir ihnen geben, wenn *wir* kein Aspirin nehmen, wird ein Kind aufhören, Aspirintabletten zu schlucken, sobald es alt genug ist, um sich mitzuteilen und uns zu beobachten.

Wie ich immer wieder betont habe, wollen unsere Kinder nichts anderes, als genau so zu sein wie wir. Das ist das wichtigste Ziel in ihrem Leben. Die Idole eines Kindes sind seine Eltern. Und unsere Kinder werden so sein wie wir! Sie mögen dies zuweilen bezweifeln, aber glauben Sie mir, Sie haben einen größeren Einfluß auf das Leben Ihrer Kinder, auf ihre Überzeugungen und auf ihr Verhalten als Luke Skywalker, Hans Solo oder Prinzessin Leia, selbst wenn es zwischendurch vielleicht nicht gerade so aussehen mag. Wenn Integrität zu unserem Leben gehört, werden unsere Kinder lernen, was Integrität bedeutet. Wir brauchen uns keine Gedanken darüber zu machen, ob ein Kind vom rechten Weg abkommen könnte, nur weil es mit zwei Jahren ein Aspirin gegen Schmerzen bekam.

Sexualität

Im *Playboy* habe ich einen Artikel über „Liebeslandkarten" gelesen. Der Autor dieses Artikels behauptete, daß jeder von uns einen verborgenen Plan für seine Beziehungen hat – eine „Liebeslandkarte", die unseren Traumpartner, eine Liebesszene und ein Programm erotischer Aktivitäten beinhaltet, eine Karte, die uns als Erwachsene den Weg durch unser Sexualleben weist. Der Autor behauptete, daß diese Muster bereits in früher Kindheit, möglicherweise schon im Alter von drei Jahren, festgelegt werden.

Dies ist eine wichtige Überlegung, vor allem für diejenigen unter uns, die Kinder haben. Wir selbst haben bereits unsere „Liebeslandkarte", daran ist nicht mehr zu rütteln, egal wie gesund oder ungesund diese Karte ist, doch wir können immer noch unseren Kindern eine gesunde, natürliche und unbeeinflußte „Liebeslandkarte" mitgeben, wenn wir ihnen nicht unsere eigenen Perversitäten aufdrücken oder diese auf sie konzentrieren.

Ein gewisser Einfluß stammt von Kinofilmen, welche die Aufmerksamkeit von Kindern oft vollkommen fesseln. (Was der Grund dafür ist, daß wir nichts davon halten, kleine Kinder mit in Filme zu nehmen, die viele gewalttätige sexuelle Begegnungen zeigen, denn es könnte gut sein, daß diese Kinder am Ende unfähig sind, körperliche Liebe ohne Gewalt zu genießen, wenn solche Szenen einen ausreichend tiefen Eindruck in ihnen hinterlassen.) Welche „Liebeslandkarte" ein Kind entwickelt, hängt im allgemeinen jedoch von der Beziehung ab, die seine Eltern bzw. die Erwachsenen in seinem Lebensumfeld zum Sex und zu ihrem Körper haben.

Um ein Beispiel zu nennen, wenn ein Kind – Junge oder Mädchen – zufällig ins Badezimmer kommt, während Sie als Mann gerade in der Dusche sind, und Sie sich dann verstecken, als ob Ihre Nacktheit etwas wäre, dessen Sie sich schämen müßten, dann erhält dieses Kind durch Ihr Verhalten eine ganz klare, negative Botschaft, die in seine Beziehung zum eigenen Körper, in seine gesamte Sexualität und eventuelle sexuelle Dynamik Eingang findet. Und dann gibt es natürlich noch jenen Typ Mann, der „zeigt, was er hat", was eine andere Variante der ungesunden Zur-Schau-Stellung von mangelndem Vertrauen in die eigene Sexualität und mangelnder diesbezüglicher Klarheit ist. Es gibt einen Mittelweg, auf dem wir uns ohne unangebrachten Exhibitionismus oder Angst vor Verletzlichkeit nackt in Gegenwart unserer Kinder zeigen können. Für die kindliche Entwicklung ist es sehr förderlich, wenn Kinder bei ihren Eltern eine urteilsfreie und ungezwungene Beziehung zum Körper beobachten können, und zwar sowohl nackt als auch bekleidet.

Ob wir zum Sex und zur Sexualität (zwei ganz verschiedene Dingen) ein insgesamt gesundes oder ein insgesamt ungesundes und verkorkstes Verhältnis haben, hängt von dem Bild ab, das wir von unserem Körper haben und von den Gefühlen, die wir mit körperlichen Freuden verbinden (und davon, ob wir anderen gerne etwas Gutes tun) bzw. von der Unterdrückung oder der Abscheu gegenüber unseren Körperfunktionen und Gefühlen. All diese Eindrücke werden uns bereits sehr früh in unserem Leben, vom Säuglingsalter an, vermittelt, lange bevor eine sexuelle Beziehung unter Erwachsenen zum Thema wird.

Ich kann mich noch erinnern, wie ich einmal zu Hause unerwartet ins Badezimmer gekommen bin – ich habe noch nie gesehen, daß sich ein Handtuch so schnell bewegen kann. Ich dachte, es hätte von alleine zu schweben begonnen, aber in Wirklichkeit hatte meine Tante das Handtuch vom Handtuchhalter gerissen, um damit die untere Hälfte ihres Körpers zu bedecken. Das besagte Handtuch bewegte sich mit Überschallgeschwindigkeit! Die Folge davon ist, daß ich Probleme habe, wenn ich mit einer Frau zusammen bin und kein Handtuch zwischen uns ist. Es kann also gut sein, daß Sie mich dabei ertappen, wie ich mich in der Nähe der Wäscheleine herumdrücke – ich brauche eineinhalb Stunden, um vier oder fünf Wäschestücke aufzuhängen. Ich muß mich dort einfach herumtreiben, mit den Wäscheklammern spielen, die Handtücher anschauen und mich fragen, was sich wohl hinter ihnen verbirgt – ich weiß, daß da nur ein Handtuch auf der Wäscheleine hängt; ich weiß, daß außer der Landschaft nichts dahinter ist; doch wenn man einmal seine „Liebeslandkarte“ hat, dann hat man sie. Ich will wissen, was sich hinter diesen Handtüchern verbirgt! Wenn ich auch als Erwachsener weiß, daß hinter diesen Handtüchern nichts als Luft ist, so wußte ich doch als Kind, daß sehr wohl etwas dahinter war, und ich wollte wissen, was. Es ist faszinierend. Wie ein Geheimnis. Es ist verbotenes Territorium. Ich will es erforschen und eine Neugier befriedigen, von der ich nicht einmal wußte, daß ich sie besaß, bis man mir den Blick auf … – worauf? – verwehrte. Ich weiß es noch immer nicht. Aber hinter jenem Handtuch verbirgt sich etwas wirklich Interessantes!

Der Autor des Artikels über die „Liebeslandkarten“ behauptete auch, daß es die Unterdrückung der Sexualität ist, die zunehmend zu einem gestörten Sexualverhalten führt, und nicht die freizügigen Werte. Dem stimme ich zu. Wenn unser Kind ins Schlafzimmer kommt, während wir uns lieben, wäre es für dieses Kind wesentlich besser, wenn wir auf seine Frage: „Was macht ihr denn da?“ einfach den Kopf heben und antworten würden: „Wir lieben uns. Könntest du bitte hinausgehen und die Türe schließen, wir sprechen dann mit dir darüber, wenn wir fertig sind!“, anstatt uns kreischend die Decke über den Kopf zu ziehen und zu rufen: „Mach’, daß du hier ’raus kommst. Ich habe dir doch schon hundertmal gesagt, daß du anklopfen sollst, verdammt noch mal!“, so in dieser Art – was einige von uns womöglich aus ihrer eigenen Kindheit kennen, als sie in ihrer Unschuld ins Schlafzimmer kamen, während ihre Eltern „es taten".

Wenn wir unser Kind mit einem guten Sinn für Humor erzogen haben, kann es schon vorkommen, daß es zu uns sagt: „He Papa, du hast einen Pickel auf dem Hintern!", wenn es mit acht oder neun Jahren zufällig ins Schlafzimmer kommt. Bleiben Sie ganz gelassen. Und verzichten Sie darauf, seine Ausdrucksweise zu korrigieren, auch wenn Sie lieber *„auf dem Po"* hören würden.

Ein weiteres Beispiel: Wenn sich ein kleines Kind den Penis seines Papas anschauen möchte, stellt dies viele Männer vor einen großen Konflikt. Wenn einem Mann diese kindliche Neugier unangenehm ist (wenn seine Kinder vielleicht immer noch sehen wollen, wie „er" hin und her schwingt und in der Badewanne schwimmt ... was auch immer dieser Körperteil so alles kann), dann muß es einen Weg geben, mit solchen Situationen fest und bestimmt umzugehen, ohne daß es für das Kind zu einem Trauma wird. Es gibt keinen Weg zu erklären, *wie* man das macht – das muß man von Situation zu Situation entscheiden. Je mehr wir mit Kindern zusammen sind, desto besser werden wir mit solchen Themen umgehen können, ohne daß es uns allzu sehr aus der Fassung bringt.

Versuchen Sie, Ihren Körper weder zu verstecken noch ihn unnötig zur Schau zu stellen. Ungekünstelte Natürlichkeit ist der Schlüssel.

Kinder spielen mit ihren Genitalien, was in uns einige Verwirrung hervorrufen kann, wenn wir verklemmt und leicht aus der Fassung zu bringen sind, weil wir nicht wissen, wie wir mit dem Ganzen umgehen sollen. Denn Kinder *spielen wirklich* damit. Sie berühren ihre Genitalien nicht nur, sie liegen da und fühlen sich wohl – sie streicheln und betasten sich und fummeln auf jede erdenkliche Weise daran herum.

Wenn wir das Ganze wirklich sehr verkniffen sehen und einem Kind die Hand dort wegziehen, dann lernt es, daß daran irgend etwas falsch ist, und das ist der Beginn eines negativen Bildes vom eigenen Körper. Je weniger wir Moral predigen, desto mehr werden Kinder diese Phasen einfach durchlaufen und ganz normal aufwachsen.

Was also tun? Gar nichts.

Wenn wir Kinder ihren Neigungen folgen lassen, werden sie eine natürliche soziale Etikette entwickeln. Ein gestörtes Sexualverhalten entwickelt sich dann, wenn wir ihnen nicht erlauben, sich so zu entwickeln, wie der Instinkt es fordert.

Wenn Sie und Ihr Partner und ein Kleinkind gemeinsam im selben Bett schlafen, dann würde ich empfehlen, daß Sie mit dem Geschlechtsverkehr warten, bis Ihr Kind tief und fest schläft. Aber *Sie können sich* im selben

Bett *lieben*, falls Sie das möchten. Wenn es Ihnen wirklich unangenehm ist, dann legen Sie Ihr Kind vorübergehend auf eine Decke auf den Fußboden und holen Sie es später wieder ins Bett. Oder lassen Sie das Kind im Bett weiterschlafen, während Sie es anderswo probieren. Ein wenig Abwechslung könnte vielleicht nicht schaden.

Ich würde nicht mit dem Partner schlafen, während ein Kind zuschaut, doch ich glaube nicht, daß es Probleme gibt, wenn ein Kind im selben Raum schläft, während die Eltern sich lieben. Schließlich ist es etwas ganz Natürliches. Sprechen Sie regelmäßig mit Ihrem Kind darüber, damit sich das Unbewußte des Kindes entspannen und wohlfühlen kann. Ich würde einem Kind nicht unbedingt die Gesetze der Biologie und der Fortpflanzung erklären, sondern einfach sagen: „Mama und Papa werden jetzt miteinander schlafen, und wenn du Geräusche hörst ..., dann ist das ganz normal." Dieser Eindruck ist für ein Kind auch in der Hinsicht gesund, daß es dadurch weiß, daß es beim Geschlechtsverkehr seinen Gefühlen freien Lauf lassen darf und daß es sich nicht zurückhalten und nichts unterdrücken muß. Das kann einem Kind Jahre der Therapie ersparen. Wenn Ihr Kind dann aber sein eigenes Zimmer bekommt und bisher vom Thema Geschlechtsverkehr ziemlich wenig mitbekommen hat, sollten Sie sich darüber im klaren sein, daß es fast immer annehmen wird, daß seine Mutter in schrecklicher Gefahr ist, wenn es sie schreien hört (wie immer sich das anhören mag), und daß es große Angst um sie haben wird, daß es besorgt sein wird. Achten Sie daher darauf, ob Ihr Kind wach ist oder schläft, wenn Sie mit Ihrem Partner schlafen.

Freiheit im Ausdruck

Kinder, die in einem bewußten, offenen, liebevollen und unterstützenden Umfeld aufwachsen, können zu den Menschen hingehen und ihnen alle Fragen stellen, die sie interessieren, ohne daß sie Angst haben oder es ihnen peinlich ist. Für Erwachsene, die selbst verschlossen und zurückhaltend sind, ist die Klarheit und Direktheit solcher Kinder zuweilen erstaunlich.

Haben Sie schon einmal gesehen, wie kleine Kinder, die unbefangen aufwachsen und nicht allzu streng erzogen werden, Geburt spielen? Sie machen die Beine auseinander und ziehen dazwischen eine unter ihrem Kleidchen verborgene Puppe hervor. Ich wette, so mancher unter Ihnen hätte ziemliche Bedenken, seine Kinder mit zu Großmama zu nehmen, stimmt's? Was würde Oma wohl machen, wenn ein dreijähriges Mädchen seine Beine spreizt und eine Puppe hervorzieht? Sie würde wahrscheinlich einen Schlaganfall bekommen. Das wäre entweder das Ende von Großmutters Seelenfrieden, oder sie würde in schallendes Gelächter ausbrechen.

Dessen ungeachtet ist es etwas Wunderbares, Kinder zu beobachten, die alle natürlichen Elemente des Lebens – Geburt und Tod, Stimmungsschwankungen, Pipi machen und Pupen, Genitalien haben und so weiter – spielerisch einfach so nehmen, wie sie auftauchen. Es ist eine sehr befreiende Beobachtung, zu erkennen, daß unsere Kinder in bezug auf Geburt, Sex und Tod nicht so verklemmt, d. h. seelisch nicht so stark blockiert sind wie die meisten von uns.

In der Regel sind Kinder von Natur aus neugierig und wollen voll Begeisterung ihre Entdeckungen mit anderen teilen, und es ist sehr förderlich, wenn wir diese Qualitäten in ihnen akzeptieren. Außerdem sind Kinder, wenn man ihnen erst einmal die Chance dazu gibt, großartige und wunderbare Gesprächspartner – faszinierend und fesselnd.

Gott, Religion und Spiritualität

In einem Buch von Claudio Naranjo, das den Titel *The End of Patriarchy, The Triune Society*[2] trägt, geht es um seine Vorstellungen von einer idealen Erziehung und einer idealen Lebensweise auf der Basis der Idealbeziehung zwischen Mutter, Vater und Kind. Er behauptet mehr oder weniger, daß viele Dinge, in denen wir unterrichtet werden, in Wirklichkeit verzichtbar sind – daß wir sie im Laufe unseres Lebens ohnehin lernen würden, und zwar möglicherweise besser und eher durch praktische Erfahrung. Die beiden Fächer, in denen ein formeller Unterricht für eine ganzheitliche Erziehung wirklich wichtig ist, sind nach seiner Meinung Mathematik und Musik. Dr. Naranjo berichtet über viele verschiedene Experimente, im Rahmen derer Musik und Mathematik bereits in frühem Kindesalter unterrichtet und dadurch notwendige Grundkenntnisse vermittelt wurden, die später dann auf viele andere Bereiche angewendet werden konnten.

Nach Ansicht von Dr. Naranjo sollte ein dogmatisch ausgerichteter Religionsunterricht nicht vor der Pubertät erfolgen. Wenn man in einem religiösen Umfeld lebt, wenn das eigene Zuhause von Natur aus schon religiös ist, dann werden Kinder dies selbstverständlich beobachten und aufnehmen. Das Bewußtsein der Pubertät als ein Bewußtsein der Weiterentwicklung und der Meinungsbildung ist ein Bewußtsein des Ausbrechens aus der Abhängigkeit, des Ausbrechens aus der Sicherheit und Geborgenheit des Elternhauses und der Selbstfindung als Erwachsener. Das ist der ideale Zeitpunkt, um Religion wirkungsvoll zu unterrichten, denn im Grunde ist es genau das, was Menschen, die an der Schwelle zu ihrem Leben als unabhängige Erwachsene stehen, in dieser Zeit suchen – universale Antworten. Wenn Kinder bis dahin noch keinen Religionsunterricht bekommen haben, dann hat man sie auch nicht der möglichen Gefahr ausgesetzt, daß Religion für sie einfach nur zu einer Routinesache wurde, die sie gelernt haben, als sie klein waren; etwas, wofür sie wirklich noch keinerlei natürliches Gespür haben konnten, allerhöchstens in ganz subtilem, intuitivem Sinne. (Doch jenes subtile Gespür wäre universaler Natur, nicht auf organisierte Weise „religiös".) Dann würden junge Menschen nicht bereits durch eine dogmatische oder indoktrinäre Konditionierung, die weit über ihren Verständnishorizont und ihr Begriffsvermögen hinausgeht, geschädigt oder abgeschreckt von der Möglichkeit eines wirklichen Eintauchens in die wahren Prinzipien der Religion.

Dr. Naranjo steht der organisierten Religion kritisch gegenüber, da sie Kinder zur rein mechanischen oder routinemäßigen Religionsausübung konditionieren kann, anstatt sie in die wahren Realitäten der Religion einzuweihen. Dies, so behauptet er, kann tatsächlich nicht wirkungsvoll vor der Pubertät erfolgen, da das kindliche Bewußtsein zu einem früheren Zeitpunkt noch nicht so weit ausgebildet ist, daß es diese Realität erfassen kann.

Darum werden Initiationserfahrungen bei den meisten Urvölkern in der Pubertät vermittelt. Vielleicht spricht die Familie schon früher mit einem Kind über Träume und ähnliche Dinge und bezieht es in den ganz normalen Fluß des Familienlebens einschließlich der Spiritualität ein, doch *versuchen* diese Kulturen nicht aktiv, ihren Kindern die Erfahrung transzendenter Realität zu vermitteln; sie lassen ihre Kinder einfach das aufnehmen, was sie ihrem jeweiligen Entwicklungsstand entsprechend aufnehmen können, und beantworten die Fragen, die sie haben, aber sie stopfen ihre Kinder nicht mit vorformulierten Informationen voll.

Wenn wir drei-, vier- und fünfjährigen Kindern beibringen, wer Jesus oder Buddha ist, dann versuchen wir ihnen eine transzendente Realität zu vermitteln, die man nur selbst erfahren kann und die sämtliche Geisteskräfte eines Erwachsenen erfordert. Das Ganze *muß* künstlich werden, da Kinder im Alter von drei, vier oder fünf Jahren sich erst in der Entwicklungsphase befinden, in der sie elementare motorische Fähigkeiten ausbilden. Mit sieben, acht, neu oder zehn Jahren wachsen Kinder dann in die emotionalen Wirklichkeiten hinein. Das Denkzentrum hat sein natürliches Entwicklungsstadium noch nicht erreicht, was für ein umfassendes und gründliches Verstehen und Erkennen dessen, was spirituelle Realität ist, eine wichtige Voraussetzung darstellt.

Bei religiösen Geschichten liegt der Fall anders – bei Geschichten wird von Kindern nicht verlangt, die Moral, die transzendente Realität mit Leben zu erfüllen, höchstens natürlich sie nachzuempfinden. Dies sollte die religiöse Erziehung berücksichtigen. Das Erzählen von Geschichten ist sehr förderlich, vor allem, wenn ein Kind der Geschichte folgen und sie sich vorstellen kann, wenn die Geschichte nicht etwas ist, das man von ihm zu lernen verlangt, bevor es aufgrund seiner eigenen Erfahrung die „Moral" des Ganzen erkennen kann. Wir können Kindern somit eine schrittweise Einbindung in „höhere" Wahrheiten ermöglichen, doch wir sollten nicht von ihnen erwarten, derartige Dinge praktisch zu verstehen, solange ihre Erfahrung noch rein intuitiver oder instinktiver Natur ist.

* * *

Wenn wir mit unseren Kindern über Gott sprechen, falls wir an so etwas glauben, sollte es ganz natürlich geschehen. Unsere Kinder werden Fragen stellen, und es sollte für uns kein Problem sein, diese zu beantworten, sondern lediglich eine Frage der richtigen Formulierung. Das abstrakte oder philosophische Verständnis, das ein Erwachsener von Gott haben mag, übersteigt bei weitem das, was ein Kind in diesem Zusammenhang begreifen kann. Gott zu verstehen, oder welchen Namen wir auch immer dafür haben, ist trotzdem für ein Kind nicht unmöglich. Wir müssen die Sprache sprechen, die Kinder verstehen, das ist alles. Irgendwie müssen wir unser Wissen in Begriffe einer „gefühlten Erkenntnis" der Realität bzw. des Lebens-wie-es-ist übersetzen. Wenn wir unsere eigenen komplexen Auffassungen dessen, was das Göttliche für uns ist, erklären wollen, ist dies für Kinder viel zu kompliziert.

* * *

Wenn Kinder ein Leben führen sollen, das von einer spirituellen Praxis oder von ganzheitlichen Überzeugungen und einer ganzheitlichen Lebensweise geprägt ist, müssen sie Erwachsene sehen, die auf diese Art und Weise leben. Der uneffektive Weg, dies zu vermitteln, wäre durch alle möglichen Methoden ideologischen Drills. (Es gibt einen großen Unterschied zwischen Erziehung und Drill – selbst das ABC lernen, Lesen, Schreiben und Rechnen lernen kann entweder durch Erziehung oder Drill erfolgen, je nachdem, ob ein Lehrer wirklich unterrichtet oder lediglich Informationen in seine Schüler hineinprügelt.) Durch Drill wird häufig das Gegenteil von dem erreicht, was wir zu erreichen hoffen. Wenn man mit Themen und Fächern, die eigentlich von Freude, Freiheit und Begeisterung erfüllt sein sollten, streng und tyrannisch umgeht, führt dies in der Regel dazu, daß der Schüler den vermittelten Lehrstoff ablehnt.

Wir brauchen unsere Kinder wirklich nicht gründlich in unsere spirituelle Praxis einzuweisen, wie immer diese aussehen mag. Ich persönlich bin der Meinung, daß es ausreicht, Kindern zu zeigen, wie sie ein paar Minuten lang meditieren können, oder was immer wir selbst praktizieren, bis sie sich zu fragen beginnen, was es uns eigentlich bringt, und beschließen, selbst damit zu experimentieren. Die Hauptsache ist, daß sie uns meditieren sehen. Bis ein Kind in die Pubertät kommt, ist es sowieso von Natur aus an dem Ort, „wo wir sind", wenn wir unsere Meditationspraxis durchführen. Das heißt, daß Kinder nicht in derselben Art und Weise wie wir zu meditieren brauchen, denn *Kinder sind Meditation*, ob sie nun stillsitzen oder wild herumtoben. Die Dynamik, die durch die Meditationspraxis in unserem Körper erzeugt wird, ist in Kindern bereits vorhanden. Solange sie sich also einen Teil ihrer Unschuld bewahren, meditieren sie. Das, was wir durch die Meditation erreichen wollen, machen Kinder automatisch.

Kindern braucht man nicht beizubringen, den allgegenwärtigen Segen der Göttlichen Gegenwart in ihrem Leben und in allen Lebensformen zu spüren. Das Schlüsselelement dafür, daß sie diese Präsenz erkennen können, liegt jedoch darin, *wie* man sie ihnen bewußt macht. Kinder erfahren von dieser Präsenz durch Erwachsene, die sich ihrer bewußt sind und die ihr Leben auf ihrer Grundlage aufbauen, mehr nicht. Und wenn Erwachsene diese Wahrheit leben, dann kann man auch verbale Erläuterungen dazu geben – dann kann man die Sprache einsetzen, um sie zu erklären – unsere Kinder werden jedoch bereits wissen, wovon wir sprechen. Wenn wir uns mit den Erklärungen schwer tun, dann liegt dies lediglich an unserer eigenen Verwirrung und unserem eigenen Unbehagen.

Eigene Meinungsbildung

Als ich das erste Mal über Gott nachdachte, war ich siebzehn. Bis dahin hatte ich nur Tiere im Sinn; ich sammelte alles, was kreuchte und fleugte; Insekten und Schlangen, Schildkröten und Eidechsen, Fische, Vögel und Katzen; über Gott jedoch hatte ich mir nie Gedanken gemacht.

Mein Vater war einer jener Menschen, die auf alles eine Antwort wissen. Eigentlich besaß ich ja ein dickes Lexikon, als ich zur Grundschule ging, doch ich habe es nie benutzt, weil ich einfach meinen Vater fragte, wenn ich etwas wissen wollte. Wenn ich wissen wollte, wie man ein Wort schreibt, habe ich immer meinen Vater gefragt, und nach einer Weile sagte er dann: „Warum schaust du nicht in deinem Wörterbuch nach?“ Er dachte, wenn er mir jedesmal sagen würde, wie man ein Wort buchstabiert, dann würde ich niemals lernen, wie man überhaupt ein Wörterbuch benutzt.

Als ich siebzehn war, dachte ich also eines Tages über Gott nach und sagte zu mir: „Jetzt bin ich aber gespannt, was mein Vater über Gott denkt, denn schließlich ist er ja auch so eine Art Gott.“ Ich ging also zu ihm hin und fragte ihn: „Glaubst du an Gott?“ Und er antwortete: „Nun, ich habe zwar meine eigenen Überzeugungen, aber ich bin der Ansicht, bei solchen Dingen ist es wichtig, daß du deine eigenen Schlüsse ziehst und deine eigenen Entscheidungen triffst.“ Er wollte mir überhaupt nichts sagen. Einfach nur: „Wenn du wissen willst, ob es einen Gott gibt, oder wenn du etwas über ihn erfahren willst, dann mußt du es alleine herausfinden.“ Die nächsten sechs oder sieben Jahre habe ich das nicht getan. Ich sagte: „Nun ja, so weit bin ich noch nicht.“

Als ich dann zu meiner eigenen Form der Spiritualität fand und mich leidenschaftlich für all diese Vorstellungen interessierte, blickte ich meinen Vater an und dachte bei mir: „Er ist Künstler; ich wette, dies ist ein Lebensbereich, den er überhaupt noch nicht entdeckt hat.“ Also ging ich zu ihm und fragte ihn: „Weißt du irgend etwas über Esoterik und Mystik?“

Er begann mir eine Reihe von Namen herunterzurasseln. „Oh“, sagte er, „als ich im Alter zwischen zwanzig und dreißig in Europa war – habe ich mich ausgiebig der Theosophie gewidmet – Blavatsky und Besant. Ich habe damals die ganzen Religionen der Gegenwart studiert, den Hinduismus und den Buddhismus …“

Ich konnte es kaum fassen, da er diese Studien bisher mit keinem Wort erwähnt hatte. Er hatte sprichwörtlich kein einziges Wort davon erwähnt und höchstens über die Ungerechtigkeit des Menschen gegenüber seinesgleichen gesprochen. Er hatte es mir überlassen, meinen eigenen Standpunkt zu finden.

Wenn ich zurückblicke, wird mir klar, daß sich meine Eltern leidenschaftlich für soziale Bewegungen engagierten. Einmal, ich glaube es war während des Korea-Krieges, ich bin mir nicht ganz sicher, fanden in New Jersey, in der Gegend, in der wir wohnten, Friedensdemonstrationen statt. Sie haben mich niemals aufgefordert mitzukommen. Der Babysitter kam, und wenn ich meine Eltern fragte: „Wohin geht ihr?“, antworteten sie: „Wir nehmen an einem Friedensmarsch teil“, mehr nicht. Das war alles, was ich jemals zu hören bekam. Die einzigen Themen, über die bei uns am Eßtisch, in der Familie und wenn wir Besuch hatten, gesprochen wurde, waren die Familie, das Leben, die Kunst und solche Dinge. Wenn Politik an der Reihe war, gingen die Männer in ein Zimmer und die Frauen in ein anderes – alles sehr traditionell. Die Männer sprachen über Politik, und die Frauen sprachen ebenfalls über Politik oder über den neuesten Klatsch. Die Kinder konnten kommen und gehen, zuhören oder sich beteiligen, wie sie wollten.

Man hat mir niemals etwas eingedrillt oder mir eine Meinung aufgezwungen. Man hat es mir überlassen, meine eigenen Ansichten zu entwickeln. Meine Eltern haben nie gesagt: „Der Krieg ist schlecht." Lediglich wenn ich fragte: „Wohin geht ihr heute abend?", dann bekam ich die Antwort: „Wir nehmen an einem Antikriegsmarsch teil." Ich habe niemals Fragen gestellt, und sie haben mir von sich aus nichts erzählt, es sei denn, ich habe sie *ausdrücklich* danach gefragt, was los ist.

Man hat mich mit keiner Ideologie gefüttert, nicht einmal, wenn es um Religion ging. In der Stadt, in der ich aufgewachsen bin, gab es viele Vorurteile gegenüber Juden – wir konnten nicht Mitglied im Country Club werden, weil Juden dort keinen Zutritt hatten, wir konnten nicht in den Schwimmverein gehen, weil dieser keine Juden aufnahm. (Obwohl ich von alledem nichts wußte.) Wir lebten im ärmeren Teil der Stadt, und darum gingen auf meine Schule auch Schwarze und Asiaten, von allem etwas, Katholiken, Mitglieder der Episkopalkirche, Presbyterianer und ich. Ich war mit allen befreundet, und alle waren mit mir befreundet. Als mir klar wurde, daß es so etwas wie Vorurteile gibt, war ich etwa elf Jahre alt; bis dahin hatte ich nicht gewußt, daß es solche Dinge gibt, und hätte es mir niemals träumen lassen.

Einmal im Jahr haben wir mit dem religiösen, praktizierenden Teil der Verwandtschaft ein jüdisches Fest, das Passahfest, gefeiert. Als ich ungefähr vierzehn Jahre alt war, sagte ich dann zu meinen Eltern: „Was soll das alles? Juden? Christen? Was geht da eigentlich vor sich? Warum gehen wir nicht in die Synagoge?"

Sie sagten: „Wenn du etwas über die jüdische Religion lernen willst, gibt es da einen Mann, der Kindern, die keinen jüdischen Religionsunterricht besucht haben, Unterricht in jüdischer Kultur erteilt. Da kannst du hingehen und mehr darüber lernen, und wenn du danach in die Synagoge gehen willst, dann kannst du das tun!" Ich ging also ungefähr sechs Monate lang zum Unterricht. Ich habe sechs Monate lang durchgehalten, weil es in meiner Klasse ein Mädchen gab, das schöner war als alles, was ich in meinem ganzen bisherigen Leben gesehen hatte, sogar schöner als meine Katzen, und das wollte schon etwas heißen. Als das Mädchen nicht mehr zum Unterricht kam, ging ich auch nicht mehr hin.

Meine Eltern ließen mich meine eigene Meinung bilden, und das war wirklich gut für mich. Zu jener Zeit habe ich mich mehr für Mädchen interessiert. Meine Eltern machten sich deshalb keine (allzu großen!) Sorgen. Als die Zeit für mich gekommen war, entwickelte ich ein Weltbild, das ziemlich mit den humanitären Überzeugungen meiner Eltern in Einklang war.

* * *

Wenn es um Religion und viele andere Themen geht, können wir unseren Kindern vertrauen und ihnen erlauben, ihre eigene Sensibilität für diese Dinge zu entwickeln. Natürlich können wir sie anleiten, sie sanft lenken, doch das ist etwas ganz anderes, als ihnen engstirnige oder intolerante Überzeugungen und Erfahrungen aufzuzwingen.

Wir leben in einer Welt, die in vielerlei Hinsicht extrem politisiert ist – eine Welt, in der es eine Menge Ungerechtigkeit und ein enormes Maß an sozialer Ungleichheit und unmenschlichen Handlungen gibt – beispielsweise all die Folterungen und Verbrechen, die ständig begangen werden, und der ganze Fanatismus. Es ist wichtig, daß Kinder von diesen Dingen durch Beobachtung erfahren und nicht dadurch, daß man Glaubenseiferer, Sadisten, Fanatiker, Sexisten, Rassisten oder Vertreter von Klassenunterschieden usw. aus ihnen macht.

Kinder sind grundsätzlich unschuldig, und in ihrer kindlichen Unschuld sind sie grundsätzlich gut. Sie sorgen sich wahrhaftig um andere Menschen, um Tiere und die Umwelt, bis man ihnen beibringt, egoistisch und gierig zu sein und anderen feindlich und mißtrauisch zu begegnen. Dennoch ist es wichtig, daß wir ihnen erlauben, sich eine eigene Meinung zu bilden, statt sie durch hitzige und leidenschaftliche Beschimpfungen zu Radikalen zu machen. Es mutet zum Beispiel schon sehr komisch an, wenn man in den Vereinigten Staaten bei einer Demonstration gegen Abtreibungsfreiheit fünf- und sechsjährige Kinder mit großen Plakaten vor Abtreibungskliniken stehen sieht, auf denen geschrieben steht: „Mord! Auch ein Fötus ist ein Mensch." Das sind Kinder! Sie wissen gar nicht, worum es bei all dem eigentlich geht. Sie kopieren einfach nur ihre Eltern und wollen das Gefühl haben, auch einen Beitrag zu leisten. Welch ein Beitrag!

Wir können Informationen und Erfahrungen über religiöse und soziale Themen an unsere Kinder weitergeben, doch dann müssen wir ihrer eigenen Sensibilität und ihrer eigenen Natur erlauben, sich zu entfalten. Kinder, die sich eine eigene Meinung bilden dürfen, werden zu dem Schluß kommen, daß es auf der Welt Ungerechtigkeiten gibt. Sie werden das Leid der Hungernden und Gefolterten fühlen und ihren Teil dazu beitragen, solche Grausamkeiten aus der Welt zu schaffen. *Sie werden es tun!* Aber sie werden diese Dinge aus ihrem eigenen Innern kommen fühlen und nicht das Gefühl haben, daß sie auf der Oberflächlichkeit einer Einstellung beruhen, die ihnen von den Erwachsenen in ihrer Umgebung mit Gewalt eingeflößt wurde.

12. Kapitel

Spirituelle Praxis für Eltern

Die Elternschaft ist eine spirituelle Praxis, die, wenn man sich ihr wahrhaft hingibt, mehr von uns fordert, als das stille Sitzen in den Za-Zen-Übungstagen (Sesshin) von einem Zenmönch verlangt. Sie dauert nicht nur drei Tage oder einen Monat, sondern fast zwanzig Jahre lang, Tag und Nacht, ohne Unterbrechung. Es ist also eine Praxis, die nicht einfach aufgegeben oder vergessen werden kann, wenn man einmal damit begonnen hat. Sobald man in diesen Prozeß eingetreten ist, gibt es wie beim Geburtsvorgang oder der spirituellen Arbeit an sich keinen Ausweg, sondern nur noch den Weg hindurch. Nur immer tieferes Engagement und Interesse werden uns helfen, sowohl dem Kummer als auch der reinen Freude ins Auge zu blicken, welche uns die Elternschaft zuweilen unausweichlich bringt, und uns für diese tiefe Gefühlsveränderung zu öffnen, die durch eine bewußte Elternschaft möglich wird. Es ist dies eine spirituelle Praxis, die, wenn man sie einmal akzeptiert hat, eine eigene Dynamik in sich birgt, die unsere ständig wachsende Aufmerksamkeit und Verletzlichkeit, unseren Dienst, unser Opfer und unsere Hingabe erfordert.

Aus dem *Study Manual* der Hohm Community

Ich möchte Elemente der spirituellen Praxis für Eltern mit den Erfahrungen der Erziehung in unserer Gemeinschaft beschreiben. Wir versuchen den Kindern etwas Ideales zu geben, und gleichzeitig stellen wir fest, daß wir frustriert sind, weil wir nicht „ideal" sind und weil das Leben auch nicht „ideal" ist. Wenn unser Leben natürlich von einer tiefen Beziehung zum Göttlichen bestimmt wäre, insbesondere des Göttlichen, wie es als die fortwährende Natur des Lebens selbst in Erscheinung tritt, dann müßten wir uns auch keine Gedanken darüber machen, ob die Bedürfnisse unserer Kinder erfüllt worden sind oder nicht. Wenn wir in diesem Bereich leben – ich nenne ihn den Bereich derer, die einen spirituellen Weg gehen –, ist unsere Beziehung zu Kindern von Natur aus und spontan richtig. Wenn wir nicht dort leben, dann mag unsere Beziehung vielleicht richtig sein, vielleicht aber auch nicht, und das hängt davon ab, wie gesund unsere Psyche und wie tiefgehend und umfassend unsere eigene Erziehung, Weisheit und Kreativität ist.

Wenn unsere Psyche nicht gesund ist, wird auch die Beziehung zu unseren Kindern nicht gesund sein. Wenn unsere Psyche jedoch gesund *ist* und wir nicht auf einem spirituellen Weg sind, dann kann die Beziehung zu unseren Kindern trotzdem großartig sein – voller Integrität und Wärme. Wenn wir jedoch einen spirituellen Weg gehen, dann können wir gar nicht anders, als unseren Kindern mit einer Aufmerksamkeit zu begegnen, die ihnen effektiv zeigt, daß wir sie so lieben, wie sie sind.

Kinder zeigen uns, ob wir uns wirklich an dieser spirituellen Arbeit beteiligen oder nicht. Sie sind ein Rückmeldemechanismus, der uns sofort Auskunft gibt über die Resonanz bzw. Dissonanz unserer Beziehung zu ihnen, zur Wahrheit, zur Realität, zu einer rechten Lebensweise und zu objektiver Gerechtigkeit.

* * *

Wenn man Kinder hat, kann dies alle Beziehungen auf den Kopf stellen, auch die Beziehung zu unserer gewohnten spirituellen Übungspraxis. Der Haken ist folgender – Sie haben ein Kind und müssen lernen, Ihre Übungspraxis in diese überwältigenden Herausforderungen zu integrieren.

Die Elternschaft ist dann eine großartige Gelegenheit, „üben" zu lernen, ohne in Verwirrung und Unsicherheit abzurutschen. Dies bedeutet nicht, beispielsweise sechs Stunden täglich für Meditation und Gebet zu reservieren, denn das geht nicht, wenn wir ein Kind haben. Statt dessen erlernen wir die innere spirituelle Übung, *innerhalb dieser engen Beziehung zu unserem Kind* – einer Beziehung, die äußere Zeit, Energie, Aufmerksamkeit und jegliche Form von Anpassung erfordert.

Wenn ein Paar ein Kind hat, wird in den meisten Fällen der Vater ganztags arbeiten, so daß dadurch in der Regel viele wichtige elterliche Aufgaben in den Verantwortungsbereich der Mutter fallen. Diese Verantwortlichkeiten kosten Zeit und Kraft, darüber besteht kein Zweifel, und häufig hört die Frau dann auf, zu lesen und zu lernen, zu meditieren und zu üben, wie immer ihre spirituelle Übungspraxis ausgesehen haben mag, und hat das Gefühl: „Ich habe keine Zeit mehr zum Üben. Ich werde bestimmt meine Verbindung zum Göttlichen verlieren." Solche Glaubenssätze sind jedoch Unsinn. Wenn wir unser Leben einfach so leben, wie es ist, aus dem richtigen Kontext heraus, und wenn wir das tun, was *jetzt* von uns verlangt wird, statt herumzujammern und den alten Zeiten nachzuweinen, dann dienen wir Gott damit. Wir brauchen nicht nach besonderen oder exklusiven Aktivitäten zu suchen, um uns für das Göttliche attraktiver zu machen. Das ist Handlung – das Leben einfach so zu leben, *wie es ist*. Wenn unser Leben selbst der Transformation gewidmet ist, so alltäglich es auch scheinen mag, dann ist es eben das: am Morgen aufstehen, frühstücken, zur Arbeit gehen, nach Hause kommen und seine Zeit mit der Familie verbringen, oder zu Hause bleiben, die Hausarbeit verrichten und den ganzen Tag mit den Kindern spielen, oder was auch immer, und dann zu Bett gehen. Ab und zu haben wir vielleicht auch einmal Zeit für ein Gebet oder ein Ritual. Für Eltern kann dieses alltägliche „So-wie-es-ist-Sein" ein genauso ehrenwerter und wertvoller spiritueller Übungsweg (*Sadhana*) sein wie für einen anderen Menschen das Führen der Massen; genauso wertvoll wie ein interessanter und aufregender Arbeitsplatz mit viel Verantwortung – eine Arbeit, durch die der Betreffende mit Namen und Bild in die Zeitung kommt.

Viele Menschen haben, wenn ihnen die Lebensumstände nicht mehr erlauben, ihre Übungspraxis so durchzuführen, wie sie es bisher gewohnt waren und wie sie es gerne tun würden, das Gefühl, „draußen zu sein" – herausgefallen zu sein aus dem Fluß der Gnade, aus dem Fluß der Übungspraxis. Doch dies braucht nicht der Fall zu sein, vor allem nicht bei den Eltern kleiner Kinder. Einfach eine gute Mutter oder ein guter Vater zu sein, aus dem richtigen Kontext heraus, ist eine Übungspraxis, die Gott direkt und zutiefst dient. Natürlich ist es außerordentlich gesund und wertvoll für ein Kind, seine Eltern in einer Haltung des Gebets oder der Anbetung zu erleben und zu sehen, wie sie ihm Disziplin, Unterscheidungsfähigkeit, Zuverlässigkeit und Integrität vorleben, aber wenn diese Qualitäten in unmittelbarem Zusammenhang mit der Kindererziehung vorgelebt werden, erhalten Kinder eine Vorstellung davon und können von ihnen später, wenn sie älter werden, in ihre eigene spirituelle Übungspraxis eingebracht werden.

Was die Übungspraxis an unserer Schule angeht (tägliche Meditation, tägliche Körperübungen und tägliches Studium etc.), so weisen wir darauf hin, daß diese empfohlenen Übungen jedoch erst an zweiter Stelle nach der rechten und aufmerksamen Fürsorge für die Kinder stehen. Es gibt auch eine ganze Ebene subtiler Zustände (beispielsweise Elemente aus Beziehungen, Großzügigkeit, Mitgefühl, Geduld, Freundlichkeit), und diese braucht man gewiß nicht wegen eines Kindes aufzugeben, sondern sollte sie einfach bei der Erziehung des Kindes anwenden.

Es ist sehr bedeutsam für das eigene spirituelle Leben, wenn man diszipliniert ist, Yoga oder etwas anderes übt, meditiert und all diese Dinge macht, doch die höchste Disziplin ist die Erziehung eines Kindes mit Liebe und Verantwortungsbewußtsein. Die spirituelle Verantwortung einer Mutter liegt also darin, eine Umgebung zu schaffen, in der das Kind eine Beziehung zu Gott haben kann. Eine Mutter, die dieser Verantwortung keine

Beachtung schenkt und statt dessen stolz darauf ist, daß sie jeden Tag meditiert und ihre Körperübungen macht, während das Kind vernachlässigt oder zu einem „Babysitter" abgeschoben wird, macht sich einfach lächerlich.

Eine Mutter (und der Vater) macht aus ihrem Kind im Grunde entweder einen Menschen, der das Leiden Gottes noch vergrößert, oder einen Menschen, der dazu beiträgt, das Leiden Gottes zu lindern. Die Mutter gleicht in dieser Hinsicht fast einem Gott, indem sie etwas erschafft, das entweder dem Prozeß des Lebens auf der Erde und sogar im gesamten Universum *dient*, oder etwas, das diesem Prozeß schaden und ihn von der Bahn abbringen wird.

Verlieren wir etwas?

Wenn Sie ein Kind bekommen, geben Sie als Erwachsener im Prinzip einen Teil Ihrer selbst für die Entwicklung dieses Kindes hin (Sie *geben* etwas *auf*), es sei denn, Sie haben bereits eine extreme Reife erlangt und sind in Ihren vier unteren Chakras[1] voll entwickelt. Selbst als reifer Mensch geben Sie etwas, doch dann haben Sie ein klares und bewußtes Verständnis davon und „verlieren" nicht, was Sie geben, Sie gewinnen sozusagen dadurch, daß Ihr Kind zu einem reifen Menschen heranwächst.

Solange Sie keine Kinder hatten, mag für Sie als Allein-Übendem auf dem spirituellen Weg alles wunderbar gelaufen sein, und Sie hatten vielleicht das Gefühl, die „Nicht-Dualität"[2] wirklich in Ihr Leben gebracht zu haben. Doch plötzlich haben Sie ein Kind, und schon ist die Nicht-Dualität durchs Fenster auf und davon...; so kommt es, daß Sie etwas „verlieren", und das ist es, was Sie an Ihrem Kind festhalten läßt. Und dann müssen Sie diese Weisheit wieder in Ihr Leben zurückbringen, vorausgesetzt natürlich, Sie haben sie jemals besessen, und zwar dadurch, daß Sie Ihren Kindern voll und ganz erlauben, als *Mensch* zu sein, wer sie sind – und nicht als „Ihre" Kinder.

Andererseits ist es aber auch lächerlich, durch die Gegend zu laufen und von „dem" Kind zu sprechen (ein Versuch, so zu tun, als würde man nicht festhalten). Es gibt Menschen, für die diese Form der Formulierung einen Überlebensmechanismus darstellt. Sie können nicht einmal die Worte „*mein* Kind" aussprechen – es wäre zu bedrohlich, so intim, so eng verbunden und so verantwortungsvoll zu sein. „Das Kind" zu sagen, beispielsweise in folgendem Zusammenhang: „Schatz, das Kind hat gerade seine Milch verschüttet!", ist ein Weg, die Beziehung zu leugnen, ja sogar sie von sich zu weisen, und kein Kind ist so unsensibel, daß es dies nicht spürt, und das hat für ein Kind verheerende Folgen. Kinder *setzen* Beziehungen *voraus* – als eine gegebene, still vorhandene Konstante in der Realität des Lebens. Zu erkennen, daß es von einem Elternteil abgelehnt wird, kann für ein Kind nichts anderes als ein Schock sein, der die Wahrheit seiner Sicht erschüttert und es dazu bringt, eine Lüge zu leben.

Gleichzeitig stellt die unbewußte Wahrnehmung dieses Menschenwesens im besitzergreifenden Sinne ein Festhalten dar. Das heißt, unsere Kinder *sind* zwar unsere Kinder, aber sie sind *kein Objekt*. Für eine Frau, die neun Monate lang ihr eigen Fleisch und Blut in ihrem Körper genährt hat, wird es zum Beispiel sehr schwierig werden, nicht in irgendeiner Weise, nicht einmal unbewußt an dieses Wesen als „etwas“ zu denken, das ihr gehört, statt eine von Achtung und Anerkennung geprägte Beziehung zu ihm zu haben. Dieses Wesen nicht als „ihren Besitz“, als ihr „Territorium“, als ihr „Ding“ (außer im höchsten Sinne – daß jeder von uns alles ist!) zu empfinden, ist jedoch der einzige Weg, wie eine Frau das zurückholen kann, was sie gegeben hat, als sie ihr Kind bekam. Unsere Kinder gehören uns in derselben Weise, wie wir unseren Kindern gehören – nicht auf jene ausschließende Art, daß sie unser Besitz sind und wir der ihre, sondern einfach nur, weil wir Mutter (oder Vater) und Kind sind, und die Wirklichkeit dieser Beziehung ist vollkommen natürlich, organisch und so-wie-sie-ist.

Den eigenen Standort kennen

Von allen Lebensgemeinschaften, die ich gesehen habe, ist die unsrige eine der wenigen, die Kindern so viel Freiheit bietet, wie es nur möglich ist, sich auch an solchen Orten frei zu bewegen, an denen es eher formell zugeht, ihre Meinung so frei auszusprechen, wie es unsere Kinder tun, und zusätzlich zur normalen Ernährung jede Menge extra „Leckereien“ zu bekommen und ähnliche Dinge. Daran möchte ich nichts ändern. Die Kindererziehung ist ein Bereich, in dem meine Schüler einen schwierigeren Übungsweg (*Sadhana*) haben als viele Menschen in den meisten anderen Gemeinschaften.

In den meisten Gemeinschaften haben Kinder keinen Zugang zu den offiziellen Meditationsräumen und Gebetsstätten (es sei denn, ihr Benehmen ist das, was deutsche Eltern – vielleicht nicht unbedingt die jetzige, aber ganz bestimmt die vorherige Generation – als „gutes Benehmen“ bezeichnen würden). Wir machen in dieser Hinsicht jede Menge Kompromisse, und das, wie ich meine, zu Recht. Es ist sehr schwierig, das Leben einer Gemeinschaft wie der unsrigen zu führen, für die das

Wohlergehen der Kinder an erster Stelle steht, und gleichzeitig jenen Respekt gegenüber Räumen und Stätten zu wahren, den wir zu wahren versuchen.

Es ist keine leichte Aufgabe, unseren Kindern die Freiheit zu lassen, sich auszudrücken, ohne daß wir selbst dabei zum Tyrannen werden. Es ist eine sehr schwierige und manchmal auch verwirrende Aufgabe, in der von uns vorgeschlagenen Art und Weise zurecht zu kommen. Natürlich ist es auf lange Sicht zu unserem eigenen Vorteil und zum Nutzen unserer Kinder, wenn wir all die Dinge herausfinden, die wir herausfinden müssen, damit wir unseren Kindern ermöglichen können, vertrauensvoll, weise und anständig aufzuwachsen. (Und es geht nicht nur darum, das herauszubekommen, was wir herausbekommen müssen, sondern auch darum, damit zurechtzukommen, sobald wir es herausgefunden haben.)

In einer mir bekannten spirituellen Gemeinschaft waren die Regeln sehr klar, und jeder, der sie nicht befolgte, hatte am betreffenden Ort nichts zu suchen. Alles war ganz klar geregelt. Es gab weder persönliches Ermessen noch Toleranz: Wer in den Meditationssaal kommt, setzt sich hin, bewegt sich nicht, hustet nicht, gibt keinen Ton von sich und bewegt keinen einzigen Muskel. Die Vorschriften waren ganz präzise und ließen keinerlei Ermessensspielraum. Als ein kleines Kind von vielleicht zweieinhalb Jahren einen „Bums“ von sich gab, wurde die Mutter von einer Aufsichtsperson aufgefordert, mit dem Kind den Raum zu verlassen. Dadurch bringt man meiner Meinung nach Kindern bei, alle analen Äußerungen zu unterdrücken, bzw. man zeigt ihnen dadurch indirekt, daß sie schlecht sind, nur weil sie „Wind“ abgehen lassen.

In einer solchen Schule mögen die Anforderungen schwierig, ja sogar unrealistisch und grausam sein, doch eigentlich sind sie wesentlich leichter zu erfüllen als in einer Schule wie der unsrigen, wo man so viele Dinge für sich selbst herausfinden, so viele Entscheidungen situationsabhängig immer wieder neu treffen und dann sechs Dinge auf einmal erledigen muß, sobald man diese Dinge herausgefunden hat. Man muß mit seinen Kindern zurechtkommen, man muß mit seiner eigenen Aufmerksamkeit am jeweiligen Ort klarkommen, und man muß sich an sämtliche Regeln erinnern, die für diesen Ort gelten. Wir stehen vor einer sehr ungewöhnlichen Aufgabe, die wesentlich schwieriger ist, als sich ein durchschnittlicher Erwachsener überhaupt vorstellen kann.

Es mag häufig vorkommen, daß sich die Kommentare anderer vorlauter und rechthaberischer Erwachsener für uns anhören wie das „kritische Eltern-Ich“[3], vor allem in der Öffentlichkeit, an „weltlichen“ Orten, wo so wenige Menschen versuchen, ihre Kinder spirituell zu erziehen. All diese

Menschen werden mit unseren elterlichen Entscheidungen nicht einverstanden sein und vielfach das Gefühl haben, es sei ihr unumschränktes Recht, uns zu korrigieren oder einzuschreiten. Wir müssen daher besonders geduldig, diplomatisch und geschickt sein, wenn wir uns auf öffentlichem Grund und Boden bewegen.

Außerdem sollten wir, wenn wir das Gefühl haben, dieses kritische „Eltern-Ich" zu hören, nicht gerade wie unverschämt freche Teenager reagieren, weder nach dem Motto „Auge um Auge", noch mit widerspenstigem Groll oder aktivem Widerstand. Wir sollten begreifen, wie schwierig unsere Entscheidungen aufrechtzuerhalten und in die Praxis umzusetzen sind, und wir sollten einfach mit aller Kraft auf die Stärke unseres Engagements und unserer Vernunft zugreifen. Denn es *ist* schwierig. Wir haben eine enorm schwierige Aufgabe zu erfüllen. Nicht nur als Eltern, denn in gewisser Hinsicht sind alle Erwachsenen für alle Kinder verantwortlich. Darum sind es nicht nur die Eltern, die sich um ihre Kinder kümmern müssen, allein und ohne die Hilfe anderer. Wir alle müssen uns für einen bewußten, spirituellen und liebevollen Umgang mit Kindern engagieren, für eine bewußte, spirituelle und liebevolle Erziehung von Kindern und für den Erhalt einer Umgebung, in der Kinder sich voll entfalten können, beschützt in ihrer Freiheit, zu sein, wer sie sind, geliebt, umsorgt, geachtet und unterstützt zu sein. Der durchschnittliche Erwachsene hat so große Angst vor dieser Unschuld, ist so verkrüppelt in seiner eigenen Lebendigkeit und seinem Ausdruck, daß ihm eine solche Lebensfülle als Greuel erscheint.

Schlußbetrachtung

Beziehung wächst durch das Wechselspiel von Verzicht und Annahme. In der Ehe verzichten wir auf alle anderen potentiellen Partner, um den Menschen anzunehmen, für den wir uns entschieden haben und mit dem wir unser Leben verbringen wollen. Durch die Entscheidung und unser Engagement für den anderen, als Aspekte der Liebe, nähren wir diese Beziehung, damit sie in unserer spirituellen Arbeit als ein heiliges Werkzeug des Dienens und der Hingabe wachsen kann. Im spirituellen Leben verzichten wir auf viele weltliche Zerstreuungen, um unsere Energie Gott zu widmen und ihm zu dienen. Mit der Entscheidung, Kindern unser Herz zu öffnen, sei es als Eltern oder als Freunde, lassen wir viele andere mögliche Bestrebungen los. Diese Entscheidung, aus ganzem Herzen getroffen, erlaubt uns, die Praxis des Zusammenseins mit Kindern als einen zentralen Aspekt unserer spirituellen Arbeit anzunehmen. Und in diesem Annehmen werden wir erkennen, welche anderen Formen des Dienens zu unserer spirituellen Arbeit und unserem Spiel mit Kindern passen mögen.

In dem Maße, wie der Sadhana, der spirituelle Übungsweg, von uns verlangt, die großen und kleinen Dinge loszulassen, an denen wir festhalten und die uns eigentlich vom wahren Leben ablenken (auch wenn sie das Leben angenehmer zu machen scheinen), schaffen wir in unserer Aufmerksamkeit Raum für das, was wirklich ist. Wenn wir die Vorstellung aufgeben, daß wir unbedingt eine ganze Nacht durchschlafen müssen, daß wir regelmäßigen Geschlechtsverkehr mit unserem Partner brauchen oder daß wir unbedingt die Kinobesuche und die anderen Vergnügungen benötigen, die uns einst eine so liebe Gewohnheit waren, um statt dessen so auf unsere Kinder einzugehen, wie es die Situation erfordert, dann machen wir uns frei für die erneute Verbindung mit unserer eigenen unbelasteten Unschuld, dadurch daß wir uns mit der Unschuld unserer Kinder verbinden. Indem wir die Verhaftungen, Verführungen, Zerstreuungen, und Faszinationen loslassen, die uns von unseren Kindern, unseren Partnern und den uns nahestehenden Menschen ablenken und isolieren, können wir die reine Freude objektiver und wahrhaft menschlicher Beziehungen entdecken – die überwältigende Realität der Liebe mit ihren unermeßlichen und grenzenlosen Möglichkeiten.

Anmerkungen

Zu Kapitel 1

1. Jean Liedloff, *The Continuum Concept*, Penguin, New York und London, die deutsche Übersetzung erschien unter dem Titel *Auf der Suche nach dem verlorenen Glück*, Beck, München, 1980.
Anmerkung der Übersetzerin: Jean Liedloff hat mehre Jahre bei den Yepuana-Indianern im venezolanischen Urwald gelebt, die noch über ein bei uns längst vergessenes, natürliches Wissen um die ursprünglichen Bedürfnisse von Kleinkindern verfügen. In diesem Buch beschreibt sie das harmonische Zusammenleben dieser Menschen.

2. *Hom Sahaj Mandir Study Manual,* Prescott, AZ: Hohm Press, 1996, S. 77.

Zu Kapitel 2

1. Der „Krampf" bezieht sich auf eine ganze Reihe körperlicher, psychischer und emotionaler bzw. psychophysischer Erscheinungen, die denen eines Muskelkrampfes sehr ähnlich sind. Diese Krämpfe können den Körper in offensichtlicher oder subtiler Weise beeinflussen. Sie wirken außerdem auf Geist und Emotionen, dadurch daß sie freie und „erleuchtete" Aktivitäten beeinträchtigen bzw. erschweren.

2. Alice Miller ist Autorin zahlreicher Bücher. In deutscher Übersetzung sind u. a. erhältlich:
Das Drama des begabten Kindes und die Suche nach dem wahren Selbst, Suhrkamp, Frankfurt, 1996.
Abbruch der Schweigemauer, Hoffmann und Campe, Hamburg, 1990.
Du sollst nicht merken, Suhrkamp, Frankfurt, 1983.
Ihre Bücher gelten als unbedingte Pflichtlektüre für jedermann, der eine bewußte und spirituelle Elternschaft in die Tat umsetzen möchte.

3. Konrad J. Stettbacher, *Making Sense of Suffering*, E. P. Dutton, New York, 1991, S. 32 + 34. Die Übersetzung des Zitates stammt von der Übersetzerin des vorliegenden Buches.
Auf Deutsch ist dieses Buch erschienen unter dem Titel: Konrad J. Stettbacher, *Wenn Leiden einen Sinn haben soll. Die heilende Begegnung mit der eigenen Geschichte,* Hoffmann u. Campe, Hamburg, 1993.

4. *Hom Sahaj Mandir Study Manual,* S. xx

Zu Kapitel 3

1. Der Ausdruck „echte oder wirkliche Gefühle" wird hier im Sinne der Lehre von G.I. Gurdjieff verwendet, im Gegensatz zu „Emotionen", die dem limbischen System des Gehirns entstammen. Bei diesen Emotionen handelt es sich im wesentlichen um von der „Persönlichkeit" geprägte, egozentrische Versionen bestimmter echter Gefühlszustände wie Traurigkeit, Freude oder Angst, während wirkliche Emotionen aus dem „höheren Gefühlszentrum" stammen, also aus dem seelisch-geistigen Bereich, als wahre Reaktion auf eine Situation.

Zu Kapitel 4

1. Essenz: Jene grundlegende bzw. essentielle Qualität eines Menschen, eines Ortes oder Gegenstandes, welche keine Manifestation der Psyche, der Persönlichkeit oder des getrennten Selbstes ist.

2. Kristallisierung: Bezieht sich in diesem Fall auf eine Art Verhärtung oder Erstarrung der Psyche eines Menschen, die auf dem Bedürfnis beruht, sich gegen die bedrohlichen Forderungen oder heftigen Angriffe der Menschen und Umstände (einschließlich des Ansturms der Medien auf die Sinne eines Kindes) in seiner Umwelt zu verteidigen.

3. George Gurdjieff beschrieb drei Arten von „Nahrung", die der menschliche Organismus für sein Leben braucht: die normale Nahrung, die wir essen (physische Nahrung), die Luft, die wir atmen, und unsere Eindrücke.

4. Joseph Chilton Pearce, *Magical Child,* Bantam, New York, 1977
Joseph Chilton Pearce, *Evolutions End,* Harper, San Francisco, 1992
Joseph Chilton Pearce, *Der nächste Schritt der Menschheit,* Arbor, Fr., 1994

5. Satya Sai Baba und Swami Premandanda sind zeitgenössische indische Weise, die bekannt sind für ihre Fähigkeit, Gegenstände (Süßigkeiten oder heilige Steine und andere heilige Gegenstände) aus „dünner Luft" bzw. im Falle von Premananda aus dem eigenen Körper zu materialisieren. Der aus Israel stammende Uri Geller hat ein breites Spektrum an faszinierenden parapsychologischen Phänomenen wie Psychokinese, Telekinese und Teletransport demonstriert, viele davon unter strengen Laborbedingungen. Swami Rama war ein großer Yogi, den man bei der Menninger Foundation genau untersucht und dessen Fähigkeiten man überprüft und beobachtet hat, seinen Herzschlag auf nicht mehr meßbare Werte zu verlangsamen, zum selben Zeitpunkt in jeder Hand eine andere Körpertemperatur zu erzeugen und so weiter.

6. Inhalt und Kontext (Engl: *content and context*): Der Kontext ist die Gesamtmatrix bzw. das Feld, in dem alle speziellen Ereignisse, Objekte und sämtliche spezifischen Formen entstehen. Den Kontext für das Leben eines Kindes bereitzustellen würde an dieser Stelle im Sinne des Autors bedeuten, weitreichende und universale Prinzipien bzw. Werte wie Freundlichkeit, Großzügigkeit und Mitgefühl als Rahmen für das Leben des Kindes bereitzuhalten. Mit Inhalt sind auf makrokosmischer Ebene die unzähligen spezifischen Formen und Erscheinungen der Schöpfung gemeint. Hier wird dieser Begriff auf einer eher mikrokosmischen Ebene verwendet und bezieht sich auf die Details, Feinheiten und Einzelheiten, aus denen sich jede beliebige Situation, Vorstellung oder Sache zusammensetzt.

a) *Anmerkung der Übersetzerin:* Ein Mensch, der ständig oder übertrieben optimistisch ist. Benannt nach der Hauptperson des Romans *Pollyanna* von Eleanor Porter, amerik. Schriftstellerin, 1868–1920.

b) *Anmerkung der Übersetzerin:* Auf Deutsch etwa: *Stromer, Taugenichts, Herumtreiber.*

Zu Kapitel 5

1. Louis Lozowick gilt als einer der herausragendsten Lithographen des zwanzigsten Jahrhunderts. Seine Werke sind in den Sammlungen des Smithsonian Institute, des Whitney Museums und des Metropolitan Museum of Art in New York und anderen Museen auf der ganzen Welt ausgestellt. Siehe auch: *Survivor From A Dead Age: The Memoirs of Louis Lozowick,* Virginia Hagelstein Marquardt, Smithsonian Institution Press, Washington DC, 1997.

2. Lee Lozowick, *The Alchemy of Love and Sex,* Prescott, AZ, Hohm Press 1996, S. 6–9, deutsche Übersetzung derzeit vergriffen, keine Neuauflage (*Die Alchimie der Wandlung,* Hrsg. Regina S. Ryan, Edition Freilich)

3. Ramakrishna: Indischer (hinduistischer) Heiliger, lebte im 19. Jahrhundert, bekannt für seine Verehrung der Göttin Kali.

4. Shiva und Shakti stehen im Hinduismus für die archetypischen männlichen bzw. weiblichen Aspekte des Göttlichen und beziehen sich auf Kontext und Bewußtsein (Shiva) bzw. auf Form und Manifestation (Shakti).

a) *Anmerkung der Übersetzerin:* Davy Crockett, legendärer „König des Wilden Westens", amerikanischer Nationalheld, Soldat und Politiker, wurde am 17. August 1786 in Greene County, Tennessee, geboren und kam am 6. März 1836 in der Schlacht von Alamo ums Leben.

b) *Anmerkung der Übersetzerin:* Fess Parker spielte im Walt Disney-Film *Davy Crockett and the River Pirates* die Rolle des Davy Crockett.

c) *Anmerkung der Übersetzerin:* Im amerikanischen Original wird an dieser Stelle der Gift-Sumach, *Rhus toxicodendron,* genannt – ein Kletterstrauch Ostasiens und Nordamerikas, dessen giftiger Milchsaft u. a. Hautausschläge verursacht. Wird als Arzneipflanze, z. B. in der Homöopathie, eingesetzt.

Zu Kapitel 6

1. John Holt und Jean Liedloff haben mit ihrer Arbeit das von Lee Lozowick vertretetene Erziehungsmodell stark beeinflußt. In Kapitel 9, *Erziehung fürs Leben,* werden diese Prinzipien ausführlicher erläutert.

Zu Kapitel 8

1. Der *est course,* das Erhard Seminar Training, wurde in den frühen siebziger Jahren von Werner Erhard entwickelt. Bestandteil dieses Trainings ist unter anderem auch eine sehr effektive und provokative Methode mit dem Ziel, daß man sich selbst jene Wahrheiten eingesteht, vor denen man bislang die Augen verschlossen hat.

Zu Kapitel 9

1. Jean Liedloff, The Continuum Concept (*Auf der Suche nach dem verlorenen Glück*), Penguin, New York und London 1975, 1987, S. 35.

2. Joseph Chilton Pearce, *Magical Child,* EP Dutton, New York, 1977.

3. Idries Shah, *Learning How to Learn: Psychology and Spirituality in the Sufi Way,* New York, Penguin, Arkana, 1978.

a) *Anmerkung der Übersetzerin:* Mit dem Bar bzw. Bat-Mitzvah-Fest wird die Aufnahme eines jüdischen Jungen bzw. Mädchens in die Welt der Erwachsenen und die symbolische Übertragung der dazugehörigen Rechte und Pflichten gefeiert. Ein Junge ist *Bar Mitzvah* am Tag seines 13. Geburtstages, ein Mädchen erreicht *Bat Mmitzvah* bereits mit zwölf Jahren.

Zu Kapitel 10

1. Mit „Yin" und „Yang" werden im Taoismus die beiden im Universum herrschenden Energiekräfte bezeichnet. Dabei entspricht dem Yin das Weibliche, das Dunkle, das Nasse, die Mondkraft, die Zentripetalkraft, d. h. die zum Mittelpunkt hin, nach innen treibende Kraft, während dem Yang das Männliche, das Licht, das Trockene, die Erde, die Zentrifugalkraft, d. h. die nach außen treibende Kraft, entspricht. Wenn es in dem hier genannten Beispiel heißt, daß ein Kind eine Zeitlang der Yin-Energie ausgesetzt war, so ist damit gemeint, daß das Kind in seiner Bewegungsfähigkeit eingeschränkt, konzentriert, nach innen gekehrt war. Yang-Energie zu erfahren würde hingegen bedeuten, lebhaft, in Bewegung und extrovertiert zu sein.

Zu Kapitel 11

1. Notfall-Tropfen (Rescue Remedy): Eine Kombination von Bachblüten-Essenzen, die eingesetzt wird, um das energetische System nach einem Schock oder Trauma jeglicher Art wieder ins Gleichgewicht zu bringen.
2. Claudio Naranjo, *The End of Patriarchy: The Triune Society.*

Zu Kapitel 12

1. Chakras: Aus physiologischen und metaphysischen Systemen des Ostens stammender Begriff, mit dem Energiezentren bezeichnet werden.
2. Nicht-Dualität: Nicht-Zweiheit. Das objektive Prinzip der Realität, in der von Natur aus alle Dinge eins sind. Das spirituelle Verständnis meint damit die Erkenntnis, daß alles eins ist bzw. daß alles Gott ist.
3. Der Begriff „Kritisches Eltern-Ich" (critical parent) bzw. „Eltern-Ich-Zustand" wurde vom Psychologen Eric Berne, dem Begründer der Transaktionsanalyse, geprägt und bezieht sich auf den Teil des Bewußtseins, der die verinnerlichten Eltern (und andere Autoritätspersonen) in uns repräsentiert, eine Stimme, die alles beurteilt und in der Regel Grund zu einer „kritischen", ablehnenden Reaktion findet.

Weitere Bücher aus dem Verlag Via Nova:

Gott, Mensch und Welt

Die Drei-Einheit der Wirklichkeit

Raimon Panikkar

Herausgegeben von Roland R. Ropers

216 Seiten, gebunden – ISBN 3-928632-40-X

Einer der großen Wegweiser der Menschheit in das neue Jahrtausend ist Raimon Panikkar. R. Ropers würdigt in diesem Buch das Werk des universalen Gelehrten, des hochangesehenen Philosophen und spirituellen Meisters und bringt dem Leser die bahnbrechende Theologie und Spiritualität für ein neues Verstehen der *einen* Wirklichkeit nahe, die sich in Zeit und Ewigkeit, in Diesseits und Jenseits manifestiert. Der in drei Fächern promovierte Wissenschaftler, Gastprofessor an über hundert Universitäten, hat mehr als 40 Bücher in sechs Sprachen geschrieben. In diesem Buch kommt in den hochaktuellen Beiträgen und Ausschnitten aus dem Lehrwerk Panikkars die genialintegrative Dialogfähigkeit zum Audruck, die östliche und westliche Spiritualität miteinander verbindet.

Die bedeutende Grundidee des genialen Wissenschaftlers und spirituellen Lehrers Raimon Panikkar sind eine Hilfe und geistige Wegbegleitung für die Herausforderungen des Menschen im kommenden Jahrhundert und des Christentums im dritten Jahrtausend.

Suche nach der Wahrheit

Wege – Hoffnungen – Lösungen

Willigis Jäger

232 Seiten, Paperback – ISBN 3-928632-41-8

Spirituelle Weisungen aus der Sicht des Mystikers

Wer bin ich? Woher komme ich? Warum bin ich? Welcher Weg führt zur Wahrheit? Welches Leben eröffnet Sinn? Nur in der Tiefe unseres Seins gibt es eine wahre Antwort auf diese bohrenden Fragen. Um sich dieser Wahrheit zu nähern, wurde dieses Buch geschrieben. Der Verfasser begleitet den Leser auf der Suche nach der Wahrheit. Alle wichtigen Themen des spirituellen Lebens werden behandelt und zur christlichen Mystik, zu den Erkenntnissen der Naturwissenschaften und der Transpersonalen Psychologie in Bezug gesetzt. Ein spiritueller Meister unserer Zeit hat den Mut, grundlegende Glaubensinhalte des Christentums aus der Sicht des Mystikers neu zu interpretieren. Er will die Erkenntnis vermitteln, daß allein die religiöse Erfahrung zu den Quellen der Religion führen kann und so mithelfen, daß das kommende „Jahrhundert der Metaphysik" für alle Religionen eine Zeit der Regenation wird.

Geburtsstunde des neuen Menschen

Hugo Makibi Enomiya-Lassalle zum 100. Geburtstag

Roland R. Ropers

204 Seiten, gebunden – ISBN 3-928632-38-8

Kosmisches Bewußtsein für den Menschen der neuen Zeit

Der bedeutende Lassalle-Kenner Roland R. Ropers, Herausgeber der wichtigsten Lassalle-Bücher in Deutschland, hat zum 100. Geburtstag von Pater Lassalle das geistige Vermächtnis dieses bedeutenden spirituellen Lehrers verdichtet. In diesem Buch werden die wichtigsten spirituellen Weisungen und Einsichten des großen christlichen Zenmeisters über den Zen-Erleuchtungsweg und die christliche Mystik dargestellt. In einem zweiten Teil erfährt der Leser, was Lassalle selbst in visionärer Schau für die nächste Zukunft über den Menschen in einem neuen integralen Bewußtsein gesagt bzw. geschrieben hat. Dem Verfasser ist es gelungen, die spirituelle Leuchtkraft des von vielen verehrten und geliebten Zenmeisters erneut zum Strahlen zu bringen.

Die Vision des göttlichen Menschen

Barbara Schenkbier

424 Seiten, gebunden, Einband Kunstleder mit Goldaufdruck,
21 ganzseitige Bilder, Zweifarbendruck,
ISBN 3-928632-18-3

Das Buch ist ein umfassendes Standardwerk, das den Durchbruch einer neuen Evolutionsstufe im menschlichen Bewußtsein des Menschen vorbereiten hilft. Aufbauend auf wissenschaftlichen Erkenntnissen und der mystischen Tradition aller Religionen führt es zu einem tieferen Wissen über das menschliche Bewußtsein, um dann den Weg zum göttlichen Menschen zu beleuchten. Alle wichtigen Schritte werden beschrieben, wesentliche Übungen aus einer neuen Sicht heraus dargestellt und die Transformationsstufe zu einem neuen Bewußtsein geschildert.
Beim Lesen und Anwenden der beschriebenen Wahrheiten eröffnet sich dem Leser eine neue Sicht über den Sinn des Lebens. Alle, die den geistigen Weg beschreiten, werden ihn besser verstehen, ihn bewußter, mutiger und konsequenter weitergehen.
Das Buch ist aus der eigenen, spirituellen Erfahrung der Autorin heraus geschrieben und eröffnet den Blick in eine Zukunft, die die evolutionäre Schöpferkraft selbst schaffen wird.

Die verborgene Blüte

Über die psychologischen Hintergründe der Spiritualität

Han F. de Wit

288 Seiten, gebunden,
ISBN 3-928632-42-6

Warum strahlen manche Menschen Lebensfreude aus, andere aber Lebensangst? Warum wachsen die einen an ihren Leiden, während andere an ihnen zerbrechen? Wie kann ich ein glücklicher Mensch werden, zu mir selbst finden? Welche Hilfen bietet die Psychologie? Die Antworten darauf stehen im Zentrum der *kontemplati en Psychologie.* Sie beziehen sich auf eine verborgene Blüte, die sich tief im Kern unseres Wesens entfaltet. Ihre Früchte – Lebensmut, Lebensfreude, Erbarmen und Klarheit des Geistes - sind in diesem Buch gegenwärtig mit all unserem Handeln, im Umgang mit uns selbst.

Der innere Schrei nach Erlösung

Befrciung von innen

François Brune

256 Seiten, gebunden,
ISBN 3-928632-44-2

Die Welt als Hologramm – Erlösung von innen

Während viele das Ende des Christentums voraussagen, unterstreicht der Verfasser die absolut einzigartige Bedeutung des Christus für die Entwicklung der Menschheit. Anders als die philosophische Theologie ist die mystisch-holographische Theologie darauf ausgerichtet, von innen heraus wirksam zu werden. Brune versteht die Welt als ein Hologramm, in dem alles mit allem verbunden ist, also auch jede Seele mit jeder anderen – und mit Christus, der aus der Tiefe einer jeden Menschenseele als Mittelpunkt des kosmischen Hologramms erstrahlt. Unfaßbar? Aber wie, wenn es wahr wäre? Das gilt es in diesem Buch zu entdecken, das so fesselt wie eine Abenteuerreise – die Reise in die mystische Erfahrung.

Yoga - Schlüssel zur Streßbewältigung

Ganz entspannt im Hier und Jetzt

F. Jürgen Schell

136 Seiten, geb. Broschüre,
ISBN 3-928632-48-5

In diesem Buch erläutert der Autor, selbst Arzt und Yogalehrer, die neuesten Forschungsergebnisse über die körperliche Streßreaktion und ihre gesundheitlichen Folgen. Die psychischen und körperlichen Faktoren einer modernen Streßbewältigung werden erklärt, wodurch der Leser versteht, warum speziell der Hatha-Yoga das ideale Verfahren für eine erfolgreiche Streßbewältigung darstellt. Die Problematik, eine spirituelle Disziplin so zu funktionalisieren, diskutiert der Verfasser ebenso wie die Beeinflussung des Nervensystems durch Yogatechniken im Zusammenhang mit der Evolution des Bewußtseins. Die Sachverhalte werden von der wissenschaftlich-physiologischen Untersuchung über die psychologische Beobachtung bis zu spirituellen Erkenntnissen dargestellt.

AIKI-DO

Atem, Bewegung und spirituelle Entwicklung

Winfried Wagner

152 Seiten, geb. Broschüre, 100 Fotos
ISBN 3-928632-50-7

Ausgehend von einer allgemeinen Bewegungs- und Atemlehre skizziert dieses Buch die Merkmale einer grundlegenden Lebensenergie (KI), und über eine allgemeine zwischenmenschliche „Bewegungslehre" die Grundzüge der möglichen Entwickung unseres Bewußtseins. Diese allgemeinen Ausführungen sind für alle Interessenten meditativer Bewegungskünste und lebensenergetischer Übungs-Wege aufschlußreich. Für den Praktiker sind Übungshinweise und -beispiele eingeflochten, die aber auch dem interessierten Laien einen konkreten Eindruck von der Praxis des AIKI-DO vermitteln. Zusammen mit den eingeflochtenen Lebensweisheiten aus veschiedenen Kulturkreisen und den geschilderten persönlichen Erfahrungen des Autors soll aufgezeigt werden, daß die Essenz des AIKI-DO eine universale und nicht spezisch japanische ist.

Der hier vertretene Ansatz ist ein leiborientiertes, interaktionales und bewußtseinszentriertes Verständnis von AIKI-DO jenseits allem historisch bedingten Beiwerks. Persönliche Erfahrungen einer dreißigjährigen Übungspraxis, auch in Meditation und anderen lebensenergetischen Verfahren, fließen ebenso ein wie Erkenntnisse aus verschiedenen Wissenschaftsbereichen.

Selbsterkenntnis und Heilung

Die Auflösung der emotionalen Energieblockaden

Jordan P. Weiss

232 Seiten, gebunden, 21 Zeichnungen,
ISBN 3-928632-28-0

Die in diesem Buch dargestellte Methode „Psychoenergetics" wurde von Dr. Jordan Weiss entwickelt, einem Spezialisten auf den Gebieten Streßbewältigung, Verhaltensmedizin, personaler Transformation und chronischer Erkrankungen. Diese Methode schafft Zugang zu dem unbewußten Selbst und läßt Sie verborgene, falsche Denk- und Verhaltensmuster entdecken und auflösen, die Sie daran hindern, alle positiven Möglichkeiten des Lebens auszuschöpfen und ein glückliches Dasein zu führen.

Mit den Methoden der „Psychoenergetics" können Sie folgendes erlernen:

Ärger, Angst und Unsicherheit freizusetzen; Blockaden zu entdecken, die Sie am Erreichen Ihrer Ziele hindern; Selbstsabotage zu eliminieren; sich von Schmerzen zu befreien; Schmerzen bei Menschen zu lindern, die Sie lieben; Liebe und Glück zu empfangen und negative Energien aufzulösen.

Wenn es verletzt, ist es keine Liebe

Wege zu erfüllenden Beziehungen

Chuck Spezzano

416 Seiten, gebunden, **3. Auflage** – ISBN 3-928632-20-5

Dieses Buch verändert Ihr Leben. Ein Wissender zeigt den Weg, wie Sie ein Leben führen können, das erfüllt ist von Liebe und Verstehen, von Freude und Glück. Sie erfahren in 366 Kapiteln wichtige Lebensgrundsätze, die Ihre zwischenmenschlichen Beziehungen auf eine höhere Ebene heben.
Die Weisheit der Liebe, die der Verfasser in jahrzehntelanger Forschungsarbeit als Psychotherapeut, als weltweit bekannter Seminarleiter, als visionärer Lebenslehrer entdeckt und in klare Weisungen umgesetzt hat, verwandelt Sie und berührt Ihr wahres Wesen, das Liebe ist.
Durch die angebotenen Übungen, die das theoretisch Erkannte auch in den praktischen Alltag umsetzen, wird das Buch zu einem Wegbegleiter und Ratgeber in bedrängenden Beziehungsnöten. Sie reifen in Ihrer Selbsterkenntnis, können Ihre Beziehungen in Partnerschaft und Freundschaft neu ordnen, vertiefen und intensivieren.

Karten der Erkenntnis

auf dem Weg nach innen

Das Buch der Erkenntnis

Chuck Spezzano

48 künstlerisch gestaltete Karten, Buch: 144 Seiten, **2. Auflage,**
ISBN 3-928632-32-9

Wollen Sie mehr Selbsterkenntnis gewinnen, persönliche Ziele und verborgene Wünsche erkennen, die Beziehungen im Privat- und Berufsleben verbessern, Ursachen für Probleme herausfinden und auflösen, Hindernisse auf dem Weg nach innen beseitigen? Dann sind die Karten der Erkenntnis und deren Erklärung eine große Hilfe. Sie sind einfach zu benutzen, hilfreich und inspirierend. Ganz gleich, ob Sie „sofortige Antworten" auf alltägliche Fragen oder langfristige Lösungen für die großen Herausforderungen des Lebens suchen, es wird Ihnen und Ihren Freunden helfen, positive Entscheidungen zu fällen und Veränderungen für eine bessere Zukunft herbeizuführen. Im beiliegenden Buch der Erkenntnis findet der Leser den Schlüssel zum Verständnis und zur Verwendung der Erkenntnis-Karten. Chuck Spezzano erläutert im einzelnen die Bedeutung aller 48 Karten und erklärt eine Vielzahl von Möglichkeiten, mit ihnen zu arbeiten und sie zu deuten. Außerdem werden über zehn verschiedene Legesysteme beschrieben.

Transpersonale Psychologie und Psychotherapie

104 Seiten, zwei Ausgaben: Frühjahr und Herbst

Transpersonale Psychologie und Psychotherapie ist eine unabhängige Zeitschrift, schulen-, kultur- und religionsübergreifend, verbindet das Wissen spiritueller Wege und der Philosophia perennis mit moderner Psychologie und Psychotherapie, leistet Beiträge zur wissenschaftlichen Fundierung des Transpersonalen.
Transpersonale Psychologie und Psychotherapie ist eine Zeitschrift, die sich an Fachleute und Laien wendet mit einem Interesse an transpersonalen Themen. Aus einem schulen-, kultur- und religionsübergreifenden Verständnis heraus bietet sie ein Forum der Verbindung von Psychologie und Psychotherapie und deren theoretischen Grundlagen mit spirituellen und transpersonalen Phänomenen, Erfahrungen und Wegen, Welt- und Menschenbildern. Sie dient dem Dialog der verschiedenen Richtungen, fördert integrative Bemühungen und leistet Beiträge zur Forschung und Theoriebildung. Sie bietet Überblick, Orientierung und ein Diskussionsforum auf wissenschaftlichem Niveau.